ROSE · RADIKALER LUFTKAMPF

DIE GESCHICHTE DEUTSCHER RAMMJÄGER

ARNO ROSE

Radikaler Luftkampf

MOTORBUCH VERLAG STUTTGART

Umschlagzeichnung: Carlo Demand
Einband- und Umschlagkonzeption: Siegfried Horn

Die Umschlagillustration von Carlo Demand versucht, eine Aktion während des Rammeinsatzes vom 7. 4. 1945 darzustellen. (Die B-17 G Nr. 14294 der 490. Bombergruppe ging tatsächlich an diesem Tag verloren.)
Der deutsche Pilot mit seiner Me 109 G stößt hier von seitlich unten gegen das Rumpfheck des amerikanischen Großbombers, um ihn steuerunfähig zu rammen. Er trifft in der aufgezeigten Situation allerdings auf den stabilen Spornradkasten der B-17. Der strukturell schwächste Punkt des Bombers lag weiter vorn. Bei vorher abgeworfenem Kabinendach hatte der Rammpilot durchaus eine Chance, mit dem Fallschirm abspringen zu können.

ISBN 3-87943-541-3

1. Auflage 1977

Eine Abteilung des Buch- und Verlagshauses Paul Pietsch GmbH & Co KG

Satz und Druck: Druckhaus Schwaben, 7100 Heilbronn.
Bindung: Verlagsbuchbinderei Karl Müller & Sohn, 7000 Stuttgart 80.
Printed in Germany.

Inhaltsverzeichnis

ABKÜRZUNGEN

AD	Air Division
a. D.	außer Dienst
Ar	Arado
AWPD	Air War Plans Division
BdM	Bund deutscher Mädel
BG	Bomber Gruppe (Bombardment Group)
BMW	Bayerische Motorenwerke
BRT	Bruttoregistertonnen
CBW	Combat Wing
CCS	Combined Chiefs of Staff
Chef LW FSt	Chef des Luftwaffen-Führungsstabes
DAF	Deutsche Arbeitsfront
DB	Daimler Benz
D-day	Tag der alliierten Invasion in der Normandie
DFS	Deutsche Forschungsanstalt für Segelflug
DMW	Deutsche Munitions- und Waffenversuchsanstalt
DVL	Deutsche Versuchsanstalt für Luftfahrtgerät
EK	Eisernes Kreuz
Flak	Flugabwehrkanone, deutsches Flugabwehrsystem
Fl.Korps	Fliegerkorps
FT	Funk-Technik
FuG	Funk-Gerät
G. d. J.	General der Jagdflieger
Gen. Qu.	General-Quartiermeister
Gestapo	Geheime Staatspolizei
g. Rs.	Geheime Reichssache
He	Heinkel (-Flugzeugwerke)
H. J.	Hitler-Jugend
HQ	Haupt-Quartier, Headquarter
HS	Henschel (-Flugzeugwerke)
HWK	Walter-Flüssigkeitsrakete
i. G.	im Generalstab
J 2	Kraftstoff für Düsenflugzeuge
(J)	Jäger; Zusatzbezeichnung für Kampfgeschwader mit Jagdaufträgen
Jabo	Jagdbomber
JG	Jagdgeschwader
Ju	Junkers (-Flugzeugwerke)
Jumo	Junkers-Motor
JV	Jagdverband
K. d. E.	Kommandeur der Erprobungsstellen
Kdr	Kommandeur
Kdre	Kommodore
K. G.	Kampfgeschwader
KTB	Kriegstagebuch
LS	Lastensegler
MGFA	Militärgeschichtliches Forschungsamt
MW	Methanol-Wasser (-Anlage)
NSDAP	Nationalsozialistische Deutsche Arbeiterpartei
NSFO	Nationalsozialistischer Führungsoffizier
NSV	Nationalsozialistische Volksfürsorge
OB	Oberbefehlshaber
OKL	Oberkommando der Luftwaffe
OKW	Oberkommando der Wehrmacht
R.A.F.	Royal Air Force
RLM	Reichsluftfahrtministerium
R-Stoff	Raketen-Treibstoff
SA	Sturm-Abteilung
S.H.A.F.E.	Hauptquartier Alliiertes Expeditionskorps
S.O.	Selbstopfer
SS	Schutz-Staffel
Stuka	Sturzkampfbomber
Ta	Tank (nach Prof. Kurt Tank)
TLR	(Amt) Technische Luftrüstung
USAAF	United States Army Air Force
USAF	United States Air Force
USSTAF	US Strategic Air Forces in Europe
VDM	Verein Deutscher Maschinenbauanstalten
WFSt	Wehrmachtführungsstab
WL	Kraftfahrzeugkennzeichen: Wehrmacht-Luftwaffe
WPr	Wehrmacht-Pressestelle (-Propaganda)
z.b.V.	zur besonderen Verwendung

Den am 7. April 1945
über Deutschland gefallenen Ramm-Jägern
der Deutschen Luftwaffe gewidmet.

Einleitung

Hoffnungen der Völker auf absoluten Frieden nach Ende eines blutigen Zweiten Weltkrieges haben sich nicht erfüllt. Der Einsatz junger Menschen, veranlaßt durch politische wie militärische Führer, ist und war gang und gäbe, selbstverständlich auch im Zweiten Weltkrieg. Damals war sogar eine Grenze erreicht worden, nach deren Überschreiten reguläre Soldaten plötzlich wie Fanatiker, ja wie Selbstmörder, erschienen.

Von Fliegern, die sich tatsächlich aufgeopfert haben, die den festen Willen dazu hatten, und solchen, denen man noch heute fälschlich Selbstmordabsichten nachsagt, handelt dieses Buch.

Ausgangspunkt waren Erinnerungen an einen fliegerischen Einsatz am 7. April 1945, bei welchem deutsche Flugzeugführer ihre Jagdmaschinen auftragsgemäß wie bemannte Geschosse benutzten; sie haben sich damit in gegnerische Großkampfbomber hineingebohrt. Unter dem sich vollziehenden totalen Zusammenbruch nahm in Deutschland kaum jemand Notiz davon. In den Augen führender Amerikaner erschien dieser Ramm-Einsatz deutscher Jagdflieger jedoch als »eine der resolutesten Abwehrattacken, welche Luftwaffenstreitkräfte jemals gegen die Achte Luftflotte wagten« *(Intops Summary No. 342, 7. 4. 1945).*

Offizielle amerikanische Ansicht war und ist leider, daß die Angriffe von Ramm-Piloten damals »im Selbstmord« gipfelten. Auch namhafte Autoren, wie Freeman, Irving, Tantum und Hoffschmitt, die alle das Ereignis am Rande streiften, gebrauchten dabei Worte wie: »Patriotischer Selbstmord«, »Selbstmordeinheit« *(XXXXIX 225ff.),* »Selbstopfergroßeinsatz« mit »Selbstopfer-Me 109« *(LXXVI 699),* »a mass ramming suicide operation« *(LXXV 391).* Deutsche Nachkriegsautoren fanden bisher keine andere Erklärung; weder Beppo (Josef) Schmid in der Studie 10/1, Seite

788: »Selbstaufopferungseinsatz der Tagjäger«; noch Dahl in »Rammjäger«, Seite 196: »Totaleinsatz«; noch Girbig in »Start im Morgengrauen«, Seite 272: »Wahnsinnsunternehmen«.
Gewiß, Rammstöße von Flugzeugen gegen Flugzeuge in vernichtender Absicht mögen heute verrückt erscheinen, selbstmörderisch. Damals jedoch, in großer Not, unter fürchterlichem Druck, bei neurotischer Verfassung der Menschen im sechsten Kriegsjahre schien so etwas nur logisch, machbar – wie es dann ja auch gemacht worden ist.
»Die letzte Luftschlacht über Deutschland« fand nicht, wie prominente Jagdflieger geschrieben haben, am 18. März 1945 mit 37 Me 262-Düsenjägern der I. und III. Gruppe des JG 7 über Berlin statt, sondern vielmehr am 7. April 1945 über Mittel- und Norddeutschland – allerdings erstmalig unter Mitwirkung organisierter deutscher Ramm-Verbände. Mehr als 200 deutsche Jäger und über 2000 amerikanische Kampfflugzeuge waren beteiligt.
»Wir haben luftwaffenmäßig in keinem Punkt etwas zu verbergen«, schrieb General Koller, der letzte Generalstabschef der deutschen Luftwaffe, nach dem Kriege *(XIII 124)*. Also sollte im Hinblick auf Davongekommene und die Jugend endlich auch von jenen Vorgängen um Sonderkampfmittel im Zweiten Weltkrieg Kenntnis genommen werden.
Wie könnte man sonst darüber nachdenken und Lehren daraus ziehen?
Das Geisenheimer Ehrenmal steht auch für Ramm-Jäger des sogenannten Sonderkommandos »Elbe«.
Obwohl etwas weiter zurückgegriffen wurde, um Entwicklungen aufzuzeigen, erhebt die Darstellung keinen Anspruch auf Vollständigkeit. Sie soll weder nationalistische noch militaristische Gefühle wecken. Moralische Wertungen lagen nicht in der Absicht des Autors; vielmehr kam es darauf an, eine mitunter grausame Zwangsläufigkeit ins Bewußtsein der Leser zu rücken. Ansichten und Verhaltensweisen damals Verantwortlicher sind mit heutiger Elle nicht meßbar.
Wegen taktischer Verwandtschaft deutscher Ramm-Verbände mit »Sturm«-Jäger-Verbänden und, wenn auch nur sehr bedingt, mit deutschen »Selbstopfer-Männer«-Einheiten sowie mit japanischen Kamikaze-Korps wäre es inkonsequent gewesen, Ver-

gleiche zu scheuen. Im Gegenteil: Erst Gegenüberstellungen ergaben fundamentale Unterschiede; allerdings auch frappierende Parallelen.

Die Einheit »Wilde Sau« wurde wegen der Persönlichkeit Hajo Herrmann kurz umrissen; derselbe Offizier gründete auch das deutsche Ramm-Kommando.

Schwierig gestaltete sich das Ausforschen von Einzelheiten. Kriegstagebuch ist vom Ramm-Verband nicht geführt worden. Gefechtsberichte, Abschußprotokolle und Verlustmeldungen waren nicht zugänglich beziehungsweise nicht vorhanden. Das KTB des Generalstabes der Luftwaffe ist nur für die Zeit vom 1. Februar bis 28. Februar 1945, für den 18. März 1945 sowie für die Zeit vom 31. März bis 7. April 1945 erhalten geblieben. Kollers veröffentlichte »Dienstnotizen« beginnen erst mit dem Datum des 14. April 1945 – eine Woche nach dem Ramm-Einsatz. Nur wenige Akten überdauerten den zum Kriegsende gegebenen Vernichtungsbefehl sowie anschließende Aufenthalte in England und den USA. Leider gaben auch die Protokollfragmente des Stenographischen Dienstes im Führerhauptquartier wenig her. Selbst in dem mit großer Sorgfalt von Professor Percy E. Schramm wiederhergestellten »Lagebuch« des Wehrmachtführungsstabes findet sich nur ein einziger, spärlicher Hinweis. Akten des Wehrmachtführungsstabes aus der Zeit von März 1945 sowie der ersten Hälfte des April 1945 wurden nicht gerettet.

Diese mehr als ungünstige Ausgangssituation machten dann aber sogenannte »Wissensträger« wett – mehr oder weniger. Obwohl manche unangenehme, vielleicht sogar aufdringliche Frage gestellt werden mußte, antworteten fast alle: die ehemaligen Generale Galland, Kammhuber und Peltz, Reichsminister Speer, Flugkapitän Hanna Reitsch, hohe Luftwaffenoffiziere wie von Below, Gollob, Herrmann, Krafft von Dellmensingen, Petersen, Späte, Steinhoff, Trautloft – um nur die wichtigsten zu nennen.

Von großem Nutzen war die freundliche Unterstützung durch Damen und Herren des Bundesarchivs; Herr Oberarchivrat Noack half, wo er nur konnte. Herr Wissenschaftlicher Oberrat Dr. Boog vom MGFA und Herr Dr. Lampe von der Führungsakademie der Bundeswehr machten aufschlußreiche Unterlagen zugänglich. In München gaben Herr Dr. Hoch sowie Frau Götz vom Institut für Zeitgeschichte wichtige Hinweise. Wesentliche Tips kamen auch von Herrn Lehmann von der Gemeinschaft der Jagdflieger e.V.. Ohne die Damen und Herren der Badischen Landesbibliothek in Karlsruhe hätte so manches seltene Werk nicht als Quelle dienen können. Die deutsche Flugzeugindustrie schickte erhaltengebliebene Baumusterbeschreibungen. Mister Eastman jr. vom Albert F. Simpson Historical Research Center, USAF, tat weit mehr als erwartet. Und wenn Mister David Irving seine Münchener Sammlung nicht zugänglich gemacht hätte, wäre manches Detail im Verborgenen geblieben. Besonderen Dank schulde ich dem Motorbuch-Verlag und seinen Mitarbeitern.

Allen genannten und ungenannten Personen und Instituten gebührt Dank. Ihnen allen ist zuzuschreiben, daß die vorliegende Arbeit an Umfang und, wie ich hoffe, auch an innerem Gehalt über die Antwort auf ursprüngliche Fragen eines damals blutjungen, für einen außergewöhnlichen Einsatz fanatisierten Piloten hinauswuchs: Wozu?

Arno Rose

Die Entwicklung von Flugzeug-Zusammenstößen zum kriegerischen Rammen

Gedanken an Kollisionen in der Luft bedeuten in der Welt der Fliegerei Alpträume für Piloten und Flugsicherungsbeamte – ganz zu schweigen von den Passagieren.

Latente Gefahr, in solche Vorgänge verstrickt zu werden, besteht, seitdem zum ersten Mal Flugzeuge zusammenstießen. Das soll am 11. März 1910 geschehen sein, über dem Flugfeld von Mourmelon-le Grand, als der Aviatiker Frey mit dem Flugapparat des Capitaine Moreau zusammenstieß. Beide stürzten ab. Verletzt wurde jedoch niemand, weil sich die Maschinen nur knapp über dem Erdboden befanden.

Es gibt eine Reihe von Beispielen aus der Zeit der ersten Blüte der Luftfahrt, die hier – ohne Anspruch auf Vollständigkeit – genannt werden können. Erhard Milch, damals noch in seiner Eigenschaft als Direktor der Lufthansa, flog am 15. Juni 1932 im ersten Prototyp der dreimotorigen Junkers Ju 52 (»Tante Ju«) von München nach Berlin. Willy Polte saß am Steuer, und Kurt Hänsgen fungierte als Bordmonteur. Die drei Männer hatten mit ihrer Maschine beim Züricher Flug-Meeting den Chavez-Bider-Pokal und die damit verbundenen elftausend Schweizer Franken gewonnen.

Plötzlich stieß in einer Höhe von dreihundert Metern völlig überraschend ein Flamingo-Schulflugzeug aus Schleißheim frontal in die linke Tragfläche der schweren Verkehrsmaschine.

Nach anschließender aufregender Landung in einem Kornfeld entdeckten die Flieger mit Schaudern, daß neben einem kleinen Sportmotor und Teilen des Propellers Körperteile eines Menschen in der Tragfläche der robusten Ju 52 steckten. Niemand an Bord hatte das Schulflugzeug bemerkt. Es mußte direkt aus der Sonne herabgestoßen sein. *(LXXII 55; S. I.)* Während die drei Männer in der starken Verkehrsmaschine mit dem Schrecken davon kamen,

starb der unglückliche Flugschüler noch an der Unfallstelle *(S. I. 3)*.
Opfer eines Zusammenstoßes wurde auch die »Maxim Gorki«, ein achtmotoriger Koloß mit einer Spannweite von nicht weniger als 63 Metern. Der Stolz der UdSSR stieß am 19. Mai 1935 mit einem anderen Flugzeug zusammen und wurde beim Absturz total zerstört. *(XXIII 263)*.
Im Kriege, wo menschliches Leben zum kalkulierbaren Faktor reduziert wird, erscheinen Zusammenstöße von Kampfflugzeugen selbstverständlicher als im zivilen Bereich der Fliegerei. Alles wird riskanter; jeder meint, sonst übliche Vorsicht außer acht lassen zu müssen. Infolgedessen nimmt es nicht wunder, daß in Kriegsberichten immer wieder über Verluste von Piloten und Flugzeugen nach Kollisionen in der Luft die Rede ist.
Hauptmann Oswald Boelcke, Träger des Pour le mérite, der höchsten deutschen Kriegsauszeichnung des Ersten Weltkrieges, Sieger in vierzig Luftkämpfen und Fliegerheld der deutschen Nation, kollidierte am 28. Oktober 1916, einem Sonntag, ungefähr über dem Ort Douai mit der Maschine seines Staffelkameraden Leutnant Böhme. Beide streiften sich kurz inmitten einer wilden Kurbelei mit tapferen englischen Gegnern. Böhmes Maschine verlor ein Fahrbein. Bei Boelckes Flugzeug riß jedoch ein Teil der linken Tragfläche ab.
Der berühmte Flieger fand dabei den Tod *(XII)*.
Als sich dann im Verlaufe eines Zweiten Weltkrieges die Luftstreitkräfte der Gegner zu fürchterlichen Instrumenten der Vernichtung entwickelten, stieg zwangsläufig auch die Gefahr, daß sich Kampfflugzeuge, Freund wie Feind, im Fluge unbeabsichtigt berührten. Zum Beispiel stieß am 2. November 1944 beim Sammeln des JG 4 über Lübbenau die »schwarze Zwölf« des Unteroffiziers Gaismann mit der Messerschmitt Bf 109 des Oberfähnrichs Schulz von der zweiten Staffel zusammen. Beide überlebten das Unglück *(X 27)*. Tödlich endete dagegen eine Berührung in der Luft für die beiden Fähnriche Peters und Hinrichs am Sonntag, dem 26. November 1944, während eines Luftkampfes über Uelzen.
Natürlich ereigneten sich auch bei alliierten Fliegern Zusammenstöße unter Freunden.
So bekamen zum Beispiel zwei englische »Halifax«-Bomber, die in

einem Großverband von fast fünfhundert Flugzeugen flogen, in der Nacht vom 27. Mai 1943 Berührung miteinander und stürzten über der Stadt Essen ab *(LXVIII Vol II 129)*.
Am letzten Tage des Jahres 1944 verließ bei einem Feindflug in einer Höhe von 6000 Metern die »Fliegende Festung« Nr. 43-38457 aus unerfindlichen Gründen plötzlich ihre Position im Verband. In einem offenbar ungewollten Steigflug kollidierte sie von unten mit dem Flugzeug Nr. 42-31981 und blieb zum Entsetzen der Flieger fest verkeilt in diesem hängen. Sofort sprangen vier Mann der unteren sowie sieben Mann der oberen Maschine ab. Aber zu ihrer großen Überraschung stellten danach Oberleutnant Rojohn, der Pilot des oben fliegenden Bombers, und sein Co-Pilot, Leutnant Leek, fest, daß die beiden Wracks in diesem grotesken Zustand wie durch ein Wunder weiterflogen, und zwar angetrieben von drei noch intakt gebliebenen Motoren der unteren Maschine. Sie brachten sogar das Kunststück fertig, beide Flugzeuge im Huckepack auf einem deutschen Flugplatz einigermaßen zu landen, wobei die obere B-17 von der unteren herunterglitt. Kein Glück hatten einundzwanzig andere amerikanische Flieger, als der Pilot einer »Fliegenden Festung«, vom Feindflug zurückkehrend, beim Anflug auf den Landeplatz sein Flugzeug überzog. Es geriet außer Kontrolle und scherte nach links. Dabei prallte es unglücklicherweise in die Tragfläche einer Führermaschine. Beide schweren Bomber schlugen in den kargen Feldern bei Reedham auf; sie begruben unter sich auch Captain Hutchinson, der bis dahin mit seiner Crew den fünfundzwanzigsten und damit letzten Fronteinsatz überstanden hatte *(XXXXIX 201ff.)*.
Zusammenstöße dieser Art gingen Fliegern mehr an die Nerven als noch so schwere Verluste im Luftkampf.
Aber nicht nur Kameraden kollidierten. Es mehrten sich im Laufe der Zeit Fälle von Berührungen in der Luft zwischen Feindflugzeugen. So streifte zum Beispiel während eines Luftkampfes mit 30 »Lightning«-Jadgmaschinen am 25. November 1943 in der Nähe von Béthune die Maschine von Oberstleutnant Johannes (»Hannes«) Seifert, dienstältester Gruppenkommandeur im JG 26 »Schlageter«, beim Angriff von vorne unten mit der Tragfläche eine bereits in Brand geratene Lightning und stürzte mit dieser ab *(IX 222)*.

Ein Zusammenstoß mit einem schweren viermotorigen Bomber der USAAF hatte sich am 17. April 1943 ereignet, als Hauptmann Bob gemeinsam mit der III. Gruppe des JG 54 etwa 60 Bomber angriff. Er hatte zu knapp nach unten weggedrückt, und so bekam das Seitenleitwerk seiner Maschine plötzlich Berührung mit einem der Bomber. Bob rettete sich durch Fallschirmabsprung aus seinem steuerlos gewordenen Flugzeug *(IX 196)*.

Wenn die deutsche Flak schoß, kam es bei alliierten Bombern eher zu Zusammenstößen. So wurde zum Beispiel Leutnant Duane, Navigator in einer B-17 der 388. Bombergruppe, Zeuge, wie am Morgen des 28. September 1944 in einer Massenkarambolage über Merseburg, die durch heftigen Flakbeschuß entstanden war, drei schwere Bomber verloren gingen.

Im unerbittlichen Zuge eines sich steigernden Kriegsgeschehens blieb nicht aus, daß sich die Grenzen zwischen zufälligen Berührungen kämpfender Flugzeuge und bewußtem Rammen allmählich verschoben.

Geschah es zum Beispiel noch zufällig oder bereits in voller Absicht, als am 5. März 1944 über dem Dümmer einige deutsche Jagdflieger amerikanische Großbomber durch Zusammenstöße zum Absturz brachten? *(XI 282)* Ein Jahr später sollten fast genau an dieser Stelle die ersten organisierten Ramm-Jäger der deutschen Luftwaffe im Kampf mit Bombern der 8./USAAF zusammenprallen.

Ungewiß bleibt auch, ob der Kommodore des JG 5, Major Ehrler aus Baden, zum Sündenbock für den Verlust der »Tirpitz« gemacht, jenen viermotorigen amerikanischen Tagbomber durch bewußten Ramm-Stoß vernichten wollte, in den er im April 1945 mit seinem Düsenjäger vom Typ Me 262 hineingeriet *(XI 200)*.

DER ÜBERGANG ZUM AGGRESSIVEN RAMMEN

Unter Rammen versteht man ein bewußtes und willentliches Zusammenstoßen mit irgendetwas oder irgendwem.

Zufall ist dabei ausgeschlossen.

Diesem Sinn kommt der englische Begriff »ram« sehr nahe. Den aggressiven Inhalt des deutschen Wortes verdeutlichen Begriffe wie »Ramm-Bock«, interessanterweise auch »Sturm-Bock«, womit Mauerbrechinstrumente beim mittelalterlichen Stadtberennen gemeint sind, sowie »Ramm-Sporn«, jene höllische Stahlspitze an Kriegsschiffen des Ersten Weltkrieges zum Leckstoßen feindlicher Schiffe.

Rammen in diesem Sinne geschah als Kriegshandlung im Luftkampf zunächst nur als Tat wütender, haßerfüllter, sich fürchtender oder von anderen, plötzlichen Motiven bestimmter Menschen. Interessant ist, daß als erster russischer Luftsieg im Ersten Weltkrieg eine bewußt durchgeführte Ramm-Attacke des Fliegerhauptmanns P. N. Nesterow gilt. Er versuchte damit im ersten Kriegsmonat die Unterlegenheit seines unbewaffneten Morane-Eindekkers auszugleichen. Nachdem er sich resolut auf das Führerflugzeug des deutschen Angriffsverbandes gestürzt hatte, fanden alle Flieger den Tod. Ein anderer Russe, A. A. Kasokow, der mit 17 Luftsiegen erfolgreichste russische Jagdflieger des Ersten Weltkrieges, brachte seinen ersten Gegner ebenfalls durch Rammstoß, und zwar mit dem Fahrwerk, zur Strecke *(XXIII 163)*.

Russische Flieger griffen auch im Zweiten Weltkriege sehr bald zu dieser Kampfmethode. Am 22. Juni 1941 stieß der Unterleutnant D. V. Kokorev vom 124. Jagdfliegerregiment nach Waffenversagen mit seiner I-16 »Rata« in eine Me 110 hinein und stürzte mit dem Gegner ab. Cajus Bekker bezeichnet dies als »erste Heldentat des ›Großen Vaterländischen Krieges‹« der Russen *(»Angriffshöhe 4000«, Gerhard Stalling Verlag 1964, Seite 278)*.

Im selben Monat stürzte sich ein russischer Leutnant mit seinem Jagdflugzeug vom Typ »Rata« von oben in einen Verband deutscher Sturzkampfbomber, »Stukas«, Ju 87. Er rammte eine Maschine der ersten Staffel. Fähnrich Bauer, der am Steuer der deutschen Maschine saß, vermochte noch soeben, sein aufs schwerste beschädigtes Flugzeug zurückzubringen. Dagegen mußte der russische Flieger seine tollkühne Tat mit dem Leben bezahlen. *(XXXXII 23)*.

Aber auch an der Westfront ereigneten sich Ramm-Vorgänge. So hatten zum Beispiel am 12. Mai 1944 etwa zweihundert deutsche Jäger die 3rd Air Division, 8th/USAAF, abgefangen, als diese über Belgien im Begriff war, auf das Ziel Zwickau einzuschwen-

ken. Um die Mittagszeit tobten heftige Kämpfe, in deren Verlauf schließlich einer der deutschen Jäger wütend in einen der schweren B-17 Bomber hineinstieß. Durch dieses Ereignis geriet der betroffene 4th Wing in große Unordnung, und es kostete Colonel Vandevanter einige Mühe, die stark beunruhigten Piloten wieder einigermaßen in Formation zu bringen *(XXXXIX 142)*.
Gegen Schluß des Krieges häuften sich mit steigender Verzweiflung Fälle bewußten Rammens.
Über der Eifel rammte am Samstag, dem 23. Dezember 1944, der Fähnrich Adolf Tham mit seiner Jagdmaschine vom Typ Bf 109 K-4 eine B-26 »Marauder« und sprang verwundet ab *(X 94)*. Als der Unteroffizier Karl Ruß vom JG 26 »Schlageter« bei einem Einsatz über den Ardennen am 14. Januar 1945 eine »Spitfire« rammte, fielen beiden Piloten *(X 243)*.
General Galland schilderte, wie sein Rottenflieger Schallmoser in einem Luftkampf über München die Waffen nicht betätigen konnte und deshalb eine »Lightning« kurz entschlossen rammte. Derselbe Pilot wiederholte diese Taktik im April 1945 bei einem Angriff auf mittelschwere Bomber vom Typ »Marauder«. Allerdings ging dabei auch stets eine der wenigen Düsenjagdmaschinen des Typs Me 262 verloren. Schallmoser erhielt den Spitznamen »Turbo-Rammer« *(V 372, 374)*.
Tatsächlich waren Kollisionen und Ramm-Stöße in vernichtender Absicht schon lange vor Gründung eines offiziellen Ramm-Kommandos erstaunlich oft vorgekommen. Allein aus der begrenzten Schar von Ritterkreuzträgern der deutschen Tagjagd waren zweiunddreißig in derartige Ereignisse verwickelt gewesen. Drei von diesen fanden den Tod bei Zusammenstößen mit russischen Kampfmaschinen; vier weitere wurden von russischen Fliegern durch Ramm-Attacken in den Tod gerissen; zwei andere gerieten nach russischen Ramm-Angriffen in Gefangenschaft.
Im Westen starben von den Ritterkreuzträgern der Tagjagd drei bei Zusammenstößen mit amerikanischen oder britischen Kampfflugzeugen, vier weitere rammten und stürzten sich dabei zu Tode, sechs andere wurden, nachdem sie gerammt hatten, gefangengenommen.
Besonders tragisch kamen neun weitere Ritterkreuzträger der Tagjagd ums Leben: Sie stießen mit Kameraden, meistens den eigenen

Kaczmareks[*]), zusammen. Leutnant Würfel von der 9./JG 51 scheint der einzige aus diesem Kreis zu sein, der eine solche Kollision überlebte; am 23. Februar 1944 kam es bei Rogatschew zu einer Berührung mit einem Kameraden in der Luft, aber Würfel konnte sich retten; allerdings fiel er anschließend den Russen in die Hände *(LXXXVI)*.

Ähnliche Verzweiflung wie zwei Tage später offizielle deutsche Ramm-Jäger erfüllte offenbar einen deutschen Jagdflieger am Donnerstag, dem 5. April 1945, als er mutterseelenallein mit einem Jagdflugzeug vom Typ Fw 190 aus Überhöhung eine Formation von fünfzig »Fliegenden Festungen« angriff. Die Bomber hatten den Auftrag, Eisenbahnanlagen in Salzwedel zu zerstören. Statt auch nur einen einzigen Schuß abzugeben, jagte der deutsche Pilot von hinten oben direkt in das Seitenleitwerk des zuletzt fliegenden amerikanischen Bombers hinein, bohrte sich in dessen Rumpf und stürzte gemeinsam mit seinem Gegner ab. Die Trümmer schlugen westlich von Salzwedel in freiem Gelände auf.

Nur zwei Tage nach dem hier geschilderten Ereignis starteten vom Flugplatz Salzwedel sieben Ramm-Schwärme des »Sonderkommandos Elbe«, des ersten organisierten Ramm-Verbandes der deutschen Luftwaffe *(Jäger-Blatt Nr. 3 XIX Juni 1969, S. 23)*.

Etwas mehr als ein halbes Jahr vor diesem letzten Schritt der deutschen Luftwaffenführung im Zweiten Weltkrieg hatte sich in einem anderen Teil der brennenden Welt eine ähnlich motivierte, allerdings gänzlich kompromißlose Selbstaufopferungsmethodik bei japanischen Kampffliegern entwickelt.

---

*) Kaczmarek = Rottenflieger

Eskalation in Japan. Nichtorganisierte Selbstaufopferungs-Flüge

Im August des Jahres 1942 war in Südostasien, aufgesplittert in zahlreiche Luft- und See-Gefechte, die Schlacht um Guadalcanar entbrannt. Die Kämpfe waren auf japanischer Seite mit äußerster Erbitterung geführt worden. Eine vehemente Kampfesweise gipfelte schließlich im leidenschaftlichen, spontanen Selbstopfer Dutzender Piloten der kaiserlich-japanischen Marine *(III 57):* Lebenden Bomben gleich, zerschellten sie im bewußten Sturz auf amerikanischen Kriegsschiffen, denen sie dabei große Schäden zufügten. Derartige Spontanreaktionen waren jedoch keineswegs nur bei Japanern möglich.

Am 21. Dezember 1941*) hatte an der europäischen Ostfront bei Kronstadt ein deutscher Sturzkampfbomber vom Typ »Stuka«, Ju 87, im eigenen Absturz den russischen Kreuzer »Kirov« schwer beschädigt. Zu diesem Todessturz hatte es kommen müssen, als ein Flakvolltreffer in etwa 1500 Meter Höhe das Leitwerk der Führermaschine der III. Gruppe zerstörte. Hauptmann Steen, der Gruppenkommandeur, konnte infolgedessen nicht mehr abfangen. Als weder er noch sein Bordschütze, Feldwebel Scharnowski, dem Tode entrinnen konnten, versuchte er offenbar, mit Bewegungen des intakt gebliebenen Seitenleitwerks sein Flugzeug mitsamt einer noch an Bord befindlichen Tausend-Kilo-Bombe direkt auf die »Kirov« zu lenken. Die Ju 87 schlug unmittelbar neben dem Kreuzer auf und drückte dessen Bordwand ein *(XXXXII 35).*

In Ostasien war unter dem Eindruck der japanischen Niederlage bei den Marianeninseln im Juni 1944 ein Memorandum des Kapitäns zur See Eiitschiro Iyo, Kommandant des leichten japanischen Flugzeugträgers Chiyoda und ehemaliger Marine-Attaché in Wa-

*) Lt. Bekker: »Angriffshöhe 4000«, S. 278: Am 25., 26., 27. oder 28. September.

shington, entstanden. Es spiegelte eine weitverbreitete Forderung japanischer Piloten nach radikaleren Einsatzmethoden wider. Anstelle konventioneller Angriffstaktiken, die offensichtlich versagt hätten, schlug Iyo vor, eine Sondereinheit von Fliegern zu bilden, deren Aufgabe darin bestehen sollte, feindliche Schiffe im gewollten, bewußt herbeigeführten Absturz zu vernichten. Der Offizier schloß mit dem Satz:
»Ich ersuche, mir das Kommando über diese Einheit zu übertragen« *(III 81, XXXX 50).*
Etwa um dieselbe Zeit war dem Seekadett Mitsuo Ohta die Idee gekommen, eine fliegende, bemannte Bombe zu entwickeln. Aus diesem Projekt, welches unter dem Namen »Marudai« zunächst nur zögernd anlief, sollte sich gar nicht so sehr viel später die von den Amerikanern heftig verabscheute »Ohka«-Bombe ergeben.
Auf dem ostasiatischen Kriegsschauplatz war die Zeit reif, daß sich ab Juli 1944 gruppenweise Aktionen von Fliegern in dem von Iyo formulierten Sinne durchsetzten, allerdings nur als örtlich angewandte Taktik, ohne formelle Zustimmung des japanischen und zunächst ohne jede Beachtung durch das amerikanische Oberkommando.
Hauptmann Nakajima war es dann, der als erster aus eigener Initiative einen Vergeltungsangriff mehrerer Selbstaufopferer gegen die 830 Kilometer südlich von Iwo Jima kreuzende feindliche Flotte organisierte. Er führte siebzehn zu allem entschlossene Piloten des Yokusaka-Geschwaders gegen die Amerikaner. Der Versuch mißlang; amerikanische Abfangjäger drängten den Verband, von dessen großer Gefährlichkeit sie nicht das mindeste ahnten, rechtzeitig ab *(III 66).*
Mit diesem Einsatz japanischer Flieger war jedoch der Übergang von willkürlichen Einzelaktionen zu organisierten, gruppenweisen Selbstaufopferungen vollzogen worden.
Der entscheidende Vorschlag, regelrechte Todesflieger-Korps zu gründen und einzusetzen, stammte schließlich von Vizeadmiral Takijiro Ohnischi.
Dieser hohe Offizier der kaiserlich-japanischen Marine hatte als Spezialist für Bombertaktik das Vertrauen Yamamotos besessen und maßgeblichen Anteil am Gelingen des japanischen Überrumpelungsangriffs auf Pearl Harbor gehabt *(LXXXV 339).*

Zwei Tage nach seiner Berufung zum Befehlshaber der japanischen Marine-Luftstreitkräfte auf den Philippinen, am 19. Oktober 1944, stellte er diese außerordentlich gewagte Todesflieger-Idee erstmals allen Ernstes zur Debatte. Anwesend waren sein Erster Admiralstabsoffizier Rikihei Inoguchi, Korvettenkapitän Asaitschi Tamai, stellvertretender Kommodore des 201. Luftgeschwaders, Tschuitschi Yoschioka vom Stabe der 26. Luftflottille sowie schließlich die Oberleutnante Ibusuki und Yokoyama, beides erfahrene Staffelführer im 201. Luftgeschwader.

Die Offiziere hatten sich im Befehlsstand dieses Geschwaders auf dem Flugplatz Mabalakat, 110 Kilometer nördlich von Manila, versammelt, um gemeinsam zu beraten, auf welche Weise amerikanische Flugzeuge nachhaltig am Start von ihren Trägereinheiten gehindert werden könnten. Was die japanischen Flieger am dringendsten benötigten, war eine Atempause.

Bei ihren Erörterungen standen alle noch unter dem Eindruck des aufsehenerregenden Todessturzes von Konteradmiral Arima, Kommandeur der 26. Luftflottille in Manila.

Dieser hatte, als im Oktober 1944 die amerikanische Task-Group TG 38-4[2] vor Luzon, 445 Kilometer nordöstlich von Manila, auf hoher See kreuzte, den Gedanken einer beispielgebenden Selbstaufopferung für sich persönlich aufgegriffen. Ihm war nämlich gemeldet worden, daß der Konteradmiral Ralph E. Davison den amerikanischen Flottenverband auf dem Flugzeugträger »Franklin«, CV. 13, anführte. Arima faßte den Entschluß, beide zu vernichten – sowohl den schweren Flugzeugträger als auch den verhaßten amerikanischen Gegenspieler, und zwar durch persönliches Jikabu.

Am 15. Oktober 1944 teilte er seinen Offizieren lakonisch mit, er gedenke, die zweite Angriffswelle des japanischen Verbandes selbst anzuführen. Daraufhin legte er, die respektvollen Proteste nicht beachtend, alle seine Rangabzeichen ab *(XXXX 62)* und startete an Bord des führenden Sturzkampfbombers vom Typ »Suisei« als erster vom Flugplatz Clark. Mit ihm flogen 12 weitere »Suisei«-Sturzkampfbomber, 16 »Zero«-Jäger sowie 70 andere Jagdflugzeuge verschiedener Typen der Heeresluftwaffe.

Vor dem Feind, so berichteten Augenzeugen, habe es zunächst den Anschein gehabt, als erfolge auch der Angriff des japanischen Admirals konventionell. Er sei aus einer Wolke hervorgebrochen und habe zu einem scheinbar normalen Sturzangriff auf die »Franklin« angesetzt. Doch plötzlich war deutlich zu bemerken, daß der Pilot seine Maschine wider Erwarten nicht aus dem Sturz herausnahm; vielmehr raste der Bomber direkt in den amerikanischen Flugzeugträger hinein, explodierte mit einem gewaltigen Knall und verglühte im selben Augenblick in einer Stichflamme.

Konteradmiral Masabumi Arima hatte im Tode ein Fanal gesetzt *(XXXIX 710).*

Die brennende, von Explosionen in den Munitionskammern schwer erschütterte »Franklin« mußte mit Schlagseite den Kampfraum schleunigst verlassen. Admiral Davison kam mit dem Schrekken davon *(III 86).*

ORGANISIERTE KAMIKAZE-KORPS

Als Admiral Ohnischi vier Tage nach Arimas Todessturz die schwerwiegende Frage nach dem Nutzen organisierter Todesfliegerverbände stellte, wurde sie von allen spontan bejaht. Tamai ersuchte den Admiral sofort, ihm zu erlauben, eine solche Todesfliegereinheit aufzustellen. Ohnischi erklärte sich einverstanden.

Noch in derselben Nacht fand Inoguchi anläßlich eines tiefgehenden Gespräches mit Tamai den später berühmt und berüchtigt gewordenen Namen »Kamikaze« (»Götterwind«) für die neuartigen Sondereinsatzgruppen des Admirals Ohnischi.

Als man 26 Piloten des 201. Luftgeschwaders insgeheim im Sinne des Besprochenen gefragt hatte, stellten sich vierundzwanzig von ihnen zur Verfügung. Tamai bestimmte zu ihrem Anführer den Oberleutnant zur See Yukio Seki. Eingeteilt in vier Gruppen mit den typisch japanischen Bezeichnungen Schikischima (poetischer Name für Japan), Yamato (historische Bezeichnung für Japan), Asahi (Morgensonne) sowie Yamasakura (Blüte der Bergkirsche) bemannten Kamikaze-Piloten dreizehn zum Totaleinsatz bereitgestellte Maschinen und flogen los, begleitet und abgeschirmt von weiteren 13 Jagdflugzeugen. Nach vier vergeblichen, zermürbenden Anläufen gelang es endlich als erster der Gruppe Schikischima,

am 25. Oktober 1944 dem Luftkriegsgeschehen ihren ganz speziellen Stempel aufzudrücken und amerikanischen Flugzeugträgern große Schäden zuzufügen. Ein neues, äußerst blutiges Kapitel des Krieges im Pazifik war aufgeschlagen worden *(XXXX 23ff.)*.
In der Schlacht bei Cap Engaño brachten die ersten zehn offiziell genehmigten Kamikaze im Rahmen des japanischen Sho-go(Sieg)-Planes einen Flugzeugträger tatsächlich zum Sinken, vier weitere wurden erheblich beschädigt *(XXXIX 710)*.
Durch diesen Erfolg seiner neuen Taktik ermutigt, befahl Admiral Ohnischi, weitere Freiwilligenkorps mit Todeskandidaten aufzustellen. In Scharen strömten opferbereite Piloten herbei; sie hielten die Kalkulation ein Schiff gegen einen Jäger für angemessen.
Diese ersten spektakulären Ereignisse fielen zusammen mit einem Wendepunkt im Pazifikkrieg. Die japanischen Führer hatten erkennen müssen, daß sie den amerikanischen Brückenkopf auf Leyte trotz heldenhafter Anstrengungen nicht mehr würden beseitigen können. Infolgedessen richtete sich ihre geballte Kampfeswut gegen feindliche Flottenverbände. Dem verzehrenden Ehrgeiz, um jeden Preis ein weiteres Vordringen der Feinde auf das bedrohte japanische Mutterland zu vereiteln, opferten Hunderte von organisierten und kaltblütig eingesetzten Kamikaze-Piloten ihr Leben. *(III 105)*.
Gravierender noch als große Materialverluste war der moralische Schock, der die Amerikaner erfaßte. Kriegsberichterstattern wurde anfangs streng verboten, auch nur eine Silbe über die neue fürchterliche Angriffstaktik der Japaner zu schreiben *(XXVI 938)*.
Am 27. November 1944 beschädigten Kamikaze den Kreuzer »Montpellier« sowie das Schlachtschiff »Colorado« im Golf von Leyte. Am 29. November 1944 setzten sie die »Maryland« außer Gefecht *(XXVI 938)*. Die Hälfte aller Verluste der amerikanischen Flotte entstand durch Kamikaze-Flugzeuge *(XXIII 335)*. 1900 Angriffe flogen Kamikaze-Piloten allein während der Schlacht um Okinawa, die von April bis Juni 1945 tobte *(XXIII 327)*.
Rücksichtslos setzte die japanische Führung für diese Kampfart alles ein, was sie nur hatte. Selbst erstklassige, fabrikneue Bomber, wie zum Beispiel die Mitsubishi Ki-67 »Hiryu« (Fliegender Drache), eine Waffe der Heeresflieger, dienten ab November 1944 als dreisitzige Kamikaze-Flugzeuge *(XXIX 28)*.

Aber auch Ohta, der erfindungsreiche Seekadett, war nicht untätig geblieben. Erste bemannte Ohka-Bomben flogen sogar bereits in der Erprobung, bevor Admiral Ohnischi auf den Philippinen seine ersten Kamikaze-Verbände aufstellte. Während jedoch der Admiral Flugzeuge zu bemannten Bomben entwickelte, verwandelte Ohta Bomben in primitive Flugkörper. Allerdings setzten beide Projekte Piloten voraus, die mit dem Leben abgeschlossen hatten. Es brach die Zeit an, in der, steigend mit den Niederlagen und bei zunehmender Aussichtslosigkeit der Kriegslage für Japan, die Selbstaufopferungsbewegung zu einem hektischen Harakiri der gesamten japanischen Luftwaffe zu entarten drohte.
Bei den entsetzten Amerikanern trug die Ohka Bombe bald den Namen »Baka«, was soviel wie Wahnsinn oder Dummkopf bedeutet *(VII 223, XXIV 54)*. Unbewußt drückten sie damit aus, wie machtlos sie sich ihr gegenüber fühlten. Todesverachtung der Ohka-Piloten, hohe Annäherungsgeschwindigkeiten sowie gewaltige Explosivkraft dieser Waffe machten alle gegen sonstige Kamikaze-Angriffe einigermaßen wirksamen Abwehrmaßnahmen zunichte.

IDEOLOGISCHE FUNDAMENTE

Krampfhaft erscheinende Bemühungen zur Fanatisierung deutscher Flieger im Rahmen der später noch zu besprechenden Gruppe sogenannter »Selbstopfer-Männer« im KG 200 verblassen im Vergleich mit der tatsächlich wirksam gewordenen Kamikaze-Bewegung der Japaner. Möglicherweise sind solche für Europäer schwer faßliche Phänomene wie Kamikaze, bushido und jikabu nur religions-psychologisch oder philosophisch deutbar.
Bei den Japanern kam, als die Philippinen von Amerikanern bedroht wurden, eine Quintessenz jahrhundertelanger Beeinflussung und Erziehung durch Shinto-Religion und Propaganda spontan zum Durchbruch. Zu absoluter patriotischer Loyalität, zu mystischer Heimatverehrung und dazu noch kriegerisch erzogen *(III 315)*, nahmen japanische Piloten eine intensive propagandistische Verherrlichung von Kamikaze-Fliegern und deren Taten begierig

in sich auf. In großen Scharen kamen sie, um sich aufzuopfern. Wie ist das zu erklären?

Eine der gestaltenden Kräfte japanischen Geisteslebens im Zweiten Weltkriege war Zen, eine glaubensphilosophische Richtung des Buddhismus. Zen, als Religion der Willenskraft, lehrte, nicht zurückzublicken, wenn eine Wegesrichtung einmal entschieden worden war. Zen forderte, zu handeln, ganz gleich, ob nun ein gefaßter Entschluß vernünftig oder unvernünftig erschien. Insofern war Zen das Glaubensbekenntnis von Kriegern, von Tatmenschen, folglich auch von Kamikaze-Fliegern.

Echte Kämpfernaturen besitzen eiserne Willensstärke. Willenskraft war auch das, was Kamikaze-Kämpfer in besonders hohem Maße benötigten, sobald sie einmal den Gedanken gefaßt hatten, sich auf einen Feind zu stürzen, um diesen unter Aufgabe des eigenen Lebens zu vernichten.

So war es inbesondere Zen, der jene unheimliche, zur Selbstzerstörung treibende Willenskraft japanischer Flugzeugführer erzeugte. Aus allem, was bekannt geworden ist, muß geschlossen werden, daß der Tod auch für junge japanische Piloten ernsthafter Betrachtung wert war. Sie nahmen ihn jedoch unpersönlich, fast sachlich. Selbst in Augenblicken höchster Erregung fanden sie – durch Veranlagung, Erziehung und Übung bedingt – stets noch einen Moment der Sammlung. Dann brachen sie durch Zweifel, Ängste, Egoismus und Äußerlichkeiten hindurch und meisterten die Krisis, die ihren Ursprung nach der Lehre der Meister in unwürdigen Gedanken an das »Nicht-mehr-leben-dürfen« hatte.

Eine erstaunlich ähnliche Haltung idealisierte Reichsmarschall Hermann Göring im Verlaufe einer Rede am Samstag, dem 25. November 1944, vor Generalstabsoffizieren der Luftwaffe anläßlich der Einführung von Generalleutnant Koller als Generalstabschef.

»Der Germane«, führte Göring aus, »muß ... gerade darin seine Kraft zeigen, daß er den größten Schwierigkeiten und vor allen Dingen dem Allerletzten (dem Tode) mit einer gewissen Überlegenheit und Ruhe gegenübertritt. Nur derjenige, für den das Unter-allen-Umständen-leben-wollen der höchste Sinn und Inhalt ist, wird schwach werden ... wird schreien: Es lohnt sich nicht, weiterzukämpfen ... Das Leben um jeden Preis ist eines Feiglings These.« *(MA; LW 108/14/2).*

Gedanken an den Tod hielt man in Japan für das größte Hindernis in einem harten Existenzkampf. »Die am Leben haften, werden sterben, und die den Tod verachten, werden leben. Auf das Innere kommt es an.« »Wer sein Leben nicht hingeben kann und den Tod nicht erwählen mag, ist kein wahrer Krieger.« So lauteten einige Lehrsätze dieser Philosophie *(XXII 66)*.

Zen erwartete absolute Hingabe, vollkommenes Selbstvergessen. Isagiyoku-Sterben bedeutete, »kein Bedauern hinterlassen«. Nichts war Zen-Buddhisten mehr verhaßt, als dem Tode mit Zaudern zu begegnen.

Die phänomenale Erscheinung des »jikabu« lag im Shintoismus begründet. Dessen Mystik, sublimiert im »bushido«, dem Weg des Kriegers, entsprach den Aspirationen der Samurai, sowie japanischer Kriegerkasten: Der Soldat, der sich, einem Befehle folgend, aufopferte, erhielt seinen Platz in jener nach einem komplizierten Ehrenkodex geordneten himmlischen Hierarchie *(VII 221)*.

Bushido war ein Ideal, das sich aus einem langfristigen, geistigen Zusammenwirken von Priestertum und Kriegertum entwickelt hatte *(XXII 58, 60)*. Sein Inhalt bestand kompromißlos in dem entschlossenen Willen, zu sterben. Daidoji Yuzan's Lehrbuch des Bushido verlangte unbedingte Bereitschaft eines Kriegers, jederzeit sein Leben hinzugeben. »Laß die Vorstellung eines langen Lebens nie Gewalt über dich gewinnen!«

Hinzu kam das Erfordernis einer harten Selbstzucht durch sittliche Askese. Für »bushido« hatte »die Ehre« absoluten Vorrang. Daraus leiteten später Kamikaze-Piloten einen gewissen Trost her, falls es ihnen widerfuhr, kurz vor der Vernichtung eines ins Auge gefaßten Zieles abgeschossen zu werden.

Zen verlangte nichts weniger als den Verzicht auf jede Regung, die dem menschlichen Selbsterhaltungstrieb entsprang. Die profane Bewußtseinsebene mußte durchbrochen, und verborgene Urkräfte hatten entfesselt zu werden.

Im Grunde genommen bedeutete dies einen Zustand des Wahn-Sinns. So gesehen ist aber keine große Tat je ohne Wahn-Sinn, das heißt ohne übermenschliche, dämonische Kräfte vollbracht worden.

In Japan war »Selbstmord« eine Frage der Ehre. Jeder Samurai, Vorbild für Soldaten, trug zwei Schwerter; das eine, kurze, zur Selbsttötung.

Für Kamikaze-Piloten bedeutete bushido, den Sinn ihrer Kampfmaschinen als Schwert zu begreifen. Dabei betrachteten sie diese nicht etwa als Mordwaffen, sondern vielmehr als Mittel zur geistigen Selbstzucht. Ihnen kam es infolgedessen weniger darauf an, die Kunst des Fliegens oder in-der-Luft-Kämpfens technisch zu beherrschen, als mehr noch in ihren Geist einzudringen. Dies erklärt die oftmals kläglichen fliegerischen Fähigkeiten japanischer Flugzeugführer.

Dem Geist entsprechend waren die Taten.

Strenger Tradition gemäß formierten sich unter schwerem Trommelgedröhn japanische Selbstaufopferer, die zum Beispiel entschlossen waren, sich mit der Ohka-Bombe auf feindliche Schiffsziele zu stürzen. Gemeinsam mit Besatzungen der Trägerflugzeuge nahmen sie längs der Startbahn Aufstellung. Ähnliche Zeremonien waren jahrhundertelang den Auszügen japanischer Helden in die Schlacht vorausgegangen.

Weiße Stirnbinden, Hachimaki, symbolisierten Mut und männliche Haltung, sowie Reinheit patriotischer Entschlüsse. Den Kamikaze-Piloten zu Ehren riefen zurückbleibende Kameraden unermüdlich immer wieder ihre Namen *(III 229)*.

Kamikaze-Flieger, die unmittelbar vor ihrem Einsatz standen, meditierten, verfaßten Abschiedsbriefe oder, wie früher die Krieger, Abschiedsgedichte. Dann bestiegen sie ihre furchterregenden, mit Sprengstoff gefüllten Maschinen und erloschen in Frieden.

GEDANKENAUSTAUSCH ZWISCHEN DEN KRIEGSPARTNERN JAPAN UND DEUTSCHLAND

Im Hinblick auf eine offensichtliche geistige Verwandtschaft radikaler Kampfmethoden von Japanern und Deutschen erhebt sich die Frage, inwieweit japanische Erkenntnisse deutsche Militärs beeinflußten und umgekehrt.

Bei jenem am 27. September 1940 unterzeichneten »Dreimächtepakt« handelte es sich um ein ziemlich blutleeres Gebilde, wie der geheime Notenwechsel bald ergab *(XXXVI 20)*. Darüber konnte selbst der historische Staatsbesuch des japanischen Außenministers

Matsuoka, der am 27. März 1941 mit großem Gepränge in Berlin begann, nicht hinwegtäuschen.
Zwar galt General Hirosho Oshima, der japanische Botschafter in Deutschland, als »glühender Apologet der deutsch-japanischen Waffenbrüderschaft« *(XXXVI 159)*, aber offenbar gerade deswegen wurde er von seiner eigenen Regierung vernachlässigt und ungenügend informiert *(XXXIX 173)*.
Hitler ließ seine zu Verbindungsgeneralen ernannten Attachès nur eben soweit in Kenntnis setzen, daß sie von Fall zu Fall vermittelnd mitreden konnten. Er hatte sich nur sehr schwer dazu durchringen können, den Japanern feste Zusagen zu machen. Erst vier Tage nach dem japanischen Angriff auf Pearl Harbor entstanden klare Verhältnisse: Am 11. Dezember 1941 überreichte Thomsen im Auftrage der Reichsregierung dem amerikanischen Außenminister die deutsche Kriegserklärung *(XXXVI 41)*.
Es schien ganz so, als ob die ab Januar 1942 gebildeten militärischen Kommissionen ein Instrument gemeinsamer Kriegsführung sein könnten. In Wirklichkeit blieben sie jedoch bedeutungslos. Die Japaner reisten sehr aufmerksam umher.
Dem Chef des Wehrmachtführungsstabes war es nicht erlaubt, gegenüber verbündeten Militärs eigene Gedanken zu entwickeln. Infolgedessen beschränkte sich Generaloberst Jodl innerhalb der beiden letzten Jahre vor dem Zusammenbruch auf nur fünf Gespräche mit japanischen Kommissaren *(XXXVI 185)*.
Selbst in Seekriegsfragen kam es trotz Einigung auf eine Operationsgrenze, die entlang dem 70. Längengrad verlief, wegen des Argwohns der Japaner zu keiner echten Kooperation. Beide Partner blieben reserviert, jeder focht für sich *(VI Bd I 540)*.
Japan stand der deutschen Siegeszuversicht im Kampfe mit Rußland skeptisch gegenüber *(LI 231)*.
Welch tiefes Mißtrauen eine wirksame Kriegskoalition zwischen Japan und Deutschland an allen Ecken und Enden behinderte, verdeutlicht der Inhalt eines Briefes, den Himmler am 29. Dezember 1942 an »Sämtliche Hauptamtschefs und SS-Obergruppenführer Kurt Ellersiek« richtete und in dem er unter anderem schrieb:
»... Einige Mitglieder der japanischen Botschaft zeigen in manchen Dingen eine merkwürdige und taktlose Neugierde. Ich nehme an, daß sie in falscher Auffassung von Aufträgen aus Japan auch

die Aufgabe zu haben glauben, Nachrichten aus Deutschland und über Deutschland selbst zu holen ...« Danach folgten genaue Anweisungen für das Verhalten gegenüber japanischen Freunden. Himmlers Brief endete schließlich mit dem strikten Befehl, »... über jeden Besuch ... sofort einen Bericht anzufertigen ...«, der ihm am anderen Tage zuzuschicken sei. »Der Bericht hat alle Gespräche, die mit jedem einzelnen Japaner geführt wurden, wiederzugeben. Insbesondere ist das Augenmerk auf neue Fragen und Anzapfungen zu richten.« *(XXXXV 174).*

Zurückhaltung war aber genau das Gegenteil jenes Kernsatzes in Artikel 3 des Paktes, der die ausdrückliche gegenseitige Verpflichtung enthielt, »... sich mit allen politischen, wirtschaftlichen und militärischen Mitteln zu unterstützen.«

Allerdings mußten wegen der Ungunst der Verhältnisse rasch wirkende Absprachen innerhalb des militärischen Bündnisses schon alleine deshalb ausscheiden, weil die Entfernungen zu groß waren: Kuriere benötigten für die Strecke Berlin–Tokio etwa zehn Tage. Eine schnellere, zuverlässige Nachrichtenverbindung bestand für die Dauer nicht. Nachdem im Jahre 1944 zwei sechsmotorige Flugzeuge des Typs Ju 390, Serie A-1, einen inoffiziellen Langstreckenrekord aufgestellt hatten, wurde diese Maschine zwar zeitweilig als Kurierflugzeug benutzt. Aber auch hier schleppten sich Verhandlungen über einen Lizenzbau der Ju 390 in Japan bei der Firma Junkers in Gernrode bis 1945 ergebnislos hin *(Der Flieger, Nr. V, Aufsatzreihe »Aus den Geheimfächern der deutschen Luftfahrtindustrie«, 3. Teil, Seite 114).*

Deutscherseits sah man sich später, als immer mehr Terrain verlorenging, in merkwürdigem Pflichtbewußtsein genötigt, geheime Informationen durch Unterseeboote oder Blockadebrecher auf langen Fahrten nach Japan schaffen zu lassen *(XXXVI 23).*

Nur einmal, im Jahre 1943, hatte es bei den Oberkommandos der Verbündeten den Anschein gehabt, als ob die militär-politischen Beziehungen in dem ursprünglich gewollten Sinne auftauen könnten. Doch Rückschläge an den Fronten sowie mangelhaftes Interesse im Wehrmachtführungsstab brachte diesen zarten Trieb bald wieder zum Verdorren.

Hitler machte kein Hehl aus seiner Abneigung, die allerdings nicht immer bestanden hatte. Am 5. März 1943 drückte er seine Einstel-

lung im Führerhauptquartier »Wehrwolf« bei der »Mittagslage« mit folgenden Worten aus:
»Man darf nichts darauf geben, was die Japaner sagen. Ich glaube kein Wort davon ... Sie lügen einem die Hucke voll, und ihre ganzen Darstellungen sind auch alle auf etwas berechnet, was sich hinterher als Täuschung erweist« *(XXXIX 169)*.
Wer hätte angesichts dieser deutlichen Meinung des Obersten Befehlshabers erwartet, daß sich die Verhaltensweise der deutschen Luftwaffe gänzlich anders äußerte?
Tatsächlich erinnerte sich Generalfeldmarschall Milch nach dem Kriege noch genau daran, daß es zunächst enthusiastisch geheißen hatte: »Alles *kann* den Japanern gegeben werden«, und zwar uneingeschränkt alles, auch streng Geheimes. Bald wurde sogar ein Muß daraus – gemäß dem Willen des Führers. Aber etwa sechs oder neun Monate später sei der einschränkende Befehl gekommen, man habe spezielle Erlaubnis einzuholen, bevor etwas preisgegeben werde. Kaum ein Vierteljahr danach habe es dann allerdings wieder »Kommando zurück« geheißen und die Einschränkung sei für den Bereich der Luftwaffe wieder aufgehoben worden.
Milch meinte, die Japaner seien überhaupt nicht ängstlich gewesen, alles zu fordern. Von der deutschen Luftwaffe sei ihnen aber auch buchstäblich alles angeboten worden. Und sie nahmen alles. Dabei zeigten sie sich an Waffen weitaus mehr interessiert als an Flugzeugentwicklungen. Ganz besonderes Interesse brachten sie der deutschen Flugzeugkanone Mk 108, Kaliber 3 cm, entgegen. *(S. I. 3)*.
In einzelnen Fällen, wie zum Beispiel bei Willy Stör, einem Einflieger der Firma Messerschmitt, stellte die deutsche Führung den japanischen Verbündeten sogar auf Jahre hinaus qualifizierte Fachkräfte zur Verfügung. Mit Hilfe von drei mitgebrachten Messerschmitt Bf 109, einem Fieseler Storch sowie einer später durch die Blockade durchgeschleusten Me 410 gaben Stör und sein Mechaniker Herbert Kaden ihr Wissen in den Kawasaki-Werken in Gifu und Kobe, oder in Tatshikawa, wo sich die japanische Luftwaffen-Erprobungsstelle befand, bereitwillig preis.
In Kobe befanden sich »viele deutsche Ingenieure und Werkmeister von Daimler-Benz«, die dort den Lizenzbau des Flugzeug-

motors DB 605 vorantrieben *(Der Flieger, Heft 2/1950, S. 26ff.).*
Im Frühjahr 1944 gelangten nach einigem Zögern von deutscher Seite Konstruktionspläne des neuartigen Düsenjägers vom Typ Messerschmitt Me 262 in die Hände japanischer Techniker. Daraus entstand der erste japanische Düsenjäger vom Typ »Nakajima-Kikka«, eine Maschine, die unter anderem auch bei Kamikaze-Einsätzen Verwendung finden sollte. »Kikka« bedeutet Chrysantheme; auch die Bezeichnung »Kitsuka«, Orangenblüte, war gebräuchlich für dieses Flugzeug. Für den Bau der Triebwerke ME12 (Tr 12) mit 690 Pfund Schubkraft diente ebenfalls eine deutsche Vorlage, nämlich das deutsche Düsenaggregat BMW-003.
Doch trotz aller Anstrengungen konnte sich der erste Prototyp der »Nakajima« nicht vor dem 7. August 1945 in die Luft erheben – ein paar Tage vor der japanischen Kapitulation *(III 298).*
Als sich während des Sommers 1944 eine deutsche Niederlage abzuzeichnen begann, gaben die Japaner ihren Freunden im Westen zu bedenken, ob es nicht sinnvoll und an der Zeit sei, deutsche Spezialisten dem feindlichen Zugriff durch eine Evakuierung nach Japan zu entziehen. Das japanische Interesse konzentrierte sich dabei abermals auf neuartige Waffen, Munition, Patente, »kriegswichtige Erfindungen« sowie dazugehöriges qualifiziertes Personal.
Im Dezember 1944 gab die Firma IG-Farben unter Druck der Reichsregierung Patente zur Herstellung synthetischen Benzins an die Japaner heraus – was Matsuoka übrigens bereits im April 1941 anläßlich seines Staatsbesuches in der deutschen Hauptstadt vergeblich erbeten hatte *(XXXVI 212).*
Ebenso im Dezember 1944 entstand der Plan, den neuernannten Luftwaffen-Attaché, General der Flieger Kessler, gemeinsam mit 27 Düsenjäger- und V-Waffen-Technikern nach Japan zu entsenden. Tatsächlich stach dann auch knapp zwei Wochen vor dem deutschen Zusammenbruch eine Spezialistengruppe an Bord eines U-Bootes in See. Die Fahrt endete jedoch bald nach der deutschen Kapitulation in einem amerikanischen Hafen *(XXXVI 213).*
Auf deutsche Vorbilder gingen zurück die Kawanishi Baika (»Pflaumenblüte«), ein V-1-Nachbau, der aber auch erst im Juli 1945 fertiggestellt wurde, sowie der »Göttliche Drache«, Typ 7 Yonosuka-Mizuno-Shinryu, ein Segelflugzeug in Billigstbauweise und insofern der deutschen Bachem »Natter« ähnlich.

Aussichtsreichen japanischen Konstruktionen, die nach Ansicht japanischer Fachleute ideale Kamikaze-Maschinen waren, lagen deutsche Vorbilder zugrunde, ohne daß die Deutschen in der Mehrzahl der Fälle an einen derartigen Verwendungszweck gedacht hätten *(III 303)*. Internationale Luftfahrtexperten sehen eine enge Verwandtschaft zwischen der V-4 »Reichenberg«, mit welcher nicht nur Himmler, sondern auch Luftwaffenführer deutschen Piloten Selbstaufopferungseinsätze ermöglichen wollten, und der japanischen »Ohka«-Bombe *(VIII 150)*. Weiter unten wird mehr darüber zu sagen sein.

Botschafter Oshima harrte bis zum Februar 1945 in dem zerbombten Berlin aus *(XX 428)*. Am 23. Februar 1945 hatten alle übrigen ausländischen Missionen, mit Ausnahme der schweizerischen, die untergehende Reichshauptstadt bereits verlassen. *(XXXVIII 585)*. Beim Zusammenbruch des Hitler-Regimes geriet Oshima in Gefangenschaft *(XXXIX 173)*.

Wenige Monate vorher war es ebenfalls Oshima gewesen, der Oberst Herrmann aufhorchen ließ, als anläßlich einer Rede vor Heeresrekruten in Döberitz das Wort »Kamikaze« fiel. Herrmann nutzte die Gelegenheit, sich aus erster Hand darüber informieren zu lassen. Allerdings: Ob ihn dieses Gespräch mit dem japanischen Botschafter beeinflußte, daran kann sich der Gründer des deutschen Ramm-Kommandos heute nach all diesen Jahren nicht mehr erinnern. *(Brief Herrmann 17. 2. 77.)*

Krieg als Urschwäche oder Fluch lenkt Gedanken offenbar unabhängig von Zeit, Nationalität und Raum auf Extreme, sobald nur gewisse analoge, sich gegenseitig bewirkende Grundvoraussetzungen gegeben sind, wie etwa Not, Ausweglosigkeit, selbstentäußernder Siegeswille, brutaler Kampfgeist – oder auch Ehrgeiz.

Relativ lange bevor der spätere Oberst Herrmann gegen Ende des verzweifelten Ringens der deutschen Luftwaffe Ramm-Verbände einsetzen durfte, hatte es auch in Deutschland, ähnlich wie in Japan und auch bei den Alliierten, außergewöhnliche fliegerische Sondereinheiten gegeben. Eine dieser Sondereinheiten in Deutschland, deren Bezeichnung »Wilde Sau« schon einiges vorwegnimmt, hatte Herrmanns Soldatenruhm im Jahre 1943 fest begründet und auf höchste Spitzen getrieben.

Fliegerische Sondereinheiten vor Gründung eines deutschen Ramm-Kommandos

HAJO HERRMANNS »WILDE SAU«

Verbandsführer der deutschen Fliegerwaffen qualifizierten sich durch die Höhe ihrer jeweiligen Vernichtungsziffern – Feindflugzeuge, Kriegsschiffe, Feindpanzer, Transportmittel und so weiter. Sie konnten ihrem Vaterlande allerdings auch durch kühne Ideen dienen und zugleich auf sich persönlich aufmerksam machen *(XXX 82).*

Als Major Herrmann am 2. August 1943, einen Tag, nachdem er 30 Jahre alt geworden war, mit der Verleihung des Eichenlaubs zum Ritterkreuz des Eisernes Kreuzes ausgezeichnet worden war, hatte die deutsche Führung sowohl hervorragende Abschußerfolge als auch die beherzte Aufstellung eines verwegenen Nachtjagdverbandes honoriert. Der Dank galt der »Wilden Sau«.

Der Gründung dieses Verbandes war die alarmierende Feststellung vorausgegangen, daß raffinierte Störmittel der Alliierten hochempfindliche Geräte in deutschen Nachtjagdmaschinen lahmgelegt hatten. Ein kompliziertes, kostspieliges und dazu noch wenig flexibles und höchst anfälliges Nachtverteidigungssystem war nahezu unwirksam geworden *(LXXII 279, 293).* Bevor jedoch das britische Bomberkommando, dem grundsätzlich alle Nachtoperationen oblagen, seinen Triumph so richtig auskosten konnte, hatte Göring am 27. Juni 1943 auf dem Obersalzberg in Gegenwart Jeschonneks dem damaligen Kampfflieger-Major Herrmann endlich gestattet, gegen den erbitterten Widerstand Kammhubers eine alte Idee zu verwirklichen: Die helle Nachtjagd.

Normale Jagdmaschinen der Typen Bf 109 und Fw 190, mit erfahrenen Kampffliegern bemannt, sollten ohne aufwendige Apparatur und infolgedessen immun gegen Störmanöver nachts in den Kampf gegen britische Großbomber geworfen werden. Die Jäger, alles Freiwillige, operierten ähnlich wie am Tage, nach Sicht.

Scheinwerfer entrissen die Bomber der schützenden Dunkelheit. Im Verborgenen lauernde Jäger konnten nun überraschend auf gut sichtbare Feinde zustoßen.
Als die Engländer mehr und mehr dazu übergingen, in Wolkenwetterlagen auszuweichen, flogen sie bald in eine neue Falle: Geschickt arrangierte künstliche Beleuchtung erhellte die Wolkenschichten von unten her, so daß die Bomber den über ihnen kreisenden Nachtjägern nun wie langsam wandernde Markierungskreuze auf einer Mattscheibe erschienen. Brände nach Bombenwurf verstärkten diese Wirkung. *(Brief Herrmann 17. 2. 77).*
Die Jäger der »Wilden Sau« nutzten ihre Chancen weidlich aus. Generaloberst Hubert Weise, Luftwaffenbefehlshaber Mitte, sowie Generalfeldmarschall Erhard Milch waren begeistert. Sie unterstützten den Major, und Kammhuber sah sich am 15. September 1943 unversehens abgelöst. An die Stelle des Generals der Nachtjagd setzte Göring den erfolgreichen Herrmann. Zur Kernzelle des neuartigen Nachtjagdverbandes wurde das JG 300 bestimmt, dessen Gruppen in Bonn-Hangelar, Oldenburg und Rheine sofort die Spezialausbildung aufnahmen. In rascher Folge stießen die Jagdgeschwader JG 301 in Neubiberg sowie JG 302 in Döberitz hinzu – insgesamt gesehen ein abenteuerlicher Haufe *(LXXXIII 193; LXXXXIII 90)*, der überwiegend noch keine eigenen Maschinen besaß, sondern vielmehr die Flugzeuge der am jeweiligen Platz liegenden Tagjäger benutzte.
Die drei neuen Nachtjagdgeschwader verkörperten den ersten aufsehenerregenden Sonderverband Herrmanns, die »Wilde Sau«, als 30. Jagddivision der neugebildeten Luftflotte Reich zugeordnet *(LXXV 277)*. Herrmann avancierte zum Oberstleutnant. Sein Ruhm verbreitete sich rasch. Oberst von Loßbergs »Zahme Sau« – eine Verfolgungsnachtjagd mit Fühlungshalter – ergänzte das System auf wirksame Weise. In der Bf 110 erwies sich die Mitnahme eines dritten Mannes zur verstärkten Beobachtung, Erkennung und Navigation als vorteilhaft *(RL 8/88; MA)*.
Der neuen Taktik fielen im Monat August 1943 bei 702 eingesetzten deutschen Jägern 182 feindliche Flugzeuge zum Opfer – 96% davon viermotorige Bomber der R.A.F. Über 75% der Feindberührungen führten zum Erfolg *(RL 8/88)*. Das britische Bomberkommando geriet an den Rand des Erträglichen *(LXVIII*

Vol II 34). Erst als die »Corona«-Störmethode zum Einsatz kam, besserte sich die Situation für die Briten ein wenig.

Im Herbst des Jahres 1943 führten Umgruppierungen innerhalb der Jagdwaffe zur Erweiterung der Kompetenzen des Generals der Jagdflieger um den Bereich der Nachtjagd. Galland bot Herrmann fünfhundert Tagjäger zur Nachtverwendung an *(LXXXIII 113).*

Die Idee einer Zusammenfassung der Inspektionen von Tag- und Nachtjagd sowie der damit verbundene Rationalisierungseffekt stammten von Hajo Herrmann. Mit seinem Vorschlag bei Koller und Göring habe er sich der Sache wegen freiwillig einer Position begeben *(Brief Herrmann 11. 2. 77).* Und so wurde Herrmann am 27. November 1943 Inspekteur aller Nachtjagdverbände, allerdings unter Galland.

Dann aber begann sich das Blatt zu wenden.

Nach einer stattlichen Reihe von Erfolgen zeigten sich nun auch verstärkt Nachteile des Verfahrens »Wilde Sau«. Es häuften sich Brüche der kleinen, schnellen Jagdflugzeuge bei Start und Landung in der Dunkelheit.

Als zum Beispiel eines nachts über einhundert Jäger plötzlich und unkoordiniert nach aufregendem Kampf in Brandenburg-Briest einfielen, hatte es über dreißig zum Teil schwere Unfälle gegeben *(LXXXIII 133).* In der Nacht zum 4. Januar 1944 gingen 15 Flugzeuge ohne Feindeinwirkung verloren.

Als außerordentlich nachteilig hatte sich erwiesen, daß wegen knappen Benzinvorrats die eigentliche Jagdzeit auf 30 Minuten begrenzt war. Ausfall des einzigen Triebwerks bedeutete Totalverlust des Flugzeuges; Notlandungen bei Nacht waren ausgeschlossen. Nur mit einfachen Navigationsinstrumenten ausgestattet, hatte ein Pilot, der bei längeren Blindflügen die Orientierung verlor, abzuspringen; die Maschine zerschellte dann irgendwo.

Ungenügend ausgerüsteten einmotorigen Nachtjägern machte das Wetter zu schaffen. Bei 6/10 Wolkenbedeckung wurde die »Wilde Sau« problematisch, bei voller Bewölkung unverantwortlich *(XXXIII 125).*

Bald überstiegen eigene Verluste und Ausfälle den Erfolg.

Nicht lange nachdem Oberst Herrmann am 23. Januar 1944 durch Verleihung der Schwerter zum Eichenlaub weitere Ehrung erfahren hatte, gab Reichsmarschall Göring dem Drängen Gallands nach: Er ordnete den Abbruch einmotoriger Nachtjagd-Einsätze an, was ihm um so leichter fiel, als inzwischen die deutsche Industrie der dunklen Nachtjagd durch ein neues Bordgerät, das SN2, bessere Einsatzmöglichkeiten eröffnet hatte. Als die Radarlücke auf diese Weise von der deutschen Technik wieder geschlossen worden war, hob Galland die 30. Jagddivision Herrmanns auf; er fing, wie er in seinem Buch untertreibt, »die ›Wilde Sau‹ endlich ein« – in Wahrheit liquidierte er sie.

Im Hinblick auf besondere Qualifikationen blieben Herrmanns Piloten jedoch im Rahmen der Schlechtwetter-Jagdgeschwader JG 300 und JG 301 weiterhin beisammen. Einige, die den steigenden Verlusten im fremden Metier entgangen waren, trafen ihren Chef später erneut, allerdings unter ganz besonderen Umständen – im Ramm-Verband. Aber noch war es nicht so weit.

Herrmann übernahm am 22. März 1944 zunächst das Kommando über die 1. Jagddivision und den Schutz der Reichshauptstadt Berlin.

In dieser Zeit machte der ideenreiche Offizier wieder von sich reden. In Umkehrung aller allgemeinen Ansichten plädierte er für einen totalen Verzicht auf sonst peinlichst beachtete Verdunkelungsmaßnahmen in Groß-Berlin. Ob die Stadt dunkel oder hell erleuchtet daläge, meinte er, sei für technisch gut ausgerüstete englische Nachtbomber ohne Belang. Andererseits könnten jedoch feindliche Kampfflugzeuge ohne Verdunkelung viel wirkungsvoller angegriffen werden *(X 272)*. Wohl aus psychologischen Gründen sowie mit Rücksicht auf eine schwergeprüfte Millionen-Stadtbevölkerung setzte sich dieser an sich logische Gedanke Herrmanns nicht durch.

Die »Wilde Sau« hatte Herrmann populär gemacht. Sie hatte ihm dazu verholfen, außergewöhnlichen Einfallsreichtum unter Beweis zu stellen, wobei ein gewisser ökonomischer Effekt nicht zu übersehen war. Eine an Mitteln bereits äußerst knapp gewordene Kriegssituation hatte mit seiner Methode nach damaliger Auffassung hervorragende Berücksichtigung gefunden.

Diese relative Sparsamkeit, jedenfalls bei den Einsatzmitteln – im Falle der einmotorigen Nachtjagd billige Standardjagdmaschinen – sollte sich später bei der Aufstellung von Ramm-Verbänden wiederholen. Für das Prinzip der Freiwilligkeit galt das gleiche. Charakteristisch erscheinen hier wie dort die notgedrungene Hast des Aufbaues – und deren Folgen für die eingesetzten Flugzeugführer. War Herrmanns »Wilde Sau« eine fliegerische Sondereinheit gewesen, deren Angehörige sich durch spezifisches Draufgängertum hart am Rande einer Selbstaufopferung ausgezeichnet hatten, machte eine andere Gruppe deutscher Flieger etwa um die gleiche Zeit kein Hehl aus der bitter ernstgemeinten Absicht, sich im fliegerischen Einsatz persönlich aufzuopfern.

»SELBSTOPFER-MÄNNER« IM KAMPFGESCHWADER 200

Mehr als ein ganzes Jahr vor dem ersten spektakulären Einsatz organisierter Todesflieger durch den japanischen Admiral Ohnischi keimte in Deutschland der Gedanke auf, der inzwischen aufs äußerste bedrohten Heimat durch Luftwaffen-Radikalkampfmittel zu helfen. Noch lag die Wunde, die alliierte Fliegerbesatzungen eine blutige Woche lang der unglücklichen Stadt Hamburg mit dem ersten Ausprobieren sogenannter »Auslöschungs-Bombardierungen« geschlagen hatten, weit offen. Unter diesem Eindruck traf Flugkapitän Hanna Reitsch im August des Jahres 1943 im Berliner »Haus der Flieger« zwei ebenfalls tiefbesorgte Freunde. Der eine war Dr. Theo Benzinger, ein Luftfahrtmediziner, der andere »ein bewährter und erfolgreicher Segelflieger«, Heinrich Lange, dem es seinerzeit geglückt war, Fallschirmjäger in seinem Lastensegler vom Typ DFS-230 direkt im Fort Eben-Emael abzusetzen und der mit diesem Bravourstück wesentlich zum Gelingen der Anfangsphase der deutschen Westoffensive beigetragen hatte. *(LII 246).*
Besonders Lange war verzweifelt. Er hatte in letzter Zeit immer wieder mit ansehen müssen, wie seine Lastenseglerkameraden bei Nachschubtransporten im Süden reihenweise unter den Maschinengewehrgarben britischer Jäger gefallen waren. Nicht nur er hielt diese Art des fliegerischen Einsatzes von Lastenseglern für hellen Wahnsinn. Am tiefsten deprimierte ihn die offenbare Sinnlosigkeit des Opfers seiner tapferen Fliegerkameraden. Sie waren

gezwungen, in schwerfälligen, wehrlosen Lastenseglern in einen fast sicheren Tod zu fliegen – nicht einmal in der primitiven Hoffnung Unterlegener, dem Gegner doch noch im eigenen Untergehen schaden zu können.

Das Fazit aus dieser trostlosen Situation zog nun Lange: Wenn der Tod schon unausweichlich war, dann wollte er doch wenigstens möglichst viele Gegner mit sich ins Verderben reißen.

Benzinger und Reitsch hielten diese Ansicht für richtig. Sie bestärkten Lange in seinem Glauben und ermutigten ihn, ein taktisches Konzept zu formulieren, dessen tragender Gedanke die bewußte Aufopferung eingesetzter Piloten sein sollte.

Auf sieben Schreibmaschinenseiten legte Lange seine Weltanschauung nieder. Sie gipfelte in der Bereitschaft, eine Bombe oder ein Torpedo zu bemannen, um mit dem eigenen Leben entweder ein gegnerisches Kriegsschiff oder eine maximale Anzahl feindlicher Bomber zu vernichten – was immer die Führung als Ziel einer Aufopferungstat bestimmen mochte.

Generalfeldmarschall Erhard Milch, an den Langes Brief gerichtet war, stellte am Dienstag, dem 14. September 1943, diesen ungewöhnlichen Vorschlag bei einer Stabs- und Generalluftzeugmeisterbesprechung zur Diskussion.

Versammelt waren achtundvierzig Persönlichkeiten, Generalstabsoffiziere der Luftwaffe, Militärs aus dem Reichsluftfahrtministerium, Erprobungsspezialisten und hohe Verbandsführer, unter ihnen Oberstleutnant von Loßberg sowie Major Hajo Herrmann, Kommandeur der »Wilden Sau«. Letzterer litt noch an den Folgen einer schweren Verwundung, die er sich beim Absturz seines »Fieseler Storch« zugezogen hatte, als dieser nachts in eine Hochspannungsleitung geraten und abgestürzt war.

Milch hob einleitend hervor, daß Langes Selbstaufopferungsvorschlag nur einer von mehreren sei, über die er in letzter Zeit gehört hatte; alle stammten aus dem Segelfliegerlager. Seinem Metier entsprechend warf der Generalluftzeugmeister zunächst die Frage auf, ob denn wohl geeignete Flugzeugkonstruktionen in kurzer Zeit für derartige Totalverwendungen bereitgestellt werden könnten. Wie sich ergab, befanden sich tatsächlich schon mehrere entsprechende Projekte in der Entwicklung.

Einer der bereits erwogenen Vorschläge sah Jagdmaschinen vor, die mit je 250 kg Sprengstoff unter den Tragflächen und 500 kg unter dem Rumpf beladen, von vorne in feindliche Bomberpulks hineinmanövriert werden sollten. In günstiger Position hatten todeswillige Piloten dann durch Glühzündung ihre geballten Ladungen zur Explosion zu bringen, um dadurch möglichst viele Feindbomber zu zerstören.

Bei einem anderen Vorschlag, der dem KdE zugeschrieben wurde und der das Leben der Flugzeugführer schonte, sollten mit Sprengstoff gefüllte alte Ju 88-Bomber in die Nähe feindlicher Pulks geflogen werden. Die Piloten sollten abspringen, bevor die Zündung die Sprengladung auslöste.

Eine dritte Möglichkeit bestand, wie dem Generalfeldmarschall berichtet wurde, darin, unbemannte, mit Sprengstoff vollgefüllte Kampfflugzeuge von Jägern ferngesteuert in gegnerische Bomberpulks hineinzuleiten und dann auf den Knopf zu drücken.

Bei Anwendung derartiger Spreng-Taktiken hoffte man, jeweils vier bis sechs schwere Bomber der amerikanischen Luftflotte vernichten zu können.

Aber Milch und von Loßberg ließen sich wegen der vermuteten Sprengwirkung nichts vormachen. Von Professor Schardin wußte man, daß Detonationen im freien Luftraum bestenfalls im Umkreis von 40 Metern wirkten. Derartiger Aufwand schien also unrentabel.

Nach einigem Hin und Her lenkte Milch die Debatte wieder zum Ausgangspunkt zurück – zum Selbstaufopferungsanerbieten Langes. Dieser begnüge sich offenbar mit einem Vernichtungsverhältnis von 1:7; reiße er sieben Feinde mit sich in den Tod, wäre nach seiner Ansicht sein Leben nicht vertan. Im übrigen denke er in erster Linie an Schiffsziele.

Petersen hielt im Hinblick auf den menschlichen Aspekt die Aufstellung einer »Todesarmada«, wie er sich ausdrückte, für weit problematischer als die Lösung technischer Fragen. Schließlich äußerte er den festen Glauben an die Möglichkeit, noch »in diesem Winter«, also noch 1943, spätestens jedoch bis zum Frühjahr 1944 die Me 410 mit Bombentorpedo 2000 für Selbstaufopferungseinsätze gegen feindliche Schiffe bereitstellen zu können. Verwende man Katapulte, bliebe zudem noch eine Rettungsmöglichkeit für den Mann.

Aber Milch kam wieder auf die Bekämpfung von Bombern zurück. Langes Bomberbekämpfungsvorschlag schien ihm praktikabler als Selbstaufopferungseinsätze gegen Kriegsschiffe zu sein. Der Gedanke, ohne großen technischen Aufwand die Leitwerke schwerer Bomber durch Rammen, durch »ein paar Sägen vorne«, durch »einen Zerstörpropeller« vernichten zu lassen, fand seinen Beifall, zumal dabei nicht einmal die Notwendigkeit bestand, Piloten in den sicheren Tod zu schicken. Vielmehr könnten sich diese, wie Milch meinte, »bequem« durch Fallschirmabsprung retten.
An der Frage nach Art und Beschaffenheit geeigneten Fluggeräts für diesen speziellen Zweck entzündeten sich erneut Meinungsverschiedenheiten.
Hoffmann machte auf eine Blohm & Voss-Entwicklung aufmerksam. Es handelte sich hier um ein schwer gepanzertes, fast unverwundbares Segelflugzeug. Von oben sollte es in feindliche Bomberverbände hinabstoßen, schießen, abschießen und schließlich rammen.
Gemeint war ein im Entwurf bereits fertiggestellter »Kampfsegler«, der die Typenbezeichnung BV 40 trug. Der Kampfauftrag für BV 40-Gleitjäger sah vor, anfliegende Feindbomberverbände rechtzeitig mit Hilfe schneller Schlepp-Flugzeuge zu übersteigen, auszukuppeln und nach steilem Sturz von vorne möglichst überraschend anzugreifen. Bewußt primitiv konstruiert und ausgerüstet, überwiegend aus Holz gebaut, dafür aber mit allseitig stark gepanzertem Führerraum, der 26 Prozent des Gesamtgewichts beanspruchte, hielt die BV 40 Sturzbelastungen bis zu 900 km/h Geschwindigkeit aus. Im starren Deichselschlepp brachte ein Jagdflugzeug vom Typ Bf 109 einen Gleitjäger dieser Art, dessen Fahrwerk im Start abgeworfen wurde, in 12 Minuten auf 7000 Meter Höhe. Die maximal zulässige Geschwindigkeit im Schlepp betrug 550 km/h. Bäuchlings in der Maschine liegend, bot der Pilot ein relativ kleines Ziel; Fliehkräfte wirkten in dieser Position im Sturz schwächer auf ihn ein.
Nach dieser Beschreibung des Kampfseglers BV 40 wurden im Kreise der Fachleute sofort schwerwiegende Bedenken laut. Wunder Punkt war der langwierige und gefährliche Schleppvorgang. Immerhin mußten die Einsatzhöhen feindlicher Bomber – 7000 bis 9000 Meter – erheblich überstiegen werden. Ja, wenn dieser

Kampfsegler einen eigenen Antrieb hätte, eine kleine Rakete für den Steigflug ...! Da lagen doch bei der Deutschen Forschungsanstalt für Segelflug (DFS) in Ainring umwälzende Entwürfe für ein solches Segelflugzeug mit Raketenantrieb bereits vor, allerdings einen Segel-Aufklärer für extrem große Höhen! Vielleicht kam diese Maschine in Betracht?
Als die Überlegungen an diesem Punkte angelangt waren, fiel dem Generalfeldmarschall plötzlich der Raketenjäger Me 163 ein: »Was dieser Mann (Lange) will, ist doch eine vereinfachte Me 163«, meinte er.
Aber bei näherer Betrachtung schien der Aufwand dann doch wieder zu hoch zu sein; selbst eine reduzierte Me 163 war für einen Totaleinsatz viel zu teuer.
»Ein einfaches, billiges Flugzeug ... das ganz leicht ist«, überlegte Milch. »Das kann der eigene Propeller sein, um dem anderen das Heck abzuhacken.«
Genau so geschah es dann auch, allerdings viel später, wie noch zu erörtern sein wird!
Es war Milch damals schon klar: den Verlust von Ramm-Flugzeugen mußte man in Kauf nehmen. Aber wenigstens die Piloten sollten sich retten können!
»Wenn der Mann eine gute Chance hat, wegzukommen«, sagte Milch, »ob er wegkommt oder nicht, ist eine andere Frage – dann läuft er kein größeres Risiko als jeder Soldat im Kriege. Dafür finden sich viele.«
Auch in diesem Punkte sollte Generalfeldmarschall Milch recht behalten.
Eineinhalb Jahre später brachte Oberst Herrmann, der am 14. September 1943 nur stummer Zeuge jener Diskussion über Selbstaufopferungs- und Ramm-Pläne gewesen war, einen deutschen Ramm-Verband schließlich doch noch zum Einsatz. Alle damals an ein derartiges Projekt geknüpften Forderungen sollten in letzter Stunde verwirklicht werden: Massierung freiwilliger Flugzeugführer; relativ billiges Ramm-Flugzeug; Überlebenschancen; »Zerstör-Propeller« – ja, selbst an die Absicht, Bomberbesatzungen durch rücksichtslosen Ramm-Einsatz deutscher Flieger zu schokken, war seinerzeit von Erhard Milch bereits gedacht worden.
Dessen Vorstellungen von einem Ramm-Unternehmen, das »nicht

als Einzelunternehmen ... sondern als Massenunternehmung losgehen muß«, wurden fast wortgetreu erfüllt. »40 bis 60 solcher Vögel« sollten nach Milchs Meinung »auf den Verband loszischen. Jeder nimmt einen vor, genaue Zielverteilung. Dann gehen 60 hinunter ...« – er meinte, 60 Bomber würden auf diese Weise vernichtet werden. »Das hat einen Zweck«, sagte Milch.
Damals, im September 1943, war sich der Generalluftzeugmeister und Generalfeldmarschall Milch seiner weitsichtigen Worte sicher nicht bewußt.
Er entschied, bevor zum nächsten Punkt der Tagesordnung übergegangen wurde, Überlegungen der besprochenen Art »in bezug auf die Luftbekämpfung ... mit allem Nachdruck (zu) fördern« *(Milch Dokument Vol. 25 7620–7642).*
Doch die Konstruktion eines Kampfjägers vom Typ BV 40 flog zum ersten Male im Mai 1944 – acht Monate danach. Gebaut wurden schließlich sieben Maschinen; zwölf weitere ereilte der Einstellungsstopp noch während der Bauzeit *(Fa. Messerschmitt-Bölkow-Blohm, Brief vom 16. 6. 76).* Aber auch das andere Projekt eines Kampfseglers blieb auf der Strecke.
Das Reichsluftfahrtministerium vermochte zwar die unterbrochene Arbeit an dem hochinteressanten Segelflugzeug mit Hilfsrakete beschleunigt wieder in Gang zu setzen und daraus die DFS-228 entstehen zu lassen, doch obwohl zwölf Exemplare die Erwartungen bestätigten, gelangte keines über die Versuchsbereiche der DFS und der Rechliner Anstalt hinaus, geschweige denn, zum Einsatz *(Der Flieger, »Aus den Geheimfächern ...«, Nr. XVI).*
Unabhängig von diesen zunächst streng geheimgehaltenen Überlegungen im Fliegerlager und ungefähr zur gleichen Zeit hatte SS-Sturmbannführer Otto Skorzeny ebenso verborgen ähnliche Gedankengänge mit der Marine erörtert. Ihm schwebte ein kombinierter Einsatz von Kleinkampfmitteln der Kriegsmarine und Selbstopfer-Männern der Luftwaffe vor *(XXXXI 281).*
Tödliche Sturzflüge auf taktische Ziele als bewußte, heldenmütige Tat entsprachen ganz den Vorstellungen einer germanophilen SS-Führung. Seit ihrem Bestehen erfüllte ein fanatisch-zähes, ja, fast selbstaufopferndes Verhalten die normale Kampfeinstellung der Männer von der Waffen-SS, und dies nicht nur ausnahmsweise. Infolgedessen zeigte sich die SS-Führung an Selbstaufopferungs-

mitteln der Luftwaffe nach wie vor sehr interessiert.

Selbstaufgabe Einzelner im Interesse des deutschen Volkes galt nationalsozialistischen Führern als heroische Tat, ganz besonders in Kriegszeiten. Freitod aus egoistischen Motiven wurde hingegen scharf verworfen. Sowohl Hitler als auch Himmler hatten Gedanken in diesem Sinne geäußert, und Reichsleiter Martin Bormann konkretisierte entsprechende Grundsätze in einem Rundschreiben vom 17. Juli 1944. Später, nun allerdings schon im Angesichte eines düsteren Unterganges, am 6. März 1945, verwies ein Autor im »Völkischen Beobachter« auf philosophische Schriften Friedrichs des Großen über »die Berechtigung des Selbstmords« als eine Art letzte Flucht *(XXIX 544)*.

Fünfzehn Generale der Luftwaffe endeten durch Freitod *(VI Bd II, 581)*.

Generaloberst Robert Ritter von Greim (»Papa Greim«), der schon die »Sturm«-Idee des weiter unten erwähnten Majors von Kornatzki tatkräftig gefördert hatte, unterstützte jetzt auch Bemühungen um ein Korps selbstopferbereiter Deutscher, die nun aber nicht mehr feindliche »Terrorbomber« bekämpfen, sondern vielmehr feindliche Lebensadern und industrielle Herzstücke konzentriert zerschlagen sollten. Als »wichtige Schlüsselpositionen« kamen Elektrizitäts-, Kraft- und Wasserwerke ebenso in Betracht wie Rüstungsstätten und auch Schiffe. *(XXXXI 274)*. Freiwillige Flieger sollten unter Aufopferung ihres Lebens Gleitbomben in solche Ziele lenken.

Sachverständige von der Akademie der Luftfahrtforschung, aus der Luftfahrtmedizin, vom Rüstungsministerium, dazu Flugzeugkonstrukteure, Marineoffiziere sowie Vertreter der Waffengenerale der Luftwaffe erklärten den Einsatzplan nach eingehender Beratung für sinnvoll und praktikabel *(XXXXI 276)*.

Aber zunächst verweigerte Hitler ärgerlich seine Zustimmung, als er zum ersten Male am 28. Februar 1944 auf dem Berghof gelegentlich einer Teestunde durch Hanna Reitsch von dem geplanten Vorhaben erfuhr. Frau Reitsch, die soeben aus der Hand des Führers nachträglich zur Verleihung des Eisernen Kreuzes I. Klasse eine Urkunde entgegengenommen hatte, erreichte dann aber doch wenigstens die Erlaubnis, mit den Vorbereitungen für fliegende Selbstopferwaffen fortfahren zu dürfen. Lediglich die Bestimmung

eines Einsatzzeitpunktes behielt Hitler sich vor.
Zeuge dieser denkwürdigen Unterredung war der Luftwaffenadjutant Hitlers, Oberst Nicolaus von Below, gewesen. Um Aufhellung des offensichtlichen Widerspruches zwischen den Darstellungen von Reitsch und Baumbach gebeten, antwortete von Below, Hitler habe »in früherer Zeit beiden ... den« Selbstopfer-»Einsatz abgeschlagen«.
Ungeachtet dessen nahm jedoch General Korten, damaliger Chef des Generalstabes der Luftwaffe, die Organisation eines entsprechenden Sonderkorps in die Hand. Technische Vorbereitungen traf Abteilungsleiter Heinz Kensche vom Reichsluftfahrtministerium, ein Diplom-Ingenieur, der aus fliegerischer Begeisterung schon an Rhön-Segelflugwettbewerben der Jahre 1932–1934 teilgenommen hatte.
Als Einsatzgerät faßte man zunächst einen bereits konstruierten Einsitzer vom Typ Me 328 mit nur fünf Metern Spannweite ins Auge. Bei einer Geschwindigkeit von etwa 750 Stundenkilometern betrug die Gleitzahl dieses ursprünglich als Jäger oder Zerstörer konzipierten Flugzeuges 1:5. Im Rumpfbug sollte es entweder eine Spezialbombe oder ein Bombentorpedo tragen. Im Huckepack-Schlepp auf Bomber vom Typ Do 217 montiert, hätte ein Selbstopfer-Pilot eine Me 328 in Zielnähe eigenhändig abkuppeln können. Danach sollte dann das Ziel im Gleitflug ohne Eigenantrieb erreicht und im gezielten Sturz zerstört werden.
Probeflüge in Hörsching bei Linz verliefen einwandfrei.
Im April des Jahres 1944 erteilte das RLM einer Thüringer Firma Auftrag zum Serienbau von Me 328-Flugkörpern, ohne daß die Produktion jedoch wirklich anlief *(XXXXI 281).*
Nachdem Skorzeny in das Vorhaben der Luftwaffe eingestiegen war, konzentrierte man sich nun darauf, die inzwischen eingesetzte Vergeltungswaffe V-1 für bemannte Todesflüge herzurichten.
London hatte den ersten Einschlag einer V-1 am 14. Juni 1944 erdulden müssen. Insgesamt detonierten dann etwa achttausend dieser Lenkbomben innerhalb von drei Monaten auf englischem Boden *(V 325, XXIV 47).* Ab 1. September 1944 konnten jedoch wegen des alliierten Vormarsches im Westen keine V-1 mehr von Festlandsrampen aus gegen England abgeschossen werden.
Zum Leidwesen Skorzenys gingen Milchs Ingenieure aus dem

RLM mit üblicher Gründlichkeit ans Werk. In ihren Augen war ein V-1-Umbau zu einem bemannten Flugzeug keineswegs unproblematisch; jedenfalls forderten sie ein halbes Jahr Entwicklungszeit.

Das dauerte Skorzeny zu lange; er nahm die Sache selbst in die Hand *(S. I. 3)*.

Mit allerlei Tricks erreichte der Held der Unternehmung »Alarich«, der prominente Mussolini-Befreier, binnen kurzem, einigermaßen befriedigende Produktionsvoraussetzungen zu schaffen. In einer »kleinen Klausur« und unter Hochdruck begannen drei Ingenieure sowie fünfzehn Werkmeister und Arbeiter der Flugzeugfirmen Heinkel und Junkers *(S. I. 3)* im Sommer 1944 mit dem Umbau der V-1 *(XXXXVI 181)*. In radikaler Abkehr vom soeben erst gewonnenen Prinzip unbemannter Lenkbomben entstanden nun in aller Eile und unter dem Mantel strenger Verschwiegenheit unter der Tarnbezeichnung »Reichenberg« drei Versionen ›bemannter V-1‹ als V-4. *(VI Bd I 467):*

Ein Doppelsitzer mit zwei getrennten Pilotenkabinen, die eine vor, die andere hinter den Tragflächen angeordnet, mit Doppelsteuer, ohne Triebwerk, als Einweisungsmaschine; ein Einsitzer mit Kufe, Landeklappen und Triebwerk als Trainer und schließlich eine dritte Version, die Einsatzmaschine: einsitzig, ohne Triebwerk und, wegen des Totaleinsatzes, auch ohne jede Landehilfe.

Alle drei Typen starteten aus dem Tragschlepp eines Bombers vom Typ He 111; die Aufhängevorrichtung befand sich unter der rechten Tragfläche *(XXXXI 282)*.

Piloten der Luftwaffenerprobungsstelle Rechlin sowie Flugkapitän Reitsch unternahmen vom Flugplatz Lärz aus Testflüge mit verschiedenen V4-Typen. Obwohl die »Reichenberg« gute Flugeigenschaften aufwies und selbst Durchschnittspiloten keine Probleme aufgeben würde, verliefen nicht alle Flüge glimpflich.

Frau Reitsch flog die V4 mit 850 km/h Geschwindigkeit aus. Baumbach zufolge barsten schon bald nach Abschluß der Erprobungen die Flughallen auf dem Flugplatz Prenzlau in der Uckermark, in dessen Nähe der Reichsführer-SS sein Feldquartier aufgeschlagen hatte, von »Reichenberg«-Gleitbomben. Skorzeny berichtet von insgesamt 28 hergestellten Flugkörpern, davon acht Versuchsmaschinen *(XXX 268, XXXXVI 186)*. Im krassen Gegensatz dazu berichtet Irving von etwa eintausend Flugbomben, die »15 km südostwärts von Dahlenburg bei Hamburg« von *Paperclip*-Wissenschaftlern entdeckt worden seien. Kleine Pilotenkanzeln wiesen auf beabsichtigte Bemannung dieser Bomben hin. Die geschilderte Kargheit von Einrichtung und Instrumentierung sowie fehlende Landeeinrichtungen enthüllten deren Zweckbestimmung als »Selbstopfer«-Waffe *(LXXXIII 346)*.

Auf eine Anfrage im Jahre 1970 hin bestritt Speer damals geplante Einsätze von bemannten V-1. Seine Argumente bezogen sich auf seiner Meinung nach zu geringe Geschwindigkeiten und ungenügende Steigfähigkeiten der V-1. Er übersah allerdings die Absicht, bemannte V-1 im Tragschlepp einzusetzen; für die Endphase von »Selbstopfer«-Einsätzen hätten die Leistungen durchaus genügt *(S. I. 3)*.

Nach anfänglicher Geheimhaltung hatte sich die Absicht, einen Selbstopfer-Verband von Flugzeugführern zu gründen, bei den Lastenseglern, den Kameraden von Oberleutnant Lange, gezielt herumgesprochen. Eine eigentliche Werbung wurde nicht betrieben. Schon bald liefen erste Freiwilligenmeldungen ein.

Auch Hanna Reitsch, Heinz Kensche und sogar der Minister für Rüstung und Munition, Albert Speer, stellten sich spontan zur Verfügung. Aus dem Angebot wählte man, laut Reitsch, schließlich siebzig völlig normale Männer als Kader aus, zumeist Familienväter.

Skorzeny erzählte, während die Luftwaffe 60 Fähnriche stellte, habe er aus seinem eigenen Sonderverband 30 SS-Leute auf einen Pilotenkurs geschickt, um sie danach als Selbstopfer-Männer zu verwenden. In seinem Brief vom 11. Juni 1970 an David Irving spricht er dann allerdings von 200 Mann *(S. I. 3)*.

Die Freiwilligen hatten folgende schriftliche Erklärung abzugeben:

»Ich melde mich hiermit zum SO-Einsatz als Führer der bemannten Gleitbombe. Ich bin mir bewußt, daß dieser Einsatz mit dem Tod endigt.

Unterschrift.«

»SO« bedeutete »Selbstopfer«. Dieselbe Abkürzung mit offenbar demselben schwerwiegenden Inhalt sollte später im Zusammenhang mit dem weiter unten noch zu besprechenden ersten organisierten Ramm-Einsatz deutscher Jagdflieger vom Oberkommando

der Luftwaffe benutzt werden *(S.I. 1; 3.4. u. 7.4.45 KTB)*.
General Korten teilte die Freiwilligen dem später von Oberstleutnant Baumbach geführten Kampfgeschwader 200 zu, das sich als Sammelbecken für Sonderwaffen und Sonderkampfmittel innerhalb der Kampffliegertruppe entwickelt hatte. Dem KG 200 gehörten unter anderem auch drei Langstreckenflugzeuge vom Typ Ju 290 an, die übrigens im Sommer 1943 für Skorzeny Spezialtruppen zu aufständischen Bergstämmen im Irak befördert hatten. *(XXXXVI 82)*. Auch der »Zirkus Rosarius«, eine Demonstrationsschau erbeuteter Feindflugzeuge, war ein Bestandteil des KG 200.
Dort lebten nun die SO-Männer eingeschlossen »im engen Kreis ihrer militärischen Einordnung«, wie Hanna Reitsch sich ausdrückt *(XXXXI 287)*. Diese Männer hatten weder Auszeichnungen noch besonderen Ruhm zu Lebzeiten zu erwarten. Später sollen dann allerdings Piloten dazugekommen sein, von denen Baumbach behauptet, sie seien von Skorzeny dazu gepreßt worden. Lange bestätigt, daß Skorzeny das Ansinnen an ihn gerichtet habe, degradierte Offiziere der Waffen-SS zu verwenden; dies sei aber strikt abgelehnt worden.
Erster Kommandant der SO-Männer wurde Gottlieb Kuschke *(XXX 268)*. Danach betreute Kesselrings ehemaliger Oberquartiermeister, Oberst Heigl, der im Sommer 1941 als Nachschubsachbearbeiter Verdienste erworben hatte *(LIII 125)*, die Gruppe *(VI Bd I 467)*.
Man schulte, mehr geschah noch nicht.
Dann, nach der Invasion der Alliierten in der Normandie, schien der Tag des Einsatzes gekommen zu sein.
Wie aus der Tagesnotiz vom 9. Juni 1944 des Chefs des Luftwaffenführungsstabes, die sich auf »Feindlandungen im Westen« bezog, hervorgeht, hatte Oberst i. G. Christian an General Koller Einsatzbereitschaft einer Gruppe des KG 200 »mit 10 Offizieren und 29 Mann im Totaleinsatz« gemeldet. Diese Formulierung sowie die Erwähnung von Oberst Heigl im selben Atemzug enthüllt diese Gruppe als »Selbstopfer-Männer«. Koller, damals noch Chef LW FSt, befahl, deren Einsatz an der Invasionsfront vorzusehen.
Dann hatte er am 16. Juni 1944 durch Hauptmann Mörbitz an Major i. G. Büchs über Major Bodenberger jene geheimnisvolle

Frühes Beispiel elnes Zusammenstoßes von Flugzeugen während eines Luftkampfes: Hauptmann Oswald Boelcke, Fliegerheld im Ersten Weltkrieg, ausgezeichnet mit dem Pour le mèrite, büßte nach 40 Luftsiegen sein Leben ein, als er beim Luftkampf unglücklicherweise mit seinem Staffelkameraden Leutnant Böhme kollidierte. Boelcke war 25 Jahre alt.

Takuan, ein bedeutender ZEN-Meister des siebzehnten Jahrhunderts.

Oberst Hajo Herrmann, zum Schluß des Krieges Kommandeur der 9. Fliegerdivision (J), hochbegabt, erfolgreich. Ursprünglich Kampfflieger, entwickelte er unter anderem Jagd-Taktiken zur Abwehr tödlicher Bomber-Bedrohung: Nachts startete seine „Wilde Sau", bei Tag ließ er kurz vor dem Zusammenbruch amerikanische Großbomber rammen. Das Ramm-Kommando- „Elbe" entsprang einer seiner vielen, außergewöhnlichen Ideen zur Luftkampfführung, die er fast alle selbst im „scharfen" Einsatz erprobte. (Bundesarchiv Koblenz)

Generalleutnant Adolf Galland, bekanntester überlebender Jagdfliegerführer des Zweiten Weltkrieges, stemmte sich vergeblich dem unausweichlichen Niedergang seiner Jagdwaffe entgegen. Als andere — Kampffliegerführer wie Generalmajor Peltz und Oberst Herrmann — mit andersartigen Vorstellungen über Jagd-Kriegsführung bei Reichsmarschall Göring endgültig durchgedrungen waren, setzte er seine jahrelang innegehabte Stellung als General der Jagdflieger auf's Spiel. Schließlich beendete er seine steile Militär-Laufbahn, wie sie begonnen hatte: als Truppenführer — allerdings an der Spitze des außergewöhnlichen Me 262-„Jagdverbandes 44". (Foto privat)

Flugkapitän Hanna Reitsch.
Selbst diese Frau, der Fliegen Leben bedeutet, erklärte sich in einer Situation, die heute kaum noch jemand begreift, aus tiefer Vaterlandsliebe bereit, am Steuer einer Gleitbombe ein feindliches Ziel zu vernichten — als „Selbstaufopferer"!
(Foto H. Reitsch)

Klein, häßlich, äußerst billig in der Herstellung – der deutsche Gleitjäger Blohm und Voss BV 40; ein Verlustgerät in vollendet primitiver Zweckform, welches unter anderem auch als Ramm-Maschine geplant war. Im Einsatz sollten Jagdflugzeuge vom Typ Bf 109 ihre plumpen Brüder im Deichselschlepp in Überhöhungsposition zu angreifenden Bombern bringen. Bäuchlings im schwergepanzerten Kopfteil der BV 40 liegend, sollten Piloten aus zwei an den Tragflächenwurzeln eingebauten Mk-108-Kanonen je 35 Schuß verfeuern, indem sie auf Feindflugzeuge hinabstießen, und diese schließlich durch Rammen zum Absturz bringen. (MBB/HFB-Bild)

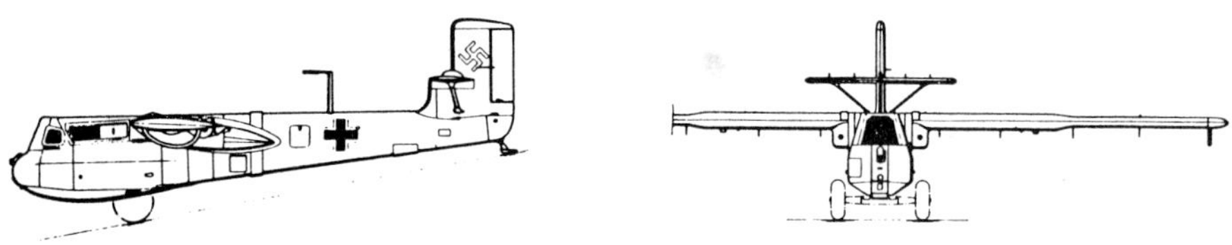

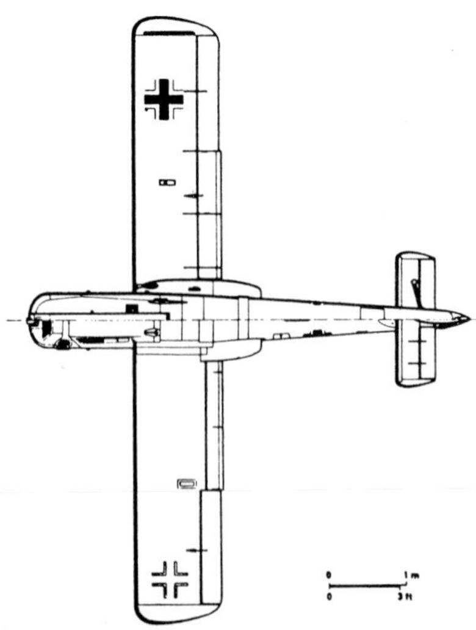

Max. Abfluggewicht ....950 kp

Leergewicht.........................830 kp

Flügelfläche ....8,7 m²

Spannweite........................ 7,9 m

Höchstgeschw.................550 km/h
im Schlepp
einer Me 109

Botschaft durchgeben lassen, die offenbar gleichfalls den S.O.-Einsatz betraf: »Maschinenpistole 44 nach Rücksprache mit Generaloberst Jodl für Einsatz Heigl freigegeben. Vorlage ... beim Führer nicht nötig.« Fünfzehn Minuten später war von Oberst i. G. Christian der beabsichtigte Totaleinsatz von »Schwerstjabos« vom Typ Fw 190, Schlachtfliegerversion, gemeldet worden, die ohne weiteres vom General der Schlachtflieger bereitgestellt werden könnten. Jedes dieser Flugzeuge sollte entweder eine 1800 kg-Bombe oder ein 1400 kg-Torpedo ins feindliche Ziel bringen.
Aufgrund dieser Nachricht hatte dann Koller Order gegeben, Vorbereitungen »wie besprochen« zu treffen; inzwischen werde die Entscheidung des Reichsmarschalls eingeholt. Christians zusätzliche Bemerkung, die »Ausbildung kann am 1. Juli beendet sein«, deutet auf Piloten-Umschulung hin. Skorzenys SS-»Selbstaufopferer« waren sicherlich nur soeben in die Geheimnisse der Fliegerei eingewiesen worden.
Letzten Endes rettete die Scheu, Flieger unwiderruflich aufzuopfern sowie ein rasches Vordringen alliierter Invasionstruppen das Leben der einsatzwilligen Männer vom KG 200. Insbesondere Göring hatte gezögert, die letzte Entscheidung zu fällen. In der Nacht des 19. Juni 1944 bat Hauptmann Mörbitz Major Jakob, Herrn Oberst i. G. Christian darüber zu informieren, daß der Reichsmarschall wegen des Totaleinsatzes erst noch mit dem Führer sprechen wolle.
Dabei blieb es.
»Feindlandungen im Westen« waren nun nicht mehr länger aufzuhalten, selbst nicht von todesmutigen »Selbstopfer-Männern«.
Am 17. August 1944 befand sich die Wehrmacht Hals über Kopf auf dem Rückzug aus Frankreich. Ein Satzfetzen in Kollers Tagebuch bezieht sich noch einmal auf den Kommandeur der S.O.-Männer:
»Heigl angewiesen, sich selbst zu motorisieren«. *(S. I. 2; S. 46, 80, 82, 139, 517).*
Damit war die Frage eines Einsatzes von Selbstopfer-Männern an der Invasionsfront endgültig entschieden – zugunsten der weiterlebenden Flugzeugführer.
Doch die Idee war damit noch lange nicht verschwunden.
General Koller, nun im Amte des Generalstabschefs nach der kur-

zen Kreipe-Episode Nachfolger von Generaloberst Korten, der beim Attentat auf Hitler am 20. Juli 1944 ums Leben gekommen war, und Oberst Heigl mochten Menschenleben nur dann bewußt opfern, wenn sich Großes dabei ergab, die Vernichtung eines Kraftwerkes etwa, oder eines Kriegsschiffes.

Mit dieser Kalkulation nahmen sie vorweg, was später von Kapitän zur See Eiitschiro Iyo, dem ehemaligen Militärattaché in Washington sowie Fregattenkapitän Asaitschi Tamai entwickelt und ab Oktober 1944 dann auch konsequent in die Tat umgesetzt wurde: die Idee der Kamikaze-Flieger. Allerdings gingen die Japaner schließlich noch insofern einen Schritt weiter, als sie zur bloßen Panzer- und Artilleriebekämpfung den Kamikaze-Gleiter 7 Yonosuka-Mizuno Shinryu einsetzten, allerdings nicht mehr lange *(III 240)*.

Im Sommer des Jahres 1944 erörterten Selbstopfer-Männer in Deutschland fliegerische sowie technische und taktische Probleme anhand maßstabsgetreuer Modelle und Luftbilder von ausgesuchten Zielobjekten.

Ursprünglich hochgesetzte Ziele, die auf eine operative Luftkriegsführung hinausgelaufen wären, mußten im Zuge empfindlicher Niederlagen an der Ostfront allerdings zurückgenommen werden. Noch im Juni 1943 hatte an eine planmäßige, fortwährende Industriebekämpfung gedacht werden können, wenigstens in der Reichweite »bis zur allgemeinen Linie der Wolga«. Zielunterlagen des Luftwaffenführungsstabes waren von Professor Steinmann vom LD-Amt und Präsident Dr. Karl vom Reichsministerium für Rüstung und Kriegsproduktion geprüft und überarbeitet worden. Als Angriffsziele für Totaleinsätze galten insbesondere die Industriekombinate Kujbyschew an der Wolga, 1941 zeitweise Sitz der russischen Regierung während der deutschen Oktoberoffensive, Tscheljabinsk, Swerdlowsk, Magnitogorsk sowie andere Anlagen am Ostrand des Urals *(LI 245)*.

Versäumnisse im Herbst 1941, als die Luftwaffe wie eine fliegende Artillerie lediglich zur unmittelbaren Unterstützung des vordringenden Heeres eingesetzt worden war und operative Aufgaben gänzlich in den Hintergrund gedrängt wurden, sollten nun, wenigstens zum Teil, wieder ausgeglichen werden. Hatte man noch vor einem halben Jahr an die »Aushöhlung der Kampfkraft und des inneren Widerstandswillens der russischen Wehrmacht«, an eine

»nachhaltige Lähmung der russischen Kriegsindustrie in ihren Schwerpunktzweigen«, an »Terrorangriffe gegen das Stadtgebiet von Moskau« gedacht, so ging es im November 1943 bereits nur noch primär um »eine wirksame Entlastung der Front vom Materialdruck der Roten Armee in den bevorstehenden Kämpfen«.
Notgedrungen mußte man sich nun auf »Schlüsselpunkte und einzelne besonders wichtige Werke« beschränken. Am verwundbarsten erschienen russische Kraftwerke und Stromversorgungsanlagen, und zwar aus folgenden Gründen:
Autarke Energieversorgungsgebiete erlaubten keine Zuführung aus anderen Gebieten;
wichtige Rüstungszweige unterlagen einem hohen Abhängigkeitsgrad in bezug auf die Stromversorgung;
die eigentlichen Punktziele hatten relativ kleine Ausmaße – Turbinen-, Kessel- und Maschinenhäuser.
In Betracht kamen im Raume Moskau die Kraftwerke Rybinsk, Uglitsch, Schatura, Kaschira, Stalinogorsk; im Raume Gorki die Dampfkraftwerke Balachna, Gorki – drei Komplexe –, Dsershinsk; im Raume Jaroslawl schließlich die Dampfkraftwerke Jargres und Komsomolsk.
Speer, der deutsche Rüstungsminister, der in der eigenen Heimat mit den allergrößten Mangelerscheinungen zu kämpfen hatte, war fasziniert von dem Gedanken, der russischen Kriegsmaschinerie mit Hilfe von gezielt gegen Industrieobjekte eingesetzten Selbstopfer-Männern schweren Schaden zufügen zu können. Er setzte forcierten Druck hinter das Projekt, und so wurden Totaleinsätze gegen Elektrizitätswerke in Rußland von ihm und Skorzeny in Gegenwart Himmlers wiederholt erörtert *(S. I. 3)*.
Von der russischen Flugmotorenproduktion waren nur noch die Werke Moskau und Molotow in Gorki erreichbar; dagegen lagen die bedeutsamen Fabriken in Kujbyschew, Kasan und Ufa zu Anfang des Jahres 1944 bereits dem deutschen Zugriff entrückt. Die Hoffnung, mit He 177-Bombern doch noch tiefer eindringen zu können, zerschlug sich. Koller, aus dessen Feder die »Kurze Studie: Kampf gegen die russische Rüstungsindustrie« stammte, warnte als Chef des Luftwaffenführungsstabes vor erneutem Zeitverlust: »Jeder Tag Verzögerung mehr verstärkt die russische Angriffskraft.« Er forderte einen gleichzeitigen Vernichtungsschlag

gegen alle Energiequellen im Raum Moskau – obere Wolga, warnte aber gleichzeitig vor der inzwischen erstarkten russischen Jagdabwehr. Der Großraum Moskau blieb wegen konzentrierter Luftverteidigungskräfte ein außerordentlich schwieriges Zielgebiet. *(R L 7/521; MA)*

Generaloberst Ritter von Greim sprach sich für eine »Wiedereroberung der Luft-Herrschaft im Ostraum« aus. Er hielt in schriftlich formulierten »Überlegungen« vom 11. 2. 1944 am Raum Moskau als Zielgebiet fest; Koller widersprach. Durch Zurücknahme der Ostfront auf die Pantherstellung fiel dann schließlich auch der Zielraum Gorki fort. Am 6. 3. 1944 bestimmte Koller als neue Ziele die Kraftwerke Tula, Aleksin, Iwankowa und Elektroperedatscha. Doch mit dem Rückzug schwanden Hoffnungen immer mehr dahin.

Schwierigkeiten, die mit Fragen der Sprengstoffzuladung zusammenhingen, verschleppten geplante Unternehmungen der Männer im KG 200. Das RLM zögerte mit der Herausgabe ausreichender Treibstoffmengen. Inzwischen war auch Kritik an Überschätzungen von Einzelangriffen laut geworden. An maßgeblicher Stelle griff die Einsicht um sich, daß nachhaltige Wirkungen weniger von vereinzelten Zerstörungen als vielmehr von einem andauernden Niederringen und Niederhalten erhofft werden durften. Solche Erkenntnisse waren beim Einsatz von Fernbombern gewonnen worden *(LIII 469)*.

Trotzdem lief die ideologische Indoktrinierung der S.O.-Männer weiter. Monat für Monat harrten sie in Friedenthal bei Altentreptow aus, immer in der Erwartung, zum letzten Flug aufgerufen zu werden; welcher Art, war immer noch zweifelhaft.

Der Reichsführer-SS, Heinrich Himmler, hatte seit dem Spätherbst des Jahres 1944 eigene Gedanken verfolgt, unter seiner Regie ein Todeskommando aufzustellen, und zwar unter Verwendung von Raketen. Interessanterweise war auch er zu der ursprünglichen Absicht zurückgekehrt, feindliche Großbomber unter den Ramm-Stößen von »Selbstopfer-Männern« vernichten zu lassen: Die Bomber straften das deutsche Volk Tag für Tag; die russischen Industriekombinate lagen weit. *(XX 420)*.

Schon am 2. November 1943 hatte man Göring und Milch bei Messerschmitt in Regensburg den Raketen-Abfangjäger Me 163

(»Kraftei«) als »geeignetes Flugzeug für ein Selbstaufopferer-Geschwader« vorgeführt *(LXXII 327)*. Speer erinnerte sich, als er 1970 gefragt wurde, an einen eingeschränkten »Totaleinsatz« mit einem Raketenflugzeug, welches »u. a. von Hannah Reitsch erprobt wurde« – gemeint war offensichtlich der Raketenjäger Me 163; jeder kennt die Verdienste von Hanna Reitsch um diese Flugzeugschöpfung. Mit dem enorm schnellen Raketenjäger sollten, laut Speer, amerikanische Tagbomber gerammt und dabei vernichtet werden. Während eine Zerstörung des eigenen Fluggeräts dabei hingenommen werden mußte, blieb Piloten die Chance, sich durch Fallschirmabsprung zu retten *(S. I. 3)*

Tatsächlich stand im Dezember 1944 in Brandis beim Jagdgeschwader JG 400 ein spezieller Raketenjäger vom Typ Me 163 zur Ramm-Erprobung bereit, bei dem nach einer Idee Heini Dittmars die Tragflächen-Vorderkanten durch eine Stahlschiene verstärkt worden waren. Dittmar verfocht als einziger den Standpunkt, eine so präparierte Me 163 könne Tragflächen gegnerischer Flugzeuge durchtrennen, »ohne selbst großen Schaden zu nehmen«. Als Testpilot diente sein Bruder Walter, ein ehemaliger Hauptmann und Kommandeur einer Lastensegler-Gruppe, den ein Kriegsgericht wegen eines Disziplinarvergehens schwer bestraft hatte und der sich nun durch besonderen Einsatz »bewähren« sollte.

Doch weder Rehabilitierung noch Ramm-Erprobung fanden statt. Major Späte zufolge startete Walter Dittmar im Januar 1945 zwar gegen eine in 12000 Metern Höhe operierende »Mosquito«, deren Holzbauweise der stahlkantenbewehrten Me 163 weniger Widerstand entgegengesetzt hätte. Aber auf dem Flugplatz Brandis spitzte man vergeblich die Ohren, als die Kondensstreifen sich hoch oben am Himmel fast berührten – Walter Dittmar rammte nicht. Er mußte Triebwerkausfall melden *(Späte-Brief 29. 8. 76)*.

Schließlich schien jedoch ein anderer Flugkörper besser dazu geeignet zu sein, im Auftrage Himmlers opferwillige Flugzeugführer im Totaleinsatz in feindliche Bomber hineinzutragen *(VIII 150)*. Der damals auch als Segelflieger bekannte Konstrukteur Erich Bachem baute in seinem Werk in Waldsee, Württemberg, das halbautomatische Verlustgerät Bp-20, ein »Flugzeug-Rakete-Geschoß«, das in der Serie die Bezeichnung Ba-349 erhalten sollte.

Diesem Objekt verlieh eine Walter-Flüssigkeitsrakete HWK 109-509 maximalen Schub von 1700 Kp. Hinzu kam die Kraft von vier Schmidding-Feststoffraketen mit je 1200 Kp Schub, die automatisch abgeworfen wurden. Ein Gesamtschub von 6500 Kp oder 30000 PS jagte das Gerät etwa 10 Sekunden lang mit einer durchschnittlichen Steiggeschwindigkeit von 675 km/h auf maximal 16000 Meter Höhe. Nun konnten entweder mit Hilfe von 24 oder 36 gebündelten Messerschmitt 33-R4M-Raketen, Kaliber 73 mm, die vorne im Bug in einem Zementblock untergebracht und der besseren Strömung wegen mit einer Plexiglashaube verkleidet waren, oder durch Ramm-Stoß der Kampfauftrag erfüllt werden.
In einfachster Bauweise aus verleimtem und vernageltem Holz schnell und äußerst billig hergestellt, erlaubte die »Natter«, wie man das Gerät schließlich nannte, durch Bugtrennung, bei welcher der Sitz durch einen Hauptfallschirm nach hinten weggezogen wurde, eine Bergung des wertvollen Geräteteils *(V 361, XVII 7).*
Galland, der an Selbstopfer-Einsätze ebenso wenig dachte wie Bachem, soll die Konstruktion als »großartig« bezeichnet haben. Er wollte sich bei Speer für eine Serienproduktion dieses Abfangjägers verwenden *(XXXIII 233).* Dann aber hatte sich die SS auch dieses Projektes bemächtigt, und nun ging es doch wieder um Selbstaufopferung. Die SS war es dann auch schließlich, die der Firma Bachem im September des Jahres 1944 den endgültigen Produktionsauftrag erteilte.
Nachdem die Konstruktion der »Natter« in wenigen Wochen gelungen war, glückte am 22. Dezember 1944 der erste unbemannte Senkrechtstart. Am 25. Dezember 1944 wiederholte man den Teststart mit Puppe; er gelang ebenfalls. Auf dem Schwanz ruhend, schoß eine »Natter« aus der Lafette heraus mit großem Getöse senkrecht in die Luft. Im Horizontalflug, Flugdauer höchstens sieben Minuten, erreichte sie knapp 1000 km/h Geschwindigkeit. Ein Pilot brachte seine »Natter« erst in Sichtweite herannahender feindlicher Bomber auf Einsatzhöhe. Nach Abfeuern der Raketen trennte sich dann der Rumpf- vom Bugteil; Pilot und Hauptstück schwebten an Fallschirmen nieder. Natürlich kamen diese Möglichkeiten im Falle eines Ramm-Stoßes nicht in Betracht.
Gegen Ende des Monats Februar 1945 drängte man von Seiten der SS auf bemannte Erprobungsflüge, nachdem Professor Dr. Ruff

von der DVL nach eingehenden Untersuchungen die Erträglichkeit beim Start auftretender Beschleunigungsmaxima durch Menschen bestätigt hatte. Der Erstflug fand in Neuberg bei Sigmaringen statt. Er endete tragisch.

Oberleutnant Lothar Siebert, 23 Jahre alt, unter anderem auch dadurch bekannt, daß ihm mit einer schwerfälligen, dreimotorigen Ju 52 (»Tante Ju«) ein Looping geglückt war, hatte selbst darauf bestanden, die Ba-349 als erster Mensch bemannen zu dürfen. Aus zehn Versuchsstarts kannte er sein Risiko; mit eigenen Augen hatte er Versager beobachten können, darunter auch eine spektakuläre Totalexplosion in der Lafette.

Siebert wußte, daß er ohne automatische Steuerung starten mußte. Im Start flog die Kabinenhaube davon. Schlagartig riß der Luftsog den Kopf des Piloten nach oben und zur Seite. In hundert Meter Höhe montierte das Vorderteil des Fluggerätes ab, während das Reststück mit dem Leichnam des Piloten noch 400 Meter weiter aufwärts trieb. Danach stellte es sich auf die Spitze und zerschellte am Boden.

Unglücksursache war ein unbeabsichtigtes Loslösen der Kabinenhaube im Start, vermutlich infolge einer Beschädigung des hinteren Haubenscharniers.

Noch im April 1945 lauerten zehn einsatzklare »Nattern« bei Kirchheim an der Teck auf einen feindlichen Bomberverband. Aber sie warteten vergeblich: Die amerikanische Bomberoffensive war zu Ende.

Vom Typ Ba-349 »Natter« wurden immerhin 36 Geräte hergestellt, 22 im Versuch gestartet, davon vier bemannt. Bei Kriegsende waren noch vierzehn Geräte vorhanden. Zehn wurden absichtlich zerstört, vier erbeuteten amerikansiche Truppen in Österreich, wovon drei nach den USA und eines nach der Sowjet-Union verbracht wurden. *(Der Flieger, Aufsatzreihe »Die Walter-Raketen und ihre Anwendung«, 3. Teil; XXXIII 235).*

Bevor dies alles geschah, hatte auch Dr. Joseph Goebbels, der Minister für Volksaufklärung und Propaganda, ein ehemaliger Gundolf-Schüler, das heroische Projekt der Selbstaufopferer gefördert. Er gedachte es propagandistisch auszunutzen.

Zu seinem Mitarbeiter von Oven hatte er am 11. Juni 1944 bemerkt, wenn er, Goebbels, Chef der Luftwaffe wäre, würde er

einen von »Brillanten«-Trägern der Luftwaffe unterzeichneten Aufruf an die männliche Jugend Deutschlands gerichtet haben, sich freiwillig als Todesflieger zu melden.
Goebbels ließ es sich dann auch nicht nehmen, S.O.-Männer des KG 200 in ihrer mutigen Absicht persönlich zu bestärken und sie mit flammenden Worten anzufeuern.
Aber auch von anderer Seite wurde gedrängt.
Am 17. März 1945 sandte der Gauleiter von Schwaben dem »lieben Parteigenossen Bormann« an dessen Münchener Adresse einen persönlichen, vertraulichen Brief, in welchem er forderte, Rheinbrücken bei Remagen, die in amerikanische Hand gefallen waren, durch »$^{1}/_{2}$ Dutzend Flieger« im Selbstaufopferungseinsatz zerstören zu lassen. Dabei ging es ihm nicht nur um taktischen Erfolg. Viel mehr stellte er die propagandistische Wirkung derartig heroischer Taten heraus: »Wenn der Glaube des Volkes an den Sieg nicht noch mehr erschüttert werden soll«, schrieb er, »dann muß allmählich etwas Besonderes geschehen. Ein Aufatmen würde durch das deutsche Volk gehen, wenn durch den Rundfunk die Meldung käme, daß durch ... Flieger, die sich selbst geopfert haben, sämtliche Brücken bei Remagen zerstört wurden« *(IfZ; MA-140 8904–08).*
Der Ohka-Bombe der Japaner sagt man eine gewisse Verwandtschaft mit der »Natter« nach. Ebenfalls aus Holz gefertigt, lief die Serienproduktion der Ohka-Gleitbombe gegen Ende des Jahres 1944 an – wie bei der »Natter«. Die Existenz der Ohka wurde zunächst streng geheim gehalten. In aller Stille scharte Kapitän zur See Okamura aufopferungswillige Piloten um sich. In knapp sechs Monaten bereiteten sie sich auf dem Flugplatz Koh-no-Ike, nordöstlich von Tokio, auf Tai-atari, die Taktik der bewußten Selbstaufopferung, vor *(XXXX 28, 175).* Dieser Angriffsgruppe, die zum 721. Luftgeschwader gehörte, gestand man den Namen »Kamikaze« zu, obwohl diese Ehrenbezeichnung eigentlich nur dem Sondereinsatzkorps unter Admiral Ohnischi zukam *(XXXX 18).*
Organisierte Selbstaufopferung von Flugzeugführern der deutschen Luftwaffe oder der Waffen-SS hat nicht stattgefunden. So fiel der zweifelhafte Ruhm, freiwillige Flieger militärischen Zwekken bewußt geopfert zu haben, nicht deutschen, sondern japanischen Befehlshabern zu.

Ein letzter Versuch, Selbstopfer-Männer, die nach neuerlicher Überlegung Himmlers nun aus Lebensmüden, Kranken oder ehrbewußten Verbrechern rekrutiert werden sollten, einer Art »Verlorenem Haufen«, zur Zerstörung der Oderbrücken einzusetzen, um russische Soldatenmassen an weiteren Eroberungen zu hindern, blieb bloße Absicht *(VI Bd I 467; XXXXI 286)*.
Nach der Schilderung Baumbachs prallten Für und Wider geplanter Totaleinsätze in Gegenwart des Oberbefehlshabers der Luftwaffe, Göring, heftig aufeinander. Storp, im Stabe des Reichsmarschalls *(LXXII 169)*, dem eine Steigerung der ursprünglichen Idee zu »Luftwaffen-Selbstopfer-Divisionen« mit der Bezeichnung »Jägerdivision Hermann Göring« vorschwebte, sowie Generalmajor Peltz, über den später noch einiges zu sagen sein wird, sollen mit Baumbach und Knemeyer, die den entgegengesetzten Standpunkt vertraten, schwer aneinander geraten sein *(XXX 268)*.
Einer Eintragung vom 24. Februar 1945 ins Kriegstagebuch des Oberkommandos der Luftwaffe zufolge mußte die Ausbildung von Freiwilligen im KG 200 (»Selbstopfer-Männer«) »bis auf 34, deren Ausbildung weit fortgeschritten ist«, zu diesem Zeitpunkt aus Mangel an Flugbetriebsstoff eingestellt werden. Man schlug vor, freiwerdende Flieger zur Fallschirmjägertruppe zu versetzen *(S. I. 1; S. 124)*.
Am 1. März 1945 unterzeichnete Baumbach als Oberstleutnant und Geschwaderkommodore einen Befehl zum Einsatz von Kräften des KG 200. Dieser sah die Bekämpfung der Eisenbahnbrükken vor, die bei Warschau, Deblin und Sandomierz über die Weichsel führten. Die II. Gruppe des KG 200 setzte zu diesem Zweck unter der »fliegenden Verbandsführung« des Oberleutnants Pilz außer einem Wetteraufklärer und neun Zielfindern sechs Mistel I, acht Mistel III sowie drei Reserveflugzeuge ein – jedoch keinen einzigen »Selbstopfer-Mann« *(MA; RL 7/536)*.
Als dieser Befehl geschrieben wurde, befand sich der Gefechtsstand des Kampfgeschwaders 200 auf dem Fliegerhorst Stendal – demselben Horst, der nur wenig später auch das Ramm-Kommando des Oberst Herrmann in seinen Mauern verbergen sollte.
Um diese Zeit war man beim KG 200 immer noch zum äußersten entschlossen.
In einer Ausarbeitung mit der Überschrift »Brückenbekämpfungs-

vorhaben« sah die Dienststelle »Brückenbevollmächtigter Baumbach« am 5. März 1945 unter »Ziff. II. Kampfmittel u. -methoden« bei einer »schlagartig einsetzenden Bekämpfung der wichtigsten Oderbrücken in den ersten Tagen einer gegnerischen Offensive auf den Raum Berlin« ... »S.O.-Einsatz mit alten Mustern Bf 109 und Fw 190« vor. Als Explosivstoffe sollten eine Bombe »B.M. 1000« sowie »Rumpfauffüllungsbeladung Phosphor 10 kg« dienen.

Der »Selbstopfer«-Einsatz sollte gemäß Ziffer 3 derselben Notiz neben »verstärktem Mistel-Einsatz« sowie »Sprengkommando Großeinsatz« in einem »S.O.-Großeinsatz« gipfeln.

Für den Fall eines Mißlingens all dieser verzweifelten Brückenbekämpfungsvorhaben hatte man die Absicht, sofort »Vorbereitungen zum Sabotage-Krieg gegen spätere Feindbrücken«, also im Stile eines Untergrundkampfes, eines »Werwolf«-Kampfes, zu treffen. *(MA; RL 7/537, Nr. 2013).*

Der russische Durchbruch ließ es jedoch nicht mehr dazu kommen. Der Einsatz gegen die Oderbrücken wurde als reiner »Mistel«-Einsatz durchgeführt.

Beim Vergleich zwischen dem einzigen konkret in Erscheinung getretenen Selbstaufopferer-Verband der deutschen Luftwaffe in Prenzlau und Friedenthal sowie dem tatsächlich eingesetzten Ramm-Kommando deutscher Jagdflieger in Stendal ist der Gedanke nicht abwegig, es könnte möglich sein, daß der eine oder andere jener verhinderten Selbstopfer-Männer seinen einmal gefaßten Entschluß später im Ramm-Verband doch noch zu verwirklichen suchte.

Eine solche Möglichkeit besteht, sofern Piloten mit Jagdfliegerausbildung darunter gewesen sein sollten. Reine Segelflieger hätten komplizierte Jagdflugzeuge der Typen Bf 109 oder Fw 190 schwerlich meistern können. Allerdings war schon durch den »Gigant«, Typ Me 321 (ursprünglich ja ein Großraumsegler) die Frage aufgeworfen worden, wer diese voluminöse Konstruktion denn nun am besten pilotisieren sollte: Motorflieger oder Segelflieger?

Urteile prominenter Segelflieger hatten nach einigen Versuchen den Ausschlag zu ihren Gunsten gegeben – im Hinblick auf die lange Verlustliste letztlich ein Pyrrhussieg *(Der Flieger, Aufsatz »Erprobung und Einsatz von Großraumseglern«, S. 196).*

Göring hatte damals, als die Idee Gestalt annahm, dem General Korten ausdrücklich befohlen, Selbstopferwillige zu überprüfen »für den Fall, daß man sich für diese Taktik entschließen sollte« *(LXXII 311)*. Dennoch läßt sich der deutliche Gegensatz zwischen dem von Oberst Herrmann als taktische militärische Aktion geplanten und in dieser Art dann ja auch durchgeführten Ramm-Einsatz und jener bei der Kampffliegerwaffe gehegten Absicht nicht verwischen. Herrmann ging, absichtlich oder nicht und ganz gleich, was später ein Generalstabsoffizier ins Kriegstagebuch des OKL schreiben sollte, im Sinne Hitlers von Überlebenschancen der eingesetzten Männer aus. Die Piloten im Kampfgeschwader 200 jedoch hätten, das stand fest, als wirkliche »Todesflieger«, »Selbstopferer«, »Totaleingesetzte« bei einer Verwendung ihr Leben lassen müssen. Sowohl im Geiste als auch im taktischen Konzept, ja, sogar in der frappanten Ähnlichkeit von Ohka-Bombe und V-4 »Reichenberg« standen sich deutsche Selbstopfer-Männer und japanische Kamikaze, insbesondere diejenigen des »Göttlichen Donnerkorps« (»Jinrai-Butai«) unter Konteradmiral Ugaki, außerordentlich nahe – obwohl sie nichts voneinander wußten.
So wenig Herrmanns späteres Ramm-Kommando mit Selbstaufopferungsplänen in Verbindung gebracht werden darf, so sehr kann eine andere fliegerische Sondereinheit als Vorläuferin gelten: Die Spezial-Kampftruppe der »Sturm«-Jäger.

»STURM«-JÄGER DER DEUTSCHEN LUFTWAFFE

Etwa zur gleichen Zeit, als der Lastenseglerpilot Oberleutnant Heinrich Lange den Gedanken einer Selbstaufopferung im fliegerischen Einsatz entwickelte, faßte einer der damals ältesten deutschen Jagdflieger, Major von Kornatzki, Offizier im Stabe des II. Jagdkorps, einen anderen Gedanken, der die Anwendung des »Sturm«-Konzepts im Luftkampf betraf.
Unter »Sturm«-Angriffen verstand man besonders schwierige, gefahrvolle Unternehmungen, die üblicherweise nur ausgesuchten Offizieren, Unteroffizieren und Mannschaften übertragen wurden. Außerordentliche Kühnheit im Angriff zeichnete solche Eliteverbände aus.

Als die nationalsozialistische Idee zur Bewegung geworden war, hatten ihre Führer sofort versucht, an deutsche Militärtraditionen anzuknüpfen. Sie bezeichneten paramilitärische Verbände im Braunhemd als »Sturm-Abteilungen« – S. A..
Beim Militär durften später Einzelpersonen, Aktionen oder Einheiten, die sich im Kampfe besonders hart einsetzen wollten oder eingesetzt hatten, die »Sturm«-Benennung verwenden: so zum Beispiel »Sturm«-Divisionen der Infanterie, »Sturm«-Geschützabteilungen, »Sturm«-Verbände der Marine, hier insbesondere die »Sturm«-Wikinger, denen Selbstaufopferungscharakter anhaftete; ein »Sturm«-Abzeichen wurde als Orden für die Infanterie gestiftet; am Ende stand der »Volks-Sturm« – das letzte Aufgebot.
Der deutschen Luftwaffe fehlte anfangs die Möglichkeit, echte »Sturm«-Verbände zu verwenden. Erst nachdem amerikanische Tagbomber massiert einflogen und die Igel-Formationen die Einzelkämpfertaktik deutscher Jagdflieger in Frage stellten, rief man plötzlich auch hier nach Stoßkeilen, Angriffsspitzen, »Sturm«-Jägern zum Aufbrechen waffenstarrender Bomber-Pulks.
Major von Kornatzki, der auf diese Notwendigkeit als erster hingewiesen und auch eine Lösung des Problems gefunden hatte, war 1934 als Oberleutnant Adjutant des damaligen Majors Ritter von Greim gewesen, jenes Mannes, der im April 1945 für kurze Zeit zum letzten Feldmarschall und Oberbefehlshaber der Luftwaffe avancieren sollte.
Galland, damals General der Jagdflieger, stimmte der an ihn herangetragenen »Sturm«-Idee im Winter 1943/1944 zu *(V 282)*. Allerdings milderte er den Ursprungsgedanken ab:
Kornatzki hatte zuerst an radikale Ramm-Einsätze gedacht, wie sie dann später Oberst Herrmann verwirklichen sollte.
Major von Kornatzki, so erzählte mir Lange am 15. Februar 1976, sei tatsächlich damals bei ihm gewesen, um Selbstopfer-Männer für einen von ihm geplanten Ramm-Einsatz zu rekrutieren. Dies sei aber unmöglich gewesen, weil ehemalige Lastensegler-Piloten die notwendige Motorflugausbildung nicht besessen hätten.
Schon bald nach Zustimmung Gallands flog eine erste Versuchsstaffel des Jagdgeschwaders JG 1 in Südfrankreich spezielle »Sturm«-Einsätze. Es ging darum, geeignete technische Ausrüstung sowie die beste Angriffstaktik herauszufinden.

Die Flugzeugführer dieser Versuchseinheit waren durchweg »alte Hasen«; sie hatten als Fluglehrer gewirkt, und sie sollten sich nun, bevor sie wieder zu Frontverbänden versetzt wurden, neuen Mut holen, neues Selbstvertrauen. Aber es befanden sich auch ein paar Piloten darunter, die üblichen Kampfgeist hatten vermissen lassen; nun sollten sie zeigen, daß sie den Anforderungen genügten – oder nicht *(LXXXVII 58)*.

Den Versuchseinsätzen blieben spektakuläre Erfolge versagt. Dennoch veranlaßte Galland, den viele Piloten brieflich aufgefordert hatten, spezielle Ramm-Staffeln zu gründen, einen allgemeinen Aufruf an alle Jagdflieger, sich freiwillig zu »Sturm«-Verbänden zu melden. *(LXXXVIII 58)*. Das Echo war, wie erwartet, groß *(V 282)*.

Im Mai 1944 kam Generalleutnant Schmid, Kommandierender General des I. Jagdkorps, auf einen Sprung von Treuenbrietzen bei Berlin nach Salzwedel herüber, damals Liegeplatz der IV. Gruppe von Bärs Jagdgeschwader JG 3 »Udet«. Dort verpflichtete er die ersten 68 Flugzeugführer feierlich auf eine neue Angriffsart – den »Sturm«-Angriff in der Luft.

Damit war zugleich der erste Schritt zur Gefechtsverbandstaktik *(siehe unten S. 139, 274, 275)* vollzogen worden.

Die IV./JG 3 »Udet« verwandelte sich formell in die IV./»Sturm«/JG 3 »Udet«, aber der Gruppenkommandeur blieb derselbe, nämlich Hauptmann Wilhelm Moritz, ein großer, dunkelhaariger Friese, nicht mehr jung. 1940 hatte er vor Stavanger erfolgreich englische U-Boote aus der Luft bekämpft *(VIII 116)*.

Im Juli desselben Jahres befahl Galland, die II. Gruppe des Jagdgeschwaders JG 300 zur zweiten deutschen »Sturm«-Gruppe als II./»Sturm«/JG 300 unter dem Kommando von Hauptmann Peters umzurüsten.

Die dritte und letzte »Sturm«-Gruppe formierte und führte schließlich jener Mann, von dem die »Sturm«-Idee stammte, Major, kurz darauf endlich Oberstleutnant von Kornatzki. Sie entstand aus dem JG 4, nannte sich II./»Sturm«/JG 4 und wurde nicht dem Spezial-Geschwader JG 300 des Kommodore Major Dahl einverleibt, wohl mit Rücksicht auf den wackeren, verdienten älteren Offizier.

Jagdfliegerführern, die der militärischen Tradition verhaftet wa-

ren, schien es angemessen, bestimmte Kriterien bekannter »Sturm«-Formationen anderer Waffengattungen zu übernehmen: Freiwilligkeit, elitäre Gesinnung sowie feierliches Gelöbnis.
Tatsächlich hatten Angehörige von »Sturm«-Gruppen der Luftwaffe zu geloben, »... den Gegner aus nächster Entfernung anzugreifen und, falls der Abschuß« des Bombers »durch Bordwaffenwirkung nicht gelingt, den Gegner durch Rammen zu vernichten« *(VIII 14)*.
Es erscheint allerdings notwendig, den Begriff der Freiwilligkeit etwas zu relativieren.
Jagdflieger unterlagen als integrierte Mitglieder von Staffeln, Gruppen und Geschwadern einem außerordentlichen, starken Drang, sich zu bewähren. Vor allem lag ihnen daran, sich möglichst nicht das Mißfallen von Kameraden oder Vorgesetzten zuzuziehen. Gruppenmotivation und Gruppenloyalität steigerten Einzel- sowie Gesamtleistungen; Einzelerfolge, die sich durch zwangsläufiges Aufsplittern der Jagdverbände im Luftkampf ergaben, zählten auch für die Gruppe des Siegers.
Niemand, der sich bei der Fliegerei heimisch fühlte, hätte ohne Not die Mißbilligung von Gruppenmitgliedern herausgefordert. Meldete sich »die Gruppe« freiwillig, schloß sich ein Einzelner selbstverständlich nicht aus. Dasselbe traf auf eingeräumte Rücktrittsmöglichkeiten zu. Nach dem Papier stand jedem, der freiwillig Angehöriger einer »Sturm«-Gruppe geworden war, frei, sich versetzen zu lassen, wenn ihm die harten Realitäten dann doch zu bedenklich erschienen. Das war zwar ehrlich gemeint, aber im stolzen Eliteverband deutscher Flugzeugführer kaum zu verwirklichen. So meint denn auch Dahl:
»... keiner hat davon (gemeint ist der Rücktritt) Gebrauch gemacht.« *(VIII 14)*.
»Sturm«-Jäger gaben schriftliche Verpflichtungserklärungen ab. Ihr Gelöbnis besiegelte ein Handschlag mit dem General.
Der heiklen Aufgabe paßten sich Beförderungs- und Auszeichnungsstrukturen an. Schnelles Weiterkommen zu höheren Dienstgraden sowie Orden standen in Aussicht. Weder Alter noch Dienstgrad sollten bei der Verteilung von Verbandsführerpositionen eine Rolle spielen. Rotten-, Schwarm- und Staffelführer stellten die Besten; das Leistungsprinzip gelangte voll zur Geltung.

Galland betont, man habe zur Aufstellung von »Sturm«-Verbänden um die Jahreswende 1943/1944 die Elite der Jagdwaffe verwendet. Tatsächlich galt es in der Luftwaffe, besonders aber an Jagdschulen und in Ergänzungsgruppen eine Zeit lang als ehrenvoll, zu einer »Sturm«-Gruppe versetzt zu werden und ihr anzugehören. Als für den Kommodore der »Sturm«-Jäger, Major Dahl, der Spitzname »Ramm-Dahl« auftauchte, nachdem er am 13. September 1944 an der Spitze eines »Sturm«-Keils in einen viermotorigen Tagbomber hineingerammt war, geschah dies ohne Hintergedanken in voller Anerkennung einer tollkühnen Tat.
Allerdings, eine wohl nie genau spezifizierbare Minderheit hielt wenig oder sogar nichts von dieser besonderen Art des Rangehens. Insassen gegnerischer Bomber gaben den »Sturm«-Jägern die Bezeichnung »Totenkopf-Jäger« (the fighters with the death-heads), wobei sie vielleicht Parallelen zur Waffen-SS zogen, die von Anfang an das Symbol des Totenkopfes verwendete und deren Angehörige wegen bravourösen Kampfesmutes Berühmtheit erlangten. Mag sein, daß Bomberbesatzungen hier und da auf Leitwerken deutscher Jagdmaschinen Totenköpfe entdeckten, die sich erfolgreiche »Sturm«-Jäger, wenn sie gerammt hatten, anstelle des sonst üblichen senkrechten weißen 15-cm-Balkens, der einen Abschuß markierte, aufmalen ließen *(VIII 64)*.
Drüben, auf der anderen Seite, kursierten allerdings auch Gerüchte, denen zufolge sich schlechtbeleumundete Piloten mit einer Chance zur Rehabilitierung in »Sturm«-Maschinen befinden sollten. Und schon hatten »Sturm«-Gruppen einen weniger schmeichelhaften Ruf als »Sing-Sing-groups«.
Im relativ schwerfälligen Angriffskeil, so imponierend er aussah, waren »Sturm«-Jäger stärkstem Abwehrfeuer ausgesetzt. Die Frage, die sich am Anfang stellte, war, mit welchen Mitteln Piloten und Maschinen am besten vor diesem Feuerhagel geschützt werden konnten. In der Wahl des »Sturm«-Flugzeuges blieb man bei den schweren Jägern Focke Wulf Fw 190, Serie A-8/R2 und R8. Gepanzerter Ölkühler sowie eine Frontscheibe aus Panzerglas gehörten ohnehin zur Standardausführung dieses bewährten und in der Truppe beliebten Jagdflugzeuges.
Zusätzlich wurden für »Sturm«-Zwecke Panzerplatten von 6 mm Stärke am Brandschott, welches die Kabine vom Motor abschloß,

sowie an beiden Kabinenseiten montiert. Hinter den Pilotensitz stellte man eine 9 mm-Panzerplatte, nach oben ergänzt von 40 mm Panzerglas. Gleich dick waren auch die dreieckigen Seitenscheiben *(VIII 74)*. Hatte die Standardbewaffnung bereits aus zwei Kanonen vom Typ 151/20, Kaliber 2 cm, sowie zwei Maschinengewehren Typ 131, Kaliber 13 mm, die alle gesteuert durch den Luftschraubenkreis schossen, bestanden, installierte man nun zur Steigerung der Feuerkraft zusätzlich zwei Kanonen Typ 151/20, die später durch noch stärkere Kaliber, nämlich zwei Maschinenkanonen vom Typ Mk 108, Kaliber 3 cm, ersetzt wurden *(LXXVIII 58)*. Geschosse von Zusatzwaffen blieben außerhalb des Luftschraubenkreises.

Im Luftkampf verdoppelte sich erfahrungsgemäß der Kraftstoffverbrauch. Um ungefähr drei Stunden Flug- und Gefechtszeit gewährleisten zu können, erhöhte man die mitgeführte Kraftstoffmenge auf 960 Liter, und zwar mit Hilfe eines 300 Liter fassenden abwerfbaren Zusatztanks unter dem Rumpf sowie durch einen Zusatzbehälter mit einem Fassungsvermögen von 110 Litern hinter dem normalen Kraftstofftank im Rumpf.

Eine Standard-Fw 190 A-8 wog munitioniert und betankt gute 4,5 Tonnen. Dagegen brachte es das Spezial-Flugzeug der »Sturm«-Gruppen schließlich auf ein Fluggewicht von 7 Tonnen. Diesen für Jagdflugzeuge nicht gerade günstigen Gewichtszuwachs versuchte ein neukonstruierter bulliger 14-Zylinder-Doppelsternmotor vom Typ BMW 801 auszugleichen. Die Maximalleistung dieses Triebwerkes betrug 2400 PS.

Obwohl das Primat der Sicherheit nur ihnen zuliebe überwog, erschien den Flugzeugführern dieses besonders ausgestattete Flugzeug, so wie es nun dastand, tatsächlich wie ein Ramm-Bock – und so hieß es dann auch.

Galland bewundert in seinem Buch »den Geist der deutschen Jagdflieger«, die »mit der Konsequenz der Selbstaufopferung« angreifende Tagbomber, insbesondere Führer-Flugzeuge, rammten *(V 281)*. Er meint aber damit nur deutsche »Sturm«-Jäger und nicht etwa das spätere Herrmann'sche Ramm-Kommando, eine eigens zu diesem Zwecke aufgebotene Jagdfliegertruppe.

Die von dem ehemaligen General der Jagdflieger an dieser Stelle gezogene Gedankenverbindung zwischen »Sturm«-Idee und »Ka-

Aufgebockte, zur Bemannung vorgesehene „Reichenberg", eine jener umgebauten Lenkbomben vom Typ V-1, wie sie von Bombern des Typs Heinkel He 111 im Tragschlepp auf Einsatzhöhe gebracht wurden. Bemannte V-4 „Reichenberg" sollten von „Selbstopfer-Männern" der Luftwaffe im gezielten Todessturz auf große, wichtige Feindobjekte — Kriegsschiffe, Produktionsstätten — gesteuert werden.
(Foto: Bundesarchiv Koblenz)

Flugzeug, Rakete oder Geschoß — der bemannte deutsche Verlust-Jäger Bachem Ba-349 „Natter", hier ein alliiertes Beutestück mit unzutreffenden deutschen Hoheitskennzeichen.
Obwohl ausdrücklich nicht als „Selbstaufopferer"-Gerät konstruiert, forderte Reichsführer-SS Himmler, der den Bau gegen Kriegsschluß vorangetrieben hatte, Totaleinsatz — Rammeinsatz gegen amerikanische Großbomber. Steilstart mittels vier Raketen SG-34 aus der Lafette. (Foto: Bundesarchiv Koblenz)

Jagd-Einsitzer Focke Wulf Fw 190, seit 1941 neben der altbewährten Bf 109 Standard-Jagdflugzeug der Deutschen Luftwaffe, eine robuste, gern geflogene Konstruktion von Professor Kurt Tank. „Sturm"-Jäger der Luftwaffe benutzten modifizierte, stärker bewaffnete, schwerer gepanzerte und mit größerem Treibstoff-Vorrat ausgestattete Fw 190, deren Fluggewicht sich dadurch allerdings von 4,5 t auf fast 7 t erhöhte — ein gefährliches Handicap im Hinblick auf feindliche Begleit-Jäger. Dieses Flugzeug bewährte sich auch bei gelegentlichen Ramm-Attacken der mutigen „Sturm"-Jäger. (Foto: Bundesarchiv Koblenz)

Oberst Walther Dahl (Spitzname „Ramm-Dahl"), hier in einer Bf 109 sitzend, führte die zeitweilig sehr wirksame „Sturm"-Taktik der Tag-Jäger zum Erfolg. Seine „Sturm"-Jäger griffen in stark armierten, schwer gepanzerten Jagdflugzeugen vom Typ Fw 190 aus allen Rohren feuernd Großbomber bis zum Abschuß an — und rammten diese schließlich. Wegen dieses zweiten Teiles ihres Kampfauftrages, Bomber äußerstenfalls durch Ramm-Stoß zu vernichten, wurden „Sturm"-Jäger zu Vorläufern der Ramm-Jäger vom Sonderkommando „Elbe". (Foto: Bundesarchiv Koblenz)

Fünf Standard-Jagdflugzeuge vom Typ Bf 109 in Reihe-rechts-Formation; im Vordergrund eine Maschine mit „Erla"-Vollsichthaube.
„Sturm"-Geschwader griffen in Keilformation an, dicht aufgeschlossen, seitlich und von oben gedeckt von Begleit- bzw. Höhen-Gruppen, meistens Bf 109-Verbänden. Auch diese verringerten die Abstände zueinander, etwa so, wie das Foto zeigt.
(Foto: Bundesarchiv Koblenz)

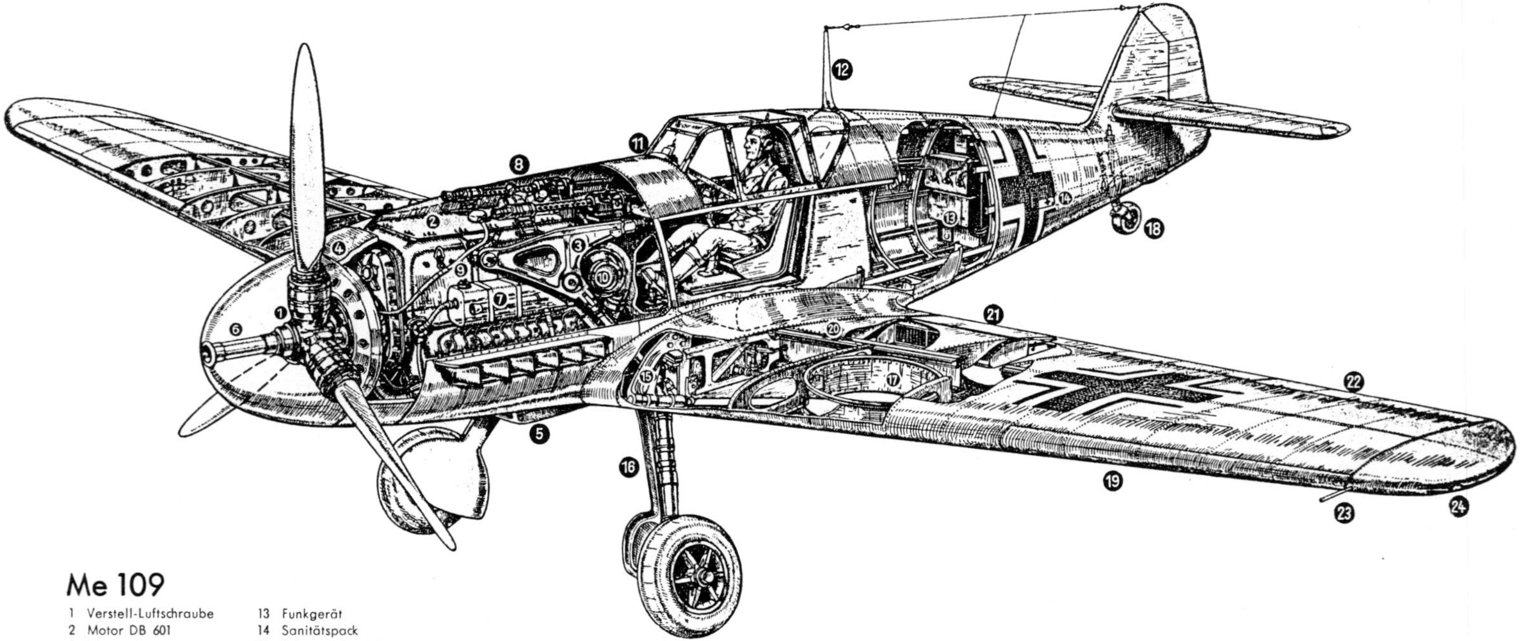

Me 109

1 Verstell-Luftschraube
2 Motor DB 601
3 Motorträger
4 Ölbehälter
5 Öl-Kühler
6 Panzerrohr
7 Motorkanone
8 2 MG
9 Wasserbehälter
10 Lader
11 Reflexvisier
12 Antenne
13 Funkgerät
14 Sanitätspack
15 Fahrwerksbeschlag
16 Fahrwerk, einziehbar
17 Radausschnitt
18 Spornrad, einziehbar
19 Vorflügel
20 Holm
21 Wasser-Kühler
22 Querruder
23 Staurohr
24 Positionslampe

MESSERSCHMITT A.G. AUGSBURG

mikaze« wäre wohl richtig, wenn dem hohen Offizier schon gegen Ende des Jahres 1943 bekannt gewesen wäre, daß japanische Verbündete erst ein Jahr später, nämlich im Oktober 1944, Formationen aufstellen würden, denen man dann erst den traditionsreichen Namen »Kamikaze« gab. Wie wir gesehen haben, erfolgte der erste organisierte Kamikaze-Angriff nicht vor dem 25. Oktober 1944. Dem deutschen Major kam aber die »Sturm«-Idee bereits im Herbst 1943, allerdings um dieselbe Zeit, in der jene »Selbstaufopferer« um Oberleutnant Lange in Berlin ihre heroischen Absichten zu verwirklichen trachteten.
An vorsätzliche Selbstaufopferung wurde im Jägerlager nicht gedacht. Der nicht wegzuleugnende, ausdrückliche Ramm-Auftrag für »Sturm«-Jäger wurde von Galland wieder etwas abgeschwächt; denn er meinte, die Bomber seien ohnehin bei entschlossenem Rangehen auf kurze Distanz unter dem Beschuß gefallen.
In der Tat, Ramm-Stöße blieben bei »Sturm«-Jägern die Ausnahmen. Zwei von insgesamt 95 am 11. September 1944 abgeschossenen amerikanischen Bombern stürzten nach beherzten Ramm-Stößen von »Sturm«-Jägern ab. Die Jagdmaschine des Unteroffiziers Walfeld trennte beim Aufprall das komplette Heck samt Leitwerk und Heckstand eines Bombers vom Rumpf. Dem deutschen Piloten gelang es noch, das Kabinendach seiner schwer ramponierten Maschine abzuwerfen und sich mit dem Fallschirm zu retten *(VIII 131)*.
Zwei Tage später, an einem Dreizehnten, versagten dem Kommodore des »Sturm«-Geschwaders, Major Dahl, die Waffen. Sekunden später bohrte sich seine Fw 190 zwischen Heckstand und Leitwerk in den Gegner, wobei glücklicherweise die Haube von Dahls Kabine wegriß; er stieg aus und überlebte *(VIII 131)*.
Aber nicht alle hatten Glück.
Oberleutnant Gerth, Kapitän der 14. »Sturm«-Staffel, rammte auch und wurde dabei getötet. *(X 25)*.
Zweifellos erforderte die »Sturm«-Taktik außerordentliche Selbstbeherrschung, Kaltblütigkeit und Mut – Eigenschaften, die auch die späteren, organisierten Ramm-Jäger in Stendal auszeichnen sollten, wie noch darzustellen ist.
So wie Nahkämpfer der Infanterie, so sollten auch »Sturm«-Jäger danach trachten, die kürzeste Distanz zum Gegner herzustellen.

Herangehen bis der Bomber fällt, so lautete die Devise.
Bei überschwerer Bewaffnung, bei zum Greifen nahen Bombern, mußten selbst jüngeren, weniger kampferfahrenen Fliegern Abschüsse oder Ramm-Erfolge gelingen. – Dem »Sturm«-Gedanken entsprachen Angriffe in geschlossenen, festgefügten Gefechtsverbänden. Die komplette Gruppe schloß sich zu einem »Sturm«-Keil zusammen, Anführer an der Spitze, wie in den großen Schlachten der Germanen. Fast Fläche an Fläche fliegend, etwas nach hinten und oben versetzt, näherte sich der Jagdverband den feindlichen Bomber-Pulks, und erst im allerletzten Augenblick, wenn die aufgelockerter marschierenden Bomber dieses erforderten, stob der Angriffskeil in Einzel-»Stürmer« auseinander; die Endphase bestritt jeder einzelne für sich *(II 80)*.
Während eines solchen Angriffs hatten »Sturm«-Jäger natürlich mit massiver Bedrohung durch amerikanische Begleitjäger zu rechnen. Zur Zeit der »Sturm«-Angriffe betrug das Begleit-Verhältnis bereits 1:2, das heißt, ein Jäger deckte zwei Bomber.
Massig und überschwer, wie speziell ausgerüstete Focke Wulf-Jäger nun einmal geworden waren, hätten sie, wie spätere Ereignisse leider auch bewiesen, kaum Chancen gehabt, einen Kampf Jäger gegen Jäger zu überstehen. Deshalb galt der Befehl, Berührungen mit feindlichen Jägern strikt zu meiden; Hauptziel waren die Bomber. Jeweils zwei schwere »Sturm«-Gruppen ließen sich von zwei leichten Begleit-Gruppen mit konventionellen Jagdflugzeugen vom Typ Bf 109 abschirmen. Eine leichte Gruppe flog als sogenannte »Höhengruppe« überhöht hinter den dicken Ramm-Böcken her, um eventuell dort angesetzte Angriffe des Feindes abzufangen. Die andere Begleitgruppe teilte sich und schützte beide Flanken.
Mit welchem Ernst man der besonderen Kampfsituation begegnen wollte und wie sorgfältig und verantwortungsbewußt man sich auf Treffen vorbereitete, geht unter anderem auch aus sogenannten »halbscharfen« Einsätzen der »Sturm«-Gruppen hervor, bei denen deutsche Kampfflugzeuge vom Typ He 111 Zieldarstellung flogen. Nach Unfällen mußten solche Übungen allerdings wieder abgebrochen werden *(VIII 69)*.
Freeman datiert, ohne Quellenangaben, den ersten Einsatz mit »Sturm«-Taktik auf den 29. April 1944. Mehr als siebenhundert

viermotorige Tagbomber der 8./USAAF transportierten an diesem Tage 1402 Tonnen Bomben nach Berlin. In der Nähe Magdeburgs, so berichtet Freeman, hätten sich etwa dreihundert deutsche Jäger, darunter die IV./»Sturm«/JG 3 »Udet« unter Führung von Hauptmann Moritz, zum Kampfe gestellt *(XXXXIX 136)*.
Am 25. Mai 1944 holten »Sturm«-Jäger desselben Jagdgeschwaders aus einem Bomberverband, der sich wiederum auf dem Wege nach Berlin befand, achtzehn Maschinen heraus.
Glaubt man Galland, dem damaligen General der Jagdflieger, dann bewährten sich die »Sturm«-Jäger »hervorragend« *(V 282)*. In dem ihm nachgesagten Schwung beabsichtigte er, bis zum September 1944 bei allen neun Geschwadern der Reichsverteidigung je eine »Sturm«-Gruppe aus dem Boden zu stampfen. Er hätte sie zu seinem »Großen Schlag«, von dem später noch mehr zu sagen ist, gut gebrauchen können.
Aber »Doktor Gustav West«, alias »Drohende Gefahr West«, die alliierte Invasion an der Normandie am 6. Juni 1944, fegte wichtige Pläne zunächst vom Tisch. Das Oberkommando warf alles, was es hatte, den Landungstruppen und der feindlichen Luftarmada an der Kanalküste entgegen, unter anderem auch die IV./»Sturm«/JG 3 »Udet«. Aber die schwerfälligen, gepanzerten Spezial-Maschinen erwiesen sich als wenig geeignet für Aufgaben an der Invasionsfront. Man zog sie zurück und gliederte sie dem neu aufgestellten Reichsverteidigungs-Geschwader »zur besonderen Verwendung«, z.b.V., ein. Die »Sturm«-Jäger verlegten nach Illesheim/Ansbach.
Als am 7. Juli 1944 ein gemischter amerikanischer Bomberverband, bestehend aus 756 »Fliegenden Festungen« und 373 »Liberator«, Treibstoffanlagen in Böhlen, Merseburg und Lützendorf sowie Flugzeugwerke in Leipzig anflog, kam es über Oschersleben, wo ein Werk der AGO 22 Prozent aller Fw 190-Flugzeuge produzierte *(XXVIII 60)*, zu einer großen Luftschlacht. Der deutsche Wehrmachtbericht vom 8. Juli 1944 würdigte dieses Ereignis und erwähnte 30 von »Sturm«-Jägern abgeschossene Bomber. Amerikanischen Angaben zufolge gingen 23 Bomber verloren, ausschließlich »Liberator« und besonders viele von der 492. Bombergruppe *(XXXXIX 160)*.
Am 19. Juli 1944 wurden die »Sturm«-Gruppen abermals im

Wehrmachtbericht erwähnt, eine besonders hohe Auszeichnung *(XIX 8./20.744)*. Diesesmal brachten die Spezial-Jäger 49 viermotorige Bomber zum Absturz. Von Ramm-Erfolgen wurde nichts bekannt. In einem anderen Treffen, das nur vier Minuten dauerte, schossen am 16. August 1944 zwanzig Fw 190 der IV./ »Sturm«/JG 3 »Udet« sechs »Fliegende Festungen« der 91. Bombergruppe ab, die gerade Halle an der Saale bombardierte. Sechs »Sturm«-Jäger gingen verloren *(XXXXIX 177)*.

Einen schweren Schlag erlitt dann allerdings der deutsche Spezialverband, als er im August 1944 über eigenem Platz von »Mustang«-Jägern abgefangen und hart attackiert wurde. Fünfzehn »Sturm«-Jäger fielen; in ihren Ramm-Böcken hatten sie keine Chance *(XXXXIX 178)*.

Oberstleutnant von Kornatzki, Initiator der »Sturm«-Jäger, fiel am 11. September 1944 an der Spitze seines Angriffskeils – beim erst zweiten Sturmangriff seiner Gruppe *(VIII 238)*.

Seine Schöpfung überlebte ihn nicht lange. Trotz aller Anfangserfolge, bei denen die Überraschung sicherlich eine große Rolle spielte, blieb den »Sturm«-Gruppen der ersehnte endgültige Durchbruch versagt. Eine sofort reagierende, immer erdrückender werdende Übermacht amerikanischer Luftflotten nahm ihnen jede Aussicht auf durchgreifende, langfristig wirkende Erfolge.

Die Autoren bei Tantum und Hoffschmitt berühren aus ihrer Distanz einen ganz anderen Aspekt. Sie werten schon die bloße Einrichtung von »Sturm«-Gruppen als Verzweiflungstat, als Armutszeugnis einer Führung, der nichts Besseres eingefallen sei. Jenes bewußte, befohlene Ausweichen vor Feindjägern mit dem stur verfolgten Ziel, unter allen Umständen Bomber und nochmals Bomber zu vernichten, habe psychologisch außerordentlich stimulierend auf amerikanische Jagdflieger gewirkt. Hier sei das Selbstbewußtsein enorm angewachsen, während deutschen Jägern immer mehr Minderwertigkeit und Preisgegebensein bewußt werden mußten *(LXXV 293, 294)*.

Mehrere Male setzten sich amerikanische Jäger hinter »Sturm«-Verbände und schossen eine Maschine nach der anderen heraus, ohne daß die schwerfälligen Fw 190 oder Begleit-Bf 109-Jäger den Jägerkampf aufgenommen oder ihr Heil in der Flucht gesucht hätten *(LXXXVIII 58)*.

Nach dem Einsatz »Bodenplatte« am 1. Januar 1945 an der Westfront blieb von der »Sturm«-Gruppe des Jagdgeschwaders JG 4 nur noch ein kläglicher Rest von neun Maschinen übrig. Am nächsten Tage, bei einem Einsatz im Raume Kaiserslautern, wurde die Katastrophe komplett: Nur noch zwei Flugzeuge kehrten zurück, das eine davon durch über 40 Treffer schwer beschädigt *(VIII 166)*. Zum Kriegsende befanden sich »Sturm«-Gruppen wie fast alle Jäger im verzweifelten Erdeinsatz, dem letzten Aufbäumen. Eine knappe KTB-Eintragung vom 31. März 1945 enthält die Freigabe der »Sturm«-Gruppen durch das Oberkommando der Luftwaffe für die Luftflotte 6 »zum Jaboeinsatz, insbesondere Lok-Jagd« *(S. I. 1; S. 158)*.
Erst nach dem Kriege erfuhr man, wie eindrucksvoll die Anwendung der »Sturm«-Taktik gewesen war.
Freeman, der sich auf authentisches amerikanisches Material stützt, meint, die Kampagne der achten amerikanischen Luftflotte hätte sich zu einem Unglück entwickeln können, wenn die »Sturm«-Jäger nur ein Jahr früher in Erscheinung getreten wären *(XXXXIX 137)*. Oberst Herrmann griff dann im Februar 1945 diese »Sturm«-Idee zum Teil wieder auf; allerdings verlangte er nun absolutes Rammen. Sonderausrüstungen, wie sie die »Sturm«-Jäger noch gekannt hatten, fielen ebenso weg wie zeitraubende Vorbereitungen. An die Stelle von Angriffskeilen traten Ramm-Schwärme, Vierer-Formationen. Und die Kommandeure flogen nicht mehr mit.

Japanische Ramm-Taktiken in der Luft

Im Herbst des Jahres 1944, als erste Piloten organisierter Kamikaze-Verbände von Marine und Heer sich im »jikabu« auf Kriegsschiffen der Amerikaner bewußt zu Tode stürzten, entwickelten japanische Flieger bei der Abwehr amerikanischer B-29-Bomber eine interessante Ramm-Methode.

Schon während des pazifischen Luftkrieges hatten sich spontane, weder befohlene noch organisierte Ramm-Attacken ergeben.

Zum Beispiel war im Sommer des Jahres 1944 Oberleutnant Naoschi Kanno bei einem Patrouillenflug auf eine alleinfliegende B-24 »Liberator« gestoßen. Er hatte sofort angegriffen.

Als aber der Bomber Treffer auf Treffer einsteckte, ohne abzustürzen, entschloß sich der japanische Jagdflieger zu einem Ramm-Angriff, und zwar von vorne. Erst beim dritten Versuch gelang es ihm endlich, knapp über dem Rumpf der »Liberator« hinwegfegend, deren Leitwerk zu treffen und zu zerstören.

Steuerlos stürzte der Großbomber ins Meer.

Kanno, der bei dem heftigen Aufprall kurz das Bewußtsein verloren hatte, fing seine trudelnde Maschine noch rechtzeitig ab und brachte sie, wenn auch erheblich beschädigt, zum Stützpunkt Jap zurück *(XXXX 57)*.

In der Nacht vom 5. auf den 6. September 1944 hatte ein zweimotoriger japanischer Nachtjäger vom Typ »Gekko«, Nakajima NINI/S, ebenfalls eine »Liberator« angegriffen.

Als die Bordwaffen den Dienst versagten, entschlossen sich die beiden japanischen Flieger, Deckoffizier Yoschimasa Nakagawa, der Pilot, und Oberdeckoffizier Isamu Osumi, sein Beobachter, den Bomber doch noch zur Strecke zu bringen, und zwar durch Rammen. Nakagawa manövrierte seine Maschine so nahe wie möglich an den gegnerischen Bomber heran, bis sich schließlich

eine der Luftschrauben der »Gekko« in den Rumpf der »Liberator« grub.
Stark beschädigt hielt sich der amerikanische Bomber noch eine Weile in der Luft, stürzte dann aber doch etwa gegen 01:00 Uhr südlich von Samar ab und versank in den Fluten des Pazifik. Glassplitter von der zu Bruch gegangenen Kabinenhaube verletzten Nakagawas rechtes Auge. Dennoch brachte er seine ramponierte Maschine sicher zur Landung *(XXXX 56)*.
Bei der Organisation methodischer Ramm-Unternehmungen ging die Initiative von Piloten des japanischen Landheeres aus. Sie griffen, ähnlich wie einige deutsche Jagdflieger, von vorne an. Ihre Gegner waren sehr schnelle, in Höhen um 11000 Meter operierende B-29-Bomber. Unmittelbar vor dem Ziel blockierten japanische Jagdflieger die Steuerorgane ihrer Maschinen, sprangen, sobald sie die Kabinenhauben abgeworfen hatten, mit Fallschirmen ab und ließen die stabilisierten Jagdflugzeuge in die Bomber rasen. *(III 178)*.
In bemerkenswertem Gegensatz zu Kamikaze-Piloten, die sich auf Schiffseinheiten stürzten, griffen Heerespiloten anfliegende Bomber zunächst nicht in der festen Absicht an, sich dabei aufzuopfern. Sie retteten sich vielmehr, oder versuchten wenigstens, sich zu retten.
Doch nur wenigen gelang ein Überleben *(III 83)*. Bei den hohen Annäherungsgeschwindigkeiten der Flugzeuge mußten schon viele glückliche Umstände sowie eine schier unmenschliche Kaltblütigkeit zusammenwirken, um angreifenden japanischen Ramm-Piloten Überlebenschancen einzuräumen.
Aus dieser bitteren Erkenntnis zogen dann auch japanische Flugzeugführer Konsequenzen: Sie ließen die Idee, auszusteigen, um sich für weitere Flüge aufzusparen, fallen und dehnten das Prinzip des »jikabu« nunmehr auch auf amerikanische Bomber aus. Ramm-Methoden gegen Bomber, ob mit oder ohne Selbstaufopferung von Flugzeugführern, wurden vom japanischen Oberkommando weder generell befohlen noch empfohlen. Man überließ die Entscheidung darüber ganz den kämpfenden Piloten. Dabei scheint es den japanischen Führern mehr um kostbar gewordene Flugzeuge gegangen zu sein, die sie unbedingt für den befürchteten Fall einer amerikanischen Invasion des japanischen Mutterlandes

in Reserve halten wollten. Ein Bomber, so groß und so modern wie er war, mag ihnen vielleicht zu geringwertig erschienen sein, jedenfalls gemessen an der Möglichkeit, mit demselben Aufwand ein großes feindliches Kriegsschiff, womöglich einen Flugzeugträger, vernichten zu können.
Mehrere japanische Jagdflieger zeichneten sich durch wiederholte erfolgreiche Ramm-Angriffe gegen amerikanische Großbomber aus. Kapitänleutnant Mikihiko Sakamoto rammte am 21. November 1944 einen jener B-29-Bomber, die die Stadt Sasebo angriffen. Die zusammenprallenden Flugzeuge explodierten in der Luft *(III 177)*. Am 3. Dezember 1944 gelang es zwei japanischen Jagdfliegern, ebenfalls an Bomber heranzukommen und zwei von ihnen durch Ramm-Stöße zu zerstören. Stets stiegen die Japaner rechtzeitig aus.

Die psychologische Wirkung solcher Ramm-Attacken japanischer Piloten auf amerikanische Bomberbesatzungen war groß. Sie fragten sich stets, was sich die Japaner wohl noch mehr an Schrekken ausdenken könnten. Viele der B-29-Bomber waren völlig unbewaffnet, weil man die Japaner als Luftkämpfer nicht ernst genommen hatte, und weil man das Gewicht anders nützen wollte *(XXIII 327)*. Die Angst nahm für amerikanische Flieger erst ein Ende, nachdem Japan kapituliert hatte.
Kein japanischer Ramm-Jäger hinderte am 6. August 1945 den Oberst Paul W. Tibbets jr. daran, mit seiner B-29 »Enola Gay« über Hiroshima zu erscheinen und die erste Atombombe (»Little boy«) auszulösen. Drei Tage später detonierte »Fat man«, die zweite dieser fürchterlichen Bomben über Nagasaki.
Daraufhin streckte Japan am 15. August 1945 die Waffen *(XXIII 359, XXIV 54)*.

Nationalsozialistische Ideologie

Am eindringlichsten stellte sich die fundamentale Frage nach dem Tode damals den Soldaten, deren Dasein ausschließlich vom Kampf, von Blut und Zerstörung bestimmt wurde.
Trotz unübersehbarer Unterschiede zwischen ostasiatischer und deutscher Begriffswelt drängt sich ein Vergleich zwischen Mentalität und Motivation japanischer und deutscher Flugzeugführer auf.
Abgesehen von einigen tiefen Gedanken und Ahnungen der Mystiker findet sich in der deutschen Geistes- und Glaubenswelt kaum mit Zen Vergleichbares. Parallelen ergeben sich vielleicht aus einer gleichlaufenden Glorifizierung von Standhaftigkeit, fanatischem Kampfesmut und Mannestum.
Den deutschen Kriegsherren des Zweiten Weltkrieges halfen traditionelle Erscheinungen lediglich insofern, als militärisches Ansehen allgemein seit den deutschen Einigungskriegen hoch im Kurs stand und im Volke ein beachtliches Vertrauenspotential besaß. Uniformen waren ein wesentlicher Bestandteil der Szene *(XIX 2)*. Wie tief deutsches Fühlen und Denken damals in die Menschen selbst ohne deren Willen eingedrungen war, verdeutlicht das nachgewiesene Engagement von Soldaten, die trotz Abneigung gegen herrschende Weltanschauungen sich selbst vergaßen, ja, sich sogar persönlich aufgaben, wenn es darum ging, die Heimat zu verteidigen.
Die deutsche Führung wurde damals nicht müde, zu behaupten, das deutsche Volk kämpfe einen »heiligen Krieg«. Damit griffen sie ein mohammedanisches Schlagwort auf. Denn »Dschihad« war der heilige Krieg der Moslems und wesentlichste Ursache einer erstaunlich raschen Ausbreitung des Islams.

SCHULERZIEHUNG IN DER DIKTATUR

Wie alle Staatsführungen, die auf dauerhaften Bestand bedacht sind, richteten auch die Nationalsozialisten in Deutschland ihr besonderes Augenmerk auf die Jugend.
Eine im nationalsozialistischen Geiste erzogene Jugend schien der »Bewegung« und deren Bewegern einen Fortbestand eher zu sichern als eine oft mühsame und dazu noch unsichere Erziehung Erwachsener.
Alle Bildungseinrichtungen wurden daher total in den Dienst des Regimes gestellt. Sie hatten auftragsgemäß eine neue, martialische Vorstellungswelt zu vermitteln. Von Kindheit an wurde jungen Deutschen eingeimpft, einer besonderen, privilegierten und berufenen Rasse anzugehören. Nur arische, sorgfältig ausgewählte, überwiegend deutsche Literatur war zugelassen. Von den Klassikern gelangten die Werke Homers, heroische Zeiten Griechenlands beschreibend, zu hoher Geltung. Eine Schulausbildung im Dritten Reich hatte insbesondere die männliche Jugend kampfstark, angriffslustig und widerstandsfähig zu formen. Bewaffnete Auseinandersetzungen mit anderen Ideologien galten von vornherein als unvermeidlich.
Der Jugend wurde eingehämmert: Wehrwille sei Lebenswille. Lebenswille gelte als erstes und stärkstes Naturgesetz. Aus dem Wehrwillen speise sich die Wehrkraft. Zu den geistigen Voraussetzungen der Wehrkraft gehöre die Gemeinschaftsidee im Volke. Nur dann, wenn sich alle Kräfte in einem großen Gemeinschaftsgedanken zusammenfänden und der Wille aller in die gemeinsame, gleiche Richtung ziele, erreiche die Volkskraft ihr größtes Wirkungsvermögen. Ins Unterbewußte junger deutscher Menschen verankerten nationalsozialistische Erzieher einen kompromißlosen NS-Kämpfergeist, ein Hintanstellen menschlicher Erwägungen zu Gunsten eines unmenschlichen Widerstandsgeistes, eines Widerstandsgeistes, der einer Selbstaufgabe gleichkam:
»Du bist nichts. Dein Volk ist alles.«
Die Figur des Führers Adolf Hitler wurde systematisch glorifiziert, ja, mystifiziert:
»Männer machen Geschichte. Von der Flamme einer einmaligen Zeit durchglüht, wissen wir, daß ein Mann die Geschichte unserer

großen Gegenwart gestaltet: Unser Führer!«
Geglaubt wurde an einen genialen Mann, der imstande war, Unmögliches möglich zu machen *(LXXVIII 461).* Sozialpsychologisch soll die starke Bindung an Hitler in einer Identifizierung mit ihm als einem Idealego, einem »pater patriae« begründet gewesen sein. Diese Bindung sei schließlich so stark geworden, meinen Wissenschaftler, »daß sie nicht nur die Blindheit gegenüber all seinen allzu offensichtlichen« Unwahrheiten, sondern auch jenes merkwürdige Einverständnis sowie den erstaunlichen Mangel an Kritik oder Auflehnung erkläre.
Hitlers Tod hatte für die meisten Deutschen die Bedeutung von eigenem Tode, Deutschlands Zerstörung *(XXIX 27).*

DIE STAATS-JUGEND

Fast alle jene Jagdflieger, die sich zu Beginn des letzten Kriegsjahres für den ersten deutschen Ramm-Verband freiwillig meldeten, entstammten der Hitler-Jugend. Fliegerei und Nationalsozialismus schienen untrennbar miteinander verbunden zu sein. Privat hätten sich nur wenige eine kostspielige Ausbildung zum Flugzeugführer leisten können.
Kaum zehn Jahre alt, hatten sie erste Flugmodelle im Werkstattunterricht der Schulen gebastelt und gestartet. Modellbaugruppen im »Deutschen Jungvolk«, bei den »Pimpfen«, hatten sie als Elf- bis Dreizehnjährige erfaßt und in den Bann geschlagen. Die Flieger-HJ, eine der vielen Spezialformationen innerhalb der Hitler-Jugend, bot kostenlose, gut organisierte, außerhalb von Urlaub oder Ferien zu gewährende Segelflug-Lehrgänge mit Erwerb begehrter Segelflugscheine an.
»Wehr«-Sport sowie andauernde weltanschauliche Schulungen liefen parallel zur Ausbildung, was immer man lernte.
Reichsjugendführer Axmann hatte am 5. März 1941 in einer Broschüre des NSFK »Der Weg zum Sieg« geschrieben:
»... Reichsmarschall Göring ... will Männer von unerschrockenem Herzen und fester Hand haben, ganze Kerle, die Kühnheit und Begeisterungsfähigkeit besitzen ... höchste Disziplin und Stärke

des Charakters ... Im Vordergrund steht die Formung des jungen Menschen zum charakterfesten Nationalsozialisten.«
Mit gänzlich anderen Parolen peitschte derselbe Mann am 28. März 1945 in einem Artikel des »Völkischen Beobachters« die kämpfende Jugend hoch:
»Nicht Worte helfen, sondern Taten allein. Die Jugend Adolf Hitlers muß das Zentrum unseres nationalen Widerstandes sein. Leidenschaftlich bekennt die Jugend: Wir kapitulieren nie!
Dieser Vernichtungskrieg läßt keine bürgerlichen Maßstäbe mehr zu. Es gibt kein Zurück mehr, sondern nur ein Vorwärts. Es gibt nur ein Handeln bis zur letzten Konsequenz. Es gibt nur Sieg oder Untergang. Seid grenzenlos in der Liebe zu eurem Volk und ebenso grenzenlos im Haß gegen den Feind. Eure Pflicht ist es, zu wachen, wenn andere müde werden; zu stehen, wenn andere weichen. Eure größte Ehre sei aber eine unerschütterliche Treue zu Adolf Hitler.«
In jeder Truppe, schrieb Kesselring später, seien die meisten gläubige Hitleranhänger gewesen. Sie hätten »auf Hitler geschworen und auch ihr Leben für ihn eingesetzt« *(LIII 299)*.
Hitler-Jungen und Hitler-Mädel, letztere vom BdM., stellten folglich das letzte Aufgebot. Sie errichteten Festungswerke im Osten, schanzten im Westen, betätigten sich aufopfernd in Feuerwehrscharen. Oft genug gerieten Luftschutzhelfer beim Feuerlöschdienst in Gefahrensituationen, denen sie nicht gewachsen waren *(LIX 121)*. Unermeßliche Verdienste erwarben sich jugendliche Flakhelfer und Flakhelferinnen.
Aber es fehlte nicht an warnenden Stimmen Erwachsener.
So schrieb zum Beispiel der Chef des Generalstabes OB. West am 7. Dezember 1944 an verschiedene Dienststellen des Oberkommandos der Wehrmacht und an die Reichsjugendführung zum beabsichtigten Fronteinsatz von Hitler-Jungen unter anderem:
»... 4. Die Masse der Jungens wird den Hauptbelastungen im Kriege – Hunger, wenig Schlaf und übernormale Anstrengungen – nicht gewachsen sein. Bei Einsatz werden ernste gesundheitliche Schädigungen eintreten müssen, die spätere vollwertige Verwendung in Frage stellen ...« *(LXXVII 370)*.
Trotzdem jagten Hitler-Jungen Panzer in die Luft, sprengten Brücken, erschossen erwachsene Gegner, wurden selbst erschos-

sen. Und am 7. April 1945 rammten nur etwas ältere Hitler-Jungen in den Uniformen der deutschen Luftwaffe mit ihren Jagdmaschinen feindliche Tagbomber. Zu ihrem selbstlosen Einsatz wurden sie von Männern herausgefordert, die nicht viel älter waren als sie selbst und die einst ebenso wie sie Führer in der Hitler-Jugend gewesen waren.

Als typisches Idol des Fliegernachwuchses galt Werner Baumbach, der spätere Kommodore des Kampfgeschwaders 200 und Chef der »Selbstopfer-Männer«.

Ein Foto aus dem Jahre 1934 zeigt diesen sympathischen Cloppenburger groß, proper in H.J.-Uniform, als Teilnehmer am damaligen Reichsparteitag in Nürnberg.

Als Führer in der Flieger-HJ hatte er neben allen drei Segelflugscheinen auch noch den Kunstflugschein erworben. Er blieb hauptamtlich Sachbearbeiter für Flugertüchtigung im »Bann Süd-Oldenburg«. Dann zog es ihn zur Luftwaffe: Polenfeldzug, EK II, Leutnant, EK I. Ab April 1940 flog er endlich die Waffe, die es ihm ermöglichte, sich mit Ruhm zu bedecken und zum Idol aufzusteigen.

Als jüngstem Flugzeugkommandanten im berühmten Adler-Geschwader gelang Baumbach am 20. April 1940, als sei es ein Geschenk zu Hitlers Geburtstag, ein Volltreffer auf einen schweren Kreuzer der Suffolk-Klasse; das Schiff sank. Hitler belohnte seinen tapferen Flieger am 8. Mai 1940 mit dem begehrten Ritterkreuz.

Schon bald stand Baumbach mit einer Versenkungsziffer von 240000 englischen Bruttoregistertonnen Schiffsraum an der Spitze aller Kampfflieger. So wurde am 14. Juli 1941 das Eichenlaub fällig; die Schwerter folgten am 16. August 1942.

Werner Baumbach, das Idol, das es vom Hitler-Jungen bis zum hochdekorierten Oberstleutnant gebracht hatte, sowie beispielsweise dieser Text eines etwas geschraubten Fliegerreims, den junge Ramm-Piloten schon von der Schule und Hitler-Jugend her kannten, wirkten fast unwiderstehlich auf die Männer ein:

»Und haben wir nichts, wir haben den Mut,
der Sonne entgegenzufliegen.
Hell lodert die heiße, die heilige Glut
in unserer Adern singendem Blut,

für Deutschlands Namen zu siegen.
Heilige Erde, dir sind wir ergeben!
Deutschland im Sterben wie Deutschland im Leben!«

Zwei Hitler-Jungen, der sechzehnjährige Heinz Petry und der ein Jahr ältere Josef Schörner, starben noch am 5. Juni 1945, obwohl die Waffen bereits seit vier Wochen schwiegen, im Feuer eines alliierten Erschießungskommandos. Ohne Rücksicht auf ihr jugendliches Alter hatte ein Kriegsgericht sie am 29. März 1945 zum Tode verurteilt, weil sie für schuldig befunden worden waren, »im Raume von Aachen Spionage gegen die amerikanischen Truppen betrieben zu haben« *(MA; RL 7/558; »Stars and Stripes« 6.6.45)*.

NATIONAL-SOZIALISTISCHE-FÜHRUNGS-OFFIZIERE – NSFO

Erklärter Wille war, daß deutsche Soldaten, politisch indoktriniert, wesentlich kampfstärker sein sollten als anders motivierte Gegner westlicher Demokratien. Im Osten galt es, einen ideologisch noch starrer programmierten Feind möglichst noch zu übertreffen.

Soldaten des Großdeutschen Reiches sollten nach dem Willen der Führung im Sinne der nationalsozialistischen Ideologie denken und handeln. Vor allem aber sollten sie bedingungslos an Adolf Hitler, dessen Staatsführung sowie an den Sieg der Waffen des Nationalsozialismus glauben.

Im Hinblick auf die unübersehbare Diskrepanz zwischen ideologischem Ziel und Realität hatte Hitler am 22. Dezember 1943 einen NS-Führungsstab im OKW unter Leitung des Chefs des Allgemeinen Wehrmachtamtes, General der Infanterie Reinicke, befohlen. Auch beim Oberkommando der Luftwaffe war ein NS-Führungsstab zu bilden *(XXIX 37)*. Ein »Führerbefehl« vom 8. Januar 1944 wies die Truppe an, in allen Einheiten und Truppenteilen geeignete Offiziere mit dem Amte eines Nationalsozialistischen Führungsoffiziers zu betrauen *(IV 43)*.

NSFO's waren keine professionellen Parteiorgane, sie wurden meistens noch nicht einmal in den Mitgliederlisten der NSDAP

geführt. Vielmehr erklärten sich reguläre Offiziere dazu bereit; oft wurden sie nur aus Verlegenheit zu diesem Amte bestimmt.
Reichsleiter Bormann hatte schon immer darauf beharrt, daß NS-Führungsstäbe sowie alle NSFO in die Zuständigkeit und den Machtbereich der Partei gehörten. Aber erst am 13. März 1945 hatte er es endlich geschafft, und ein entsprechender Führerbefehl kam heraus – zwei Monate vor dem Untergang! *(XXIX 38)*.
Himmlers »Richtlinien für die Arbeit des NSFO«, publiziert vom Oberkommando der Heeresgruppe Weichsel unter dem Zeichen VIa/NSF. HQu am 25. Februar 1945, lauteten:
»Ziel der gesamten weltanschaulichen und politischen Arbeit muß ... sein, jedem einzelnen zum Bewußtsein zu bringen, daß er nur durch *sein* Kämpfen, Angreifen und Halten sich selbst, seine Familie, seine Sippe und damit sein Volk und seine eigene Zukunft ... verteidigen kann. Standhaftigkeit und Entschlossenheit, Wut und Haß, Trotz und Verbissenheit, das unbedingte Vertrauen zum Führer und der Glaube an die eigene Kraft sind immer wieder wachzurufen, zu stärken und zu fanatisieren. Hinweise auf ... geschichtliche Vorbilder ... beweisen, daß auch in aussichtslosen Lagen Minderheiten eine Entscheidung erzwangen ...« *(XXIX 545)*.
Innerhalb der deutschen Jagdfliegerei entledigte man sich anders als bei der linientreuen SS der wenigen ideologischen Aufträge ziemlich rasch und lasch; junge Offiziere drückten sich davor, sie machten ihren Jux darüber.
Aber so war es nicht überall! Inzwischen gab es bereits den Typus des gläubigen politischen Soldaten. Beispielsweise junge Kommandeure der Kampffliegerwaffe, die anläßlich des siebten Lehrganges der NS-Führerschule II der Luftwaffe in Oberjoch am 2. September 1944 verlangten, die ganze Luftwaffe durchzukämmen, »von der höchsten bis zur untersten Führung«, da das Vorleben und Verhalten verschiedener höherer Führer »nicht dem nationalsozialistischen Ideengut entspreche«. Mit besonderem Nachdruck sollen der Inspekteur beim General der Kampfflieger, zwei Geschwaderkommodore sowie der Kommandeur der Frontfliegersammelstelle diese Forderungen vertreten haben *(LXXVIII 474)*.
Aber auch Jagdfliegerführer machten mit.
Ein Absatz im »Erfahrungsbericht JG 11 für den Monat Februar

1945« ist solch ein Fall ideologischer Pflichterfüllung bei deutschen Jagdfliegern.

Unter Ziffer 12 teilte der damalige Geschwaderkommodore, Major Hackl, dem General der Jagdflieger – zu diesem Zeitpunkt bereits Oberst Gollob – mit:

»Die Soldaten verlangen mit großem Interesse aktuelle Tagesfragen und Lageberichte. Die Arbeit des NSFO und der laufende politische Unterricht durch die Einheitsführer fällt auf fruchtbaren Boden. Der NSFO der 9. Armee ist angekündigt zu einem Vortrag. Eine häufigere Zuweisung von politischen Rednern wäre sehr erwünscht. Die Berichte des NSFO der Division sind interessant und zum Unterricht der Truppe gut geeignet.« *(MA; RL 7/540).*

Nach dem Attentatsversuch vom 20. Juli 1944 auf Hitler grüßten Soldaten des Großdeutschen Reiches nicht mehr traditionell, sondern mit dem Hitlergruß, einer unbequemen und weniger schmukken Armbewegung. In Abänderung des Wehrgesetzes vom 21. Mai 1935 blieb die NSDAP-Mitgliedschaft nun auch während des Wehrdienstes in Kraft. Parteimitglieder im Soldatenrock wurden verpflichtet, »dienstlich und außerdienstlich im Sinne nationalsozialistischer Weltanschauung zu wirken und sich jederzeit für sie einzusetzen *(XXIX 490).*

Es gab genügend junge Menschen, denen ideologische Aufträge ernst waren, bitterernst.

GEISTIGE HALTUNG IM HINBLICK AUF SELBSTMORD UND AUFOPFERUNG

Selbst wenn Hitler es noch so sehr gewollt hätte: einer Selbstauslöschung des deutschen Volkes fehlte einfach der logische oder mythologische Beweggrund.

Die Japaner setzten mit ihren Kamikaze-Formationen einen jahrhundertealten, historisch und geistesgeschichtlich vorgezeichneten Weg – »bushido«, »jikabu« – fort.

Sich aufopfern, mit wohlüberlegter Hingabe eigenen Lebens anderes Leben oder eine Idee retten, war den Deutschen allgemein (und so auch den Fliegern) fremd. Spontane Fälle von Selbstaufopferung in diesem Sinne waren vorgekommen, auch bei deutschen Jagdfliegern.

Aber das blieben Ausnahmen.

Von einer mythologisch fundierten, aus Bewegungen einer »Volksseele« stammenden Welle, von einem allgemeinen Drang, besiegten Führern in den Untergang folgen zu wollen, war zum Schluß des Krieges im allgemeinen nichts zu spüren. Umso verständlicher mag sein, daß die blutigernste Idee, feindliche Bomber durch Rammen zu vernichten, etwas theatralisch erscheint.

Aber waren deshalb jene deutschen Jagdflieger, die sich zur Durchführung eines Ramm-Auftrages bereitfanden, Selbstmörder? Selbstmord wäre vorsätzliche Zerstörung eigenen Lebens gewesen. Diese Absicht kann bei dem einen oder anderen Ramm-Piloten nicht ausgeschlossen werden. Viele Familien hatte der Krieg bereits verschlungen. Manchem Manne mag ein Weiterleben sinnlos erschienen sein. Angesichts gegenwärtiger und in düsterer Vorahnung weiterer Schrecken war Selbstmord eine verbreitete Art der Flucht geworden.

Doch bei der überwiegenden Mehrzahl der Flugzeugführer des Sonderkommandos »Elbe«, wie der Ramm-Verband offiziell hieß, zeigten sich keine Selbstmordsymptome. Im Gegenteil, sie standen mit beiden Beinen im Leben; bevorzugte Gesprächsthemen bezogen sich auf die immer wieder erwogene Frage nach den besten Rettungsmöglichkeiten im Falle einer Ramm-Begegnung.

Die meisten Männer, vielleicht sogar alle, hatten eine feste und auch begründete Hoffnung, zu überleben. Im wahrsten Sinne des Wortes lebendiger Beweis waren jene Piloten, die ihren Ramm-Einsatz vom 7. April 1945 dann auch wirklich überstanden.

Die katholische Moraltheologie brandmarkt Selbstmord als schwere Sünde gegen das Fünfte Gebot »Du sollst nicht töten!« Auch die evangelische Ethik verwirft aus Ehrfurcht vor einem von Gott gegebenen Leben den Selbstmord als Sünde des Unglaubens.

Obwohl bekennende Christen zu seltenen Ausnahmen gehörten, kamen deutsche Flieger doch fast ausnahmslos aus christlichen Familien. Sie hatten nach christlichen Moralbegriffen leben gelernt, Kirchen besucht und am Leben der Gemeinden teilgenommen – trotz ideologischer Spannungen zwischen Konfessionen und Nationalsozialismus, trotz nationalsozialistischer Schul- und

Jugenderziehung. Selbstmord widersprach der inneren Einstellung wohl aller Flieger. Das soll jedoch nicht heißen, daß die Gruppe der Ramm-Piloten nicht eine Eliteformation auf hohem physischen Niveau mit einem weltanschaulich stark geprägten *esprit de corps* unter aggressiver Führung gewesen wäre. Im Gegenteil, ihre Gefährlichkeit war außerordentlich groß.
Als bedeutendsten Aktivposten der Roten Armee bezeichnete General von Dittmar nach dem Kriege »die seelenlose Indifferenz des russischen Soldaten – sie ging noch über Fatalismus hinaus« *(LXX 215)*. Genau dieses wollte die nationalsozialistische Führung; sie hatte nur nicht mehr die Zeit dazu.

Militärische Wagnisbereitschaft deutscher und alliierter Führer im Westen

Bei der Betrachtung allgemeiner Bereitschaft deutscher Führer, weder Menschen noch Material zu schonen, um bestimmte Ziele zu erreichen, erscheint Oberst Herrmanns Ramm-Kommando zwangsläufig in einem anderen Licht.

Der Rüstungsminister Albert Speer hatte schon seit Mitte 1943 die Luftwaffe gedrängt, weit hinter russischen Linien gegen abgelegene Wirtschafts- und Industrieobjekte zu operieren, »... auch wenn der Einsatz ohne Rückkehr gefordert werden muß«. Als die Luftwaffe ein Jahr später immer noch nichts unternommen hatte, intervenierte der Rüstungsminister am 24. Juni 1944 beim radikal eingestellten Reichsführer-SS, Heinrich Himmler, damit jetzt endlich »Freiwillige für einen Flug ohne Wiederkehr« gewonnen werden sollten *(XX 557)*.

Speers Absicht, Hitler in seinem Bunker unter der Reichskanzlei über die Belüftungsanlage durch Giftgas zu töten, hätte bedeutet, den Tod vieler Unschuldiger gleichzeitig zu besiegeln: Wachpersonal, Sekretärinnen, Stenografen, Köchinnen und andere Dienstleute. Hitlers Anordnung, die Luftschächte auf 3,60 Meter Höhe zu bringen, verlängerte sein Leben ein wenig und ersparte dem Rüstungsminister schwere Gewissenskonflikte *(LXIV 214)*.

Selbst bei Gallands geplantem »Großen Schlag«, über den noch einiges zu sagen ist, hatte man hohe Verluste in Betracht gezogen. In Treuenbrietzen, beim I. Jagdkorps, ergaben Planspiele, daß für 400 bis 500 beim »Großen Schlag« vernichtete Bomber 400 eigene Flugzeuge sowie 100 bis 150 deutsche Jagdflieger geopfert werden mußten *(V 331)*.

Fliegerische Gewalteinsätze waren keineswegs eine rein deutsche Erfindung. Amerikaner, Engländer und Franzosen bewunderten Bravourstücke ihrer Flieger ebenso wie Deutsche. Auch sie stili-

sierten ihre Helden hoch und dekorierten einfallsreiche Fliegerführer selbst bei schmerzlichen Verlusten an Menschen und Maschinen.
Zum ersten Tausend-Bomber-Angriff auf Köln in der Nacht zum 30. Mai 1942 wurden alle verfügbaren Reserven mobilisiert, einschließlich vieler Flugzeuge und Mannschaften von den Fliegerschulen. Anthony Verrier führt laut Klage wegen des Opfers von Tausenden junger Flieger im britischen Bomber-Kommando, das »kaum irgendeine schriftliche Anerkennung gefunden« habe; von vielen wisse man noch nicht einmal die letzte Ruhestätte. *(LXXXI 12, 115).* Die Lebenserwartung der Männer von der 2. Gruppe betrug zum Beispiel nur zwei Monate, weil »die Staffeln ... zu Angriffen gegen Ziele (starteten) ..., die ganz außerhalb ihrer wirklichen Leistungsfähigkeit lagen und (die) nur zu Propagandazwekken angegriffen wurden«.
Bei einem Einsatz, der als »Tokio-Raid« oder »Doolittle-Raid« einen Glanzpunkt in der amerikanischen Luftkriegsgeschichte bildet, startete am 18. April 1942, vermutlich auf Betreiben von Präsident Roosevelt *(LXXXIV VOL I 438),* ein Verband von 16 Mittelstreckenbombern des Typs B-25 »Mitchell« mit achtzig Mann an Bord unter schwierigen Umständen vom Deck des amerikanischen Flugzeugträgers »Hornet«, den die »Enterprise«, 4 Kreuzer, 8 Zerstörer sowie zwei Tanker begleiteten. Der Konvoi lief unter dem Kommando von Vize-Admiral William F. Halsey. Als Verbandsführer war von General Arnold der Kalifornier Oberstleutnant James H. Doolittle bestimmt worden. Aus den Staffeln 34, 37 und 95 der 17. Bombergruppe sowie aus der 89. Aufklärer-Staffel hatte man 71 Army-Air-Force Offiziere und 130 Mann als Freiwillige zur Aufstellung von 24 Besatzungen einschließlich Reserve aufgeboten *(LXXXIV Vol I 438).*
Das Prestigeziel hieß Tokio.
Bis dahin hatte man wegen der enormen Entfernung Luftangriffe auf die japanische Hauptstadt für unmöglich gehalten. Eine Rückkehr war ausgeschlossen.
Der von ganz normalen Besatzungen mutig vorgetragene Angriff gelang. Dreizehn amerikanische Flugzeuge bombardierten zum erstenmal Tokio, die übrigen drei warfen Bomben auf die Städte Osaka, Nogoya und Kobe. Präsident Roosevelt hatte seinem Volk,

der Welt und dem Gegner bewiesen, daß selbst das ferne japanische Kernland dem rächenden Arm der USAAF sehr wohl ausgesetzt sein konnte; er hatte nach einer deprimierenden Niederlage bei Pearl Harbor und dem drei Tage darauf folgenden Verlust der britischen Schiffe »Prince of Wales« und »Repulse« in Malaya zurückgeschlagen. Zum Glück für alle Besatzungen hatte Rückenwind geherrscht. Aber nur ein einziger Bomber, die Maschine von Captain Edward J. York, landete 8 Kilometer nördlich von Wladiwostok auf einer Flugplatzpiste; die Besatzung wurde interniert. Im Dunkeln und bei Regen machten vier Maschinen Bruchlandungen in China. Fünfundfünfzig Männer konnten sich nicht anders retten, als mit dem Fallschirm ins Ungewisse abzuspringen. Es gab fünf Tote, zwei Mann ertranken. Zehn Flieger traf das harte Los, den Japanern in die Hände zu fallen. Über alle wurde die Todesstrafe verhängt. Zwei Kommandanten, die Offiziere Hallmark und Farrow sowie der Bombenschütze Spatz wurden am 15. Oktober 1942 enthauptet. Leutnant Meder verstarb in Gefangenschaft.

Ein kostspieliger Gewalteinsatz hatte kaum nennenswerte positive Ergebnisse erbracht *(XXVI 427)*. Die japanische Antwort war vielmehr eine große Offensive von zwei in China stehenden Armeen unter dem Befehl von Feldmarschall Hajime Sugiyama. Die Japaner eroberten sämtliche Flugplätze, die für weitere amerikanische Landungen in Frage gekommen wären. Und Admiral Yamamoto erhielt nun endlich einen Termin für den Beginn der Midway-Operation, die er schon lange gefordert hatte.

Trotzdem schätzte die amerikanische Führung die moralische Wirkung der Mission Doolittles so hoch ein, daß man ihn, sicherlich auch stellvertretend für die aufgeopferten Flieger, mit der Medal of Honor, dem höchsten amerikanischen Kriegsorden, auszeichnete.

Doolittle, ein Absolvent des Massachusetts Institute of Technology, Ingenieur und Bomberpilot, machte seinen Weg. Er wurde später Chef der 12. Amerikanischen Luftflotte im Mittelmeer und löste, inzwischen zum Generalleutnant aufgestiegen, am 1. Januar 1944 den glückloseren Eaker als Führer der berühmten 8./USAAF ab *(XXVIII 15, LXXXV 394, LXXXIV Vol I 442)*.

Ein anderes Bravourstück war die Kopfjagd auf Yamamoto.

Seit seinen Studien- und Attaché-Jahren hatte sich dieser japanische Admiral zu einem gefährlichen, meisterhaften Gegenspieler im Pazifik entwickelt. Sein Tod bedeutete außerordentlich viel. Tatsächlich fand er ein Ende unter den Kugeln des amerikanischen Jagdfliegers Thomas (»Tommy«) Lanphier.

Damit war ein verwegener Gedanke in die Tat umgesetzt worden, »mit allen Mitteln Yamamoto und Stab« während einer Inspektionsreise auf den Bougainville-Basen »abzufangen und zu vernichten«, genau so, wie es in dem Geheimtelegramm vom 7. April 1943 an Fighter Control Henderson gestanden hatte. Der Absender war Marineminister Frank Knox. Die Idee stammte entweder von Knox selbst, von Admiral Chester W. Nimitz, Henry Arnold, oder von allen dreien. Admiral Marc A. Mitscher traf die Vorbereitungen.

Wegen einer befohlenen Kopfjagd waren 2000 Kilometer Wasserwüste des Pazifik zu überwinden, was mindestens fünf Stunden entnervende Flugzeit in engen, ungemütlichen Cockpits von P-38 »Lightnings« bedeutete. Aber »der Präsident der Vereinigten Staaten« maß »dieser Aktion besonderen Wert zu«. Improvisationen waren nicht zu vermeiden. Zusatztanks mußten installiert werden. Doch bei der Konstruktion der Flugzeuge hatte man etwas derartiges nicht vorgesehen. Schließlich montierte man die Behälter einfach an. So wurde erstes Opfer Mac Lanahan mit seiner Maschine, die beim Start ausbrach und in Flammen aufging.

Zehn gestartete »Lightnings« der 339th Fighter-Squadron mit Major Mitchell an der Spitze stießen, wie befürchtet, auf eine waffenstarrende japanische Eskorte. Hine opferte sich im Kurvenkampf für seinen Fliegerkameraden Holmes und zerschellte im Dschungel. Sechs »Lightnings« kehrten schwer angeschlagen zurück. Doch sie hatten das Unmögliche geschafft: Admiral Yamamoto und wenigstens vier maßgebende Stabsoffiziere waren getötet worden.

Leutnant Lanphier, dem der Fangschuß gelang, wurde zum Hauptmann befördert. Er bekam das »Navy Cross« sowie ein persönliches Glückwunschschreiben seines Präsidenten Roosevelt *(VII 103).*

»Dieser hübsche geplante Abschuß«, kommentierte Morison, »war so gut wie ein großer Sieg« *(LXXXV 648).*

Uneingeschränkten Einsatzwillen beweist auch jene selbstaufopfernde Tat des französischen Wing-Commanders Max Guedj, Doktor der Rechte, 32 Jahre alt, mehrfach ausgezeichnet, verheiratet und Vater einer kleinen Tochter.

Ihn erreichte am 7. Dezember 1944 die Order von Air-Marshal Sir Brian Baker und Frank Linden Hoop, dem Kommandeur der »Strike-Group«, einen deutschen Geleitzug anzugreifen und möglichst zu vernichten, ganz besonders dessen Hauptstück, ein 6000 BRT-Tankschiff.

Fast geschäftsmäßig kühl und leidenschaftslos hatten die Herren den Plan entwickelt, wie Guedj mit seinem Verband diese Schiffe nachts im Rombaks-Fjord liquidieren sollte. Selbstverständlich wurde auch hier wieder die besondere Bedeutung des Unternehmens hervorgehoben: Zwei Monate weniger Krieg, falls der deutsche Tanker in die Luft flog.

Bei schlechtestem Winterwetter waren von den Fliegern 70 Kilometer Ofoten-Fjord knapp über eisigem Wasser zu passieren. Der sich anschließende Rombaks-Fjord stellte als gewundene, etwas mehr als 1000 Meter breite Mulde zwischen 800 Meter hochragenden Felswänden an sich schon ein enormes Hindernis für Flugzeuge dar, und dies umsomehr, als die Deutschen sicherlich auf der Hut sein würden. Die deutsche Flak schoß gut.

Und wirklich schlug dann auch den angreifenden »Mosquitos«, denen der Durchbruch trotz Schneefall und Vereisung gelungen war, massives Abwehrfeuer entgegen. Zwei Flakschiffe, am Fjord-Eingang postiert, schossen aus ihren fast 80 Zweizentimeter- und 3,7 cm-Kanonen, was das Zeug hielt. Guedj's Maschine mußte schwere Treffer einstecken; der Beobachter fiel. Obwohl selbst verwundet, flog Guedj einen zweiten Angriff. Wieder stieß er hinab ins Inferno. Wieder traf die deutsche Flak. Es gelang ihm dann doch noch, acht Raketen abzufeuern. Aber in der gewaltigen Brandlohe des explodierenden Tankers verglühte auch die »Mosquito« Guedj's.

Von 19 bei diesem Einsatz gestarteten Maschinen kehrten nur vier zurück *(VII 103)*.

Aufopferungsbereitschaft erfaßte selbst hohe Staatsfunktionäre. »Ich war damals selbst entschlossen«, so erinnerte der damalige Rüstungsminister Speer in einem Brief vom 29. März 1945 den Führer Adolf Hitler an Selbstaufopferungsabsichten, »mit den

Segelflugzeugen gegen die russischen Kraftwerke zu fliegen und dort durch persönlichen Einsatz mitzuhelfen, das Schicksal zu wenden und gleichzeitig Beispiel zu geben ...« *(LXXVII 379)*. Dieser Brief soll den Empfänger allerdings nie erreicht haben *(LXXVI 863, Anmerkung 14)*.

Heroische Gedanken sollen auch den Reichsaußenminister von Ribbentrop umgetrieben haben. Er wollte Stalin eigenhändig erschießen, um Deutschland zu retten. Der russische Staatschef sollte mit vorgetäuschten Friedensangeboten an den Verhandlungstisch gelockt und dann mit einem präparierten Füllfederhalter, den der Geheimdienst beschaffen sollte, erschossen werden *(L 345)*. Auch hier blieb es bei der Verbaltat.

Ganz anders die Soldaten: Sie starben wirklich.

Als deutsche Jäger am Heiligabend des Jahres 1944 in der Nähe von Lüttich eine »Fliegende Festung« der 8./USAAF in Brand geschossen hatten, ahnten sie nicht, daß sich an Bord der abstürzenden Maschine der amerikanische Brigadegeneral Frederic W. Castle befand. Als der hohe Offizier sich entschlossen hatte, noch so lange am Steuer auszuharren, bis alle übrigen Besatzungsmitglieder abgesprungen waren, stand ihm der Tod vor Augen. Er fand dann auch wirklich keine Möglichkeit mehr, sich zu retten. Das amerikanische Volk ehrte diese aufopfernde Tat mit einer posthumen Verleihung der höchsten Tapferkeitsmedaille *(X 100)*.

Leutnant Joseph Kennedy, aus der Menge mutiger Männer nur deshalb hervorragend, weil er zufällig ein Bruder des späteren Präsidenten der USA war, fiel im Sommer 1944 bei einem gefährlichen Sondereinsatz als Pilot eines »Aphrodite«-Bombers.

Die Initiative war von General Spaatz höchstpersönlich ausgegangen. Schon im Juni 1944 hatte er die Generale Arnold und Gardner, letzterer Kommandeur der amerikanischen Luftwaffenerprobung in Florida (AAF Proving Ground), zu derartigen Experimenten mit ausgedienten, ferngesteuerten Großbombern gedrängt. Das Projekt hatte den Namen »Aphrodite« erhalten und ähnelte dem deutschen Mistel- oder Huckepack-Verfahren; allerdings bemannten bei den Amerikanern mutige Piloten die mit 20000 pounds Sprengstoff vollgepackten Bomber unmittelbar, um diese mit normaler Handsteuerung auf ihren allerletzten Flug zu bringen. Gelang der Start, verließen sie ihre gefährlichen Fluggeräte

mittels Fallschirm, sobald Mutter-Bomber die Fernsteuerung der »Aphroditen« übernommen hatten *(LXXXIV Vol III 531, 727).*
Leutnant Kennedy flog einen derartigen B-24-»Aphrodite«-Bomber. Ein Funker war mit an Bord. Noch über England zerrissen plötzlich zwei Explosionen die Maschine. So konnten die beiden Männer ihre riesige Bombe nicht mehr an deutsche V-2-Abschußrampen heranfliegen. Statt kurz vor Erreichen des Zieles mit Fallschirmen zur Erde zurückzuschweben, starben sie vorzeitig den Fliegertod *(LXXXIII 7).*
Waghalsige Unternehmungen erscheinen den Völkern der damaligen Alliierten heute nicht mehr problematisch. Ihre Waffen trugen den Sieg davon, und dadurch verwandelten sich waghalsige Taten in Heldentaten. Beim Verlierer ist das anders, sehr zu Unrecht.
Denn gerade in Deutschland ließ der Oberbefehlshaber der Luftwaffe, um bei dieser Waffengattung zu bleiben, angesichts eines immer deutlicher und drohender sich abzeichnenden Unterganges jegliche Rücksichtnahme auf Grenzen der physischen Leistungsfähigkeit seiner Piloten vermissen. Die Verlustziffern stiegen dementsprechend an.
Bei einem Unterlegenheitsverhältnis von 1:7 am Tage verlor die deutsche Jagdwaffe bereits in den ersten sechs Monaten des Jahres 1944 2008 Flugzeugführer – getötet, vermißt, verwundet *(V 281, 314; LXXXVIII 138).* Von den Nachwuchspiloten, die im letzten Kriegsjahr jung, noch immer begeistert und voller Tatkraft zu den Jagdverbänden kamen, fielen rund ein Drittel im Verlaufe der ersten vier scharfen Einsätze. Auch Priller klagt, diese Piloten seien »unfertig« und »halbausgebildet« gewesen *(IX 92).*
Doch ihre Meister fanden auch »viele alte und erfahrene« *(XXX 230).* Mitte 1944 gingen bereits 10,7 Prozent der eingesetzten deutschen Jagdflugzeuge verloren.
Als »Verluste« zählten im allgemeinen sowohl Tote als auch Vermißte und Gefangene. Nicht inbegriffen waren jedoch Zahlen über »abgeflogene« Piloten. Immer mehr Jagdflieger brachen infolge andauernder Überforderung körperlich und seelisch zusammen. Für kurze Zeit durften sie sich dann zwar erholen, aber schon bald darauf eilten sie wieder zu ihren Jagdmaschinen, um weiterzukämpfen – eine leichte Beute für ausgeruhte Gegner in Höchstform.

Am 2. November 1944 waren von 300 zusammengerafften und massiert eingesetzten Jagdfliegern 98 ausgefallen. Die Einsatztage 21., 26. und 27. November 1944 verursachten Verluste von insgesamt 200 Flugzeugführern. Im Dezember stieg die Verlustziffer für die Einsatztage 7., 23., 24., 25. und 31. auf 382. *(LXXXVIII 183).* Aber der Gipfel war noch nicht erreicht.

Während die Jägerführer, allen Verlusten zum Trotz, in Erwartung neuer, versprochener Flugzeugtypen immer noch an eine Zukunft ihrer Waffe glaubten, hatte Hitler im Einvernehmen mit Göring längst andere, erdgebundenere Vorstellungen entwickelt. Zwar befahl der Führer einen »Großen Schlag«, jedoch nicht, wie Galland erwartete, gegen den Erzfeind deutscher Jäger, amerikanische Tagbomber, sondern vielmehr gegen alliierte Fliegerhorste in Holland, Belgien und Nordfrankreich. Durch Vernichtung möglichst vieler feindlicher Flugzeuge wollte Hitler durch die Jagdwaffe ein Verzweiflungsunternehmen absichern lassen, welches dann am 16. Dezember 1944 auch tatsächlich losbrach und für eine gewisse Zeit selbst siegreiche Alliierte beunruhigte: Die Andennenoffensive.

In den letzten Dezembertagen des Jahres 1944 verlegten Jagdverbände befehlsgemäß nach Westen. Niemand in der Truppe ahnte, warum. Neunhundert Flugzeuge, in der Mehrzahl einmotorige Jagdflugzeuge, knapp ein Drittel der Jägerreserve, aber auch Schlachtmaschinen und Lotsen-Kampfflugzeuge standen am Sylvesterabend bereit zum Überraschungsangriff, genannt »Bodenplatte« – zum »letzten Dolchstoß in den Rücken der Jagdwaffe«, wie General Galland, den man von der Planung ausgeschlossen hatte, mit einem Seitenhieb auf General Peltz nach dem Kriege bemerkte *(LXXXVII 61).*

UNTERNEHMEN »BODENPLATTE«.

Frühmorgens, am 1. Januar 1945, schlug die Waffe los.

Die Überraschung gelang.

Überall auf alliierten Flugplätzen gingen taktische Bomber, Jagdbomber, Jagdflugzeuge, Aufklärungs- und Versorgungsmaschinen in Flammen auf oder wurden zerschossen. An die 400 Flugzeuge lagen danach zerstört am Boden, Hunderte waren schwer beschädigt worden und 79 wurden in Luftkämpfen von deutschen Jägern bezwungen *(XIX 219)*.

Aber auch die deutschen Angreifer hatten herbe Verluste erlitten. Zweihundertvierzehn Piloten mußten auf die Verlustlisten gesetzt werden, 151 waren tot, darunter eine Elite von zwei Kommodores, 14 Kommandeuren sowie 64 Staffelkapitänen *(X 219, 247)*. Über dreißig Prozent der eingesetzten 961 Flugzeuge *(LXV 510)* mußten als Totalschäden abgesetzt werden. Dabei war der weitaus größere Teil unglücklicherweise deutscher Flak zum Opfer gefallen, die man um geheime V-1- und V-2-Abschußrampen postiert hatte. Die Geschützbedienungen waren nicht informiert worden und schossen infolgedessen blindlings drauflos. Im feindlichen Beschuß kamen nur 93 deutsche Jäger um *(XXVIII 173)*.

Konventionell eingesetzte Jagdflieger besaßen im Januar 1945 kaum höhere Überlebenschancen, als drei Monate später jene Piloten, die zum ersten offiziellen Ramm-Einsatz gestartet waren. Obwohl inzwischen trotz systematischer Bombardierungen immer mehr Umrüstungen auf Düsenflugzeuge vom Typ Me 262 stattfanden, bestand die Überlegenheit des Gegners auch im Februar 1945 unvermindert fort. Zu blutjungen Flugzeugführern gesellten sich nun auch »abgesessene« Kampf-Flieger, Aufklärer, Seeflieger, Transportflieger sowie Fluglehrer, deren Wiederverwendung an der Front oft schon bei den nötigen Umschulungen im sogenannten »Windhund-Verfahren«, einer Kurzausbildung auf den kleinen, gefährlichen Jagdeinsitzern, katastrophal endete. Denn trotz jahrelanger Flugerfahrung, oder vielleicht gerade deswegen, kamen »alte Hasen« mit den engen, kleinen, einmotorigen Kraftprotzen einfach nicht zurecht. Sie machten Bruch und flogen sich lazarettreif oder zutode, bevor sie auch nur einen einzigen viermotorigen Bomber von nahem gesehen hatten.

Wenn man sich diese triste Situation bei den deutschen Jagdfliegern vor Augen führt, ist zu ermessen, wie jener Aufruf des Reichsmarschalls in den Monaten Februar und März 1945 wirkte, sich freiwillig zu verwegenen Ramm-Einsätzen zu melden. Viele Flugzeugführer glaubten, der Hölle hoffnungsloser Unterlegenheit dadurch entrinnen zu können, daß sie sich für eine zwar radikale

aber doch, wie es schien, aussichtsreichere Kampfesart als die einer konventionellen Tagjagd entschlossen.
Sieg der eigenen Waffen, Sieg einer Idee, Obsiegen von Persönlichkeiten – das waren Beweggründe für außergewöhnliche Wagnisbereitschaft im Kriege, hüben wie drüben.
Ähnlichkeiten im Ideellen heben Unterschiede im Materiellen umso krasser hervor. Ein Gigant war nämlich inzwischen dem »größten amerikanischen Flugzeugträger«, dem Vereinigten Königreich England, entwachsen.

Die amerikanischen Luftflotten zu Beginn des Jahres 1945

ALLIIERTE FLIEGERFÜHRER

An der Spitze gigantischer amerikanischer Heeresluftstreitkräfte mit inzwischen zweieinhalb Millionen Menschen an Personal sowie mehr als 75000 Flugzeugen aller Art stand am Anfang des letzten Kriegsjahres, 1945, immer noch General Henry H. (Hap) Arnold *(XXIII 294)*, dessen Macht über dieses Reich von den eigenen Leuten mit Hitlers Kontrollmöglichkeiten in Deutschland verglichen wurde; ja, man bezeichnete ihn wegen seiner fast unumschränkten Befugnisse sogar als »Diktator«! *(LXXXIV Vol I 266)*. In den Anfängen der Fliegerei war Arnold einer der ersten Armeepiloten aus der Wright-Schule gewesen. *(LXXXXIV 14)*.
Aus den in Europa vorhandenen amerikanischen Luftstreitkräften war bereits seit dem 1. Januar 1944 die United States Strategic Air Force, USSTAF, entstanden, befehligt von Carl A. Spaatz als Kommandierendem General der 8. und 15. Luftflotten und Luftwaffenchef im europäischen Kampfraum.
General Eaker hatte Platz machen müssen für den neuen Chef der inzwischen berühmt gewordenen »Achten«, General James H. Doolittle, den Helden des »Tokio-Raid« *(XXVIII 15, 57, 102)*.
Brigadegeneral F. L. Anderson, seit dem 1. Juli 1943 Chef des VIII. Bomberkommandos, sowie Generalmajor William E. Kepner, Befehlshaber des VIII. Jägerkommandos, standen für eine aggressive Kampfführung. Beide und Brigadegeneral Orvil A. Anderson, Chef der Organisationsabteilung im Stabe Spaatz', machten ein höchst effizient gewordenes, auf dem Höhepunkt seiner Leistungsfähigkeit stehendes Team amerikanischer Luftkriegsführung komplett *(XI 265, LXXXIV Vol II 720)*.
Spaatz's Stab, Tarnname »Widewing«, befand sich immer noch in

Bushy-Park in Teddington, einem Vorort Londons *(XXVIII 17)*. In Bushey-Hall residierte nach wie vor das VIII. Jägerkommando. »Pinetree«, das Hauptquartier des VIII. Bomberkommandos, war vom Britischen Luftfahrtministerium von Anfang an in Daws Hill Lodge untergebracht worden, einem ehemaligen Adelssitz, herrlich unter alten Bäumen und nahe am Wasser gelegen, mit prachtvollen Räumlichkeiten, die einmal zur Wycombe Abbey Girl's School gehört hatten, bevor diese wegen der Kriegswirren evakuiert worden war *(XXXXIX 4)*. Dieses Zentrum amerikanischer Bomber-Kriegsführung lag nur acht Kilometer vom Hauptquartier der Royal Air Force entfernt.

Besonders General Spaatz war eine interessante Persönlichkeit. Unmittelbar nach Kriegsende in Europa sollte er am 9. und 10. Mai 1945 in der Augsburger Ritter-Schule den mittlerweile von General Stake festgesetzten Hermann Göring, seinen Gegenspieler, kennenlernen. Tagszuvor hatte er als Kommandierender General der siegreichen Strategischen Luftstreitkräfte der Vereinigten Staaten von Nordamerika in Berlin das endgültige Kapitulationsprotokoll als Zeuge und Vertreter der USA unterzeichnet *(XXXXVII 93)*. Spaatz war auch derjenige, der nur etwas später am anderen Ende der Welt erneut schicksalhafte Entscheidungen fällte. Er war es nämlich, der die beiden Städte Hiroshima und Nagasaki »wegen der (dort) ... herrschenden Konzentration von geschäftlicher Tätigkeit und Menschen« als Ziele für Atombombenabwürfe bestimmte *(LII 365)*.

Verantwortlich für alle Bomberoperationen in Europa zeichneten ab September 1944 aufgrund der Direktive vom 14. dieses Monats als Vereinigte Stabschefs (Combined Chiefs of Staff) Sir Charles Portal, der Brite, und General Arnold, der Amerikaner *(LXVIII Vol IV 107)*.

LUFTSTRATEGIE DER ANGLO-AMERIKANER IN DER ENDPHASE

Längst bevor die amerikanische Luftmacht am 7. April 1945 zur letzten Luftschlacht über Deutschland antrat, um eine böse Überraschung zu erleben, hatten ihre Führer eine Liste mit 154 Punktzielen abgehakt, die seinerzeit von der Air War Plans Division im amerikanischen Verteidigungsministerium mit Stand Mitte 1941 angefertigt worden war. Diese Studie AWPD/I hatte in Anwendung von Ideen des italienischen Generals Giulio Douhet, die in dessen theoretischem Werk »Die Luftherrschaft« niedergelegt worden waren, Hydrierwerke, Raffinerien, Transportknotenpunkte, Rüstungsbetriebe, Energieversorgungsbetriebe und vor allem Flugzeugwerke sowie Flugplätze in Deutschland als Primärziele ausgewählt. *(LV 264).*

Unter Amerikas hartem »Griff nach der Halsschlagader« *(XXIII 294)* war Großdeutschland – um bei diesem Bild zu bleiben – bereits in die Knie gesunken. Heute erscheint es absurd, wenn man bei Erhard Milch via Irving liest: »Hitler sprach ... (im April 1932!) von den Ideen des Generals Giulio Douhet, die damals Aufsehen in Fachkreisen erregten. Schon damals galt sein Hauptinteresse dem Bombenkrieg als – wie er damals sagte – bestem Mittel, einen Angreifer auszuschalten« *(LXXII 54).*

In der Phase 5, der letzten des strategischen Luftkrieges in Europa, hatten mit Direktive Nummer 3 vom 15. Januar 1945 nun doch wieder Vernichtungsschläge gegen die deutsche Luftwaffe an die erste Stelle gerückt werden müssen, weil diese sich trotz schwerster Bombardierungen erstaunlich rasch wieder hatte erholen können. Im alliierten Lager, besonders bei den Amerikanern, war die Besorgnis gewachsen, die Deutschen könnten doch noch etwas ganz Böses im Schilde führen. Infolge von Auflösungen ganzer Fliegerformationen stand offenbar qualifiziertes Personal in großer Zahl zur Bemannung gefürchteter Düsenjäger bereit. Hauptsorge war deshalb die möglichst rasche Neutralisierung »der ernsten Bedrohung« alliierter Bomber durch deutsche Düsenjäger *(LXVIII Vol IV 181).*

Zum allerletztenmal in diesem Kriege hatte für Städte, deren Mauern Hauptwerke der sechzehn deutschen Flugzeughersteller, eine der zehn Flugzeugmotorenfabriken oder Ausweichbetriebe der Luftfahrtindustrie beherbergten, eine leidvolle Zeit begonnen. Luftwaffenanlagen blieben bis zum Schluß des Krieges Primärziele amerikanischer Bomber und Jagdbomber. Hinzu war allerdings auch noch eine starke Konzentration des übrigen Vernichtungspotentials auf das kleingewordene Streckennetz der deutschen Eisenbahnen sowie das Wasserstraßennetz mit seinen ebenso wichtigen wie verletzlichen Kanalbauten gekommen.

ARBEITSTEILUNG ALLIIERTER LUFTFLOTTEN

Das britische Bomberkommando der R.A.F., von Anfang an im blutigen Kriegseinsatz, hatte sich auf Flüge in schützender Dunkelheit spezialisiert. Seine schweren Bomber ließen, insgesamt gesehen, größere Bombenmengen auf Deutschland herabregnen als die amerikanischen Luftflotten zusammengenommen. *(XI 61).* Englische Flieger hatten auftragsgemäß Städte und Wohnungen zu zerstören *(XXVIII 67).* Dabei handelten sie auf ausdrückliche Weisung Churchills. Lord Trenchard, ein »fanatischer Douhetist« *(LV 308),* und Arthur Harris halfen nach Kräften mit, des Premierministers Vernichtungspolitik in die Tat umzusetzen. Göring konnte sich selbst noch in Nürnberg vor den Schranken des Internationalen Militärtribunals nicht über angeblich miserable Treffsicherheit englischer Bombenschützen beruhigen – regellose Vernichtungsangriffe auf Zivilisten überstiegen selbst die Vorstellungskraft hartgesottener NS-Führer.
Im Gegensatz zu den Engländern operierten die Amerikaner im hellen Tageslicht. Ihr Erscheinungsbild hat sich in die Herzen der deutschen Kriegsgeneration unauslöschlich eingebrannt. Anfangs wollte Sir Charles Portal den amerikanischen Verbündeten Nachtbombardierungen schmackhaft machen *(LXVIII Vol I 359),* aber diese hatten abgewunken.
Überhaupt kam eine wirkliche, dauerhafte Kombination der Bomberoffensiven im Sinne der Beschlüsse von Casablanca nicht zustande. Verschiedenartigkeit grundsätzlicher strategischer Auffassungen sowie die Eigenwilligkeiten maßgeblicher Fliegerführer

Am Flugsport interessierte Hitler-Jugend folgte im allgemeinen begeistert einem vorgezeichneten, ideologisch fundierten Weg: Flugmodellbau – Segelflug-Ausbildung – Luftwaffe.
Diesen Weg hatten auch die meisten Ramm-Piloten vom Sonderkommando „Elbe“ beschritten.
Ganz links auf dem Foto der junge Fred Militky, Weltmeister im Saalflugmodellbau, aus dem später ein international anerkannter Pionier der Modellflugtechnik und ein hervorragender Konstrukteur wurde.

Oberstleutnant Werner Baumbach, dessen Befehl unter anderem auch die „Selbstopfer-Männer" im K. G. 200 unterstanden. Hauptamtliche Tätigkeit als Führer in der Hitler-Jugend, hohe soldatische Tugenden sowie vorteilhafte äußere Erscheinung stempelten ihn — gegen seinen Willen — zum Idol der Hitler-Jugend. Nach verlorenem Kriege griff er als einer der ersten ehemaligen Luftwaffen-Offiziere zur Feder. Sein Buch „Zu spät"? findet nach wie vor starke Beachtung (Neuauflage im MOTORBUCH-Verlag).

Deutscher „Volksjäger" Heinkel He 162, das Flugzeug des „armen Jägers", unter dem Druck permanenter Bomberbedrohung im September 1944 in Auftrag gegeben, bereits im Dezember darauf erprobt und schon ab Januar 1945 in Serie produziert. Doch die plötzliche Eile kam zu spät. Das alleinige Triebwerk BMW 003 in Huckepack-Anordnung ergab Schwierigkeiten bei Bewegungen um die Längsachse. Weder Generalleutnant Galland noch Oberst Gollob konnten sich für diesen leichten, sparsam gebauten und ausgerüsteten Düsenjäger begeistern. „Volksjäger" sollten anfänglich von jungen Segelfliegern der Hitler-Jugend bemannt werden. (Foto: Bundesarchiv Koblenz)

Generalmajor Dietrich Peltz, eine der profiliertesten jüngeren Führungspersönlichkeiten der Deutschen Luftwaffe. Als Kommandierender General des IX. Fliegerkorps (J) befahl er in Übereinstimmung mit OBdL, ChefGenSt und LWFüSt Gründung und Einsatz des Ramm-Kommandos „Elbe" — letzter Versuch eines radikalen Bomber-Stopps. (Foto: Bundesarchiv Koblenz)

und Politiker ließen Amerikaner und Engländer letzten Endes jeweils das tun, was sie für richtig hielten, gelegentliche Kooperationen ausgenommen *(LXXXI 29)*.
Bei den in England stationierten amerikanischen und englischen Luftflotten herrschte weder an Menschen noch an Material irgendein Mangel. Im Gegenteil, die alliierte Kriegsmaschine lief, je länger der Krieg dauerte, mit umso unheimlicherer Präzision und Wirksamkeit.
Wie armselig ging es im Gegensatz dazu im deutschen Kriegslager zu!

Deutsche Wirklichkeit im Frühjahr 1945

Zäh und verbissen hatten deutsche Arbeiter und Arbeiterinnen jahrelang immer wieder zerbombte Produktionsstätten aufgebaut und Kapazitäten wiederhergestellt *(LXXIII 4).* Aber allmählich war dann doch der Punkt gekommen, an dem die Improvisationskraft zu erlahmen begann. Nach Angriffen auf Berlin lag zum Beispiel gut die halbe deutsche Textilbasis darnieder *(LXXIII 12).* Und so war es inzwischen überall, in sämtlichen Bereichen.

Auf Anordnung vom 23. Januar 1945 des Reichspostministers war der Briefverkehr auf Nachbarorte eingeschränkt worden. Darüberhinaus durften nur noch gewöhnliche Postkarten verwendet werden *(XV 33).* Am selben Tage koppelte die Reichsbahn ihre letzten Schlafwagen ab.

Den Leitern der Gauämter der NSDAP für Volksgesundheit teilte Professor Dr. Dr. Schenck am 5. April 1945 von Berlin aus offiziell mit, daß die verfügbaren Nahrungsmittelrationen unter das Erhaltungsminimum abgesunken seien; es drohe somit in absehbarer Zeit eine Hungersnot *(XV 89).*

Wenn trotz derartig deprimierender Umwelt und unter solch miserablen Verhältnissen weitergekämpft wurde, geschah dies, wie im Falle des Ramm-Kommandos »Elbe«, nach rückschauender Beurteilung aus Verzweiflung. Scheinbar grundlos, irrational und heute schwer verständlich zeigten sich damals aber auch noch Äußerungen von Pflichtbewußtsein, von Treue, von Sorge um die Zukunft und sogar von Hoffnung.

Kesselring, Generalfeldmarschall und zuletzt Oberbefehlshaber West, erwartete noch im März 1945 allen Ernstes ein Anhalten der Westfront etwa auf der »Linie Weser–Werra–Main–Altmühl–Lech« *(LIII 380).* Er hielt es damals tatsächlich noch für möglich, daß es der obersten deutschen Führung gelingen könnte, eine solche »Lage sinnvoll auszunützen«.

Eine irreführende Hoffnung, wie wir jetzt wissen, wie sie aber auch bei jenen Ramm-Piloten bestand, die ernsthaft daran glaubten, daß doch noch nicht alles verloren sei, daß man, wie die Führer behaupteten, nur kräftig zurückschlagen müsse, um Sieg und Fortbestand der Heimat zu sichern, trotz aller Not und trotz überdeutlicher Zeichen des Gegenteils.

LUFTKRIEGSRÜSTUNG IN AGONIE

Es klingt absurd, aber ihren absolut höchsten Stand erlangte die deutsche Produktion von Jagdflugzeugen erst nach fünfeinhalb Jahren fürchterlichen Zermürbungskrieges.

Der Truppe wurden im Monat September 1944 2876 Standard-Jagdflugzeuge zugeführt. Zu dieser gewaltigen Leistung hatte es nur kommen können, weil Galland hartnäckig Jäger und nochmals Jäger gefordert hatte und Speer durch Gründung eines »Jägerstabes« unter Leitung des resoluten, mit außergewöhnlichen Vollmachten ausgestatteten Hauptdienstleiters und Rüstungsamtsleiters Saur am 1. März 1944 endlich die Zuständigkeit in Fragen der Jagdflugzeugproduktion aus dem Bereich des Reichsluftfahrtministeriums herauslösen konnte.

Binnen kurzem war ein Not-Luftrüstungsprogramm angelaufen. Göring intervenierte zwar zugunsten von Offensiv-Kampfmitteln, aber acht Tage später erfolgte dann doch seine Zustimmung zu einem nur etwas reduzierten Jägerprogramm *(XXX 73)*.

Aber der Jägerstab scheint zugunsten imponierender Quantität Qualitätserfordernisse ebenso absichtlich vernachlässigt zu haben wie eine ausreichende Ersatzteilproduktion *(LXXIII 7)*. Die radikale Prioritätsverlagerung behinderte fatalerweise aussichtsreiche andere Entwicklungen. Zu einer von der Firma Henschel konstruierten ferngesteuerten Gleitbombe vom Typ HS 293 fehlten zum Beispiel Leitflugzeuge, weil Saur rigoros alle Arbeitskräfte, auch solche, die mit dem Bau ferngelenkter Flugkörper beschäftigt waren, in den Jägerbereich integrierte *(VI Bd I 463)*. So erwies sich letzten Endes der vielumjubelte Rekorderfolg des Not-Luftrüstungsprogramms als Pyrrhussieg.

Bahnbrechende Konzeptionen, deren Verwirklichung alliierte Führer zum Überdenken ihrer Luftkriegsstrategie gezwungen hätten, gerieten ins Hintertreffen und blieben schließlich liegen.
Dr. Wurster von der Holzbach-Kissing AG hatte zum Beispiel damals schon den »Enzian« entwickelt, den Messerschmitt bereits baute – trotz des berüchtigten »Messerschmitt-Effekts«, einer notorischen Verzögerung von Projekten. Der »Enzian« war eine Flüssigkeitsrakete, die mit einer Geschwindigkeit von 1050 Stundenkilometern fünfhundert Kilogramm Sprengstoff in Höhen bis zu 25000 Meter tragen und mittels Annäherungszünder zur Explosion bringen konnte.
Mit einer zweistufigen Feststoffrakete, der »Rheintochter«, deren Sprengkopf 150 Kilogramm wog, experimentierte die Firma Rheinmetall im Auftrage des RLM. Das Projekt scheiterte allerdings auch an zu hoch geschraubten Reichweitenforderungen *(XVII 34).*
Infolge der Aktivitäten eines emsigen Jägerstabes standen anstelle wirksamer Luftabwehrraketen im Frühjahr 1945 doch nur wieder massenweise veraltete Jagdflugzeuge zur Bomberbekämpfung zur Verfügung. Statt unbemannter Flugkörper mußten nun wieder Jagdflieger in ihre unterlegenen Maschinen steigen. Den letzten großen Versuch, Bombern in ihrem Vernichtungswerk Einhalt zu gebieten, bestritten konsequenterweise Ramm-Piloten des Oberst Herrmann.
Als die Produktion von Standardjägern ihre absolute Spitze erreichte, war das Ende in Sicht. Von geordneter Verteilung und Zulieferung an Endmontagebetriebe konnte nun nicht mehr gesprochen werden. Organisation war infolge pausenloser Bombardierungen beim besten Willen weder weiträumig noch langfristig möglich.
Schließlich machte sich auch der Aderlaß an der Front und in der Heimat in aller Stärke bemerkbar. So wie Jagdgeschwader ausbluteten, nahmen auch die Arbeitskräfte ab. Nicht alles konnte von Insassen der Konzentrationslager bewältigt werden.
Das Ende jeder Produktion stand bevor.
Nur noch vier bis acht Wochen, so schätzte Speer in einer für Hitler bestimmten »Geheimen Reichssache« vom 15. März 1945, trennten die deutsche Wirtschaft vom totalen Zusammenbruch

(XXX 275). Als der damalige Rüstungsminister diese Schrift verfaßte und andere Mitglieder der deutschen Staats- und Wehrmachtführung das unausbleibliche Ende klar vor Augen hatten, rüsteten sich in Stendal dreihundert Jagdflieger zu einem Ramm-Einsatz gegen viermotorige Bomber der amerikanischen Luftflotte, weil man ihnen diese Tat als kriegsentscheidend bezeichnet hatte.

DIE MORAL DER DEUTSCHEN BEVÖLKERUNG

Moral und Widerstandswillen der Bevölkerung wankten selbst nicht unter erbarmungslosem Bombenterror. Im Gegenteil, insbesondere nach Bombenangriffen wallte tiefe Empörung gegen grausame Feinde immer wieder hoch, Widerstandswillen und Revanchelust im Gefolge. Die geringsten Hoffnungsschimmer, wie etwa nach Bekanntwerden der Wunderwaffen V-1 und V-2 oder aus Anlaß der überraschenden Ardennenoffensive, ließen die allgemeine Stimmung sprunghaft besser werden.

Der Wille, den Kampf fortzuführen, hielt bis zum Schluß an. Noch im März 1945, sechs Wochen vor dem totalen Zusammenbruch, äußerten einfache Bergleute des Ruhrgebietes in der deprimierenden Umgebung eines Luftschutzbunkers Speer gegenüber spontanen Durchhaltewillen. Deutschland müsse bis zum Tode kämpfen, meinten sie. »Alle waren voll Vertrauen zu Hitler«, schreibt Speer *(XXVI 974).*

Trotz weitverbreiteter Kritik an der NSDAP entsprach die herrschende Meinung jenem Sprichwort: »Lieber ein Ende mit Schrekken, als ein Schrecken ohne Ende!« *(XXIX 570).*

Diese völlig irrationale, heute kaum noch verständliche Haltung der deutschen Bevölkerung im sechsten Kriegsjahr ergab sich aus einer allmählichen Eskalation des Bombenkrieges ebenso wie aus trüben Erfahrungen mit der November-Revolution des Jahres 1918, die damals ja nichts anderes bewirkt hatte als das Diktat von Versailles *(VI Bd I 484).* Als größten Fehler des Krieges brandmarkte Baldwin – in »The great Mistakes« – die alliierte Forderung nach bedingungsloser Kapitulation Deutschlands. Sie habe sinnlosen, ebenso bedingungslosen Widerstand erzeugt *(LIV 40)*.

SIE HOFFTEN UND HOFFTEN ...

Viele deutsche Menschen klammerten sich damals an Hoffnungen, die mit bewußt lancierten Gerüchten über neue Waffen und Kampfmethoden einer totalen Kriegsführung zusammenhingen *(XXIX 494)*. Gerüchte waren von Dr. Joseph Goebbels, der sein Metier wie kein anderer verstand, zu einer Art Geheimwaffe entwickelt worden. Folgerichtig hatte er in seinem Ministerium ein spezielles Ressort eingerichtet, welches Herrn Schwarz van Berk anvertraut war, dessen ausschließliche Aufgabe darin bestand, dem Regime dienende Gerüchte zu erfinden oder aufzugreifen und zu verbreiten *(XX 418)*.

Aber keine einzige der so hoch gerühmten und dann vereinzelt tatsächlich in Erscheinung tretenden spektakulären Waffen hätte dem Krieg eine für Deutschland günstige Wendung geben können *(XXXV 39)*. Es war bereits zu spät.

Vorerst aber hoffte die deutsche Bevölkerung. Als Spezialeinheiten im Juni des Jahres 1944 damit begonnen hatten, überhastet eine Vergeltungswaffe Nr. 1, genannt V-1, gegen Ziele in England einzusetzen, schienen Gerüchte über deutsche Wunderwaffen endlich Wirklichkeit zu werden. Seitdem in der Mitte des Jahres 1943 im Volkswagenwerk die Serienproduktion dieser Roboterwaffe angelaufen war, konnten immer wieder trotz aller Geheimhaltung aufregende Einzelheiten durchsickern. Wie ein Aufatmen ging es durch Deutschland, als die ersten Flugbomben tatsächlich abgeschossen worden waren.

Dann explodierte am 2. September 1944 erstmals eine Tonne Sprengstoff urplötzlich inmitten einer kleinen Ortschaft nahe bei London. Eine der gerüchteweise bis zum Ungetüm gesteigerten Stratosphärenbomben war aus neunzig Kilometer Höhe jäh herabgestürzt. Der Schaden in England war nicht groß, aber der Wunderglaube der Deutschen hatte neue Nahrung erhalten. In der Zeit vom 8. Oktober 1944 bis zum 2. April 1945 verwüsteten 1115 Raketengeschosse vom Typ V-2 England. Über zweitausend Projek-

tile richteten in Brüssel, Antwerpen und Lüttich beträchtliche Zerstörungen an *(V 326, VIII 95, XXVI 678).*
Gerüchte über deutsche Wunderwaffen beschäftigten aber auch die Alliierten.
Anfang 1945 hatten amerikanische Geheimdienststellen über deutsche Maßnahmen zur Anwendung einer »letzten Waffe«, der dritten Vergeltungsbombe, auch als V-3 oder V-4 bezeichnet, berichtet. Über zuverlässige Quellen in Argentinien und in der Türkei war der Beginn einer schweren Raketenoffensive gegen amerikanische Städte an der Atlantikküste »binnen 30 Tagen« angekündigt worden. Kriegsministerium und Army Air Force-Hauptquartier kamen nach sorgfältiger Prüfung jedoch zu dem Schluß, daß man es darauf ankommen lassen wolle. Auch General Spaatz war zuversichtlich; seine Bomber würden bis dahin alle möglichen Abschußrampen vernichtet haben *(LXXXIV Vol III 545).*
Von all diesen Gerüchten blieb letzten Endes nichts als die leere Drohung übrig.
Auch Speer hatte bereits am 1. Dezember 1944 Rechliner Forscher ernüchtert: »... Sie haben gesehen«, sagte der Minister, »daß wir keine Wunderwaffen haben und wahrscheinlich auch nie haben werden. ... Ich bin dankbar, daß sich die Propagandalinie kürzlich geändert hat und nun darauf hinweist, daß solch eine Wunderwaffe nicht kommen wird ...« *(LXVIII Vol IV 365).*
Beim Wettrennen um knappe Produktionskapazitäten war eine Waffe zu kurz gekommen, die Gedanken an Verzweiflungseinsätze erst gar nicht hätte aufkommen lassen, wenn sie nur rechtzeitig in ausreichenden Mengen hergestellt und eingesetzt worden wäre.
Unter der Leitung von Ingenieur Wilhem Perniß und unter Mitwirkung von Fräulein Dr. E. Schwartz vom DMW-Laboratorium in Lübeck war in einer Gemeinschaftsarbeit das selbstgesteuerte Raketenprojektil R4M entstanden. Major Christel hatte diese neue Waffe in Rechlin erprobt *(VIII 149).*
Dank der Initiativen von SS-Obergruppenführer Dr. Ing. Kammler und Oberst Gollob konnte mit der Herstellung von Projektilen und Abschußrosten auch ohne Zustimmung an sich zuständiger Rüstungsdienststellen begonnen werden *(Jäger Blatt Nr. 2 April 1975, S. 9).* Die R4M-Feststoffrakete bestand aus einfachem Stahl-

rohr. Sie war 80 Zentimeter lang, wog 3,4 Kilogramm, hatte ein Kaliber von 55 mm und trug einen hochexplosiven Gefechtskopf mit einer Sprengladung von 500 Gramm. Eine beim Verlassen der Laufschiene herausfedernde Heckflosse verlieh dem neuartigen Projektil hohe ballistische Qualitäten. Sein Zerstörungspotential war so groß, daß sogar gepanzerte Bomber noch auf eine Schußdistanz von 1200 Metern mit Sicherheit vernichtet werden konnten *(VII 173, XXXIII 258).* In je einem Holzrost unter jeder Tragfläche eines Jagdflugzeuges steckten zwölf R4M-Raketen; verfeuert wurden ganze Salven.

Die Geschwindigkeiten der Raketengeschosse lagen weit über der Schallgrenze. Eine Salve deckte nach tausend Metern gestreckter Flugbahn eine Fläche von 15 m Höhe und 30 m Breite voll ein *(Der Flieger, Heft 4, April 1952, S. 63).*

Die Aktivität des Jägerstabes, anders gesetzte Prioritäten und anhaltende Zerstörungen der Produktionsstätten verhinderten den rechtzeitigen und ausreichenden Ausstoß dieser neuen Waffe. Erst gegen Ende des Krieges verfügten Düsenjägerverbände über R4M-Einrichtungen, deren Erfolge alles bisherige übertrafen. Diese Rakete wäre vortrefflich geeignet gewesen, starre Kampfordnungen amerikanischer Bomber pyrotechnisch aufzusprengen und Ramm-Jägern verlustreiche Einsätze zu ersparen.

ZUNEHMENDE HEKTIK

Trotz aller Durchhalteparolen und trotz einer im allgemeinen guten Haltung der deutschen Bevölkerung herrschten gegen Ende des Krieges Ratlosigkeit und gedrückte Stimmung. Die Atmosphäre war nervös, voller Furcht und spannungsgeladen. Niemand wußte, was kommen würde. Normale Maßstäbe verloren ihre Gültigkeit; die Vernunft trat immer mehr zurück.

In der Luftwaffe hatte die hektische letzte Phase am 23. September 1944 mit der »Volksjäger«-Besprechung im Rastenburger Hauptquartier begonnen. Galland, der General der Jagdflieger, und Saur, der Rüstungspapst und Chef des Rüstungsstabes, gerieten heftig aneinander. Unüberbrückbare Gegensätze traten zutage.

Für die Zeit vom 10. bis zum 12. November 1944 befahl Göring die Führer sämtlicher Tag- und Nachtjagdverbände in die Luftkriegsakademie nach Berlin-Gatow. Diese Konferenz empfanden einige der Teilnehmer, vor allem Steinhoff, als Versuch einer ideologischen Aufrüstung, während wiederum andere, vor allem Gollob, darin eine sinnvolle Zusammenkunft zu gemeinsamer Beratung über Lage und Ziel sahen, insbesondere im Hinblick auf den damals immer noch geplanten Großjägereinsatz, genannt »Großer Schlag« *(IV, LXXXVII 59).*

Am 19. Januar 1945 entlud sich dann bei einigen Jagdfliegerführern angestaute Verbitterung in jener Besprechung mit Reichsmarschall Göring, die durch Steinhoffs Buch verallgemeinernd als »Verschwörung der Jagdflieger« bekanntgeworden ist *(V 338).*

Kurz danach, am 7. Februar 1945, umriß Minister Dr. Goebbels im vertrauten Kreis die Situation in Deutschland folgendermaßen: »Die Generale revoltieren, die Gauleiter türmen, die Offiziere laufen über, die Minister flüchten aus Berlin. Die Beamten verlieren die Kontrolle über die Verwaltung, der Verkehr wird ein Chaos, die Produktion stockt, die Ernährung wird immer schwieriger. Die Umgebung des Führers betrinkt sich. Anständig bleibt allein das Volk ... Es leidet und opfert und tut seine Pflicht« *(XXXVII 572).*

Verschiedene, miteinander rivalisierende Interessenkreise begannen immer unverhohlener, das langsam wachsende Vakuum der Macht auszufüllen. Auch in der obersten Luftwaffenführung verschärfte sich der Kampf um Vormachtstellung. In einer Atmosphäre gelockerter Ordnung wurden Sondervollmachten, Privilegien sowie Missionen in hohem oder höchstem Auftrage wohlfeil.

Bereits am 25. August 1944 hatte Hitler Hartmann gegenüber geklagt, als dieser sich zur Brillanten-Verleihung in der Wolfsschanze aufhielt:

»Täglich kommen von allen Seiten Leute zu mir, die Ideen ... haben oder verrückte Erfindungen vorlegen. Ich soll dann entscheiden. Wir haben keine Zeit mehr ...« *(XV 163).*

Ganz anders verhielt es sich mit Oberst Herrmanns Vorschlag. Zu dem von ihm empfohlenen Ramm-Einsatz benötigte man weder kostspielige Entwicklungszeit noch knappes Material. Mittel für diesen Zweck waren noch überreichlich vorhanden – genügend

Menschen, Freiwillige, genügend Jagdmaschinen, wenn auch nur vom veralteten Typ Messerschmitt Bf 109, dessen Produktionsstop allerdings bereits beschlossene Sache war.
Was fehlte, war die Erlaubnis. Und diese wurde schließlich erteilt. Ein scharfes Licht auf chaotische Befehlsverhältnisse jener Tage wirft unter anderen auch Speer mit dem Hinweis, daß in der Zeit vom 18. März 1945 bis 7. April 1945 nicht weniger als zwölf sich widersprechende Befehle höchster deutscher Stellen zur Frage einer Verwirklichung der von Hitler angeordneten »Verkehrswüste« – Verbrannte Erde in Deutschland – in Umlauf gelangten *(XX 464).*

BEGÜNSTIGUNG RADIKALER LUFTVERTEIDIGUNGSMETHODEN DURCH RIVALITÄTEN UNTER FLIEGERFÜHRERN

In die Führung der einstmals stolzen Jagdwaffe wurden, angeführt von Generalmajor Peltz, ab Herbst 1944 immer mehr Bomberführer eingeschleust.
Ursprünglich hatten in der deutschen Luftwaffe Kampfflieger dominiert. Noch 1941 wußte Jeschonnek nicht, was man mit mehr als 360 Jägern pro Monat anfangen solle *(LXXIII 6).* Er mußte schon bald seine Meinung ändern.
Unter dem Druck der Verhältnisse lag dann die »Studie 1026« aus dem Reichsluftfahrtministerium auf dem Tisch. Jetzt ging es um einschneidende Kürzung bei den Bombern. Mit einer auf 550 Bomber reduzierten Produktion sah General Koller, ebenfalls kein Flieger und damals noch Kortens Stellvertreter, die Bomber zum Untergange bestimmt. Energisch nahm er in einer längeren Denkschrift gegen die Studie Stellung *(LXXII 357).*
Aber am 27. Juni 1944 kam dann doch Görings »niederschmetternde Weisung, jede Produktion von Kampfflugzeugen ... sowie die gesamte Ausbildung in dieser Richtung sofort einzustellen«. Korten protestierte. Doch es blieb dabei *(LXXII 365).* Deshalb mußten Kampfflieger aber noch lange nicht Abschied nehmen von der Fliegerei. Sie wurden Jagdflieger auf modernsten Düsenjägern.

Gallands bissige Bemerkung, man hätte am besten das gesamte von Peltz vor der Auflösung bewahrte IX. Fliegerkorps (J) bis Kriegsende in die Ferien und in die bayerischen Berge schicken sollen *(V 358)*, statt ihm Jagdeinsätze zuzumuten, klingt wie ein Ausdruck von Ohnmacht gegenüber einem begünstigten Rivalen.
Galland, Jäger aus Passion, wie er schreibt, sagte unverhohlen, daß er Bombenwürfe aus sicherer Höhe auf preisgegebene Feinde geringschätze. Aber was Kampfflieger auszeichnete, war deren längere und bessere fliegerische Ausbildung. Instrumentenflugbefähigte Jagdflieger waren weder in genügender Anzahl noch rechtzeitig für eine Umrüstung auf die schwierige Me 262 vorhanden. Vieles sprach mithin für die Ansicht, während einer Übergangszeit ehemaligen Kampffliegern mit höheren fliegerischen Qualitäten und Blindflugkenntnissen Einsätze als Jagdflieger zuzutrauen, als zu riskieren, kostbare Flugzeuge alleine durch Betriebsfehler junger Jägerpiloten mit Ausbildungsrückstand zu verlieren. Gewiß, es war bitter für die Jagdflieger, als sie sehen mußten, wie man nicht ihnen, sondern Kampffliegern die neue Waffe, ihre Waffe, wie sie meinten, anvertraute.
Göring, von aufbegehrenden Jägerführern am 19. Januar 1945 im »Haus der Flieger« in Berlin zur Rede gestellt, kanzelte sie mit den Worten ab:
»Und Sie werden sie (die Düsenflugzeuge) nicht bekommen, weil ich sie denen gebe, die besser damit umgehen können – meinen Kampffliegern!«
Innerhalb der Oberschicht des Offizierskorps der Luftwaffe hatten sich von Anfang an in der Eile des Neubeginns miteinander rivalisierende Gruppen gebildet *(V 337)*. Hitler selbst schürte einen verderblichen Wettbewerb der Waffen, indem er bewußt Kompetenzen offen ließ, oder absichtlich dieselben Aufgaben an verschiedene Personen oder Stellen verteilte, in der Meinung, daß Konkurrenzkampf dem Stärkeren zum Durchbruch verhelfe *(XX 225)*. Kesselring interpretierte diese Handlungsweise als Ausdruck des Mißtrauens eines Diktators, das sich im Grunde genommen gegen alle richtete *(LIII 417)*.
Schon lange bevor der ehemalige Kampfflieger Herrmann, im Jägerlager nach dem Spektakulum »Wilde Sau« ohnehin scheel angesehen, mit seinem Ramm-Plan herausrückte, klaffte ein Graben

zwischen »Bombern« und »Jägern«. Beide Gruppen beanspruchten Priorität für sich.

Ein schwankender Göring neigte mehr den offensiven, besser geschulten und ihm offenbar auch sympathischeren »Bombern« zu. Rieckhoff behauptet, Galland sei schon im August 1943 persona ingratissima gewesen und nur von Korten, dem damaligen Generalstabschef nach Jeschonneks Freitod, gehalten worden *(LXIII 273)*. Trotzdem wurde die Ramm-Idee, wie Herrmann sich heute noch erinnert, zunächst Galland unterbreitet, der, obzwar skeptisch und mit Vorbehalten, Interesse gezeigt habe. Weil aber Galland einen derartigen Einsatz »aufgrund seiner Stellung nicht ermöglichen ... konnte« *(Brief Herrmann 12. 2. 77)*, band Herrmann sein Schicksal an Peltz, den angesehendsten Kampffliegerführer der jüngeren Offiziersgarde.

Aber es gab auch andere Verbindungen.

Über einem Scherbenhaufen gemeinsamer Enttäuschungen fanden ein reduzierter »Jäger« Galland und ein desillusionierter »Bomber« Baumbach gegen Kriegsende zusammen. Sie heckten sogar gemeinsam den Plan aus, Staatsführer und einflußreiche Persönlichkeiten des untergehenden Hitler-Regimes am Selbstmord zu hindern und festzusetzen, damit sie Gelegenheit fänden, sich den Siegern gegenüber für das Geschehene zu verantworten.

Lakonisch bemerkt Speer, der Plan sei dann doch fallengelassen worden *(XX 469)*.

Von Seiten ehemals bedeutender Jägerführer war jedenfalls im Februar/März 1945 Widerstand gegen radikale Angriffspläne nicht mehr zu befürchten. Die mutige Demarche der Obristen Graf, Lützow, Neumann, Rödel, Steinhoff und Trautloft auf Veranlassung Gallands *(XXXIII 252)* vom 19. Januar 1945 verfehlte nicht nur ihre erträumte Wirkung, sie brach der ohnehin schwachen Jagdwaffe darüberhinaus das Rückgrat. Fatale Folgen brachten die um ihr Leben kämpfenden Jagdflieger um einige ihrer befähigten Verbandsführer.

Unverdrossen und mit dem festen Willen, den Beweis für die Richtigkeit seiner Thesen über Düsenjägereinsätze anzutreten, scharte Galland mit verbliebenem Einfluß (und mit Hilfe Himmlers) im JV 44 eine Elite erfahrener Jagdflieger mit insgesamt eintausendachthundertfünfundfünfzig Abschußerfolgen um sich, bei der »das

Ritterkreuz quasi zum Dienstanzug gehörte«. Fast unverwundbar blieben sie, bis auf einen, Oberst Günther Lützow, im Jagdverband Gallands bei Verwendung allermodernster Düsenjäger und neuester Bewaffnung für die Zeit nach dem unverkennbar heranahenden Zusammenbruch erhalten.

Steinhoff, der seinen bekannten tragischen Unfall beim Start hatte, schrieb ein paar Jahre nach dem Kriege:

»Wenn ein Schütze nach einem genügend geradlinigen Anflug in 1200 bis 1000 m Entfernung (seine R4M-Raketen) löste, blieb er kaum gefährdet außerhalb des Wirkungsbereiches der Abwehr« *(Der Flieger, Heft 4, April 1952, S. 64).* Vor aufdringlichen Begleitjägern trug die Me 262 ihre Piloten auf Wunsch mit überlegener Geschwindigkeit davon.

In die Dienststelle des unbequemen Galland in Kladow zog am 24. Januar 1945 Gordon Mac Gollob ein.

»Oberst G.«, so hatten Jägerführer um Galland in ihrer an Göring gerichteten Denkschrift vom 19. Januar 1945 formuliert, »ist ein Abschießer gewesen, niemals ein Verbandsführer. Er stellt persönliche Interessen über die Sache. Beweis dafür ist, daß er in seiner Unzufriedenheit, statt sich durchzubeißen, zu einem anderen Wehrmachtteil (der Waffen-SS) überwechseln wollte« *(XXXIII 253).*

Weitaus härter, ja, fast feindselig urteilte Galland in englischer Gefangenschaft: Gollob sei unzuverlässig gewesen, gab er vor Vernehmungsoffizieren zu Protokoll; Gollob habe eine starke, führende Hand benötigt. *(LXXXVII 61).*

Gegen Ende des Monats März 1945 verlegte die Dienststelle »General der Jagdflieger« mit neuem Chef und Stab von Berlin-Kladow über Fürth in Bayern nach Bad Wörishofen. Mit Gollob wechselte auch der neuernannte Inspekteur der Tagjäger, Dahl (»Ramm-Dahl«), den Dienstsitz *(VIII 186).*

Herrmann hatte freie Bahn.

H. Qu., 23. 1. 45

Der Reichsmarschall
des Großdeutschen Reiches
u. Oberbefehlshaber der Luftwaffe

Geheim!

Nr. 4236/45 geh.

Reichsmarschall Befehl Nr. 12

»Tagesbefehl an die Jagdflieger«

Generalleutnant Galland ist nach mehrjähriger Tätigkeit als General der Jagdflieger von seinem Posten abberufen, um nach Wiederherstellung seiner Gesundheit in der Führung verwendet zu werden. Ich sage dem Generalleutnant Galland meinen aufrichtigen Dank und meine besondere Anerkennung für die mir, der deutschen Jagdwaffe und dem Vaterland geleisteten Dienste. Generalleutnant Galland hat in nimmermüder Einsatz- und Arbeitsfreude die möglichen Voraussetzungen für die Jagdwaffe geschaffen.
Anstelle von Generalleutnant Galland habe ich den Oberst Gollob mit der Wahrnehmung der Geschäfte des Generals der Jagdflieger beauftragt. Ich erwarte, daß die Jagdwaffe Oberst Gollob mit Vertrauen und ganzer Kraft unterstützt. Nicht die Organisation oder die Person sind entscheidend, sondern allein das uns allen gemeinsame Ziel: Die Rückeroberung der Luftherrschaft über dem deutschen Raum.
Wir stehen in den schwersten und entscheidendsten Stunden dieses Krieges. Vielerorts ist der Volkssturm zur nationalen Verteidigung aufgerufen, der letzte Deutsche greift zu den Waffen. Hinter diesen Männern wird die deutsche Jagdfliegerei nicht zurückstehen und, vom heiligen Feuer beseelt, im Bewußtsein des Kampfes um eine gerechte Sache das Letzte hergeben.

Verteiler:
a) Sämtliche Kommandostellen und Waffengenerale,
b) Jagdfliegerwaffe bis Staffeln und entsprechende Ausbildungsstellen,
c) Sonderverteiler

Göring

(IfZ, Fd-44, S. 113, 114)

Gründung des deutschen Ramm-Kommandos »Elbe«

GEPLANTE UND DURCHGEFÜHRTE »GROSSE SCHLÄGE«

Ursprünglich hatte der Plan Herrmanns vorgesehen, eine Masse von tausend Jägern auf einmal in den Kampf zu werfen. Mit einem einzigen, gewaltigen Schlag sollten im Nu komplette Bomberverbände vom deutschen Himmel weggewischt werden.
Im Grunde genommen griff der junge Oberst damit Gallands Plan vom »Großen Schlag« in modifizierter Form wieder auf, verbunden mit Kornatzki's Idee von 1943.
Es ging immer wieder um das, was Oberst Herrmann im Hinblick auf eine ruhmreiche Vergangenheit als ehemaliger Kommandeur der »Wilden Sau« den »Schwerpunktkrieg« nannte. Bei Einsatzbesprechungen, die im Februar 1945 verstärkt stattfanden, wurde er nicht müde, sich immer wieder an die Erlebnisse dieser großen Zeit zu erinnern und seinen Verbandsführern damalige Erfahrungen vor Augen zu führen.
Angesichts der offen zugegebenen Unterlegenheit der deutschen Jagdwaffe forderte er, sowohl diesen »Schwerpunktgedanken« als auch die Beweglichkeit im Kampf nun endlich auch bei Tagjagdeinsätzen zu verwirklichen.
Dabei knüpfte er Hoffnungen an die technische Überlegenheit der neuen Düsenjäger, wobei er hauptsächlich deren hohe Fluggeschwindigkeiten hervorhob. Nun endlich sei es möglich, eine große Anzahl von Düsenjägern aus allen Richtungen selbst von entfernten Plätzen aus rasch zusammenzufassen und geballt an einem einzigen Schwerpunkt den Tagbombern entgegenzuführen.
»Es kommt bei der Abwehr darauf an, einem Angriffsschwerpunkt einen Abwehrschwerpunkt entgegenzustellen«, hämmerte er den Offizieren ein. »Also: Konzentration starker Kräfte und dann geschlossener und schneller Einsatz dieser konzentrierten Kräfte« *(MA; RL 10/112).*

Tatsächlich hatte Göring bereits im Frühjahr 1944, als sich die Katastrophe einer deutschen Niederlage abzuzeichnen begann, auf Drängen Gallands Piloten aufgerufen, sich freiwillig zur Reichsverteidigung zu melden. Nach einem alten Schlagwort Guderians: »Klotzen, nicht kleckern!« plante der General der Jagdflieger schon lange einen Großjägereinsatz gegen amerikanische Tagbomber *(LVII 287)*. Nun hatten Verbände an der Ostfront und in Norwegen zusätzlich je eine Staffel pro Gruppe an die Jagdgeschwader der Reichsverteidigung abzugeben.
Der geplante »Große Schlag« sollte trotz der offensichtlichen Verwundbarkeit großer Jägermassen von elf Kampfverbänden mit insgesamt etwa eintausend Flugzeugen in die Tat umgesetzt werden. Schätzungsweise fünfhundert davon würden nach ersten Kampfberührungen frisch aufgetankt und munitioniert ein zweitesmal in den Kampf geworfen werden. Angeschossene Feindbomber mit Fluchtkurs Schweden oder Schweiz sollten von etwa 80 bis 100 zusätzlich eingesetzten Nachtjägern am Entkommen gehindert werden *(LXXV 373, LXXXVII 59)*.
Ehrgeiziges Ziel war auch hier die Vernichtung ganzer Bomberpulks gewesen.
Der dornenreiche Weg zu einer großen, zusammengeballten Jägerstreitmacht schien geebnet, als Hitler gegen Ende des Monats Mai 1944 auf dem Obersalzberg einer forcierten Jägerproduktion endlich zustimmte, allerdings wieder einer Produktion von Standardjägern.
Hitler betonte auch noch am 25. Juni 1944, er beabsichtige, unter allen Umständen die alliierte Luftüberlegenheit zu brechen. Er fand sich sogar dazu bereit, den Plan, monatlich 200 »Vergeltungsbomber« vom Typ He 177 herstellen zu lassen, zugunsten der Jäger aufzugeben. Saur schätzte, unter diesen Voraussetzungen monatlich 1000 Jäger mehr als bisher ausstoßen zu können. Hitler wiederholte:
»Es kommt in unserer Lage darauf an, Jäger und nochmals Jäger zu bauen« *(LXXII 365)*.
Dann machte die Invasionsfront einen dicken Strich durch die Rechnung.
Ende Juli 1944, inzwischen waren bereits gebildete Reserven an die Kanalküste verlegt worden, erneuerten sowohl Hitler als auch

Eindrucksvolles Beispiel für die Stabilität einer B-17-Zelle. Obwohl ein deutsches Jagdflugzeug beim Zusammenstoß den Rumpf halb aufgeschnitten und das linke Höhenleitwerk mitgenommen hatte, landete der Bomber nach eineinhalb Stunden Weiterflug ohne Bruch im Heimathorst! Niemand an Bord wurde verletzt. Sogar der Heckschütze hatte in seinem hin- und herschwingenden Stand ausgehalten.
(Original U.S. Air Force Photo)

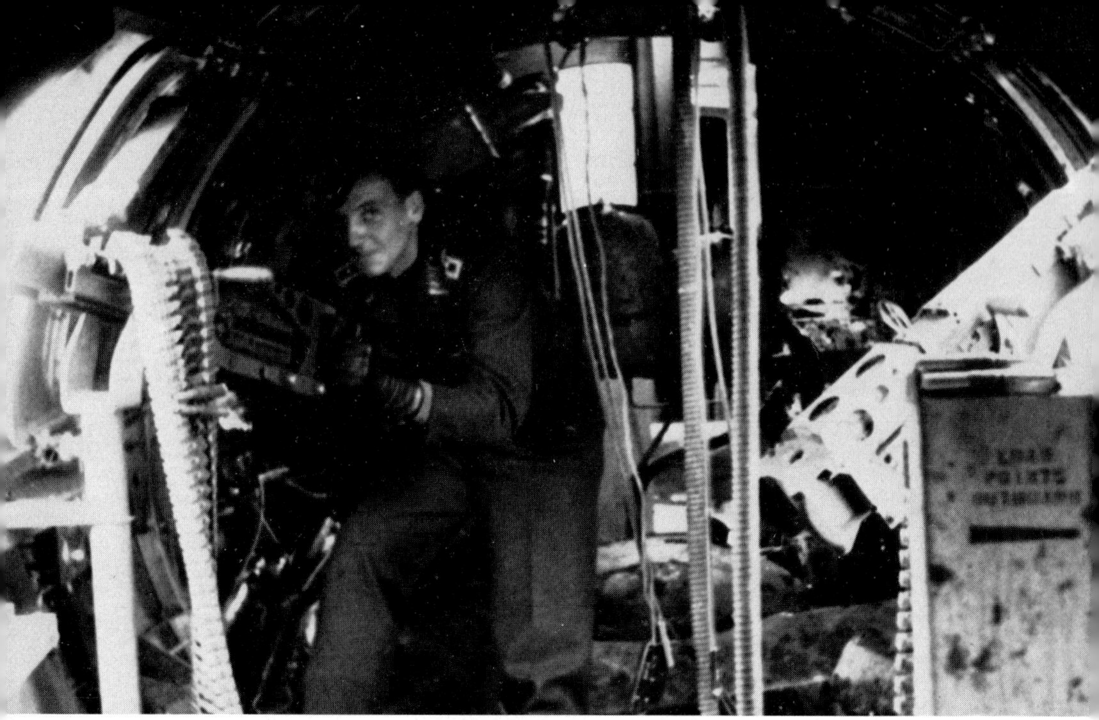

So sah es im Innern einer B-17 „Fliegende Festung“ aus, kurz nach dem Kampf. Allerdings — am rechten Seiten-MG posiert ein Feldwebel der Deutschen Luftwaffe! Dieser Bomber war über Deutschland zur Notlandung gezwungen worden. Niemals versäumten deutsche Jagdflieger die Gelegenheit, abgeschossene Feindbomber eingehend zu inspizieren — vorzugsweise selbstabgeschossene!
Im „Zirkus Rosarius“, K.G. 200, reisten Beute-Flugzeuge als Anschauungs- und Lehr-Objekte von Fliegerhorst zu Fliegerhorst. (Foto: Privat)

Über Norddeutschland abgeschossene B-17 „Fliegende Festung“. Entsprechende Aufprallwucht — hier bei einer harten Bauchlandung — ließ starke Beplankungsbleche wie Papier erscheinen.
Ramm-Stöße mit Jagd-Maschinen mußten das Schicksal getroffener Bomber besiegeln. Darauf setzten die Planer des Ramm-Kommandos „Elbe“. (Foto: Privat)

Göring mit Offizieren seines Geschwaders im Ersten Weltkrieg. „Oberleutnant Hermann Göring wird zum Kommandeur des Jagdgeschwaders Richthofen ernannt" — so hatte der Befehl Nr. 178654 vom 7. Juli 1918 des Kommandierenden Generals der Luftstreitkräfte gelautet. Aber am 10. November 1918 war der Erste Weltkrieg für ihn und sein Geschwader zu Ende.

Hermann Göring — zündender Redner auf Kundgebungen der NSDAP, lange vor der Machtergreifung.
Als ehemaliger Kommandeur des berühmten Richthofen-Geschwaders und Träger des Pour le mérite warb er erfolgreich um Sympathie und Stimmen für die junge, vorwärtsdrängende „Bewegung" Hitlers.

Göring ihre Zusagen *(XX 415)*, wenn auch nicht mehr aus vollem Herzen.

Vom 31. Juli 1944 sind Äußerungen Hitlers überliefert worden, die er um Mitternacht in der »Wolfsschanze« Jodl gegenüber fallen ließ. »Man muß sich darüber klar sein«, dozierte Hitler, »daß in Frankreich eine Wende erst eintreten könnte, wenn es uns gelingt – und sei es auch nur für eine gewisse Zeit – die Luftüberlegenheit herzustellen. Daher bin ich der Meinung, daß man natürlich – so bitter das im Moment sein mag – alles tun muß, um die Luftwaffenverbände, die wir jetzt im Reich aufstellen, für den alleräußersten Fall tatsächlich als eine letzte Reserve uns bereitzuhalten, um sie, ich kann heute noch nicht sagen, wo die letzten Würfel fallen, aber dorthin zu werfen, wo man vielleicht wieder eine Wende herbeiführen kann … Wenn wir hier mit einem Schlag 800 Jäger zusätzlich hineinpumpen könnten und mit einem Schlag auf 2000 Jäger kämen … würde die ganze Krise, die wir haben, sofort überwunden werden. Dann gäbe es überhaupt keine Krise mehr. Aber auch später kann man einen Krieg hier überhaupt nur führen, unter der Voraussetzung, daß man die Luftwaffe halbwegs wieder hinkriegt …« *(XXX 211)*.

An die zweitausend Piloten erhielten eine 15-Stunden-Zusatzausbildung mit dem Ziel, durch konzentrierte Gegenschläge dem Feind die Beendigung des Bombenkrieges aufzuzwingen *(LXXXVII 57)*.

Galland ließ durch Dahl das Reichsverteidigungs-Geschwader z.b.V. aus freien Gruppen im Raume Ansbach/Nürnberg bilden. Mit je 68 Maschinen pro Gruppe, mehr als sonst, neu aufgestellt wurden die Jagdgeschwader JG 4, 76 und 7. Die Jagdgeschwader JG 1, 6, 11 und 77 frischte man auf, verstärkte sie und gliederte sie sodann in die wachsende Reichsverteidigungsorganisation ein.

Um den übrigen Jagdgeschwadern eine dringend nötige Erholungspause zu gönnen, wurden Jagdeinsätze über dem Reich in den Monaten September und Oktober 1944 fast ausschließlich von den Jagdgeschwadern 3, 300 und 301 geflogen *(LXXXVII 57)*.

Speer, der Rüstungsminister, forderte am 5. Oktober 1944 von Hitler, mit Kopien für Göring und Galland, die effektive Kapazität deutscher Jäger auf einen optimalen Stand zu bringen: »Alle Maschinen« müßten sofort als »Jagdstreitmacht massiert zum

Schutze der heimatlichen Rüstungs- und Kriegsproduktion« eingesetzt werden *(LXVIII Vol IV 335).*
Am 18. November 1944 standen dann auch tatsächlich achtzehn Jagdgeschwader mit dreitausendsiebenhundert Piloten und Jagdmaschinen bereit, um den »Großen Schlag« zu führen, davon einige schon mit Düsenjägern vom Typ Me 262 *(V 332, XXVIII 166).* Nicht weniger als elf Gefechtsverbände sollten den Bombern entgegenstarten. Die Jagdgeschwader JG 2, 26 und 53, die im Westen unter der Kommandoführung des II. Jagdkorps standen, sollten feindlichen Jagdschutz niederringen.
Auf der gegnerischen Seite waren zu diesem Zeitpunkt Doolittle sowie Angehörige seines Stabes beunruhigt über diesen nicht verborgen gebliebenen Aufbau einer großen Jägerstreitmacht, die auffällige Zurückhaltung deutscher Abwehrkräfte, und man begann, sich besorgt zu fragen, was wohl geschähe, wenn wirklich Hunderte von Bombern auf einmal verlorengingen *(XXXXIX 180).*
Zum großen Glück für die amerikanischen Luftflotten stellte sich nun aber eine völlig andere Absicht in Deutschland heraus. Es zeigte sich jetzt, was Hitler, der selbst nie Flieger gewesen war und der ausgesprochen erdgebunden dachte, am 31. Juli in jenem nächtlichen Monolog in Wahrheit gemeint hatte.
Es ist in diesem Zusammenhang interessant, festzustellen, daß sich die Anschauungen über Luftmacht und deren Anwendung auf beiden Seiten gewandelt hatten. Von den USA war die altmodische Doktrin von einer erdkampfbestimmten Luftwaffe am 21. Juli 1943 revidiert und realistisch in eine gleichberechtigte und unabhängige Partnerschaft von Luft- und Landstreitkräften umgewandelt worden *(LXXXIV Vol III 806).* Hitler machte im Gegensatz dazu aus einem ehemaligen Luftwaffen-»Blitz« ein schwaches Steppenfeuer zur Unterstützung deutscher Bodentruppen.
Gegen Ende des Monats September 1944 hatte er eine Woche lang das Bett hüten müssen. In ungewohnter Muße konnte er nun seine Gedanken auf die schlechte Lage richten und dabei den Entschluß fassen, anstelle eines »Großen Schlages« gegen amerikanische Bomberströme Gallands imponierende Jägerstreitmacht, wenigstens zum Teil, zur Unterstützung des Heeres im Westen einzusetzen.
Von dieser Stunde an hieß der *Große Schlag* »Bodenplatte«.

Der Führer des Großdeutschen Reiches schraubte im übrigen Görings Schätzzahlen, die er wie immer für übertrieben hielt, zurück, rechnete aber fest mit wenigstens 800 Flugzeugen für die Offensive *(LXV 502)*.

Wie oben bereits geschildert, griffen am Morgen des Neujahrstages 1945 deutsche Maschinen im Westen überraschend an. Fehler der Operationsabteilung beim OBdL verwandelten das Unternehmen in ein Fiasko. Alleine neunundfünfzig bewährte Jagd-Verbandsführer kehrten nicht mehr zurück. Dabei wäre der Massenangriff »Bodenplatte« ein bemerkenswerter Augenblickserfolg geworden, wenn es »nur« bei jenen 93 durch Feindeinwirkung verlorengegangenen deutschen Jägern geblieben wäre; denn der Gegner büßte 400 Flugzeuge ein *(XXV 250)*.

Spaatz, General der Gegenseite, verhehlte nicht seinen Respekt vor der sorgfältigen Planung, die trotz allem hinter diesem Angriff steckte *(LXXXIV Vol III 665)* – Peltz hatte den Angriff exakt wie eine Bomber-Operation geplant. Aber trotz Hitlers anderweitiger Bestimmung eines guten Drittels der deutschen Jägerreserve behielt die Idee vom »Großen Schlag« ihre Faszination.

Nach dem damaligen Wissensstand in Kreisen der Fliegerführer mußte sie auch logisch erscheinen. Denn nur wenige maßgebliche deutsche Persönlichkeiten hatten ehrliche Vorstellungen von dem erdrückenden Kriegspotential der Alliierten. Keiner glaubte, daß die gegnerischen Luftflotten inzwischen einen derartigen Umfang angenommen haben könnten, daß selbst »Große Schläge« nicht mehr ausreichten, um sie an den Boden zu fesseln.

Eisenhower zufolge bestand die alliierte Luftflotte zu Anfang des Jahres 1945 aus etwa 4700 Jagdflugzeugen, 6000 Bombern sowie 4000 anderen Kriegsflugzeugen *(LXV 502)*.

Unkenntnis und eine gute Portion Selbstüberschätzung führten schließlich dazu, daß Oberst Herrmann den Gedanken an einen geballten Einsatz wieder aufgreifen, ihn mit ursprünglichen Ideen Milchs und Kornatzkis verbinden und so mit einem modifizierten Ramm-Konzept Hoffnungen wecken konnte.

In der Tat, welche Wirkungen harte Jägereinsätze sowohl in der Nacht als auch am Tage erzielen konnten, hatten jene großen Abwehrschlachten von Nürnberg und Schweinfurt eindrucksvoll unter Beweis gestellt.

Ende März 1944 hatten deutsche »Zahme Säue« Viktor von Loßbergs in einer einzigen Nacht durch massierten Einsatz und etwas Glück 95 viermotorige englische Bomber vernichtet. Ein halbes Jahr vorher hatten die Amerikaner Angriffe ohne Begleitschutz auf Schweinfurt 60 Bomber gekostet, am 14. Oktober dann noch einmal 61, wobei 100 beziehungsweise 140 schwerbeschädigte viermotorige Bomber hinzugerechnet werden mußten.
Diese Erfolge waren wiederum auf massierten Jägereinsatz zurückzuführen gewesen, allerdings auch auf das Fehlen von Eskorten.
Die Öffentlichkeit in den Vereinigten Staaten von Nordamerika hatte mit einem Schock reagiert. Und General Arnold beeilte sich, zu versichern, daß derartige Angriffe fürs erste nicht wiederholt werden würden – wenn überhaupt *(LXVIII Vol II 63)*. Damals hatte General Spaatz sich sogar genötigt gesehen, den sofortigen Stop weitreichender Einflüge anzuordnen.
In Deutschland herrschte natürlich Jubel, aber die Reaktionen der Amerikaner wurden damals überschätzt.
Auch Herrmann und seine Befürworter glaubten daran, daß wiederholte Verluste von Hunderten von Bombern und Tausenden von Fliegern die gegnerische Luftstreitmacht ins Mark treffen würden. Sie übersahen allerdings dabei, daß man inzwischen das Jahr 1945 schrieb.
Gegen eine schon längst unerträglich gewordene Bomberdrohung hatte sich auch noch ein anderes abenteuerliches Projekt der Luftwaffenführung gerichtet. Diesem lag gleichfalls die Idee vom »Großen Schlag« zugrunde, nur nicht unter Verwendung konventioneller Jagdflugzeuge, sondern vielmehr mit massenhaftem Einsatz kleiner Düsenjäger.
Dieses Projekt mit dem Suggestivnamen »Volksjäger«-Programm war am 23. September 1944 in Rastenburg von Experten unterschiedlich aufgenommen worden. Galland war dagegen.
Von Göring dann doch durchgedrückt, ließ es innerhalb von nur zweieinhalb Monaten ein völlig neues Flugzeug entstehen.
Der besondere Clou dieses »Volksjägers« war jedoch nicht die Konstruktion, sondern die Besatzung: Nicht etwa Jägerpiloten der Luftwaffe, sondern vielmehr Hitler-Jungen mit Segelflugausbildung waren vorgesehen.

Fanatisierten Jugendlichen traute man totaleren Einsatz zu. Allerdings benötigte man dazu ein radikal vereinfachtes schnelles Flugzeug. Die aus diesem Gedanken entstandene He 162 oder 8-162 war dann auch in der Tat einfach und sparsam im Aufbau, trug einem weitgehenden Verzicht auf Bedienungskomfort sowie der Forderung nach knappster Instrumentierung Rechnung und verwendete bei aller Robustheit erstmals im deutschen Jägerbau einteilige Holz-Tragflächen, die zudem noch unmittelbar als Kraftstoffbehälter dienten und dicht hinter dem Führersitz auf dem Rumpf aufsaßen. Abwurfhebel für die kleine Plexiglashaube und Schnellöffnungsverschluß für den Preßluft-Katapultsitz waren miteinander gekoppelt.

Das Düsentriebwerk BMW 003 »Sturm« mit Axiallader verankerten drei Bolzen in den Tragflächen. Die Beschränkung auf nur ein Triebwerk machte zwar die Fertigung von mehr Flugzeugen möglich, aber dessen hohe Anordnung verursachte Schwierigkeiten bei Steuerbewegungen um die Längsachse.

Nach deutschem Urteil zeigte der »Volksjäger« überraschend gute Flugeigenschaften; seine Produktion lief unverzüglich an. Im Gegensatz dazu erklärten nach dem Kriege alliierte Experten die Konstruktion für »ungesund« – der He 162 wurde noch nachträglich eine Wirksamkeit als Abwehrwaffe abgesprochen *(LXXV 314)*.

Ab März 1945 verhalfen am Rumpf montierte Hilfsraketen mit je 500 kp Schub die Startstrecke zu halbieren.

Die Läufe von zwei MG 151/20, Kaliber 2 cm, befanden sich links und rechts vom Piloten in der Führerkabine und mündeten in Aussparungen der vorderen Rumpf-Sperrholzkappe. Beim versuchsweisen Einbau von Maschinenkanonen Mk 108, Kaliber 3 cm, zeigte sich, daß die Kappen immer wieder zu Schaden kamen. Deshalb und wegen ungünstiger Rückstoßwirkungen auf die Konstruktion fand die schwere Mk 108 in der He 162 kaum Verwendung.

Im Winter des Jahres 1944 meldete der Korpsführer des NSFK dem Reichsmarschall, daß alle Männer und Werkstätten seiner Organisation für die Herstellung ausreichender Mengen von »Volksjägern« zur Verfügung stünden.

Gefertigt wurden die He 162 »Volksjäger« dann aber doch über-

wiegend im Werk Marienehe bei Rostock sowie unterirdisch in ziviler Tarnung in Hinterbrühl, nahe Mödling bei Wien, in der sogenannten Seegrotte. Die Plätze Rechlin und Ludwigslust nahmen die im Rostocker Bereich erzeugten Flugzeuge auf; hier erfolgten auch Einweisung und Umschulung der Piloten.
Die Reichsjugendführung hatte sich verpflichtet, einen geschlossenen H.J.-Jahrgang unmittelbar von der Segelflugschulung ohne Zwischenschaltung einer Motorflugausbildung auf Einsatzmaschinen des Typs He 162 zu verwenden. Schießübungen sollten am Boden stattfinden *(XXX 252)*.
Der Erstflug eines »Volksjägers« endete am 6. Dezember 1944 in Wien-Schwechart mit dem Tode des Werkpiloten Peter. Die überbeanspruchte kleine Maschine hatte abmontiert. Spätere Flüge gelangen.
Gebaut wurden etwa 250 bis 300 derartige »Volksjäger«. Soweit bekannt, kamen Hitler-Jungen entgegen den ursprünglichen Absichten auf diesem Typ nicht zum Einsatz. Gollob, der letzte General der Jagdflieger, hatte nichts von der He 162 gehalten *(LXXXVII 65)*. Galland auch nicht.
Am Beispiel dieses »Volksjägers« ist deutlich zu ersehen, daß es politisch und militärisch motivierten Führern darauf ankam, mit allen nur denkbaren Mitteln einen »Großen Schlag« zu führen. Niemanden darf es verwundern, daß Göring, nachdem er nun bereits zu mehreren »Großen Schlägen« vergeblich ausgeholt hatte, jetzt endlich auch einmal wirklich zuschlagen wollte.
Diesesmal war es der einunddreißigjährige Oberst Hajo Herrmann, der ihm dabei behilflich war, den Arm erneut zum »Großen Schlag« zu heben.
Ob es wieder ein Schlag ins Wasser war – wir werden sehen.

ZIELSETZUNGEN

In der deutschen Luftwaffe war das Wort Defensive ursprünglich verpönt. Dieser Begriff paßte einfach nicht in die Vorstellungswelt nationalsozialistischer Führer.
Auf diese Weise konnte es geschehen, daß selbst dann noch Offen-

sivgedanken in der Luftwaffe vorherrschten, als den deutschen Kriegsherren der Sturm längst schon ins Gesicht blies. Man verschloß die Augen vor der bitteren Erkenntnis, daß die Jagdwaffe inzwischen nur noch ums nackte Überleben kämpfte. Zeiten langfristiger Planungen, deren Vorhandensein Kritiker überhaupt bezweifeln, waren vorüber.

Udet hatte der Luftwaffe ein Chaos hinterlassen, als er sich durch Freitod jedem Zugriff entzog. Obwohl Deutschland rund vierzig Prozent seiner Rüstungsausgaben in die Luftwaffe steckte und diese Luftrüstung alle vier Monate zwei Milliarden Dollar an Kosten verschlang *(LXXII 231, LXXIII 1)*, zwang der Gegner die Deutschen zu mehr oder weniger ziellosen Handlungsweisen im Luftkrieg.

Als Oberst Herrmann sein Ramm-Projekt schließlich doch durchsetzte, bestand die sogenannte Jagdfliegerei, von gelegentlichen Zusammenballungen mittlerer Verbände abgesehen, nur noch aus hoffnungslos zersplittertem Einzelkämpfertum. Einmal hier, einmal da, einmal mit mehr, ein andermal mit weniger Maschinen tauchten überhaupt noch deutshe Jagdstritkräfte auf. Sie starteten auf Befehl, niemand gebot ihnen Einhalt. Daß am tragischen Ablauf des Geschehens nichts mehr zu ändern war, sagte ihnen keiner. Einzige Ausnahme bildeten seit dem 2. Februar 1945 häufiger in den Kampf eingreifende Düsen-Jagdverbände. Doch, was bedeutete das schon, wenn beispielsweise am 18. März 1945, anläßlich der angeblich letzten Luftschlacht über Deutschland, Me 262-Jäger des Jagdgeschwaders JG 7 aus einem Strom von über tausend Bombern ganze fünfundzwanzig herausschossen?

Wenn in der Luft überhaupt noch einigermaßen Aussicht auf temporären Erfolg bestand, dann sicher nicht durch weitere Anwendung konventioneller Kampfmethoden. Bei Anarchie der Luftkriegsführung mußten nach Meinung der »Falken« Radikal-Kampfmittel her, ganz gleich, ob taktischer oder technologischer Art.

Fast alle in letzter Zeit vorgeschlagenen Kampfmittel hatten auf einen einzigen Punkt abgezielt, nämlich den, der inzwischen schon ein Trauma darstellte, wie man endlich die unheimlichen »combat boxes« amerikanischer Luftflotten aufbrechen könne. Unter dem ständigen Druck starker Unterlegenheit waren von den Männern draußen bei den Verbänden Sprengmittel am Seil mit Verzögerungszünder erfunden worden, die inmitten feindlicher Pulks explodieren sollten, ferner Bündelwaffen mit automatischen Fotozellenauslösern, Raketenträger in vielerlei Ausgestaltung, spezielle Waffenanordnungen, stärkere Armierungen und vieles andere mehr *(V 229)*. Eine 250 kg-Bombe mit Raketenantrieb, von einer Me 410 aus 1000 Meter Entfernung gegen Bomberpulks eingesetzt, sollte die Wende bringen *(LXXII 310)*. Aber alle Hoffnungen zerrannen.

Auf taktischem Gebiet hatte sich so gut wie nichts wesentlich Neues ergeben, abgesehen vielleicht von dem kurzfristigen Versuch, Sturm-Formationen einzusetzen.

So war es dann schließlich nur noch eine Frage der Zeit gewesen, wie weit das Kriegsgeschehen noch eskalieren mußte, ehe jemand auf die Idee kam, Bomber nun auch wirklich radikal mittels Ramm-Stoß vernichten zu lassen.

Als Kenner der Szene vertraute Herrmann zu Recht darauf, daß sowohl der Führer als auch der Oberbefehlshaber der Luftwaffe ihn jetzt, nachdem sich der deutsche Niedergang bedrohlich beschleunigt hatte, nicht mehr abweisen würden. War nicht schon damals einer Verwirklichung der kühnen Idee einer einmotorigen Nachtjagd zunächst ein hartes Nein entgegengesetzt worden, und hatte die oberste Führung sich dann nicht doch seiner bedient – sich seiner schleunigst bedienen müssen?

Ein rücksichtsloser Ramm-Einsatz deutscher Jagdflieger paßte zur intensivierten ideologischen Aufrüstung deutscher Truppen. Müde gewordene Herzen würden wieder hochgerissen werden. Eine Reaktivierungschance für allmählich in Auflösung übergehende Jagdverbände tat sich auf. Die Aggressivität eines Ramm-Vorganges trug offensive Züge, und den Gegner kam eine deutscherseits billig erscheinende Methode teuer genug zu stehen; mit einem einzigen, beherzt geführten Schlag würden sich sicherlich nachhaltige Wirkungen auf den Einsatz strategischer Bomber ergeben – so jedenfalls hofften Herrmann und seine Befürworter.

Hatte nicht schon General Kreipe in seiner Denkschrift vom 9. Oktober 1944 quasi als Vermächtnis die »Luftkriegsführung 1945« aus seiner Sicht analysiert und daraus folgernd dringend geraten, »durch rücksichtslose Anspannung aller Kräfte« die Luftüberlegenheit zu erringen? Je stärker die deutsche Luftmacht in Erscheinung treten würde, umso mehr Zeit würden Politiker zu einer vernünftigen Lösung der Krise gewinnen *(VI Bd I 514).*

Alle verlangten Zeit!

Zeit forderte auch Speer. Nur »immer wieder Erholungspausen«, hatte er am 1. Dezember 1944 Mitgliedern des Rechliner Forscherteams erklärt, brächten die Transportkapazität der Reichsbahn wieder hoch *(LXVIII Vol IV 360).* Er könne, meldete er voller Sorge und unter dem schweren Druck der auf ihm lastenden Verantwortung, nur dann ungestörte Reparaturarbeiten und Wiederinbetriebnahmen der Treibstoffwerke Leuna, Poelitz, Blechhammer und Bruex bewerkstelligen, wenn Luftangriffe wenigstens eine Zeitlang unterbunden würden.

Der Auftrag an die Luftwaffe hieß: Halten!

In diesem Sinne hatte sich auch Goebbels seinem persönlichen Referenten von Oven gegenüber geäußert:

»Wir haben jetzt«, sagte der Minister, »alles zu tun und nichts zu unterlassen, was dem Feind schaden und ihn aufhalten kann und was die Frist verlängert, in der sich das Schicksal zu unseren Gunsten wenden kann« *(XXXVIII 568).*

Hitlers Monolog vom 10. März 1945 im Bunker der Reichskanzlei unterstrich nur, daß »... es sich in dem jetzigen Kriegsstadium einzig und allein darum« handele, »... die Zeit zu überbrücken, bis ... die neuen Jäger und andere neuartige Waffen ... eingesetzt werden können« *(XXXV 537).*

Auch Kesselring berichtete über immer beschwörendere Befehle Hitlers in den beiden letzten Monaten des Krieges, hinhaltend zu kämpfen und Fronten zum Stillstand zu bringen. Die Aufstellung einer neuen Armee sei im Gange gewesen, Hitler habe felsenfest mit einem Abwehrerfolg im Osten gerechnet. »Vor allen Dingen die Volksjäger« sollten wirksam werden, schreibt Kesselring *(LIII 410).* Jodl und Dönitz sagten vor dem Internationalen Militärtribunal in Nürnberg übereinstimmend aus, eine ins Auge gefaßte deutsche Kapitulation sei im Januar oder Februar 1945 nicht in Frage gekommen; man habe nicht 3,5 Millionen Soldaten und unübersehbare Flüchtlingsmassen mitten im Winter in russische Hände fallen lassen wollen. Bis zum Mai durchzuhalten versprach, große Teile des deutschen Heeres und viele Zivilisten in den We-

sten zu retten *(LXIV 285, 304).*
Im Sinne einer Haltestrategie bot der Luftwaffenoberst eine kleine Chance.
Da Ramm-Einsätze jeweils nur ein paar Hundert veraltete Jäger kosteten, erschienen sie auch noch ökonomisch.
Beim sechsten Verhör am 30. Mai 1945 sagte Speer, allerdings in anderem Zusammenhang, aus, er habe den Verlust eines Jägers für einen Feindbomber für voll gerechtfertigt gehalten. Das Gewichts- und Kostenverhältnis in der Produktion habe 1:9 betragen. Hinzuzurechnen gewesen sei auch noch der Totalverlust von Bomberbesatzungen *(LXVIII Vol IV 372).*
Rammen verstieß nicht gegen die Haager Landkriegsordnung. Herrmann rechnete fest damit, Bombereinflüge auf seine Weise wenigstens zeitweilig verhindern zu können. Er hoffte, mit ohnehin noch reichlich vorhandenen einsatzwilligen Kräften in einer Art Improvisation großen Stils verlorengegangene Schlagkraft für die deutsche Luftwaffe wiedergewinnen zu können. Hatte doch die Jagdwaffe seit Jahren lediglich Augenblickserfordernissen entsprechen können, wobei Improvisationen vielfach durchschlagende Momentanerfolge bescherten.
»Alle Kommandeure, Einheitsführer usw.«, so hatte ein Befehl des Reichsmarschalls vom 20. Februar 1945 wortwörtlich gelautet, »weise ich erneut eindringlich darauf hin, daß die Improvisation das Gebot der Stunde ist. Nicht die nicht voll erfüllten Zahlen der Kriegsstärkenachweisung sind für einen Mißerfolg verantwortlich zu machen, sondern allein mangelndes Improvisationsvermögen« *(MA; RL 10/112).*
In Zahlen ausgedrückt, stellten sich Angriffe im Sinne Herrmanns so dar, daß ein Sieg über etwa einhundert Bomber die Gegenseite mehr als tausend Mann kosten würde, ein ganzes Bataillon fliegenden Personals. Ein Gedanke, der angesichts miserabler Rahmenbedingungen, in einer Atmosphäre allgemeiner Niedergeschlagenheit, Not und Furcht selbst nüchterne Naturen Gefahr laufen ließ, sich mitreißen zu lassen. Eine Autorität, der ehemalige Generalfeldmarschall Kesselring, meinte acht Jahre nach dem Zusammenbruch, die »fliegerische Führungsaufgabe« habe im März 1945 im »raschen Zusammenfassen aller Flieger auf das jeweilige Schwerpunktziel« bestanden. Seine Ansicht vom »rücksichtslosen

Zusammenfassen aller ... vorhandenen Kräfte auf eine Zielgruppe« mit der Wirkung »feldzugs- oder kriegsentscheidenden Erfolgs« galt, angemessen reduziert, auch für ein Zurückdrängen oder Niederringen von Bomberflotten *(LIII 383, 469).*
Hoffnungen richteten sich auf mutmaßliche psychologische Wirkungen von Ramm-Attacken auf amerikanische Bomberbesatzungen. Denn vor allem würde es doch sicherlich der unheimliche Mut sein, dieser offensichtlich unbeugsame Wille deutscher Flieger, vor nichts zurückzuschrecken, der den Gegnern in die Glieder fahren würde.
Tatsächlich hatten sich Anfang 1945 in Kreisen der Army Air Force Hoffnungen auf einen schnellen Sieg verflüchtigt. Es war sogar so weit, daß Lovett und Arnold zeitweilig an ihrer Strategie zweifelten. Selbst General Spaatz bedrückte der Gedanke, die Deutschen könnten doch noch zuguterletzt mit einem Todesstrahl, wie er zu Arnold meinte, oder einem elektronischen Strahl auftrumpfen, der imstande war, Flugmotoren zum plötzlichen Stillstand über Feindgebiet zu bringen *(LXXXIV Vol III 666, 715).*
So nimmt es nicht wunder, wenn vor den Augen der Leute um Herrmann Visionen großer Luftschlachten auftauchten. Die Phantasie bekam Flügel; gelungene Ramm-Schläge *mußten* den Gegner ins Mark treffen!
Selbst Hitler sprach immer nur von einem »Jägerknüppel« *(LXXII 358),* einer strafenden Jagdwaffe.
Wie nahe man damals an eine Möglichkeit der Problemlösung herangekommen zu sein schien, deuten »Schlußfolgerungen« Freemans an. Er bezeichnete als die mit Abstand wirksamste Abwehrtaktik deutscher Jäger gegen schwere amerikanische Bomber die »Company Front Technique«, den in Linie angreifenden Gefechtsverband. Weder Flak, noch Düsen- oder Raketen-Jäger, geschweige denn normale konventionell kämpfende Jagdstreitkräfte erreichten nach seiner Meinung jene tödliche Wirkung geschlossener Angriffsformationen, »Sturm«-Keile, Ramm-Keile, wie »Sturm«-Gruppen sie ab April 1944 eine Zeitlang praktizierten und wie Oberst Herrmann sie eigentlich auch in seinem Ramm-Kommando verwirklichen wollte, wenn Koller nicht dagegen gewesen wäre. Solche Jagdverbände, massiert im geschlossenen Block angreifend, reduzierten die Abwehrkräfte der Bomber bis zur Un-

wirksamkeit *(XXXXIX 235)*.
Speer spielte nach dem Kriege bei Verhören in England mit dem Gedanken, daß Deutschland ohne Bombardierungen industriell bis zum Frühjahr 1946, »wenn nicht noch länger« durchgehalten hätte *(LXVIII Vol IV 373)*. Eine wesentliche Eindämmung der Bombardierungen lag, wie allerdings auch Amerikaner nach dem Kriege einräumten, damals durchaus im Bereich des möglichen. Eine daraus resultierende »politische Intervention« hätte nach Meinung Kesselrings »eine tragbare Friedenslösung bringen können« *(LIII 410)*. Andererseits hatten die amerikanischen Luftflotten zu Anfang des Jahres 1945 aber ihr Gewicht, wie wir bereits gesehen haben, derartig gewaltig gesteigert, daß selbst Massenverluste nicht mehr auszureichen schienen, um den Strom gefürchteter Bomber endgültig versiegen zu lassen.
»These incidents were but small wounds to the giant«, meint denn auch Freeman an anderer Stelle, offenbar ebenso unschlüssig, ob nun Einhalt hätte geboten werden können oder nicht *(XXXXIX 160)*.
Nachträglich betrachtet, erscheinen damalige Hoffnungen auf deutscher Seite unberechtigt.
Amerika brachte es fertig, allein bei der 8. Luftflotte den Verlust von 5099 schweren Bombern samt Personal zu verkraften. Im Kriegseinsatz gingen 3113 »Fliegende Festungen« sowie 1093 »Liberator« verloren; außerdem fielen noch 531 B-17 und 362 B-24 Unglücken anheim. Nach britischen Feststellungen verlor das Bomberkommando 47268 Mann. Der Strategic Bombing Survey nennt dagegen eine Zahl von 79281 »men lost in air action … British«. Fast gleichviel, nämlich 79265 Mann, fielen bei amerikanischen Lufteinsätzen *(LXXIII 1)*.
Die überwältigende quantitative Überlegenheit der Amerikaner fand nach dem Kriege in Zahlen über monatlich produzierte Flugzeuge deutliche Bestätigung. Von 1941 bis 1945 rollten 35743 viermotorige Bomber aus amerikanischen Werkshallen *(VIII 30)*. Im April 1944 hatte das Kräfteverhältnis bei 1:7 gelegen, aber nach der Invasion mußte sich ein einzelner deutscher Jäger schon 20 feindlicher Jäger erwehren *(V 301, 354)*. Ein amerikanischer Begleitjäger konnte im August 1944 seine ungeteilte Aufmerksamkeit bequem auf nicht mehr als zwei »dicke Freunde« konzentrieren.

Was zwei erfahrene Kampfflieger des Ersten Weltkrieges, Dr. Justus Koch sowie der Flugzeugindustrielle Friedrich Wilhelm Siebel, schon im Oktober des Jahres 1941 in einer Denkschrift vorausgesagt hatten, war eingetroffen *(VI Bd I 455)*. In der Mitte des Jahres 1944 besaßen die Anglo-Amerikaner eine fünfzigfache Überlegenheit in der Luft *(XXVI 331)*.
Aber nicht nur am Tage, nein, auch in der Nacht konnte der Feind fast ungehindert deutsche Städte einäschern. Luftmarschall Harris hatte das britische Bomber-Kommando zu einem gut funktionierenden Massenvernichtungsmittel entwickelt *(IV 61)*.
Den von Alliierten in den Kampf geworfenen Massen an Menschen und Maschinen hatte die deutsche Luftwaffe beim besten Willen nichts Äquivalentes mehr entgegenzusetzen. In dieser Lage erschien es irreal, noch von einem »Großen Schlag« zu träumen – falls man diese Lage überhaupt erfaßte oder erfassen wollte.
Die deutschen Ramm-Piloten wurden schließlich doch mit einem Gegner konfrontiert, dessen Bomberstreitmacht ab Herbst 1944 vierzig schwere Bombergruppen umfaßte, ganz zu schweigen von nicht weniger als fünfzehn Jagdgruppen.
Doch solche Zahlen waren den Männern beim Ramm-Kommando in Stendal damals noch unbekannt. Oberst Herrmann stand in der Hierarchie trotz aller Verdienste und Verbindungen nicht dicht genug an Informationszentren und Entscheidungsgremien, als daß er die wirkliche und für eine deutsche Luftkriegsführung inzwischen völlig aussichtslose Lage hätte vernünftig einschätzen können, wenn er überhaupt wollte.
Ursprünglich hatte sich der Oberst in den Kopf gesetzt, tausend Ramm-Maschinen auf einmal loszuschicken. Sein Ehrgeiz bestand darin, einen kompletten Bomberverband im Handumdrehen vom Himmel zu holen. Nur ein Paukenschlag, so argumentierte er, könne den so sehr ersehnten Schock erzeugen.
Wenn es nach ihm gegangen wäre, hätte man alle Geheimhaltung fallengelassen und den Ramm-Einsatz offen angekündigt *(Brief Herrmann 17. 2. 77)*.
Bereits seit dem 25. Mai 1944 war die zentrale deutsche Planung von der Absicht ausgegangen, Bomberverluste des Gegners möglichst über die Rentabilitätsschwelle zu treiben, die natürlich auch bei ihm bestand, wenn sie auch höher lag. Fünf eingesetzte Jäger

hatten damals einen Bomber zur Strecke gebracht, durchschnittlich gesehen. Die Abschußrelation betrug 1:1 – für einen eigenen Jäger vernichtete man einen Bomber *(XX 578)*.
Der tiefe Unsinn jeder kriegerischen Auseinandersetzung liegt nun einmal darin, sich gegenseitig soviel Schaden wie nur möglich zuzufügen. Während des Wettlaufes hatte die deutsche Jagdwaffe von der Taktik der Angriffsfolge zur Taktik der staffelweisen Angriffsfront übergehen müssen *(V 214)*. Als auch dieses nichts mehr nützte, hatte man Gefechtsverbände mit speziellen Angriffs- und Begleitgruppen gebildet. Aber je mehr die feindliche Übermacht in der Luft gewachsen war, umso dringlicher erschien das Erfordernis, anstelle immer noch aufgezwungener Einzelaktionen Großverbände massiert auftreten zu lassen – wie der Gegner.
Hitler hatte Gallands Plan vom »Großen Schlag« in Makulatur verwandelt. Nun kam Oberst Herrmann und forderte im Prinzip dasselbe, allerdings mit anderen Mitteln und Methoden.
Ein leichter Jäger, dessen Serienproduktion ohnehin auslief, war imstande, mit Sicherheit einen schweren Bomber zu Fall zu bringen – durch geschicktes Rammen. Das Zahlenverhältnis vom Mai des Vorjahres hätte durchaus wieder hergestellt werden können, die Frage war nur, wie oft. Herrmann ging von der Annahme aus, daß von fünfen seiner schnell und überraschend herabstoßenden Jäger mehr als einer an den Feind herankam. Ein Optimum von 1:1 hätte vorausgesetzt, daß es ausnahmslos jedem der Ramm-Jäger gelang, die gewaltigen Sperr-Riegel von Begleitschutzjägern und geballter Feuerkraft der Combat-boxes zu überwinden und einen Ramm-Stoß mit vernichtender Wirkung anzubringen. Eine unwahrscheinliche Vorstellung. Für realistischer hielt man da schon eher ein Verhältnis von 3:1, wobei auf je drei eingesetzte »Elbe«-Jäger ein zerstörter Bomber kommen würde. Sandte man 150 Jäger aus, durfte bei dieser reduzierten Kalkulation immerhin mit einem Abschußerfolg von 50 schweren Bombern gerechnet werden. Diese Rechnung ging auf, wie spätere Resultate zeigen sollten. Der erheblich reduzierte Ramm-Einsatz konnte, laut Herrmann, »nur das Stoßgebet bedeuten, es möchten doch möglichst viele den Erfolg bringen, damit Herrn Koller mit der entsprechend größeren Zahl etwas vormultipliziert werden könnte« *(Brief Herrmann 17. 2. 77)*.

Bei den japanischen Verbündeten war es Admiral Ohnischi, der klar erkannte, daß selbst Hunderte von Flugzeugen nicht mehr in der Lage waren, mit konventionellen Angriffsmethoden nennenswerte Erfolge zu erringen. Was dringend einer Korrektur bedurfte, war die Angriffsart. Aus dieser Erkenntnis zog er die Konsequenz. Er forderte seine Piloten auf, sich im »jikabu« auf feindliche Ziele, Schiffe, womöglich Flugzeugträger, zu stürzen.
Die japanische Kalkulation sah vor: Ein Jäger gegen ein Schiff.
Auch Oberst Herrmann erblickte in einer radikalen Angriffstaktik die einzige noch verbliebene Chance. Nach seiner festen Überzeugung kam nur noch Rammen in Frage, möglichst in Massen. Dies geschah dann auch, wenn auch nicht in Massen.
Denn General Koller, der Chef des Generalstabes der Luftwaffe, wollte, nachdem er sein anfängliches Sträuben aufgegeben hatte, schwarmweise aufgelockerte Ramm-Verbände gegen die Spitzen der Bomberformationen geführt wissen. Hier, an der Spitze, so argumentierte er, könne man womöglich Verbandsführer, Zielfinder und Zielmarkierer treffen und vernichten. Er sollte recht behalten. In einer anderen Annahme irrte er jedoch. Er hatte noch angenommen, daß die übriggebliebenen Bomberbesatzungen, ihrer Leitmaschinen beraubt, wahrscheinlich den Kopf verlieren und dermaßen in Unruhe versetzt würden, daß sie sich entweder zum Notwurf irgendwo ins Gelände oder aber zum Abdrehen veranlaßt sähen. Versprengte, sich nicht mehr gegenseitig schützende Bomber trieben zwangsläufig vor die Kanonen regulärer Jagdverbände und somit, dachte Koller, der Vernichtung zu.
Der Generalstabschef fand allmählich den Gedanken nicht mehr so schlecht. Schließlich ging er dazu über, mehrere aufeinander folgende Ramm-Schläge des Sonderkommandos »Elbe« in seine Überlegungen einzubeziehen *(VI Bd I 520)*.
Das entsprach dem ursprünglichen Gedanken Herrmanns: Nach erfolgtem Ramm-Einsatz sollte dem Gegner Wiederholung angedroht werden *(Brief Herrmann 17. 2. 77)* – allerdings: wie oft hätte dies wohl noch geschehen können?

OBERST HAJO HERRMANN. GENERALMAJOR DIETRICH PELTZ.

Im Jahre 1943 hatte Herrmann als Kommandeur der einmotorigen, »hellen« Nachtjagd, genannt »Wilde Sau«, englische Bomberbesatzungen das Fürchten gelehrt.
Doch der ausgezeichnete Bomberpilot, Nachtjäger, Divisionär und Luftverteidiger Berlins hatte trotz seines zeitweiligen Einsatzes als Jäger nicht verabsäumt, gute Verbindungen aufrechtzuerhalten. Immerhin war er 1942 im Luftwaffenführungsstab gewesen *(LXXXVI 42)*, hatte im Dezember 1943 als Inspekteur der Luftverteidigung fungiert und war zeitweilig sogar an die Luftwaffen-Kriegsakademie berufen worden *(LXXXVIII 73)*.
In Gatow, beim Novembertreffen der Kommandeure und Kommodores im Jahre 1944, befand sich Herrmann bei den »Bombern«, bei Peltz, und nicht bei den »Jägern« *(LXXXVII 60)*.
Obschon selbst »Jäger-Experte« oder »Ass« und hochdekorierter Oberst, zählte Herrmann ebenso wenig wie Gollob oder Dahl zu Gallands innerem Jägerzirkel. Es scheint, als hätten sich die beiden Männer nie gemocht.
In seiner Kampffliegerzeit hatte Herrmann auf mehr als 320 Feindflügen zwölf Schiffe mit 66500 Bruttoregistertonnen versenkt. Bei etwa fünfzig weiteren Feindflügen im Jägermilieu waren neun viermotorige Bomber unter seinen Schüssen abgestürzt. Gerammt hatte er selbst nie *(LXXXVI 42)*.
Trautloft, damals Oberst, begrenzt die verschiedentlich behauptete »Ablehnung« Herrmanns durch die »Masse der Jäger« wohl korrekt auf »maßgebende Jagdfliegerführer«. Göring gegenüber wurde diese Haltung am 19. Januar 1945 wie folgt schriftlich begründet:
»Bei Oberst Herrmann wird anerkannt, daß er dem Vaterland in schwerer Stunde, jedoch – und dies muß besonders betont werden, mit Hilfe von General Galland, geholfen hat. Die Jagdwaffe macht ihm aber den Vorwurf, daß er, als die taktischen Voraussetzungen nicht mehr erfüllt waren, dies aus persönlichen, ehrgeizigen Gründen nicht nach oben zugab und dadurch untragbare Verluste bei nicht nennenswerten Erfolgen verschuldete.«
Nach Gallands Abgang gehörte Herrmann zu dessen designierten

drei Nachfolgern; schließlich machte Gollob das Rennen und wurde General der Jagdflieger.
Die Gelegenheit, doch noch einmal etwas Erstmaliges zu wagen, bot sich erst wieder im Februar 1945 – als Kommandeur deutscher Ramm-Jäger. Oberst Herrmann mag jenen 1953 geäußerten Vorstellungen Kesselrings von »mitreißenderen Persönlichkeiten an der Spitze der Fliegerverbände« im März 1945, die »vielleicht etwas mehr herausholen« konnten *(LIII 383)*, entsprochen haben. Mit Görings voller Unterstützung gelang es Herrmann, ein Ramm-Kommando der deutschen Luftwaffe ins Leben zu rufen und dieses erstmals gegen Pulks amerikanischer Tagbomber organisiert und koordiniert einzusetzen.
Markantester Förderer von Herrmanns Ramm-Plänen war Generalmajor Dietrich Peltz, der mit 29 Jahren jüngster General der deutschen Wehrmacht gewesen war.
Außerordentliche Begabung auf den verschiedensten Gebieten, klare Intelligenz, harter persönlicher Einsatzwille und Glück begünstigten eine steile Karriere – vom unbekannten »Stuka«-Staffel-Kapitän zu Beginn des Krieges bis zum Kommandierenden General eines Fliegerkorps. Brüttings Buch »Das waren die deutschen Kampffliegerasse 1939–1945«, MOTORBUCH-Verlag, enthält eine ausführliche Würdigung Peltz's.
Aber nicht nur bei Göring stand Peltz in hohem Ansehen. Als Hitler für eine mehr politisch motivierte Aufgabe »den besten Mann« zum »Angriffsführer England« forderte, fiel die Wahl wiederum auf Peltz. Von General Spaatz und anderen alliierten Führern ist bekannt, daß sie ihren jungen, tüchtigen Gegenspieler hoch einschätzten.
Ein unbekannter Autor nannte Peltz' fliegerisches Können »unübertrefflich«; zudem sei er übervoll von Ideen gewesen, zum Unbehagen »einiger Persönlichkeiten in seinem Stab«. Peltz setzte, sobald er General geworden war, erhebliche Verstärkungen durch; die Einsatzstärke des IX. Fliegerkorps stieg auf 350 bis 400 Bomber. Das Düppelverfahren wurde hier zum ersten Male angewendet *(MA; RL 8/65)*.
Peltz bewies aber auch verlangte Härte. Seine Kampffliegerbesatzungen mußten immer wieder über die höllischen britischen Inseln sowie stets aufs neue im Mittelmeer gegen erdrückende Übermacht

antreten, ungeachtet prohibitiver Verluste.
Am 21. Juli 1943 verlieh Hitler die »Schwerter« an Peltz *(XXXIX 293)*. Im Sommer flog dieser Offizier persönlich bravouröse Nachtangriffe in Oberitalien.
Zu Beginn des Monats Mai des Jahres 1944 fand Galland, der Jäger, erneut Anlaß, seine Abneigung gegen Peltz zu vertiefen. Göring nahm ihm nämlich, einem unbeugsamen Willen Hitlers gehorchend, die Betreuung jenes revolutionären neuen Flugzeugtyps, der Messerschmitt Me 262, ab und legte sie in die Hände des bewährten Kampffliegergenerals *(XXXIII 267)*.
Jedenfalls schien Peltz der obersten Führung am besten geeignet, durch sinnvollere Planung und effektivere Verbindung von Technik, Einsatzmethodik und Personal die Jagdwaffe endlich aus ihrer tödlichen Starre herauszuführen, um sie wieder zu dem zu machen, was sie einmal gewesen war und was sie unbedingt wieder sein sollte: ein scharfes Schwert gegen die anglo-amerikanischen Luftflotten.
So war es dann Peltz, der anstelle von Galland vier mit Flugzeugen vom Typ Me 262 ausgerüstete Kampfgruppen aufstellte und mit der Umschulung von Bomber-Piloten begann *(XXXIII 217)*. Ab Oktober 1944 waren bereits auf Düsenflugzeuge umgerüstet, wenn auch noch nicht einsatzbereit, die Kampfgeschwader K.G. (J) 6, 27, 54, und zwar auf den Typ Me 262, sowie die K.G. (J) 30 und 55 auf Düsenbomber vom Typ Arado Ar 234 *(XXXIX 784)*.
Erneut war es dann auch wieder Peltz gewesen und nicht Baumbach, geschweige denn Galland, dem der Reichsmarschall bei jenem denkwürdigen »Areopag«, der in der Zeit vom 10. bis 12. November 1944 achtunddreißig Verbandsführer in der Gatower Luftkriegsakademie in einer Art Parlament versammelte, quasi als »primus inter pares« die Diskussionsleitung übertrug, bevor er sich selbst zurückzog. Vorher hatte er jedoch in Anbetracht der ernsten Lage an die Fairneß und Kooperationsbereitschaft aller Teilnehmer appelliert; alle Probleme sollten ausnahmslos auf den Tisch. »Wer sich, aus welchen Gründen auch immer, nicht in der Lage sähe, weiter mitzuarbeiten, möge in allen Ehren gehen! Wer bleibe, solle sein Bestes geben«, so notierte Oberst i. G. Krafft von Dellmensingen. Niemand ging.
Scharfer Kontrast zwischen Jägerführung und Peltz trat zutage,

als Göring Hitlers Zustimmung erhielt, die Führung der fliegenden Verbände für das Unternehmen »Bodenplatte« dem qualifizierteren Kampfflieger Peltz anzuvertrauen, der ohnehin schon als Kommandierender General des II. Jagdkorps Luftoperationen während der Ardennen-Offensive geleitet *(X 142)* und der die Einzelheiten des Angriffsplanes ausgearbeitet hatte *(LXXV 420)*.
Unzufriedene Fliegerführer, von Steinhoff übertrieben als »Verschwörer« apostrophiert, erhoben gegen Peltz, der nach Gallands Ansicht wahrscheinlich mit Knemeyer, Diesing oder eventuell mit Bernd von Brauchitsch kooperierte, »die alle keine Jägerfreunde waren«, schwere Vorwürfe. Baumbach, der einstige Kampffliegergefährte, solidarisierte sich mit den Jägerführern *(XXX 273)*. Und dennoch blieb es Peltz, der die anderen bis zum Ende des Krieges überragte.
Zunehmende Verwirrung in den letzten Kriegsmonaten hatte zwangsläufig eine Lockerung von Befehlsstrukturen zur Folge. Kommandeure sahen sich genötigt, aus dem Augenblick heraus drängende Eigeninitiativen zu entwickeln, um so die immer schwieriger werdende Lage zu meistern.
General Peltz formte auf Befehl des OBdL am 10. Februar 1945 den Stab des Generalkommandos IX. Fliegerkorps (J) um, bildete daraus die 9. Fliegerdivision (J) und übertrug das Kommando Oberst Hajo Herrmann. Zur 9. Fliegerdivision gehörten nun die mit Düsenjägern ausgerüsteten oder noch in Umrüstung begriffenen ehemaligen Kampfgeschwader K.G. (J) 27, 55 und 61 sowie die III. Gruppe des K.G. (J) 30 – und das im Aufbau befindliche Sonder-Kommando »Schulungslehrgang Elbe«.
Anfang März 1945 machte die 9. Fliegerdivision (J) durch Fernschreiben den Verbandsführern klar, daß sie und die ihr angehörenden Verbände »mit sofortiger Wirkung dem Generalkommando IX. Fliegerkorps unterstellt« seien, allerdings ohne Änderung der bisherigen Kampfaufträge *(MA; RL 10/112)*. Zum gleichen Zeitpunkt ließ General Peltz die Truppe wissen:
»Ich habe am 1. 3. 1945 die Führung der Reichsverteidigung und die Geschäfte des Kommandierenden Generals des IX. Fliegerkorps (J) übernommen. Wir werden zueinander Vertrauen fassen und unsere Pflicht tun.«
Somit lag nun, unmittelbar vor Schluß des Krieges, in den Händen

von Peltz auch das Schicksal der Männer des Ramm-Kommandos »Elbe«.

RAMM-OBJEKTE BOEING B-17 »FLYING FORTRESS« UND CONSOLIDATED B-24 »LIBERATOR«

Ramm-Jäger des Oberst Herrmann würden mit Sicherheit auf Doolittles üblichgewordene Pulks von etwa eintausend schweren viermotorigen Bombern der Typen »Fliegende Festung« und »Liberator« stoßen.
Als Ramm-Objekt war die »Festung« wegen ihrer robusten Zelle weit weniger willkommen, als die viel leichter gebaute »Liberator«. Schon im Jahre 1934 vom deutschstämmigen Mr. Boeing, dessen Großvater noch in Westfalen gelebt hatte, entwickelt und gebaut, zeigte die B-17 für ihre Zwecke hervorragende Eigenschaften. Bereits im Jahre 1940 war sie erstmals von der britischen R.A.F. operativ eingesetzt worden *(XXIV 25)*. Den ersten Kampfauftrag unter amerikanischen Hoheitsabzeichen hatten Besatzungen aus den USA in Europa am 17. August 1942 mit Bombern vom Typ B-17 gegen den Eisenbahnknotenpunkt Rouen-Sotteville im deutschbesetzten Frankreich durchgeführt. Von da ab hatte die »Festung« das Rückgrat der amerikanischen Luftflotten in Europa gebildet.
Fortlaufend verbessert und je nach Verwendungsart umgerüstet, stand zu Beginn des Jahres 1945, als deutsche Jagdflieger dem Aufruf zu Ramm-Einsätzen Folge leisteten, als meistgebaute Variante die B-17 G im Dienste der achten Luftflotte.
Eine »Fliegende Festung« kostete etwa 858000 Reichsmark; vergleichsweise wenig, wenn man bedenkt, daß eine V-2 bei nur einmaliger Verwendungsmöglichkeit 144000 Reichsmark an Herstellungskosten verschlang *(XX 671)*. Die Normalversion der B-17 G, mit zehn Mann besetzt, schützte sich gegen Jägerangriffe von vorne durch zwei überschwere Maschinengewehre vom Kaliber 12,7 mm, und zwar in einem drehbaren Kinnturm *(XXVIII 51)*. Elf weitere Maschinengewehre desselben Kalibers in sechs anderen Waffenständen gaben einer »Fliegenden Festung« eine von deut-

schen Jagdfliegern stark beachtete Abwehrkraft. Den deutschen Verbänden stand ein Schaubild zur Verfügung, welches Einzelheiten über Bewaffnung, Streubereiche, tote Winkel und verletzliche Stellen graphisch verdeutlichte *(LXXIV 105)*.
Bomber-Crews bestanden in der Regel aus Pilot, Co-Pilot, Navigator, Bombenschütze, Bordmechaniker, Funker, Heck-Schütze, zwei Seiten-Schützen sowie einem Gondelschützen.
An der mutmaßlich besten Ramm-Stelle zwischen Sporn und Seitenstand war der Rumpf halbmannshoch. Ringförmige Spanten stabilisierten das Heck. Der 12., 10., besonders jedoch der 8. Spant, vom Heck aus gesehen, waren besonders kräftig ausgebildet. Dem Seitenleitwerk gaben elf waagerechte sowie fünfzehn senkrechte Rippen Halt. Ein Höhenflossenteil baute sich aus 12 Leichtmetallrippen auf *(LXXIV 313)*.
Gute Aussicht auf Erfolg versprachen Angriffe von hinten oben mit dem Ziel, Seitenleitwerk und eine Höhenflosse mittels Luftschraubenschlag sowie mit der Tragfläche abzuscheren. Dazu hatte der Jäger mit der Nase möglichst exakt den Schnittpunkt der Leitwerke anzuvisieren, seine Maschine in etwa 45°-Schräglage zu bringen und dann daraufloszufliegen. Bei der starken Wucht des Aufpralls stellten die schweren senkrechten und waagerechten Stangen in den Flossen, mit denen Steuerbewegungen auf Ruder übertragen wurden, kaum ernsthafte Behinderungen dar, jedenfalls nicht größere als die übrigen Flugzeugteile.
Wie bereits erwähnt, fanden Beuteexemplare der »Fliegenden Festung« im Kampfgeschwader KG 200 bei Agenteneinsätzen, Versorgungsflügen sowie als Demonstrationsobjekte Verwendung (»Zirkus Rosarius«). Unglaublich klingen hartnäckige Behauptungen amerikanischer Flieger, B-17-Bomber in deutscher Hand hätten sich in Bomberströme einschleusen können, um von dort aus Angriffe deutscher Jäger zu leiten *(LXXIV 130)*.
Ramm-Piloten des Sonderkommandos »Elbe« standen erbeutete B-17 als Anschauungsmodelle nicht zur Verfügung.
Was die Ramm-Anfälligkeit von »Fliegenden Festungen« betraf, so hatte beispielsweise die »RAFAAF« von der 381. Bombergruppe Widerstandsfähigkeit bewiesen, als sie bei einer Kollision unter Freunden ihr komplettes rechtes Höhenleitwerk verlor und dennoch von Leutnant Brashear glatt gelandet werden konnte. Ihr

seltsamer Name war übrigens aus den Abkürzungen R.A.F. und AAF entstanden, nachdem sie sich einmal einer »Lancaster«-Formation angeschlossen und gemeinsam mit britischen Fliegerkameraden Köln bombardiert hatte *(XXXXIX 227)*.

Auch die schwer beschädigte Nr. 43-38172 der 398. Bombergruppe fand unter dem kundigen Steuer von Oberleutnant De Lancey zurück nach Nuthampsted. Über Köln war eine Flakgranate in der Bugkanzel explodiert, hatte den Bombardier auf der Stelle getötet und das Vorderteil der »Festung« in ein wüstes Gewirr verbogener und zerfetzter Metallteile verwandelt *(XXXXIX 180)*.

Als der Pilot einer B-17 der 490. Bombergruppe am 17. März 1945 wegen Propellerschadens plötzlich hochzog, geriet seine Maschine in den Luftschraubenkreis einer anderen »Festung« und stürzte in zwei Teilen ab. Von der Besatzung fand man lediglich den verstümmelten Körper des Funkers im zerstörten Bugteil der anderen B-17, die an Tragflächen und Motoren ebenfalls beträchtliche Schäden davongetragen hatte. Leutnant Tannenberg gelang trotzdem eine glatte Landung auf einer Notpiste in Belgien *(XXXXIX 214)*.

Auch »General Ike Nr. 3« überstand schwere Beschädigungen. Durch Flaktreffer hatte sich am rechten Innenmotor die Luftschraube gelöst. Sie fuhr in den Rumpf und hinterließ einen zwei Meter langen, etwa zwanzig Zentimeter breiten, auseinanderklaffenden vertikalen Riß, ohne daß jedoch die Flugfähigkeit zu stark beeinträchtigt worden wäre. Die Maschine hielt sich und landete sicher.

So konnten sich amerikanische Flieger immer wieder aus miserablen Lagen retten, weil ihre »Fliegenden Festungen« sich als außerordentlich widerstandsfähig erwiesen hatten.

Aber es zeigte sich auch, daß brutalen mechanischen Kräften, je nachdem, wie sie angesetzt wurden, selbst beste Konstruktionen nicht gewachsen waren.

»Silver Dollar«, eine »Festung« von der 384. Bombergruppe, fiel am 9. März 1944 über Berlin, nachdem sie das komplette Heck verloren hatte. Entweder eine fallende Bombe oder eine Flakgranate trennte den mächtigen Rumpf in der Taille etwa in der Höhe der Vorderkante des Höhenleitwerks glatt durch. Dabei blieb der

untere Ansatz des langgestreckten Seitenleitwerks am Torso hängen, der unaufhaltsam in die Tiefe trudelte.
Die Gewalt eines einzigen, gutplacierten Feuerstoßes aus 3-cm-Kanonen riß ganze Heckpartien ab. Diese böse Erfahrung mußte die 100. Bombergruppe machen, als sie am 18. März 1945 von Düsenjägern des JG 7 hart angegriffen wurde. Eine »Festung« der unten fliegenden 100th Staffel geriet ins Schußfeld einer Me 262. Die Salve lag im schmalen Rumpfteil kurz vor der Anschlußstelle des Höhenleitwerks; das Heck brach ab *(XXXXIX 214)*.
Goebbels hatte die »Fliegende Festung« nach ihrem ersten Erscheinen am deutschen Himmel als »Fliegenden Sarg« verspottet *(LXXXIV Vol I 601)*.
Fest stand jedenfalls, daß Ramm-Stöße auch bei »Fliegenden Festungen« fatal wirken mußten.
Als ideal und besonders wünschenswert schätzte die Führung des Ramm-Verbandes die Möglichkeit ein, Führermaschinen der Amerikaner samt Navigations- und Ortungsgeräten zu vernichten.
Als andere Ramm-Objekte kamen Bomber vom Typ B-24 Consolidated »Liberator« in Betracht, mit fast 19000 Exemplaren bei den Firmen Convair und Ford meistgebaute Langstreckenbombervariante der USA. Bis zu zehn Mann bedienten auch dieses über vierzig Tonnen wiegende Flugzeug. Äußerlich vermochte die »Liberator« nicht mit den schlanken, eleganteren »Fliegenden Festungen« zu konkurrieren. Ein schwerer, durchhängender Rumpf beflügelte die Phantasie und so verspotteten Fortress-Flieger die B-24 als »Bananenboot« oder »Schwangere Kuh«. Die anderen blieben nicht mundfaul, sie konterten und bezeichneten die »Fliegende Festung« als »Halbweltdame« oder, schlimmer noch, als »Mittelschweren Bomber«. *(XXXXIX 33)*.
Über einem wuchtigen, im Querschnitt fast kastenförmigen Rumpf saßen die Tragflächen ziemlich weit oben. Pilot und Co-Pilot thronten unter einer Haube etwa in Höhe der Luftschraubenebenen, deren Kreise übrigens nur wenig über Rumpfhöhe hinausgelangten. Etwaige Ramm-Angriffe von hinten oder von vorne mit dem Ziel, durch Propellerschlag die Flugzeugführer zu treffen, wären durch die beiden Innenmotoren nicht gefährdet gewesen.
Angreifenden Jägern konnte die Lust vergehen, wenn ihnen zehn oder auch elf überschwere Browning-Maschinengewehre rote

Leuchtspurgarben vom Kaliber 12,7 mm entgegenspien. Die Tragflächen, »Davis-Wings«, waren voluminöse Treibstofftanks. Hier hineinzugeraten, bedeutete für Ramm-Piloten den sicheren Tod, wie sich später auch leider erwies.

Während des Fluges befand sich das Spornrad im Rumpf. Dessen Mechanik sowie Verankerungen ließen Ramm-Stöße auch in diesem Bereich wenig ratsam erscheinen. Unmittelbar hinter der Plexiglashaube des Heckschützen war ein großer Leitwerksträger mit charakteristischen, scheibenförmigen Seitenleitwerken aufgesetzt – der für Ramm-Attacken günstigste Flugzeugteil.

Aber außer den Stärken hatten deutsche Jägerpiloten auch Schwächen der »Liberator« herausgefunden.

Einschüsse richteten, wie sowohl deutsche als auch amerikanische Flieger erfuhren, bei der Ganzmetallkonstruktion der »Liberator« große Schäden an. Sie war auch wesentlich leichter in Brand zu setzen als ihre Schwester, die »Festung«, obwohl sich gerade in der letzten großen Luftschlacht des Zweiten Weltkrieges in Europa, am 7. April 1945, ergeben sollte, daß auch die B-17 vor Feuer nicht gefeit war.

In bezug auf die »Liberator« hatte es allerdings auch erstaunliche Beispiele von Widerstandsfähigkeit gegeben.

Flaktreffer rissen zum Beispiel einer »Liberator« der 392. Bombergruppe drei Viertel vom linken Seitenruder ab. Auch die Seitenflosse war oberhalb des Höhenleitwerks bis auf ein Stück von etwa zehn Zentimeter Breite waagerecht durchtrennt. Trotz Fahrtwind blieb ein labiler Stumpf erhalten. Der Pilot brachte die beschädigte Maschine in Wendling glatt zur Landung.

Am 16. Januar 1945 warfen B-24-Bomber der 392. Bombergruppe Vernichtungsmittel auf Ölraffinerien. Ein Stück aus einer Sechserserie fiel auf das linke Leitwerk der »P-Peter«, Nr. 42-95031, und brach es ab. Sofort ging die mächtige Maschine in den Sturzflug über, aber schon nach 150 m bekam Leutnant Novik sie wieder in die Hand. Obwohl der Bomber flugfähig blieb, mußte er letzten Endes doch wegen dichter Wolkendecke, die keinen Durchschlupf ließ, aufgegeben werden.

Im großen und ganzen war die »Liberator« alles andere als eine Festung. Unter dem Beschuß von Düsenjägern brach eine B-24 »Liberator« der 448. Bombergruppe am 4. April 1945 kurz hinter

dem Tragflächenansatz auseinander und stürzte in zwei Teilen ab. Wegen unübersehbarer Schwächen der B-24 rüsteten die Amerikaner auch die Einheiten ihrer 2nd Air Division, die ursprünglich nur mit »Liberator«-Bombern geflogen waren, beschleunigt auf »Fliegende Festungen« um *(XXVIII 83, 165).*
Ramm-Stöße würden die Männer vom Sonderkommando »Elbe« zweckmäßigerweise gegen die Schwanzpartie der »Liberator« richten. Ohne Leitwerksträger waren schwere Bomber dieses Typs ihrer Manövrierfähigkeit beraubt und mußten abstürzen. Von hinten auf die Pilotenkanzel zuzustürzen, um die beiden Flugzeugführer unschädlich zu machen, verringerte die Chance eines Ramm-Piloten, heil aus seiner gewiß stark verformten Jagdmaschine hinauszugelangen.

HITLER TOLERIERTE RAMM-EINSÄTZE DEUTSCHER JAGDFLIEGER

Hitler wird von Augenzeugen der letzten Wochen unterschiedlich beschrieben. Speer will in Hitlers Meinungswillkür Anzeichen tiefer Menschenverachtung entdeckt haben. Als Pragmatiker und Vollblutpolitiker akzeptierte der Führer des Großdeutschen Reiches nur das Nützliche an sich. Ihm werden erstaunliche Kenntnisse technischer Details nachgerühmt, wie zum Beispiel von der Me 262 *(VIII 140).* Andererseits konnte er aber auch seine Phantasie zügellos schießen lassen; Eskapaden dieser Art gipfelten stets in einer imaginären Vernichtung sämtlicher Feinde *(XXI 73).*
Hitlers Vorstellungen vom Luftkrieg blieben zeit seines Lebens mittelmäßig. »Er verglich das Fliegen mit der Bewegung von Panzern und Kraftwagen«, meinte Milch *(S. I. 3).* Erstaunliche Ansichten über strategische Luftstreitkräfte der Alliierten hatte er allerdings einmal in einer »Vorlage« im Februar des Jahres 1944 geäußert: »... die Bomber sind unsere Vernichtung«, warnte er bereits zu diesem Zeitpunkt. »Wenn man dagegen nicht vorgehen kann und stur einen Weg, von dem erwiesen ist, daß er falsch ist, immer wieder weitergeht, weil die Jäger(führer) immer wieder ihre verrückte Auffassung haben – das halte ich nicht für tragbar, und

ich sehe hier eine große Gefahr«. Und ein paar Sätze weiter wiederholte er: »Jedenfalls ist das eine ungeheure Gefahr! – Also, Göring, treiben Sie an! Ich beschwöre Sie!« *(XXXIX 809).*

Kaum waren ein paar Monate verstrichen, und schon hatte Hitler dem Oberbefehlshaber der Luftwaffe die Zügel aus der Hand genommen.

Je nach dem Auf und Ab der Kriegslage, zum Schluß in wirren Intervallen, schwankten Hitlers Flugzeuganforderungen *(XXII 270).* Koller, obgleich Chef des Generalstabes der Luftwaffe, wurde in den letzten Monaten kaum noch hinzugezogen; seine fachmännischen Ansichten in Luftwaffenangelegenheiten erschienen überflüssig *(LXIII 93, LXXV 421).* Und am 9. März 1945 übernahm Hitler Kesselring gegenüber die volle Garantie für den künftigen Erfolg der Luftwaffe, weil er nun auch »die technische Leitung« in Händen habe *(LIII 339)!*

»Es kommt alles darauf an, einen fanatischen Glauben zu erwekken«, predigte er *(XXVI 989).* Fanatismus handhabte er wie eine Geheimwaffe, die auch imstande war, Bomberangriffe zu stoppen *(LXXVIII 486).*

Zum Schluß verrannte sich der Diktator Deutschlands sogar in eine Bewunderung racheschäumender, unvorstellbar grausamer Rotarmisten *(XXXV 58).* Goebbels, Bormann und Himmler, treibende Kräfte der NSDAP, applaudierten lebhaft und stützten diese fanatische Haltung, wo sie nur konnten *(LXIV 274).* Ihnen allen diente die russische Art der Kriegsführung mit ihren radikalen politischen Inhalten als nachahmenswertes Beispiel *(LXXVIII 428).* »Blinder Glaube an den Führer«, absoluter Vorrang eines brutalen, kämpferischen Fanatismus, das waren die Forderungen der letzten Wochen an die deutschen Offiziere – auch an Offiziere der deutschen Luftwaffe *(LXXVIII 431),* auch an Dietrich Peltz und Hajo Herrmann.

Hitler, vom Offensivgedanken bis in den Tod besessen, hatte schon vor Auftauchen der Ramm-Idee durch unnachgiebige Befehle zum pausenlosen Angreifen die Luftwaffe ausgepowert. Achtzig Abschüsse pro Jagdangriff waren das mindeste, was er forderte *(LXXII 317).* Er hieß einen Ramm-Einsatz gut, weil so etwas ganz seiner intuitiven Strategie entsprach sowie seiner Gewohnheit, »mit unzulänglichen Kräften Aktionen durchzuführen«

(LVII 287). Ohne Konzept zur Anwendung von Luftmacht *(LXXV 421),* imponierten ihm außergewöhnliche Ideen, wie vormals im Jahre 1943 zum Beispiel Herrmanns Nachtjägertaktik »Wilde Sau«, oder wie Peltz' Planung des Unternehmens »Bodenplatte«.

»Eine einzige Idee«, meinte er einmal *(XV 15),* »ist wertvoller als ein ganzes Leben gewissenhafter ... Arbeit«.

Hitler hatte die Taten der einmotorigen hellen Nachtjagd damals bewundert. Sein Wohlwollen gegenüber einmal »anerkannten« Personen war unerschütterlich *(LXXVI 115).* Trotzdem hatte Hitler nach Ansicht Milchs von Fliegern keine allzu hohe Meinung; sie waren ihm zu leichtsinnig »und zu wenig verständlich«. Die meisten hielt er für »Handwerker« und nur einige wenige für »Künstler«, von diesen in erster Linie seinen Flugkapitän Baur, den jungen Generalmajor Peltz – und vielleicht auch Herrmann *(S. I. 3).*

In bezug auf den vorgeschlagenen Sondereinsatz wirkte begünstigend, daß Hitler auf Zeitgewinn spielte. Nichts benötigte er dringender als Luft zum Atemschöpfen! Ein radikaler Stop von Bombenströmen wäre höchst erwünscht gewesen. Und anders als bei den von Hitler bis zuletzt skeptisch beurteilten »Selbstopfer«-Verbänden der Kampfflieger blieb Ramm-Piloten eine Überlebenschance. Ein Ramm-Einsatz war nicht total.

Wichtig erscheint in diesem Zusammenhang die Feststellung, daß die inhumane Art alliierter Luftkriegspraxis Hitler aufs äußerste erbittert hatte. Sein Sinnen und Trachten war auf Vergeltung ausgerichtet *(LII 323).* Abgrundtiefer Haß ließ ihn, als er im März 1945 vom insgeheimen Widerstand des Luftwaffenoberkommandos gegen seinen spontanen Befehl, alliierte Flieger zu erschießen, hörte, die Worte ausstoßen: »Sie haben Angst, daß ihnen etwas passieren könnte. Das ganze ist eine feige Abmachung der Luftwaffe mit der britischen und amerikanischen Luftwaffe. Alle während der letzten Monate gefangengenommenen Bomberbesatzungen müssen dem SD übergeben und liquidiert werden.« Wären nicht selbst einem hartherzigen Kaltenbrunner Bedenken gekommen, dann hätte es Göring nicht gelingen können, gefangene Flieger durch raschen Lagerwechsel vor den Häschern Hitlers zu retten *(LXIV 212).* Göring meinte später:

»Es ist auch immer klarer geworden, daß sich der Führer mehr und mehr für die brutalen Kräfte einsetzte« *(LXXVI 511).*

Wie Hitler in bezug auf das Ramm-Unternehmen der Luftwaffe wirklich gedacht hat, welchen Wert er dem Ergebnis des dann tatsächlich erfolgten, einzigen Ramm-Einsatz vom 7. April 1945 beimaß, ist im einzelnen nicht überliefert worden.

Auf die Frage, ob Hitler vom geplanten Ramm-Einsatz deutscher Jagdflieger wußte, ob er zustimmte und was er sich wohl davon versprochen habe, antwortete sein ehemaliger Luftwaffenadjutant, Nicolaus von Below, ja, Hitler sei informiert gewesen und habe, »aber nur unwillig«, zugestimmt. Klare Absichten habe er nicht daran geknüpft. »Das überließ er der Luftwaffe.«

Schon vor Beginn des Jahres 1945 hatte Oberst Herrmann dem Luftwaffen-Adjutanten Ramm-Einsätze nahegebracht. »Er sollte bei Hitler vorfühlen.« Im Januar 1945, als Herrmann erneut in der Reichskanzlei vorsprach, gab von Below Hitlers Entscheidung bekannt: Der Führer habe »die größte Achtung vor den Männern«, die zu Ramm-Einsätzen bereit seien – wenn er diese auch nicht befehlen wolle. Freiwillige werde er jedoch gewähren lassen *(Brief Herrmann 17. 2. 77).*

Reichsmarschall Hermann Göring sah eine Chance

Göring, im ersten Schwung des Aufbaues »der Eiserne«, dynamisches Zugpferd nationalsozialistischer Bewegung, volkstümlicher, satyrhafter, vitaler Paladin Hitlers, war müde und cholerisch geworden. Spätestens im Jahre 1942 hätte er sich der Grenzen seiner Persönlichkeit bewußt werden müssen. Ab dann konnten weder Ehrgeiz, den Kritiker maßlos nennen, noch Eitelkeit, Hang zu Pomp und Prunk oder äußeres Gehabe gravierende Führungsmängel vertuschen.

Görings Erfolge und Kenntnisse als Hauptmann und letzter Kommandeur des Jagdgeschwaders »Richthofen« im Ersten Weltkrieg reichten nicht aus, um seiner hohen Stellung entsprechendes technisches Verständnis, strategischen Weitblick oder optimale Personalführung aufzubringen. Fundierte militärische Kenntnisse fehlten ihm.

Kontakte zur Fliegerei hatte er als Schauflieger und Fallschirmverkäufer in Schweden zwar pflegen können *(LXXII 45)*, aber ausschließlich Politiker seit 1918, sah Göring in der von ihm geschaffenen Luftwaffe primär ein politisches Machtinstrument *(XXV 96)*.

Hitler wußte, weshalb er seinem Gefolgsmann schon im Jahre 1938 den ersehnten Einfluß auf die Staatsführung versagt hatte *(VI Bd I 426)*. Sein Luftwaffenchef besaß weder Arbeitsdrang, noch zähes Beharrungsvermögen; er war schwankend, nachgiebig, fast ohne Willen, wenn er sich mit Hitler konfrontiert sah, wenige Fälle mannhaften Handelns und Verhaltens ausgenommen.

Hermann Görings wirkliche Haltung stand in krassem Gegensatz zu den Phrasen seines Mitarbeiters Gritzbach aus dem Jahre 1938: »Über dem Arbeitsleben des Ministerpräsidenten steht das alte preußische Wort: Immer im Dienst!« ... »Dienst ist sein Leben von Anfang an, Dienst wird es bleiben bis zum letzten Atemzuge, Dienst an seinem Führer und an seinem Volk.« Und Gritzbach zitierte seinen Chef: »Ich diene«, lautete das Zitat, »nicht weil es mir so paßt, sondern weil ich es aus dem eigenen Herzen und dem Blut heraus muß, weil ich nur so und nicht anders handeln kann« *(LVI 286, 344)*.

Görings Bemühungen, Krieg zu vermeiden, sind belegt *(LIII 51)*. Kesselring war Zeuge, wie Göring auf die Nachricht über Hitlers endgültige Entscheidung reagierte. Aufs höchste erregt habe er über Telefon den Außenminister von Ribbentrop angeschrien: »Jetzt haben Sie Ihren ... Krieg; Sie sind der einzig Schuldige!« Drei Stunden lang soll Göring bei Hitler gegen einen Rußlandfeldzug gerungen haben *(LXXVI 167)*.

Ab dem Jahre 1942, nach schwerwiegenden, nicht mehr gutzumachenden Prestigeverlusten, verfiel der korpulente Göring in Apathie und Resignation, unterbrochen von gelegentlichen Anfällen von Arbeitswut *(LIII 465)*. Das Greifen nach Strohhalmen begann. Er nahm unrealistische Ideen auf, und eine tiefe Unsicherheit beherrschte sein Wesen.

Göring hatte schon immer einen barocken Lebensstil gepflegt. Bei einer Körpergröße von nur 1,70 m wog er durchschnittlich 230 Pfund. Obwohl alter Flieger, hatte er, wie Stalin *(XXVI 957)* und ganz anders als Hitler, eine Abneigung gegen das Benutzen von Flugzeugen. Man sagt Göring Unverfrorenheit und Launigkeit nach. Sowohl Udet, sein Generalluftzeugmeister, als auch Jeschonnek, sein Generalstabschef, lösten unerträgliche Spannungen durch Freitod *(XX 303)*.

Der Reichsmarschall wird als unpünktlicher Mensch mit schlechtem, ungeniertem Benehmen geschildert *(XXI 94)*. Er besaß die Marotte, bizarre Hausmäntel mit dazu passenden Lederstiefeln anzuhäufen – und auch zu tragen *(XXXIV 80)*. Luxus-Zigaretten waren mit Görings Wappen und den goldenen Initialen H. G. geschmückt. Ein »Sondertrupp Reichsmarschall«, eine Elite von Rundfunk und Presse in Mariendorf, hatte für Image-Pflege zu sorgen *(L 35, 37)*.

Aber der Reichsmarschall zählte zu den wenigen, die sich von Hitler durch die Grußformel: »Heil Göring!« ausgezeichnet sahen, wenn dieser, wie üblich, mit »Heil mein Führer!« angespro-

chen worden war *(XX 330)*.
Das »Begleitbataillon Reichsmarschall«, eine selbständige Bodentruppe zur ausschließlichen Verfügung Görings und seiner Umgebung, Teil der Luftwaffen-Felddivisionen, wurde erst im März 1945 aufgelöst und ging zur Front.

GÖRINGS VERSAGEN

Hitlers Verachtung der Luftwaffe hatte viele tiefe Wurzeln.
Am 10. Januar 1940, zwei Tage vor Görings Geburtstag, waren kurz vor Beginn der deutschen Westoffensive Einsatzpläne einer Fallschirmjägerdivision für den Angriff auf Belgien *(LXXII 141)* durch Unaufmerksamkeit der Fliegermajore Reinberger und Hönmann in die Hände der Belgier geraten.
Hitler, außer sich über dieses Versagen der Luftwaffe, überschüttete deren Chef mit Vorwürfen *(XXXIII 13)*. General der Flieger Felmy, Chef der Luftflotte 2, und Oberst i. G. Kammhuber, Felmys Chef des Stabes, verloren ihre Posten *(LIII 66)*.
Kurz danach, im Juni 1940, machte Göring sich Hitler gegenüber stark, den in die Enge getriebenen Feind bei Dünkirchen allein durch die Luftwaffe zu zerschmettern. Dies mißlang. General Alexander rettete die britischen Kader, und Hitler tobte.
Als Bomber der Royal Air Force am 25. August 1940 ihren ersten Vergeltungsangriff auf die Reichshauptstadt Berlin flogen, straften sie Göring Lügen, der solche Geschehnisse prahlerisch in das Land der Utopie verwiesen hatte.
Dann riß der Oberbefehlshaber der Luftwaffe das Kommando über die Operation »Blitz« an sich. Bombenangriffe auf London, so hatte Göring Hitler eingeredet, reichten aus, um den Deutschen absolute Luftherrschaft über das britische Inselreich zu verschaffen. Eine Invasion sei überflüssig.
Diese Behauptung war zwar nicht aus der Luft gegriffen. Sie stützte sich vielmehr auf Ergebnisse einer Studie, die bereits im Juni 1939 nach sechsmonatiger Arbeit von Generalstab, Wissenschaftlern und Männern der Wirtschaft erstellt worden war. Anderen Wehrmachtteilen voraus, besaß die Luftwaffe tatsächlich Grundla-

gen für den Kampf gegen England *(LIII 67).*
Doch deren Chef harrte in seinem Panzerzug »Asien« *(XXXIX 662),* dem mobilen Hauptquartier, das in einem Tunnel bei Cap Gris Nez in Deckung stand, vergeblich auf erhoffte Siegesmeldungen *(XXIII 289).* Der Versuch, die RAF zu vernichten, schlug fehl. Im Gegenteil, ab Juni 1941 ergriffen nun die Alliierten die Initiative im Luftkrieg, und zwar ein für allemal.
Dann geschah es, daß sich am 17. November 1941 Udet, der von Hitler als Mensch sehr geschätzte Generalluftzeugmeister, erschoß. Auch Jeschonnek trennte sich von Göring durch Freitod. Im ersten Round-the-clock-bombing der alliierten Luftstreitkräfte verloren in der Woche vom 24. Juli bis 29. Juli 1943 in Hamburg vierzigtausend Menschen, darunter fünftausend Kinder, ihr Leben. Unter dem Schock dieser Katastrophe erarbeitete Göring endlich mit Luftwaffenführern ein Konzept zur radikalen Umstellung auf Defensivkriegsführung. Als er jedoch Hitler dazu gewinnen wollte, erhielt er eine schroffe Abfuhr; die Luftwaffe sei schuld, sie habe in Hamburg versagt. Daraufhin brach Göring, wie Galland schildert *(V 233),* zusammen. Er verleugnete soeben erst gewonnene Erkenntnisse und ordnete im krassen Gegensatz dazu Vergeltungsflüge gegen England an.
Auf Konferenzen und bei Besichtigungen verbarg Göring seine Unsicherheit hinter drohendem Gehabe. Er versetzte Leute in Unruhe, »versprach Dinge, die er niemals halten konnte – Lieferung von Düsenjägern und Wunderwaffen – und machte sie für alles verantwortlich« *(L 180).*
Schließlich wurde Göring zu dem Eingeständnis gezwungen, daß seine Luftwaffe nicht imstande sei, den Luftraum über heimatlichem Gebiet zu beherrschen. Von Hitler unter permanenten Druck gesetzt, fiel ihm dann nichts Besseres ein, als pauschal die Jagdwaffe für diese Misere verantwortlich zu machen. Vor zusammengetrommelten Verbands- und Jägerführern entledigte sich Göring in Schleißheim theatralisch seiner Orden *(V 274).*
Im November des Jahres 1944 entfesselte er eine regelrechte Kampagne gegen die Jagdflieger, denen er, außerordentlich hohe Verlustziffern in den Wind schlagend, unverblümt Feigheit vorwarf. Völlig anders argumentierte er jedoch ein halbes Jahr später, am 6. April 1945, dem Vortage des ersten Einsatzes seiner Ramm-

Major Otto Köhnke, Kommandeur des Ramm-Kommandos „Elbe", hervorragender Truppenführer und Organisator, der binnen weniger Wochen, von Oberst Herrmann inspiriert, den Sonderverband trotz aller zeitbedingter Widrigkeiten aus dem Boden stampfte. Unvergeßlich für davongekommene Piloten, wie der harte Soldat vor dem Ramm-Einsatz vom Gefühl übermannt wurde, als er jeden einzelnen seiner Männer mit Handschlag verabschiedete. (Foto: Köhnke)

Am Ende ihrer Ausbildung zu Jagdfliegern stehende Flugzeugführer der III./J. G. 102 In Aalborg-Ost, Dezember 1944. — Aus dieser Gruppe junger, scheinbar unbeschwerter Flieger folgten die meisten spontan dem Aufruf des Reichsmarschalls, sich für einen kriegsentscheidenden Einsatz — den Ramm-Einsatz — zu melden. (Foto privat)

Drohende Rauchzeichen markieren zur Bombardierung bestimmte deutsche Städte. Das Foto hält fest, wie soeben Bomben ausklinken. Sie trafen eine fast schutzlos preisgegebene Zivilbevölkerung — Hauptmotiv für junge deutsche Flieger, sich freiwillig zu riskanten Ramm-Einsätzen zu melden. (Foto: USAAF)

Bottrop

Nürnberg

Dresden

Jäger. Im Beisein Hitlers, Himmlers und anderer hochgestellter Persönlichkeiten verwahrte er sich nun gegenüber Generaloberst Heinrici wegen dessen Bedenken und erklärte, seine Flieger seien »die Tapfersten der Tapferen und für jede Art des Kampfes geeignet« *(XXVI 989)*. Er sollte in bezug auf Ramm-Piloten recht behalten.

Nach eigener Aussage vor dem Internationalen Militärtribunal in Nürnberg will Göring Anfang April 1944, nachdem gegen seinen Willen fünfzig RAF-Offiziere nach einem mißlungenen Massenausbruch aus dem Kriegsgefangenenlager Stalag Luft 3 in Sagan erschossen worden waren, heftig mit Hitler ins Gericht gegangen sein. Monatelang habe er mit diesem kein Wort mehr gewechselt *(LXIV 245)*.

Nach dem Attentatsversuch vom 20. Juli 1944 zog sich Göring für mehrere Wochen mit einer Halsentzündung aus dem Führerhauptquartier zurück *(LXXII 366)*.

Fast schien Hitler das Maß voll zu sein, als er im September 1944 mit dem Gedanken spielte, bereits jetzt den linientreuen Generaloberst Ritter von Greim zum Chef der Luftwaffe zu berufen *(IV 134)*. Aber aus Gründen der Staatsraison lehnte er dann doch Guderians Ansinnen ab. Göring war für Hitler immer noch der zweite Mann in der Partei *(IX 226)*. Er sah in ihm den Getreuen, der beim Novemberputsch im Feuer von Regierungstruppen einen Bauchschuß hingenommen hatte *(LXXII 45)*.

Die letzten Monate vor dem Zusammenbruch müssen für Göring demütigend gewesen sein. Niemand im engeren Führungszirkel stand ihm nahe, alle intrigierten gegen ihn. Weder Hitler, noch dessen Umgebung, noch andere Oberbefehlshaber respektierten den Reichsmarschall als kompetenten Repräsentanten seiner Waffe *(LIII 465)*. Jeder militärische Rückschlag wurde der ohnmächtigen Luftwaffe angekreidet *(LXXVI 690)*. Boldt schildert eindrucksvoll, wie Hitler seinen Luftwaffen-Oberbefehlshaber vor aller Ohren erbarmungslos herunterputzte und ihm wegen seines Versagens die Degradierung zum einfachen Soldaten sowie Verwendung als Infanterist an der Front androhte. Das war bitter für einen ehemals stolzen Mann, der 1918 als Kommandeur des berühmten, traditionsreichen »Richthofen«-Geschwaders im Handstreich Mannschaften und Flugzeuge dem Zugriff heranpreschender ame-

rikanischer Kavallerie entzogen und bei Nacht und Nebel samt Troß in die Heimat nach Darmstadt zurückgebracht hatte *(L 107)*.
Guderian beschreibt eine andere unrühmliche Szene.
In seiner und Jodls Gegenwart habe Hitler ausgerufen:
»Göring! Die Luftwaffe taugt nichts! Sie ist es nicht wert, ein selbständiger Wehrmachtteil zu sein. Das ist Ihre Schuld! Sie sind faul!«
Göring sei daraufhin in Tränen ausgebrochen. *(LVII 404)*.
Milch meinte, daß Göring Angst vor Hitler hatte *(LXXII)*. Fast sicher kann davon ausgegangen werden, daß der Reichsmarschall, dermaßen in unwürdige Situationen verstrickt, den heftigen Wunsch hegte, endlich vom Stigma eines ewigen Verlierers befreit zu werden.

GÖRINGS UMGEBUNG

Göring, der Reichsmarschall und Oberbefehlshaber der Luftwaffe, versuchte, statt abzutreten, mannigfachen Pflichten durch Inanspruchnahme von Männern seines Vertrauens nachzukommen.
Da war zunächst einmal die Garde alter Fliegerfreunde.
General der Flieger Karl Bodenschatz hatte bis zu seiner schweren Verwundung beim Attentatsversuch Stauffenbergs als ständiger Verbindungsoffizier des Reichsmarschalls beim Führer gedient *(XXXIX 44)*. Er wird als geborener Adjutant geschildert, geschickt, anpassungsfähig, bayerisch-jovial, beharrlich. Bodenschatz hatte berühmten Männern wie Boelcke, von Richthofen und Göring im Ersten Weltkrieg als Adjutant gute Dienste geleistet. Er duzte Göring.
Nach dem Attentatsversuch vom 20. Juli 1944 hatte Hitler ihm das Goldene Verwundetenabzeichen überreicht. Danach soll sich »Bodenschatzi« als eine Art Held gefühlt haben, was aber seiner Beliebtheit keinen Abbruch tat *(L 74, 194)*.
Generaloberst Bruno Loerzer (»Onkel Bruno«, »Häppchen«), war mit Göring seit Jahrzehnten befreundet. Beide hatten seit Januar 1914 als Leutnants im Infanterieregiment Prinz Wilhelm Nr. 112 gedient, und es war Loerzer gewesen, der Görings militäri-

scher Laufbahn die entscheidende Wende gegeben hatte: Loerzer brachte seinen Freund zur Fliegerei *(LV 231 ff.)*.

Generaloberst Keller, Chef des Nationalsozialistischen Fliegerkorps, ein weiteres Mitglied der alten Garde, blieb mehr im Hintergrund.

Als einer der jüngeren Generalstabsoffiziere übte die Funktion des Chefadjutanten seit dem Jahre 1940 Bernd von Brauchitsch aus, Sohn des ehemaligen Feldmarschalls und Oberbefehlshabers des Heeres. Merkwürdigerweise übertrug Göring seine Abneigung gegen den Vater nicht auf den Sohn. Seitdem Generalfeldmarschall von Brauchitsch, als er noch in Amt und Würden war, einmal einen kapitalen Hirsch hinter dem Rücken des leidenschaftlichen Jägers Göring geschossen hatte, waren sich die beiden Männer nicht mehr grün. Die Stellung Bernd von Brauchitschs blieb unangefochten, selbst als sein Vater am 19. Dezember 1941 von Hitler aufs tote Geleis geschoben worden war.

Oberstleutnant i. G. Herbert Büchs fungierte als Verbindungsoffizier des Chefs des Generalstabes der Luftwaffe, Koller, zum Chef des Wehrmachtführungsstabes, Jodl. Oberstleutnant i. G. Teske war die rechte Hand des Chefadjutanten; er besaß die Disziplinargewalt über die Stabsoffiziere.

Baumbach, einst selbst Nutznießer, hatte im November des Jahres 1944, als er nach dem Gatower Kommandeurstreffen Göring berichten mußte, heftige Angriffe gegen die »Kamarilla« des Reichsmarschalls gerichtet. Aber Göring reagierte mit einem spontanen Gunstbeweis für Oberst i. G. von Brauchitsch: Er heftete diesem das Goldene Flugzeugführerabzeichen mit Brillanten an den Uniformrock *(XXX 97)*.

Freundeskreis und Adjutantur schirmten ihren Gönner und Chef wirksam ab. Die Bemühungen, das Leben des Reichsmarschalls angenehm zu gestalten, waren von Erfolg gekrönt. Truppenführer hatten allerdings Mühe, dringend benötigte Entscheidungen zu erlangen, und so blieben viele schwerwiegende, ja lebenswichtige Probleme ungelöst.

Göring revanchierte sich, indem er Männer und Frauen seines Vertrauens mit Macht, Ehren und Vorteilen überhäufte.

Über seinen eigenen »kleinen Generalstab« mit den Obersten von Brauchitsch, Diesing und Knemeyer hatte Göring schon seit Sommer 1942, wie Jeschonnek, der damalige Generalstabschef, beunruhigt bemerkte, ohne Rücksicht auf die hierarchische Struktur der Luftwaffe zu »führen« begonnen *(LXXII 304)*. Diesings Vetter, Ministerialrat Dr. Diesing, hatte die Funktion eines Chef-Wetterexperten im Führerhauptquartier inne und genoß die Nähe Hitlers *(LXXII 140, 422)*. Immer unbekümmerter durften Görings technische Offiziere in die Befugnisse des ungeliebten Generalluftzeugmeisters eingreifen. Folgerichtig übernahm dann auch Oberst i. G. Diesing am 10. Juli 1944, nach Milchs Entmachtung, das Amt Technische Luftrüstung (TLR) *(LXXII 365)*.

Die dramatische Proklamation eines totalen Krieges im Oktober 1943 war im Hause Görings ungehört verhallt; sie blieb auf die kostspielige Hofhaltung ohne Einfluß. Selbst Goebbels, auf dessen Abschußliste der Name Görings mit dicker roter Tinte an erster Stelle prangte, brachte es nicht fertig, gegen dessen Willen das Berliner Schlemmerlokal »Horcher« sowie das Luxus-Blumengeschäft »Rother« zu schließen.

Görings Stabsamt stand unter Leitung von Staatsrat Dr. Erich Gritzbach, dem Autor jener 345 Seiten starken Image-Dichtung »Hermann Göring, Werk und Mensch«.

Es waren zwei Lager, die Görings unmittelbare Umgebung bildeten, eine zivile Bürokratie, deren Chef Dr. Goernnert war, und eine militärische Adjutantur mit Chefadjutant Bernd von Brauchitsch an der Spitze. Es herrschte eine ungesunde, intrigante Atmosphäre. Im Inneren zerstritten, wurde nach außen Kontenance bewahrt.

Dietrich Peltz, der junge erfolgreiche Kampffliegergeneral und Befürworter Herrmanns, ging bei Görings Stabsamt ein und aus. Mit einem solchen Fürsprecher und in Anbetracht eigener Verdienste als erfolgreicher Truppenführer fiel es Oberst Hajo Herrmann nicht schwer, wiederholte Male das Ohr des Oberbefehlshabers der Luftwaffe zu gewinnen. Galland meint, der direkte Weg zu Göring sei für Herrmann kein Problem gewesen. Er brauchte sich nur, etwa durch Oberst i. G. von Brauchitsch, bei Göring melden zu lassen – und schon sei er empfangen worden.

GÖRING ALS BEFÜRWORTER DES RAMM-KOMMANDOS

Peltz und Herrmann fanden beim Reichsmarschall entscheidende Unterstützung.

Wesentlich war noch, daß Oberst Herrmann schon einmal recht behalten hatte. Damals, im Jahre 1943, als der Nachthimmel über Deutschland brannte, hatte erst sein zweiter, energischer Vorstoß gefruchtet, in größter Bedrängnis, als es fast schon zu spät gewesen war. Die »Wilde Sau« war ein spektakulärer, wenn auch zeitlich begrenzter Erfolg gewesen.

Diesesmal war die Situation ähnlich. Als Herrmann im Dezember 1944 zum erstenmal über seine neue Idee, Bomber organisiert rammen zu lassen, gesprochen hatte, sagte Göring Nein.

Nun kam der Oberst wieder.

Göring, der bei jeder Gelegenheit Hitlers Demütigungen über sich ergehen lassen mußte, den man überall brüskierte, der niemanden aus dem engeren Führungskreis auf seiner Seite wußte, dieser einst mächtige Mann gierte förmlich danach, Taten vorzuweisen, sein Prestige endlich wieder herzustellen.

Göring hatte damals Herrmanns »Wilde Sau« genehmigt.

Dahls »Sturm«-Jäger hatten mit seiner Erlaubnis rammen dürfen.

Göring war sogar mit der Aufstellung von »Selbstopfer-Männer«-Verbänden einverstanden gewesen.

Ja, am 8. Oktober 1944 hatte er in scharfformulierten Angriffsanweisungen an Tagjäger der Reichsverteidigung sogar selbst von angeschossenen Jägern verlangt, ihre Gegner durch Rammstoß zu vernichten *(XXXIII 239)*.

Hermann Göring konnte den Oberst nicht erneut abweisen. Vielleicht geschah das Wunder, mit Hilfe aufsehenerregender Erfolge über Bomberverbände der Amerikaner den Gegnern klarzumachen, daß die Luftwaffe immer noch da war. Vielleicht ergaben sich dadurch bessere Ausgangspositionen für Friedensverhandlungen.

Obwohl Göring, wie er später vor den Schranken des Internationalen Militärtribunals in Nürnberg eingestand, im Januar 1945 überzeugt war, daß Deutschland den Krieg nicht mehr gewinnen könne, klammerte er sich an die absurde Hoffnung auf eine alles

verändernde Kraft neuer deutscher Waffen. Noch zu diesem Zeitpunkt glaubte er an eine Stabilisierung der Ostfront und an ein Durchhalten deutscher Kräfte im Westen *(LXIV 233)*. Er hatte sich in den Gedanken verrannt »durch eine Art Parteifliegerei, durch politisch fanatisierte Flugzeugführer« das Schicksal doch noch wenden zu können *(LXIII 290)*.
Oberst Herrmanns Ramm-Kommando entsprach dieser Idee.
Da die Luftwaffe, wie die Marine, in allen operativen Fragen ein Eigenleben führte *(XXXV 495)*, war Göring, der Reichsmarschall, in der Lage, dem Oberst die benötigten Sondervollmachten zur endgültigen Aufstellung eines Ramm-Verbandes zu erteilen.
Und er erteilte sie!
Nachdem Oberst Herrmann im Januar 1945 aus dem Munde von Below's Hitlers Ansicht erfahren hatte, wandte er sich an den Reichsmarschall. Im Warteraum warf er den ersten Text eines Aufrufs zum Ramm-Einsatz auf's Papier. Als er schließlich empfangen wurde, waren sich die beiden Männer schnell einig: Der Aufruf wurde überarbeitet und noch am selben Tage von der Adjutantur des Reichsmarschalls an die Luftwaffeneinheiten durchgegeben *(Brief Herrmann 17. 2. 77)*.

Gegner fliegerischer Ramm-Einsätze

Ernst zu nehmende, wirklich engagierte und entschlossene Gegner des Ramm-Projektes traten nicht in Erscheinung.

Aus allem, was nach dem Kriege über Speers Haltung im Frühjahr 1945 bekannt geworden ist, kann geschlossen werden, daß dieser einflußreiche Mann Ramm-Einsätze deutscher Jagdflieger zu diesem Zeitpunkt mißbilligte. Vor den Nürnberger Richtern stellte er die Sinnlosigkeit der auf beiden Seiten nach Januar 1945 gebrachten Opfer heraus *(LXIV 214)*.

Dahl (»Ramm-Dahl«), in jenen Wochen der Gründung des Sonderkommandos »Elbe« soeben erst ernannter Inspekteur der Tagjäger, hat eine Verantwortung für das dann doch gestartete Unternehmen von sich gewiesen; er sei Ende Februar 1945 von Oberst Herrmann lediglich telefonisch über den »Plan eines fliegerischen Sondereinsatzes« in Kenntnis gesetzt worden *(VIII 196)*. In diesem Zusammenhang verwendet Dahl in seinem Buch das Wort »Totaleinsatz«. Einem solchen Unternehmen habe sowohl er, Dahl, als auch Oberst Gordon Mac Gollob, seinerzeit als Nachfolger Gallands General der Jagdflieger, die Zustimmung verweigern müssen. Es sei Einspruch erfolgt; bei wem, blieb offen.

Möglicherweise meint er die weiter unten erwähnte Besprechung vom 12. März 1945 beim Kommandierenden General des IX. Fliegerkorps (J), bei der es jedoch zu einem Einlenken der Jägerführung kam.

General Josef Kammhuber, in jener Zeit Generalbevollmächtigter des Oberbefehlshabers der Luftwaffe für Strahlflugzeuge, war offiziell nicht in Kenntnis gesetzt worden, geschweige denn, daß er bei der Planung eines Ramm-Kommandos mitgewirkt hätte. Als ihm die Idee zu Ohren gekommen war, äußerte er Göring gegenüber scharfe Kritik, ohne allerdings Gehör zu finden *(LXIII 133)*.

Äußerst barsch spricht der General heute über Initiatoren »solchen Selbstmordunsinns«.
Doch in diesem Falle tut er dem Oberst, wie die meisten anderen, unrecht.
»Totaleinsatz«, mit anderen Worten Selbstaufopferung, wie bei jenen Idealisten im Kampfgeschwader 200, war nicht das, was Herrmann wollte.
Rammen? – Ja.
Unter harten Bedingungen? – Ja; sogar mit der Konsequenz eines Soldatentodes. Aber Rammen doch nur in logischer Fortentwicklung jenes Gedankens, den Dahl knapp ein Jahr zuvor selbst bei seinen allseits gelobten und geförderten »Sturm«-Gruppen in die Tat umgesetzt hatte!
Herrmanns Ramm-Einsatz ging ohne Zweifel von einer Rückkehr teilnehmender Piloten aus. Wenn stattdessen, wie nachher oft behauptet wurde, Selbstaufopferungsabsichten bestanden hätten, wäre es, um nur ein Beispiel anzuführen, Unsinn gewesen, Ramm-Piloten kostbar gewordene Fallschirme mitzugeben. Die deutschen Ramm-Jäger schnitten sich eben *nicht* jeden Ausweg, jede Hoffnung auf ein Entrinnen ab! Wäre ein Totaleinsatz vorgesehen gewesen, hätte man, wie die Japaner, oder wie damals im September 1943 bei Generalfeldmarschall Milch erwogen, ohne große Umstände Ramm-Flugzeuge mit Sprengzusätzen versehen können, die sodann beim Aufprall auf feindliche Maschinen zur Zündung gelangten, mit dem Effekt, daß durch die Gewalt der Explosion mehrere feindliche Bomber zum Absturz gebracht worden wären. Ja, Rammen wäre dann überhaupt überflüssig gewesen: In einen Pulk hineinfliegen und ohne Berührung mit einem feindlichen Kampfflugzeug die Sprengladung zünden, hätte vielleicht größeren Erfolg versprochen. Entsprechende Pläne wurden von Herrmann und Köhnke Anfang 1945 erwogen, aber dann doch verworfen.
Fünf lange Wochen sollten noch vergehen, bis vom Entschluß der Gründung eines Ramm-Kommandos dessen Einsatz gestartet wurde. Wahrhaftig genügend Zeit, um Dinge zurechtzurücken, Machtworte zu sprechen und notfalls Konsequenzen zu ziehen. Speer meint, es sei ab Januar 1945 durchaus möglich gewesen, vernünftige Maßnahmen gegen die offizielle Politik durchzuführen. Nichts

spricht aus heutiger Sicht gegen die Annahme, daß es wirklich entschlossenen Jägerführern hätte gelingen können, mit der ganzen Macht ihrer damaligen Autorität einen Einsatz innerhalb ihres Ressorts, den sie nicht billigten, in Frage zu stellen oder nach ihren Vorstellungen zu verbessern. Es kann kaum »heftige Kritik« gegeben haben, wie Girbig, der sich wohl auf Dahl stützt, meint *(X 272)*. Interessant und des Nachdenkens wert erscheint in diesem Zusammenhang die Feststellung, daß seit Januar 1945 landauf, landab prominente Jägerführer bei Jagdverbänden und Jagdschulen für den Sondereinsatz des Oberst Herrmann warben, wenn auch nicht im Klartext.

Am wichtigsten, allerdings letzten Endes ebenfalls erfolglos, war jener an die Adresse Görings gerichtete Protest des Chefs des Generalstabes der Luftwaffe, Koller.

Aus dem verfänglichen Wortlaut des Kriegstagebuches des Oberkommandos der Luftwaffe unter dem 18. März 1945 könnte der Schluß gezogen werden, Oberst Herrmann habe in Wirklichkeit doch einen »Selbstopfer-Großeinsatz vorgeschlagen«. Tatsächlich fand das schwerwiegende Kürzel »S.O.« für »Selbstopfer« im Zusammenhang mit geplanten Ramm-Einsätzen deutscher Jagdflieger im KTB/OKL an mehreren Stellen Verwendung, so am 18. März 1945: »S.O.-Großeinsatz«, am 3. April 1945: »S.O.-Unternehmen ›Wehrwolf‹« und schließlich zum letzten Mal am 7. April 1945, dem Einsatztag: »S.O.-Besatzungen«.

Wie könnte dieser Widerspruch zwischen Ahnungslosigkeit und überwältigenden Beweisen starken Überlebenswillens bei »Elbe«-Besatzungen, der in eindeutigen Erklärungen und Handlungen von ehrenwerten Führern des Sonderkommandos ausgedrückten Absicht, Leben und Gesundheit der Flieger möglichst zu schonen, in Übereinstimmung mit diesen unmißverständlich negativen Formulierungen des KTB-Autors gebracht werden?

Koller hielt bekanntlich zu Anfang nichts von Ramm-Aktionen, zumal die Planung zunächst an ihm vorbei Göring unmittelbar vorgetragen worden war. Des Reichsmarschalls vorweggenommene Zustimmung konnte der Chef des Generalstabes allerdings schwerlich ignorieren. Doch sein Groll war nicht verraucht. Vielmehr enthüllen KTB-Eintragungen noch an anderen Stellen und in anderen Zusammenhängen eine fortwährende Aversion gegen von

Peltz und Herrmann unmittelbar beim Oberbefehlshaber durchgedrückte Pläne.

Am 18. März 1945 hielt das Oberkommando der Luftwaffe dem Reichsmarschall unverhohlen katastrophale Folgen von Ramm-Einsätzen im Hinblick auf den ohnehin stark zusammengeschrumpften Flugzeugbestand der Jagdwaffe vor Augen. Koller scheute sich nicht, von einer »völligen Lahmlegung der für die Übergangszeit (auf Düsenjäger) noch erforderlichen ›Otto‹-Tagjagd« zu sprechen. Von rund eintausend noch vorhandenen Jagdflugzeugen vom Typ Bf (Me) 109 müßten an sich sechshundert unbedingt für Nahaufklärungszwecke bereitgehalten werden. Die gleiche Anzahl würde aber auch »für Unternehmen ›Herrmann‹ benötigt«, also auf einmal vernichtet werden. Koller zog daraus den Schluß, daß der von Göring bereits gebilligte Ramm-Einsatz nicht stattfinden dürfe. In diesem Sinne informierte er dann auch den Chefadjutanten Görings, Oberst i. G. von Brauchitsch, und verlangte dringend »kurzfristige Entscheidung« des Reichsmarschalls.

Leider weist das erhaltengebliebene KTB/OKL ausgerechnet an dieser Stelle, nämlich für die Zeit vom 19. März 1945 bis 30. März 1945, eine Lücke auf, also gerade für die Zeitspanne, in welcher Diskussionen über Für und Wider von Ramm-Einsätzen ihren Höhepunkt erreicht haben müßten.

Erst unter dem Datum des 3. April 1945 belegt eine kurze Notiz, daß Peltz und Herrmann sich durchsetzen konnten. Koller hatte es nur fertiggebracht, »das durch IX. Fl. Korps vorbereitete S.O.-Unternehmen ›Wehrwolf‹« auf einhundertfünfzig Flugzeugführer zu beschränken. Pflichtgemäß gab er nunmehr Weisung an »Abteilung 6 Gen.Qu.«, 180 Bf (Me) 109 für einen Ramm-Einsatz bereitzustellen.

Aber zwei Tage später, am 5. April 1945, zwei Tage vor dem endgültigen Start des gewagten Unternehmens, als die Ramm-Jäger bereits auf ihren Einsatzplätzen eingetroffen waren, wies die Dienststelle »Gen.Qu. 6. Abt.« erneut ausdrücklich auf die negativen Folgen eines schlagartigen Verbrauchs von »180 leistungsgesteigerten Bf 109« bei einem Ramm-Unternehmen hin. Letztmals wurde nun die Frage aufgeworfen, ob »Unternehmen ›Wehrwolf‹« nicht doch noch abgesagt werden solle. Anderenfalls sei die

Truppe gezwungen, »weniger leistungsfähige Jagdflugzeugmuster für den Erdeinsatz« aufzubrauchen. Mit großem Ernst wurde an dieser Stelle des OKL/KTB unterstrichen:
»Chef FüSt und Ia erwarten sich von dem Unternehmen nicht den Erfolg wie 9. Jagddivision« – gemeint war die 9. Fliegerdivision (J), also Oberst Hajo Herrmann.
Am 7. April 1945, als alles vorbei war, wurde im Kriegstagebuch nur lakonisch vermerkt, gegen Feindeinflüge habe das IX. Fliegerkorps »das Unternehmen ›Wehrwolf‹ mit 184 S.O.-Besatzungen, die durch JG 7 und I./K.G. (J) 54 gedeckt wurden«, durchgeführt. Das Fehlen sonst üblicher Einzelheiten über Ablauf, Erfolg oder Mißerfolg, kann als Indiz letzter Mißbilligung durch den Chef des Generalstabes der Luftwaffe, den Chef des Luftwaffenführungsstabes sowie den Ia-Offizier beim OKL angesehen werden.
Diese offenbar tiefverwurzelte Abneigung im Generalstab gegen Ramm-Einsätze deutscher Jagdflieger sowie einige zufälligerweise parallel laufende Planungen zu anderen Luftwaffengewalteinsätzen des Kampfgeschwaders KG 200 – »Eisenhammer«, Brückenbekämpfung, Unternehmen »Gisela« und »Drachenhöhle« – mögen verständlich erscheinen lassen, daß im Jargon des OKL das Sonderkommando »Elbe« sowohl als »Unternehmen Herrmann«, »Unternehmen Wehrwolf« als auch – fälschlicherweise oder abfällig – als »Selbstopfer«-Einsatz gekennzeichnet worden ist *(S. I. 1, S. 153, 185, 199, 209)*.
Bedauerlicherweise beginnen die von Koller im Jahre 1949 veröffentlichten Tagebuchaufzeichnungen *(XIII)* erst mit der Schilderung von Ereignissen am 14. April 1945.
Unter dem Datum des 22. April 1945, 15 Tage nach dem ersten mutigen Ramm-Einsatz deutscher Jagdflieger, klagte Koller, er habe sich »in einem ewigen zermürbenden Kleinkrieg gegen Dünkel und Eigensinn, Egoismus und Unvernunft in den eigenen Reihen umsonst gewehrt« *(XIII 26)*. Am 26. April 1945 notierte Koller:
»Ich muß, wo Torheiten begangen werden, oft scharf dazwischenfahren ... Es gibt so viele kleine und große Leute in den ... militärischen Stellen, die herumwursteln wie die Irren«.
Leider nannte er keine Namen.
durchdenken« zu müssen.

Die deutsche Kommandostruktur zur Zeit der Gründung des Ramm-Verbandes

Als Oberst Herrmann sein hochgestecktes Ziel anzustreben begann, war die Qualität der obersten Führung im Dritten Reich bereits rapide abgesunken. Von Besorgtheit erfüllt, fingen deutsche Staatsführer an, Phantomen nachzujagen sowie trügerische Hoffnungen an zweifelhafte Erfindungen und Vorschläge zu knüpfen. Führungsmängel mußten sich nun auch in der Luftwaffe drastisch auswirken. Eine ihrer fundamentalen Schwächen hatte von Anfang an in zu wenigen Denk-, Planungs- und Koordinierungssystemen bestanden *(XXIII 292)*. Überstürzt gegründet, in der Aufbauphase vom Zufall technologisch begünstigt, war sie im Stadium der Improvisation in einen Weltkrieg hineingeschlittert, der sogleich vollen Einsatz erforderte.

Verblüffende Anfangs-(»Blitz«)-Erfolge ließen längerfristige Planungen tatsächlich überflüssig erscheinen. Eine gewisse Selbstüberschätzung war die Folge. Sorgfältige, langfristig angelegte Vorbereitungen in bezug auf Führung, Personalwesen, Organisation, Technologie im weitesten Sinne, Funktechnik, Material und dergleichen fanden unzureichend statt.

Augenblickserfordernisse hatten stets Vorrang.

Selbstbewußtes Zuschlagen verdeckte anfangs den Mangel an Qualität. Wären nicht viele hervorragende Frontkommandeure und Generalstabsoffiziere der Luftwaffe außerordentlich befähigte Männer gewesen, dann hätte es gar nicht gelingen können, so lange Zeit immanente Schwächen durch enorme Leistungen zu überbrücken *(LXXV 401)*.

Aber wie in jeder persönlichkeitsbezogenen Diktatur, die Führern absolute Macht einräumt, wurden auch bei Luftwaffenstellen bis zum Schluß des Krieges Befehle nicht kritisch genug aufgenommen. Reichsmarschall Göring, Oberbefehlshaber der Luftwaffe, hielt Fachkenntnisse bei starken Führerpersönlichkeiten ohnehin für Ballast *(V 242)*. Front-»Experten«, die sich »hochgeschossen« hatten, waren sowohl in wichtige technische Stellen des Reichsluftfahrtministeriums als auch ins Oberkommando gelangt. Organisatorische, produktionstechnische oder menschliche Probleme ließen sich jedoch mit Engagement, Fronterfahrung und Schneid beim besten Willen nur bedingt bewältigen *(VI Bd I 435)*. Eine geschlossene Fronde war im Oberkommando niemals zustandegekommen.

Im Verlaufe eines blutigen Ringens waren schließlich so große Lücken in die Verbandsführerschaft gerissen worden, daß im Januar des Jahres 1945 an der Spitze vieler deutscher Jagdgeschwader ehemalige Unteroffiziere flogen *(IV 165)*.

Kesselring erhebt gegen die Luftwaffenführung, mit der sich der Feldmarschall im Luftwaffenrock offenbar nicht auf eine Stufe stellt, den Vorwurf, sie habe »die Zügel schleifen« lassen und »das Absinken der Luftstreitkräfte zur Bedeutungslosigkeit ... stoisch« hingenommen *(LIV 179)*.

Als Hitler unverhohlen der Luftwaffe alle Schuld in die Schuhe schob, ja, diesen Wehrmachtteil sogar verantwortlich für den Niedergang der gesamten deutschen Wehrmacht machte, hielt sich General Koller, der Generalstabschef, wenn eben möglich fern vom Führerhauptquartier. »... sich im Bunker beschimpfen zu lassen, das kann einer allein nicht den ganzen Tag ertragen ...« vertraute er seinem Tagebuch an *(XIII 25)*. Vielmehr schob er, so oft es ging, Generalmajor Eckhard Christian vor, der mit Hitler gut stand, auch weil er in zweiter Ehe dessen Sekretärin Gerda Daranowski geheiratet hatte.

Wer sich mit Hitler an die wenigen noch verbliebenen Strohhalme anklammerte, mußte unbedingt von nationalsozialistischem Geiste erfüllt sein oder doch wenigstens so tun, als sei er felsenfest vom Endsieg der gemeinsamen Sache überzeugt.

Erziehung zur »nationalsozialistischen Seele«, so hatte Generalmajor Herhudt von Rohden, Leiter der Abteilung 8 des Generalstabes der Luftwaffe, in seiner Studie »Videant consules« erklärt, sei »Truppenführung schlechthin« *(LXXVIII 475)*.

Bei der Luftwaffe traten nun dieselben Symptome in Erscheinung wie bei anderen Wehrmachtteilen: Führende Soldaten banden ihr

Schicksal sowie das Schicksal ihrer Truppen lieber an eine vom Tode gezeichnete Partei und ihre Führer, als sich das unerbittliche Ende einzugestehen. Daraus resultierten Appelle an Glaube und letzten Widerstand, denen eine systematische Indoktrinierung den Boden bereitet hatte.
Als Koller dem Druck Görings wegen des Einsatzes von Ramm-Verbänden nachgegeben hatte, hielt der auf 125 Personen reduzierte Stab des OKL die große unterirdische Befehlszentrale in Wildpark-Werder im Westen Berlins immer noch besetzt *(LIII 17, 19; LXXII 79)*.
In einem Sanatorium bei Wasserburg in der Nähe Münchens stand schon ab Ende Februar 1945 ein Ausweichquartier für das gesamte Oberkommando der Luftwaffe bereit. Aber bevor sich General Koller in seine bayerische Heimat in die Nähe von Frau und Kindern begab, verkleinerte er doch noch den ursprünglichen, massiert geplanten Einsatz von tausend Ramm-Jägern auf dreihundert. – Eine planlose Gesamtkriegsführung durch den Obersten Befehlshaber begünstigte Augenblicksentschlüsse.
Im OKL führte man empört Klage über sich häufende Eigenmächtigkeiten innerhalb der Luftwaffe.
So hatte zum Beispiel Anfang Februar 1945 Luftflotte Reich nach einem feindlichen Luftangriff auf Pölitz von sich aus den gesamten Flakscheinwerfereinsatz einfach aufgelöst. Gollob, der neuernannte General der Jagdflieger, war, ohne Koller, Schulz oder den Luftwaffenführungsstab vorher zu informieren, direkt zu Göring vorgedrungen, um eine Trennung des Kommandos von Tag- und Nachtjagd zu erreichen, was vom Generalstab scharf abgelehnt wurde. Auch Peltz, Kommandierender General des IX. Fliegerkorps (J), und der General der Kampfflieger hatten die Instanzen übersprungen.
Die scharfe Spitze einer entsprechenden Formulierung im KTB/OKL, Eintragung vom 26. Februar 1945, richtete sich eindeutig gegen Göring, der die Herren allesamt ohne weiteres empfangen hatte. Während der Reichsmarschall mit Befehl vom 20. Februar 1945 allen Luftwaffenbefehlshabern eingehämmert hatte, Improvisation sei das Gebot der Stunde, beharrte das OKL auf seiner Einstellung, immer noch alle Operationen »bis in alle Einzelheiten durchdenken« zu müssen.

Die Ansichten waren unvereinbar.
Nur Worte der Bitterkeit blieben dem Generalstabschef.
In steigendem Maße, so ließ er am 6. April 1945 im Kriegstagebuch vermerken, wirkten sich nun alle »selbstherrlich« von Sonderbeauftragten ohne Rücksprache mit dem Oberkommando der Luftwaffe oder dem Luftwaffenführungsstab herausgegebenen Anordnungen erschwerend auf Führung und Planung aus *(S.I. 1, S. 47, 135, 206).*
Auch Herrmann konnte sich diesen Schuh anziehen; denn auch er hatte mit Hilfe Peltz' vorgesetzte Instanzen übergangen.

EINFLUSSREICHE SS

Hitler hatte schon immer Männer mit Siegrunen am Kragenspiegel und Blutgruppenzeichen in den Achselhöhlen bevorzugt um sich geschart. Wer im Frühjahr 1945 rasch an das Ohr des Führers herangelangen wollte, bemühte, von Reichsleiter Bormann einmal abgesehen, am besten Hitlers Prätorianergarde, die SS.
Das war nicht neu. Schon am 20. November 1943 hatte Feldmarschall Erhard Milch sich als sorgengeplagter Generalluftzeugmeister der Hilfe Himmlers versichert. Als er auf seinem Gut Althofdürr in der Nähe Breslaus dem mächtigen Manne Nöte der Luftrüstung nahebrachte, sagte dieser Unterstützung zu
(LXXII 331).
Folgerichtig hatte sich auch eine Gruppe Rechliner Ingenieure am 15. August 1944 mit einer Denkschrift über die außerordentliche Bedeutung dort neu entwickelter Waffen für die Luftkriegsführung an »die damals einflußreichste Autorität«, den Reichsführer SS, Chef der Gestapo und Polizei, Reichsinnenminister und Chef des Ersatzheeres, Heinrich Himmler, gewandt *(XXX 143, 288).*
Und wie im Monat Januar 1945 Göring von unzufriedenen Jägerführern um Galland mit Hilfe der SS-Führung entmachtet werden sollte, schildert auch der ehemalige Oberst und spätere Bundeswehrgeneral Steinhoff *(IV 151ff.).*
Himmler, dem die Luftwaffe schwach erschien, weil sie in seinen Augen ideologisch lau geführt wurde, hatte von Hitler beharrlich

eigene SS-Luftstreitkräfte gefordert, die er für eine radikalere Luftkriegsführung zu verwenden gedachte.

Im Herbst 1943 war es Himmler gelungen, die »Fliegergruppe z.b.V.7« sich und seiner Kommandogewalt unterzuordnen. Tatsächlich erhielt diese Luftwaffeneinheit Einsatzbefehle und Aufträge unmittelbar von Himmler über dessen Kommandostab. Er hatte sogar eine Vergrößerung gewünscht und Göring in diesem Sinne angeschrieben, doch dieser hatte den gefährlichen Eingriff schließlich abbiegen können *(LXXXVII. BA; NS 19/338)*. Es war auch vorgekommen, daß Generaloberst Ritter von Greim, Chef der Luftflotte 6, ausgebildete Flugzeugführer zur SS überstellte *(BA; NS 19/204)*.

Gründung und Aufbau des oben beschriebenen »Selbstopfer-Männer«-Verbandes innerhalb des Kampfgeschwaders KG 200 wurden durch die SS entscheidend mitbestimmt. Dreißig dieser »Selbstopfer-Männer« kamen, wie Skorzeny schreibt, aus den Reihen seiner Spezialistentruppe. Ausgesuchte SS-Leute erhielten eine Sonderausbildung zur Bewältigung fliegerischer Anforderungen beim Bedienen der Gleitbombe V-4 »Reichenberg«.

Ab Oktober 1944 hatte Hitler die Zuständigkeit von SS-Stellen in allen Fragen über Vergeltungswaffen befohlen. Es überrascht, wenn man hört, daß es ebenfalls Himmler war, der vorgeschlagen hatte, dem in Ungnade gefallenen Galland zu gestatten, einen eigenen »Turbo«-Verband, den späteren Jagdverband 44, aus den Düsenjäger-Erprobungskommandos Rechlin und Lechfeld zu bilden *(V 361)*.

In diese Entwicklung paßt auch die Konsequenz, mit welcher die SS im September des Jahres 1944 bei der Firma Bachem den Ein-Mann-Abfangjäger »Natter« in Auftrag gab. Es war die SS, die erste bemannte Erprobungsflüge dieses riskanten Flugkörpers im Monat Februar 1945 in Neuberg bei Sigmaringen arrangierte.

Oberst Gollob ausgenommen, gegen den sich Gallands schwerwiegende Beschuldigung richtete, er habe versucht, alle deutschen Jagdflieger unter die Kommandogewalt der Waffen-SS zu bringen *(LXXXVII 61)*, hielten sich maßgebliche Jägerführer von führenden Männern der Waffen-SS fern. »Aber«, so konterte Gollob in seinem Brief vom 2. September 1976, »mit aller Bestimmtheit: ... Einmischungen in meine Kompetenzen als G.d.J. seitens der SS

Bf 109-Instrumentierung; zum Beispiel von links: Zündschalter, darunter — halb verdeckt — der gesicherte Starter, daneben Netzschnellausschalter, Tochterkompaß, Fein-Grob-Höhenmesser, künstlicher Horizont mit Querneigungslibelle, Fahrtmesser, Drehzahlmesser, „Uhr"-Anzeige für Luftschraubenverstellung.
Bf 109-Kabinen waren zweckmäßig eng, „maßgeschneidert". Überall Metall, Glas sowie eine Anzahl Ecken und Kanten — niemand hatte je an Ramm-Stöße gedacht oder an die besonderen Gefahren für heftig aufprallende Ramm-Piloten.
(Foto: Bundesarchiv Koblenz)

Das Jagdflugzeug Focke-Wulf Fw 190

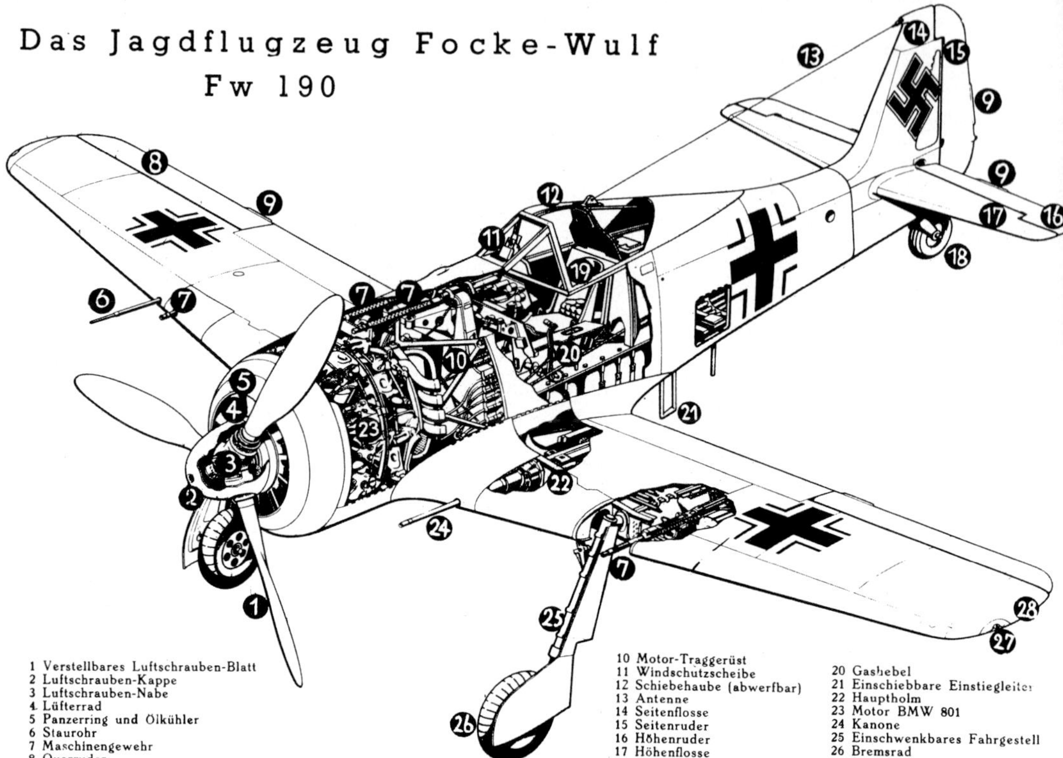

1 Verstellbares Luftschrauben-Blatt
2 Luftschrauben-Kappe
3 Luftschrauben-Nabe
4 Lüfterrad
5 Panzerring und Ölkühler
6 Staurohr
7 Maschinengewehr
8 Querruder
9 Trimmkante
10 Motor-Traggerüst
11 Windschutzscheibe
12 Schiebehaube (abwerfbar)
13 Antenne
14 Seitenflosse
15 Seitenruder
16 Höhenruder
17 Höhenflosse
18 Spornrad
19 Führersitz
20 Gashebel
21 Einschiebbare Einstiegleiter
22 Hauptholm
23 Motor BMW 801
24 Kanone
25 Einschwenkbares Fahrgestell
26 Bremsrad
27 Positionslicht
28 Randkappe

**Das Standard-Jagdflugzeug Focke-Wulf Fw 190 hatte ab Mai 1944 deutschen „Sturm"-Jägern selbst als Ramm-Maschine gute Dienste geleistet.
Nachteile der Fw 190 Anfang 1945 im Hinblick auf Totalverwendung im Ramm-Kommando „Elbe": Starker Leistungsabfall ab 7000 Meter Höhe und – zu wenig verfügbare Exemplare, sehr im Gegensatz zu immer noch massenweise vorhandenen Standardjägern vom Typ Bf 109. (Foto: „Adler"-Kalender 1944)**

**Produktion des Standard-Jagdflugzeuges Bf 109.
Weit nach vorne ragte ein starker Reihenmotor – im Hinblick auf die außergewöhnliche Einsatztaktik des Ramm-Kommandos „Elbe" ein günstiges Konstruktionsmerkmal. Letztlich gab jedoch ihre große noch immer verfügbare Vielzahl den Ausschlag für die Wahl der Bf 109 als Ramm-Maschine. (Foto: Messerschmitt Archiv)**

Bf 109 F.
Die Bewaffnung dieser Serie bestand aus einem Motor-MG 151/20, zwei MG 17 über dem Motor, sowie wahlweise, wie aus dem Foto ersichtlich, zwei zusätzlichen Rüstsätzen MG 151/15 in Tragflächengondeln. (Foto: Bundesarchiv Koblenz)

Meistgebauter deutscher Jagd-Einsitzer Bf 109. Dieses Exemplar der Serie K hatte — endlich! — eingestrakte „Beulen"; über der Ansaughutze des Laders blieb nur noch eine leichte Wölbung erkennbar. Und — dank der „Erla"-Vollsichthaube hatten Piloten bessere Sicht!
Das Foto zeigt eine Maschine der II./NJG 11. (Foto: Bundesarchiv Koblenz)

Oben und unten: Am 4. April 1945 meinten amerikanische Bomberbesatzungen, Zusatztanks an den Tragflächen von Düsenjägern des Typs Me 262 entdeckt zu haben. Solche Zusatztanks waren jedoch weder vorgesehen noch erprobt. Lediglich für Me 262-Aufklärer-, -Nachtjäger- und zweisitzige Trainer-Versionen wurden zwei 300-Liter-Zusatzbehälter unter dem Rumpf angebracht, erprobt und möglicherweise vereinzelt eingesetzt.
Höchstwahrscheinlich verwechselten die Amerikaner hölzerne Schienenroste unter den Tragflächen der deutschen Düseniäger, die zur Aufnahme von je 12 R4M-Raketen dienten, mit Kraftstoff-Zusatztanks. Der abgebildete Nachtjäger dient als Ausstellungsstück der NAS Willow Grove in USA. (Fotos: Messerschmitt Archiv)

haben nicht stattgefunden! Es hat auch keinerlei, etwa auf freiwilliger Basis hingenommene Einflußnahme auf die Belange des G.d.J. gegeben!«

Am 27. März 1945 bestellte Hitler den SS-Obergruppenführer und General der Waffen-SS Dr. Ing. Hans Kammler, einen ehemaligen Regierungsbaudirektor der Luftwaffe *(XIII 136)*, zum Generalbevollmächtigten des Führers für Strahlflugzeuge. Diesem Manne verdankte, laut Gollob, die Jagdwaffe jene R4M-Rakete, die bei rechtzeitiger Anwendung deutschen Jägern Ramm-Einsätze erspart hätte. Ohnehin schon Chef allmächtiger Rüstungskommissare, Befehlshaber der 5. Flakdivision mit V-1 und Beauftragter der SS für Vergeltungswaffen schlechthin, überragte Kammler in diesem Bereiche selbst solche Größen wie Göring und Speer *(XX 456, XIII 136, XXX 78, 259)*. Kammler besaß, kraft Sondervollmacht Hitlers, unmittelbare Befehlsgewalt gegenüber Industrieführern, Transportleitern und Depotverwaltern. Zweifelhafte Verdienste hatte er sich allerdings bereits als Leiter der Abteilung C des Wirtschafts- und Verwaltungshauptamtes der SS erworben. Ihm war die Perfektionierung der Tötungs- und Verwertungsmaschinerie in den Konzentrationslagern Auschwitz-Birkenau, Chelmno, Belzec, Treblinka und Sobibor zuzuschreiben *(NO-4472/73, 4466, KZ-Prozeß; zit. LXXXV 589)*.

Göring versuchte, Einfluß zu behalten, indem er für den Strahlflugzeug-Auftrag einen seiner eigenen Vertrauten, nämlich General Kammhuber, mit Sondervollmacht ausstattete, sehr zum Mißfallen des Luftwaffen-Generalstabes.

Vor SS-Kompetenzen, wie übrigens auch in Fragen, deren Behandlung dem Chef der Parteikanzlei, Reichsleiter Martin Bormann, übertragen worden war, endeten Macht und Einfluß auch des Wehrmachtführungsstabes *(XXXV 12)*.

Die Gründung des Ramm-Kommandos »Elbe«

Truppenführer hatten normalerweise Ideen, die Hitlers Interesse erregten, in einem Entwurf zu Papier zu bringen. Dieser Entwurf diente dem Wehrmachtführungsstab als Unterlage, um daraus eine »Führerweisung« zu erarbeiten, und zwar mit Angaben über Ziel, Methodik, Art und Umfang benötigter Kräfte, Materialien und Zeitablauf. Aufgrund dieser »Führerweisung« hatte dann das Oberkommando der Luftwaffe Details auszuarbeiten. Traten Meinungsverschiedenheiten auf, pflegte Hitler eine »Führerentscheidung« zu treffen.
Im Endergebnis lag ein genauer Plan vor, der nun exakte Angaben enthielt, wie: Verbandsführer, Startplätze, Art und Anzahl verwendeter Flugzeugmuster, Einsatztag, Zeitplan, Bodenführung, kooperierende Verbände, Ausrüstung, Transportprobleme und deren Lösung und so weiter. Endgültige Einsatzbefehle arbeitete das Oberkommando der Wehrmacht aus.
Einen Ramm-Einsatz deutscher Jäger hatten beim sogenannten Areopag im November 1944 die teilnehmenden Jägerführer als eine von mehreren Einsatzmöglichkeiten erwähnt.
Neu war das Thema also nicht, welches dann am 12. März 1945 beim Kommandierenden General des IX. Fliegerkorps (J), Generalmajor Peltz, mit dem Chef des Luftwaffen-Führungsstabes, Christian, dem General der Jagdflieger, Oberst Gollob, dem Kommandeur der 9. Fliegerdivision (J), Oberst Herrmann und einigen hohen Stabsoffizieren erörtert wurde.
Peltz, der den Gedanken für gut fand, forderte damit zunächst harte Gegenäußerungen Gollobs heraus. Aber nach erneuter Klarstellung, daß Me 262-Verbände lediglich zum Schutze von Ramm-Jägern eingesetzt werden sollten, kam man sich näher. Die Koordinierung zwischen Jagdwaffe und Ramm-Kommando »Elbe«

sollte in den Händen des Inspekteurs der Jagdwaffe beim General der Jagdflieger liegen.
Im Durcheinander von Befehlen, Gegenbefehlen und widerstreitenden Interessen hatte Peltz mit Erfolg darum gerungen, die meisten Me 262-Verbände unter seine Kontrolle zu bekommen, um sie massiert gegen Bomberflotten der 8. und 15. USAAF einsetzen zu können *(LXXV 396)*. In derselben Absicht verfolgte Peltz auch die ehrgeizigen Ramm-Pläne des Kommandeurs der ihm unterstehenden 9. Fliegerdivision (J), Herrmann. Peltz' »Reichsverteidigungskorps« sollte nur noch dem OKL unmittelbar verantwortlich sein. Allerdings war man sich am 4. April 1945 im Oberkommando der Luftwaffe über die »weitere Verwendung des IX.Flg.Korps(J)« immer noch nicht schlüssig geworden. Koller schwebte ein beweglicher Einsatz »nur für Strahler« vor. Während Oberst i. G. von Krafft sowie Oberstleutnant i. G. Bode vom IX. Fliegerkorps (J) zu klärenden Rücksprachen zum OKL befohlen wurden, hatte Generalmajor Dietrich Peltz in Anbetracht immer bedrohlicher werdender Tageserfordernisse längst handeln müssen *(S. I. 1; 194)*.
Die Trennungslinie zwischen OKL-Planung und Planung des »Reichsverteidigungskorps« war in jenen hektischen Tagen ohnehin unscharf und fließend. An sich hätte das OKL als Oberinstanz exakte Details einer geplanten Operation bestimmen können. Ebenso konnte es sich aber auch auf bloße Anhaltspunkte beschränken. Im allgemeinen mischte sich das Oberkommando umso weniger ein, je kleiner die einzusetzenden Einheiten oder Verbände waren. Die Befehlslenkung in bezug auf das Sonderkommando »Elbe« lag beim IX. Fliegerkorps (J) in Treuenbrietzen. Als Oberst Herrmann sich daranmachte, seinen Ramm-Verband aufzustellen, sah er sich vielgestaltigen Problemen gegenüber. Doch Sonderbefehle machten es in einer Zeit allergrößten Mangels möglich, ein Unternehmen von der Art des ersten organisierten Ramm-Verbandes der deutschen Luftwaffe allen Widerständen zum Trotz selbst noch in den letzten Kriegsmonaten aus dem Boden zu stampfen.
Sonderbevollmächtigte bezogen ihre Macht unmittelbar von Hitler oder Göring. Sie besaßen das Recht, Truppenführern bestimmte Handlungsweisen vorzuschreiben und in jeder Anzahl

und Menge Personal, Ausrüstung und Verpflegung von zuständigen Stellen zu beziehen *(LXXV 418)*.

Aber trotz des »Sesam-öffne-dich« derartiger Befehle stellte die Gründung eines Ramm-Kommandos mit dreihundert Flugzeugführern in jenen Wochen eine organisatorische Meisterleistung dar.

Für das Amt des Kommandeurs gewann Herrmann einen damals dreiunddreißig Jahre alten Bremer, Otto Köhnke, der seit dem Jahre 1939 den Fliegerrock trug, im Kampfgeschwader KG 3 geflogen war und der ein halbes Jahr lang die II. Gruppe im Kampfgeschwader KG 54 geführt hatte, bis ihn eine schwere Verwundung im Oktober 1942 zwang, diesen Posten aufzugeben. Köhnke trug inzwischen die Majorstressen und das Ritterkreuz *(LXXXVI 153)*.

Er war als Referent beim General der Kampfflieger in Berlin Werder Herrmanns Mitarbeiter gewesen. Inzwischen Inspizient der Fliegerschuldivision, erreichte ihn in Göppingen Herrmanns Ruf zur 9. Fliegerdivision (J) nach München-Riem. Erst dort erfuhr er, um was es ging.

Als Standort wurde Stendal ausgewählt. Dieser Platz lag sowohl politisch wie auch geographisch günstig. Die Reichshauptstadt mit Hauptquartieren und Schaltzentralen befand sich in der Nähe. Von Flugplätzen um Stendal herum starteten noch immer scheinbar unverdrossen Jagdflieger zu aussichtsloser Luftverteidigung sowie zur Unterstützung von Bodentruppen.

Innerhalb des Fliegerhorstes Stendal ließ sich relativ rasch und unkompliziert ein abgeschlossener Bereich für den geheimzuhaltenden Sonderverband schaffen. Auf demselben Platz befand sich zur selben Zeit auch der Gefechtsstand des Kampfgeschwaders KG 200. Von hier aus setzte Oberstleutnant Baumbach in seiner Eigenschaft als »Brückenbevollmächtigter« Sonderkampfmittel zur Bekämpfung feindlicher Übergänge über Oder, Neiße und Weichsel ein – oder ließ sie durch seinen »ständigen Vertreter und Sonderbearbeiter für den Luftwaffeneinsatz gegen Brückenziele in der Führungsabteilung der Luftflotte 6, den Führer des Gefechtsverbandes Helbig, Oberst Helbig«, einsetzen: aus der Luft vorwiegend Mistel-Flugzeuge, jedoch keine mit »Selbstopfer-Männern« besetzten Maschinen, obwohl eine solche Verwendung allen

Ernstes immer noch vorgesehen war *(MA; RL 7/537)*.
Wie der KTB/OKL-Eintragung vom 22. Februar 1945 zu entnehmen ist, hatte Luftflotte Reich Weisung erhalten, den Flakschutz unter anderem auch in Stendal auf insgesamt je 80 leichte Rohre zu verstärken *(S. I.; 115)*. Stendal war als wichtiger Platz besonders schutzbedürftig.
In die Atmosphäre eines der letzten aktiven Stützpunkte der deutschen Luftwaffe paßt so gar nicht hinein, daß ausgerechnet hier Colonel Troy Crawford, Kommandeur der 446. »Liberator«-Bombergruppe ein Handel gelungen sein soll: Er, am 4. April 1945 versehentlich von einem Bordschützen seines eigenen Verbandes abgeschossen, tauschte angeblich sein Wissen um den bevorstehenden Bombergroßangriff auf Stendal gegen seine eigene Freilassung sowie diejenige von »fast vierzig anderen gefangenen Amerikanern« ein *(LXXXXII 109)*.
Eine knappe Woche nach der offiziellen Gründung des Ramm-Kommandos hatten sich eine unvermeidliche Administration, etwas Technik und das übrige Drum und Dran einer improvisierten, auf schnellen Einsatz ausgerichteten Einheit etabliert, wobei der Verwaltungsapparat der 9. Fliegerdivision (J) weiterhin eingeschaltet blieb. Für unumgängliche Dienstleistungen allgemeiner Art – Wache, Küche, Transport – borgten sich Herrmann und Köhnke Leute von der Stabskompanie des Fliegerhorstes aus. Werftzug, Luftnachrichtenzug, Flugabwehrgruppe und andere, im Normalfalle unverzichtbare Bodenteile eines jeden beweglichen Jagdverbandes, erschienen in bezug auf das Ramm-Kommando entbehrlich; die Gewährleistung technischer Voraussetzungen oblag der Abteilung 6 beim General-Quartiermeister sowie gastgebenden Jagdverbänden, von deren Plätzen in der Altmark die Ramm-Schwärme starten würden. Im übrigen standen volle Depots für die Zwecke Herrmanns weit geöffnet.
Sonderverpflegungslager befanden sich allerdings ziemlich weit weg in Prenzlau, Parchim, Pinneberg und Stade. Aber Gardelegen beherbergte außer dem nächstgelegenen Flugzeugpark auch genügend Bestände an Kraftfahrzeugen. Hilfstanklager standen in Roßlau bei Zerbst sowie in Aken bei Dessau zur Verfügung. Soeben hatte die Treibstoffreserve des OKL »durch eine Sonderaktion aus Sparbeständen des Chef TLR (Oberst Diesing) an besonders

hochwertigen Flugbetriebsstoff-Mischkomponenten« für den Monat April 1945 »etwas vergrößert werden können« *(S. I. 1; 173)*. Jagdfliegermunition lagerte sowohl in Beendorf südlich von Sachau als auch in Buckau, südöstlich von Altengrabow, und in Thartum bei Aschersleben. In Stendal selbst befand sich ein Bekleidungsdepot *(MA; Kart 42/7 Az 7–92)*.
Kaum, daß sich der Sonderverband einigermaßen im Flugplatzbereich des Fliegerhorstes Stendal eingenistet hatte, setzte der Zustrom ein. Von überall her kamen zusammengetrommelte Besatzungen in Stendal an.
Wenn möglich, machte sich Oberst Herrmann zur Begrüßung von Neuankömmlingen frei. Er sammelte erste Pluspunkte – und Vertrauen.

DIE MILITÄRISCHE LAGE ZUR ZEIT DER GRÜNDUNG DES RAMM-VERBANDES

Es bedurfte nicht einmal mehr der Informationen eines immer noch gut funktionierenden, unentwegt militärische Aufklärung betreibenden und für die Abwehr feindlicher Informationsbemühungen zuständigen Ic-Dienstes: Das Ende der Militärmacht Deutschland lag offen zutage.
Etwa seit Mitte des Jahres 1944 war die militärische Lage aussichtslos geworden. Gewehre wurden knapp, es herrschte steigender Mangel an Munition. Der Bedarf an Kämpfern konnte auch nicht mehr zulänglich gedeckt werden. Selbst Glücksumstände hätten schon zu diesem Zeitpunkt nicht mehr vermocht, einen Umschwung zu bewirken *(XXXV 33)*.
Mit überraschender Wucht und unvermutet starken Kräften war am 12. Januar 1945 die Rote Armee zum Großangriff gegen die Ostflanke des Deutschen Reiches angetreten. Zwei Tage später brach fast die gesamte Front, die sich zwischen Karpaten und Ostpreußen in aller Hast und unzulänglich formiert hatte, zusammen. Oberschlesien war Ende Januar verlorengegangen. Die 2. Ukrainische Heeresgruppe hatte am 1. April 1945 Preßburg erreicht *(LXXI 99)*. Von Flugplätzen rings um Berlin starteten immer noch

deutsche Jäger zum ungleichen Kampf. Anfang April 1945 befanden sich russische Truppen nicht mehr als hundert Kilometer von der Reichshauptstadt Berlin entfernt. Das Tor zum Herzen Deutschlands stand weit offen. Aber nicht nur im Osten waren die Dämme gebrochen.

Ende März 1945 hatte der Rhein seine Bedeutung als Verteidigungslinie verloren. Unter dem Druck von sechs alliierten Armeen mußten wesentliche Teile der deutschen Verteidigung zurückweichen. Bei Remagen, Mainz und Oppenheim fluteten gegnerische Truppen über den Rhein, ostwärts. *(XV 95)*. Zu dieser Zeit rechnete allerdings Feldmarschall Kesselring, Oberbefehlshaber West, noch mit »allmählicher Ermattung« des Gegners sowie mit einem »kürzeren oder längeren Stillstand« alliierter Vorstöße. Weitere Kampfhandlungen hielt er für richtig, um möglichst viele deutsche Truppen vor dem russischen Zugriff zu retten *(LIII 380, 392)*.

Nijmwegen, Wesel, Düsseldorf, Bonn, Remagen, Koblenz, Worms, Mannheim, Speyer und Karlsruhe waren Frontstädte geworden. Nur entlang der französischen Grenze behaupteten sich noch deutsche Gegenkräfte *(XXVI 976)*.

Am 31. März 1945 war die 2nd Armoured Division der Amerikaner 65 Kilometer weit nach Osten durchgebrochen. Tags darauf stellte sie schon bei Lippstadt Verbindung mit der 3rd Armoured Division der Ersten Armee her. An der nördlichen Flanke der Armoured Divisions 4, 6 und 11 fiel Kassel am 4. April 1945. Gegen stellenweise erbitterten Widerstand von HJ- und Flak-Truppen hatten die dreizehnten und vierzehnten Korps der 9. Armee die Weser überschritten und stießen nun auf Hannover zu *(LXXXIV Vol III 775)*.

Am 1. April 1945 hatten sich von Norden her die vereinigten Streitkräfte der 9. amerikanischen Armee und Montgomerys 21. britische Armeegruppe nach der Rheinüberquerung bei Wesel sowie Truppen der von Süden vorstoßenden 1. und 3. amerikanischen Armeen getroffen und die deutsche Heeresgruppe B sowie zwei Korps der Heeresgruppe H eingekesselt *(LXV 520, LXVI 465, LXVII 242)*.

Ungefähr zu dieser Zeit antwortete Hitler auf eine Bemerkung des Generals der Flieger, Kammhuber, daß der Krieg verloren sei,

sinngemäß, das wisse er selbst *(XXXV 81).*
Eine Woche vor dem Start erster Ramm-Verbände der deutschen Luftwaffe, am 1. April 1945, Ostern, verlief die Front im Westen etwa bei Münster, Paderborn, Kassel, Gotha, zwischen Frankfurt und Würzburg über Speyer und südlich entlang dem Ufer des Rheins. Amerikanische Stoßkeile zielten in die Richtungen Halle/Leipzig, Hannover/Braunschweig sowie Erfurt/Chemnitz *(XXVI 990).*
Am 31. März 1945 ließ Oberst Hajo Herrmann alle Offiziere der 9. Fliegerdivision (J) schriftlich über die militärische Lage belehren. Diese sei bedrohlich. Aber »gleichgültig, wie sich die Erdlage entwickelt«, erwarte er von allen seinen Offizieren Kampf bis »zum Äußersten«.
»Die Stunde der letzten Bewährung« stehe bevor. »Organisieren Sie Arbeit und Widerstand«, forderte Oberst Herrmann. »Jedes Mittel ist dazu recht«. *(MA; RL 10/112).*

»WERWOLF« – SCHWERWIEGENDE BEZEICHNUNG EINES LUFTWAFFEN-KOMMANDOS

Militärische Verbände suchten sich im Zweiten Weltkriege durch besondere Bezeichnungen hervorzuheben. Ein Wort, ein Begriff sollte auch Laien möglichst prägnant eine Vorstellung von speziellen Aufgaben vermitteln.
»Sturm«-Jäger – das war zum Beispiel ein solches Wort. Jeder, der einigermaßen informiert war und dieses Wort hörte, verband damit sofort Gedanken an besonders mutige, draufgängerische Jagdflieger, von denen man eine Zeitlang gehört und gelesen hatte.
Hin und wieder entliehen Kampfverbände bezeichnende Begriffe der Mythologie. Hierfür bietet der Einsatzname »Kamikaze« ein markantes, besonders typisches Beispiel.
Als Admiral Ohnischi, neuernannter Befehlshaber der 1. japanischen Luftflotte, den Entschluß gefaßt hatte, »Jikabu« als fliegerische Kampfart offiziell zuzulassen und daraufhin befahl, spezielle Einheiten zu diesem Zweck zu organisieren, schlug Rikihei Inoguchi, ein Schriftsteller, nun aber Kapitän und ältester Stabsoffizier

Ohnischis, in einer Diskussion mit Tamai und Seki am 19. Oktober 1944 vor, diese Sonderkorps »Kamikaze« zu nennen, was soviel wie »Göttlicher Wind« oder »Sturm Gottes« bedeutete *(XXXX 33, 64a)*.

Nach der shintoistischen Mythologie hatte Japan schon einmal Rettung aus höchster Not erfahren, und zwar von Ise, dem Gott des Windes. Historischer Hintergrund war ein verheerender Sturm, der am 14. und 15. August des Jahres 1281 eine Invasionsflotte des Despoten Kublai Khan, fast 3500 Schiffe mit mehr als 100000 mongolischen und chinesischen Kriegern an Bord, auf offener See verschlungen hatte.

So wie damals, das waren die Gedankengänge Inoguchis, so würden auch jetzt, im Herbst des Jahres 1944, verhaßte amerikanische Invasoren vom heißen Atem eines göttlichen Sturmes erfaßt und vernichtet werden.

Pragmatische Deutsche dachten da zunächst ganz anders.

Oberst Herrmann tarnte das Ramm-Kommando als »Schulungslehrgang Elbe«. Im Vordergrund standen nüchterne militärische Überlegungen, Fragen der Geheimhaltung.

Aber es hatten einflußreiche, von der nationalsozialistischen Ideologie durchdrungene Männer Pate gestanden, und so geschah es dann, daß die Sammlungsaktion im Jägerlager unter der bemerkenswerten Bezeichnung »Unternehmen Werwolf« anlief.

Zieht man in diesem Zusammenhang den Befehl Nr. 2049/45 der Führungsabteilung I der Luftflotte 6 in Betracht, welcher am 26. März 1945 an die Truppe erging, dann spricht einiges dafür, daß die Bezeichnung »Werwolf« für ein radikales Luftwaffen-Unternehmen allerhöchster Order entsprach.

In dem erwähnten Befehl wies das Luftflottenkommando auf die Nützlichkeit von Suggestivnamen hin:

»Auf Befehl des Führers«, hieß es da, »sind für neue, besonders hochwertige Waffen suggestiv wirkende Namen festgelegt worden, die deren Eigenart besonders charakterisieren. Sie sollen... ihre propagandistische Wirkung auf das feindliche und neutrale Ausland erhöhen«. Dieses Beispiel sollte Schule machen, wobei die Namensgebung allerdings grundsätzlich der Genehmigung des Führers bedürfe.

Als Beispiele bereits vom Führer festgelegter Suggestivnamen wurden unter anderem aus dem Bereich der fliegenden Verbände zitiert:

»Würger«	für die Ta 152
»Komet«	für die Me 163 (Truppenbezeichnung »Kraftei«)
»Blitz«	für die Ar 234
»Sturmvogel«	für die Me 262. *(MA; RL 7/540)*

Was für Waffen oder Waffensysteme galt, galt auch für elitäre Luftkampf-Verbände von der Art eines Schulungslehrgang »Elbe«, der sich als »Werwolf«-Unternehmen mit radikalem Ramm-Auftrag entpuppte.

Wegen der unsicher gewordenen Verhältnisse hatte sich eingebürgert, Soldaten bei Versetzungen Personalpapiere mitzugeben, Piloten die sogenannte »Fliegerische Akte«. Natürlich waren die Kuverts versiegelt. Dennoch setzten sich einige der Männer, als sie sich auf dem Wege nach Stendal befanden, über Tabus hinweg, um nun, beim neugierigen Durchblättern der Unterlagen, mit Verwunderung festzustellen, daß sie offenbar einer Formation des »Werwolf« entgegenfuhren.

In Anlehnung an russische Vorbilder kampfstarker, militärisch disziplinierter Partisanenverbände hatte Hitler tatsächlich gegen Ende des Monats Februar unter der Formel »Werwolf« einen fanatischen Kampf bis aufs Blut verfügt, der insgeheim schon längst von der SS vorbereitet worden war.

Nur zu sehr hatten deutsche Besatzungstruppen schon im Jahre 1941 die tödliche Wirksamkeit russischer Partisanenverbände erfahren müssen. Eiserne Disziplin, fanatische Selbstentäußerung und stoische Hinnahme allergrößter Strapazen hatten der russischen Sache sehr gedient. Hitler und seine Parteiführer gedachten nun, mit gleicher Münze heimzuzahlen.

Im deutschen Rundfunk waren zunächst mehr oder weniger versteckte Andeutungen darüber verbreitet worden. Goebbels hatte seinen Mitarbeiter Fritzsche durch den Staatssekretär im Propagandaministerium, Dr. Naumann, anweisen lassen, einen Plan über den Aufbau einer geheimen Funkzentrale zu entwickeln. Es sollte sich ursprünglich um eine fahrbare, bewegliche Sendestation handeln, über die alle »Werwolf«-Gruppen geführt und zu Taten angewiesen werden sollten. Aber einige Zeit später, am Ostersonntag, dem 1. April 1945, begann plötzlich der stärkste deutsche Sen-

der, der sogenannte »alte Deutschlandsender« in Königswusterhausen, auf direkte Anweisung von Dr. Goebbels mit der Eröffnung von »Werwolf«-Sendungen. Tägliche Ausgabe von »Werwolf«-Parolen war vorgesehen *(XX 472, LXXXX Bd XVII 252).* Unter dem fanatischen Motto: »Haß ist unser Gebet und Rache unser Feldgeschrei!« erging die erste Botschaft.
Beim damaligen Wissensstand konnten Freiwillige des Ramm-Kommandos »Elbe« mit dem besten Willen nicht erkennen, welche Zusammenhänge zwischen einer Organisation namens »Werwolf«, die solche starken Worte auf den Lippen führte, und ihrem eigenen fliegerischen Spezialauftrag, amerikanische Tagbomber durch Ramm-Stoß zu zerstören, bestehen sollte.
Deshalb gingen die meisten darüber hinweg.
Was sie damals noch nicht wußten, war, daß Angehörige von »Werwolf«-Verbänden tatsächlich in Uniform kämpften, wie Soldaten, auch wie Angehörige der Luftwaffe, und nicht wie bewaffnete Banditen.
Aktionen offizieller deutscher »Werwolf«-Einheiten entsprangen, entgegen aller propagandistischen Übertreibung, im Zusammenhang mit Aktivitäten der Waffen-SS pragmatischen Planungen des deutschen Oberkommandos. Ihrem Sinn gemäß fanden »Werwolf«-Formationen Verwendung als Hilfstruppen zur Unterstützung regulärer deutscher Armeekräfte. Allerdings befand sich ihr Operationsfeld hinter der Front, im bereits von alliierten Truppen besetzten deutschen Gebiet. An dieser Besonderheit, die außergewöhnlichen Einsatzmut, Flexibilität und taktisches Geschick erforderte, entzündete sich die Phantasie einer schrill gewordenen Propaganda.
Der von Goebbels mit aller Leidenschaft propagierte »Werwolf« hatte nichts mit Robert Ley's »Adolf Hitler Freikorps« zu tun, einem Anfang April 1945 einer Idee des Leiters der Deutschen Arbeitsfront (DAF) entsprungenen letzten Häufleins zur Rettung der Reichshauptstadt Berlin. Tausende fanatisierter Parteigenossen sollten in Zivil mit Panzerfäusten dem Feind entgegentreten. Hitler hatte spontan zugestimmt. Dagegen hielt Goebbels, laut Semmler *(LXXXII 189)*, diese Idee für lächerlich. Er habe Ley ironisch gefragt, ob sein Freikorps wohl auch Bomberflotten attackieren wolle. Jawohl, habe Ley allen Ernstes geantwortet, auch diese

müßten derartig manifestiertem Fanatismus erliegen. Ganz im Gegensatz zu Goebbels erklärte sich Reichsleiter Dr. Ley, vom Kommandeur des Ramm-Kommandos »Elbe« um Hilfe ersucht, sofort zur Unterstützung des Vorhabens bereit und sorgte großzügig für die Männer in Stendal.

Zur »Volksbewegung« aufgebauscht, war eine vorschnell propagierte »Werwolf«-Idee von einzelnen Höheren SS- und Polizeiführern aufgegriffen und individualisiert mit mehr oder weniger abenteuerlichem Leben erfüllt worden *(XXXXVI 261)*.

Dr. Goebbels war nach der Katastrophe von Dresden (siehe unten) an Hitler mit einer äußerst scharfen Denkschrift herangetreten, die den Vorschlag enthielt, den Austritt aus der Genfer Konvention zu erklären, um danach ohne jede Rücksichtnahme auf internationale Abmachungen radikale Kampfmaßnahmen anwenden zu können. Die Absicht war jedoch am einmütigen Widerstand der militärischen Führer gescheitert *(LXXXX Bd XVI 540)*. Nun erblickte ein ehrgeiziger Goebbels persönliche Chancen darin, durch propagandistische Betreuung Gewalt über die neue nationalsozialistische Organisation des »Werwolf« zu erlangen. Seine Bemühungen gipfelten schließlich in einer verzerrten Darstellung vom Sinn und Zweck der »Werwolf«-Verbände sowie vom Charakter ihrer Mitglieder *(XXXXVI 75)*. In übereilten, viel zu dick aufgetragenen Strichen wurde mit Unterstützung des »Werwolf«-Senders ein Bild von blindwütigen Wölfen gezeichnet und versucht, jenen mittelalterlichen Volks- und Aberglauben wiederzuerwecken, bei dem sich der Begriff »Werwolf« mit einer Inkarnation von Menschen verband, die sich kraft fanatischer Urtriebe in reißende, unbesiegbare Bestien verwandelten, vor denen die Feinde erzitterten. Hermann Löns hatte die Idee des Wehrwolf literarisch gestaltet. Hitlers altes Hauptquartier in der Ukraine hatte »Werwolf« geheißen, sein ostpreußisches »Wolfsschanze«. Hitlers Deckname während der Zeit des Parteikampfes war »Wolf« gewesen.

Nun ließen propagandistische Übertreibungen die »Werwolf«-Organisation eher wie eine Gruppierung verlorener, gefährlicher Phantasten erscheinen und nicht als das, was sie in Wirklichkeit darstellen sollte: eine paramilitärische Hilfstruppe.

Dabei gab der Reichsführer-SS, Himmler, die eigentliche Leitung der von ihm ins Leben gerufenen Organisation nicht aus der Hand.

Zum »Generalinspekteur für Spezialabwehr« *(IfZ MA 140)* hatte er den SS-Obergruppenführer und General der Waffen-SS Hans Prützmann bestimmt, vormals Höchster SS- und Polizeiführer Ukraine und Höherer SS- und Polizeiführer Rußland-Süd, einen ziemlich farblosen Funktionärstyp ohne besondere Eigendynamik im persönlichen Stabe Himmlers.

Im Hinblick auf eine fortgeschrittene Zersplitterung aller Wehrkräfte sowie unter Berücksichtigung der starken Ausstrahlung der Persönlichkeit des Reichspropagandaministers im Berliner Raum und schließlich bei gegebener ideologischer Harmonie zwischen Goebbels, Bormann und Himmler, machte auch der Reichsleiter und Chef der Parteikanzlei den »Werwolf« zu seiner Sache.

In rascher Reihenfolge gab Bormann aus dem Führerhauptquartier konkrete Anweisungen an Gauleiter der NSDAP. Mit Hilfe örtlicher Kommandostellen von Waffen-SS und Polizei sollten nunmehr auch Frauen und Mädchen im Gebrauch von Handfeuerwaffen ausgebildet werden. Frauenschaftsleiterinnen hatten Meldung an Ortsgruppenleiter zu erstatten und mit für praktische Schießausbildung zu sorgen *(BA; NS 6/vorl 353)*. Fünf Tage darauf, im »Rundschreiben 128/45 g.Rs.« nannte Reichsleiter Bormann den Werwolf beim Namen: Gauleiter hatten mit Hilfe »zuverlässiger Aktivisten« Volksgenossen als »Werwölfe« bei zuständigen Höheren SS- und Polizeiführern namhaft zu machen. Von dort aus werde alles weitere veranlaßt. Daraufhin setzte »Der Generalinspekteur für Spezialabwehr beim Reichsführer-SS« alle Höheren SS- und Polizeiführer in Kenntnis.

Erste Grundlagen einer Systematisierung und Konkretisierung einer Werwolf-Bewegung waren im Hauptquartier Himmlers in Hohenlychen zwischen ihm, Dr. Kaltenbrunner, Schellenberg, Skorzeny und Prützmann abgesprochen worden. Skorzeny, Himmlers Spezialist für paramilitärische Aktionen, ließ Prützmann in der Werwolf-Sache den Vortritt, stellte jedoch auf Anweisung Himmlers seine Dienststelle in Friedenthal zwecks Unterstützung zur Verfügung. Skorzenys Tätigkeit außerhalb der Reichsgrenzen blieb von Prützmanns Werwolf-Aktivitäten unberührt *(XXXXVI 261)*.

Bormann als Leiter der Parteikanzlei der NSDAP rekrutierte über Gauleiter und Parteiaktivisten »Werwölfe« aus der Bevölkerung.

Zum Beweis seines besonderen Vertrauens hatte Hitler diesen emsigen Parteifunktionär schon im April 1943 als »Sekretär des Führers« noch näher an seine Seite gerückt. Seitdem hatte Bormann stets Weisungen »des Führers« erteilt, und zwar für jedermann, sehr zum Mißfallen des Reichspropagandaministers. Bis zuletzt »konsequentester Nationalsozialist«, blieb Bormann kompromißlos radikal. Sogar das Mittel des Gaskrieges war ihm recht gewesen, und so scheint die Maske eines »Werwolf«-Führers gut auf ihn zu passen.

Als er am Abend des 1. Mai 1945 im Bunker der Reichskanzlei seiner Sekretärin Else Krüger zum letzten Mal die Hand gab, um sich zu Dönitz durchzuschlagen, fiel ihm noch ein, als letzte Amtshandlung den »Werwolf« zurückzupfeifen: Sämtliche »Werwolf«-Aktionen seien einzustellen; Todesurteile dürften nicht mehr vollstreckt werden. *(LXXXXI 136, 138, 166, 187, 231).*

Während Goebbels versuchte, über den noch verbliebenen Propagandaapparat »dem Feind ... zum Bewußtsein« zu bringen, »daß er in ein von fanatischem Kampfwillen erfülltes Hinterland hineingestoßen ist« *(BA; NS 6/vorl 354)*, sollten in der Luft »Werwölfe« als Ramm-Piloten denselben Fanatismus demonstrieren.

So hatten letztlich diese drei genannten hohen Funktionäre, denen nach Hitlers Davonkommen am 20. Juli 1944 noch mehr Macht zugefallen war, jeder auf seine Weise den »Werwolf« entfesselt.

In einigen Schulen lehrte die SS wirkungsvolle Guerilla-Taktiken. Sie dachte praktisch und handelte danach. Von ihr kam auch die Anregung, bevorstehende Radikal-Angriffe im Luftkampf unter das Motto des »Werwolf« zu stellen.

Erste »Werwölfe«, überwiegend Angehörige der Hitler-Jugend, kämpften allerdings am Boden, und zwar mit aller Leidenschaft in Oberschlesien gegen vordringende Russen. Im Osten stehende Divisionen erhielten am 22. Februar 1945 Anweisung, »eine Anzahl von Männern, die in dem jetzt vom Feinde besetzten Gebiet zu Hause sind«, als »Führer der Werwolf-Gruppen« auszusondern *(LVIII 522).*

Dutzende von geheimen Waffen- und Munitionslagern in abgelegenen Gegenden Bayerns und Böhmens waren rechtzeitig von speziellen Sondergruppen des deutschen Geheimdienstes unter SS-

Regie angelegt worden, um dem »Werwolf« einen wirksamen Untergrundkampf zu ermöglichen *(MA; RL 7/558).*
Vereinzelte »Werwolf«-Gruppen zogen sich später in Wälder zurück, störten Nachschub und Versorgung alliierter Truppen, verübten Sabotage, liquidierten Kollaborateure. Aus einer Tagebuchnotiz von Joachim Schultz geht die Zählebigkeit solcher Aktivitäten hervor. Unter dem Datum des 5. Mai 1945 – drei Tage vor der bedingungslosen Kapitulation Deutschlands – notierte Schultz eine Meldung von General Kinzel an Generaloberst Jodl, »daß Teile der ›Luftflotte Reich‹ den ›Werwolf‹ vorbereiten«. Diese Absichten seien sofort scharf verboten worden. Großadmiral Dönitz habe dann mit seiner Autorität als Staatsoberhaupt »Werwolf«-Maßnahmen grundsätzlich untersagt *(XXXXVII 76).*
»Luftflotte Reich« bedeutete Dietrich Peltz, Mitbegründer des Ramm-Kommandos, das unter dem Namen »Werwolf« lief.

BEGEISTERUNGSFÄHIGKEIT JUNGER FLUGZEUGFÜHRER. – DIE DEUTSCHEN FREIWILLIGEN

Bisher ist nur ein einziger Fall bekanntgeworden, in dem eine quasi Zwangsrekrutierung für den ersten geplanten Ramm-Einsatz deutscher Jagdflieger stattgefunden haben soll *(L 3 b).*
Beim JG 300 mögen übereifrige oder verantwortungslose Herren das ausdrückliche Gebot einer Freiwilligenmeldung mißachtet haben. Tatsächlich machten jedoch ab Januar 1945 hochdekorierte und in der Truppe bekannte Persönlichkeiten die Runde bei Jagdverbänden, Ergänzungsgruppen sowie Jagdschulen im Rest-Reich sowie im noch besetzten Ausland, um in geheimer Mission Flugzeugführern ein aufrüttelndes Fernschreiben des Reichsmarschalls zu Gehör zu bringen. Göring appellierte an Männer der Jagdwaffe, sich freiwillig für einen kriegsentscheidenden, besonders gefahrvollen fliegerischen Einsatz zur Verfügung zu stellen.
Wolfgang Späte konnte sich erinnern, daß er als Kommodore des JG 400 im Januar seinen Männern »einen Befehl des Reichsmarschalls bekanntzugeben hatte, wonach Freiwilligen-Meldungen

gefordert wurden für einen Einsatz, bei dem die Möglichkeit« bestand, »unter Einsatz des eigenen Lebens dem Kriege eine entscheidende Wendung zu geben«. Neun Mann der I./JG 400 meldeten sich, drei wurden bald darauf nach Stendal versetzt; sie überlebten.

»Rückkehrchancen so gut wie Null«, »Chancen der Rückkehr sehr gering«, »Einbahn-Auftrag«, »Flug ohne Wiederkehr«, solche und ähnliche Formulierungen haben versucht, den schwerwiegenden Inhalt des Aufrufes zu erfassen. Sie stimmen in bezug auf eingesetzte Ramm-Flugzeuge – leider auch bei vielen Flugzeugführern.

Aber die Piloten verstanden unter dem, was ihnen da abverlangt wurde, einen fliegerischen Einsatz hart an der Grenze des Zumutbaren, riskanter offenbar als Einsätze zuvor, aber doch nicht solch einen Einsatz, der einer bewußten »Selbstaufopferung« gleichgekommen wäre.

Die werbenden Offiziere entledigten sich ihres Auftrages individuell. Es gehörte wohl dazu, den versammelten Piloten kurz die militärische Lage zu erläutern, wo besonders auf katastrophale Luftkriegsverhältnisse hingewiesen wurde.

Jeder hatte die Situation vor Augen. Und jedem war die Bedeutung eines wirklich durchgeführten großen Schlages gegen verhaßte amerikanische Tagbomber klar. Es gab keine Diskussion. Man billigte den Leuten Bedenkzeit zu, fünf Minuten, zehn Minuten, eine Viertelstunde, je nachdem. Nach Ablauf der gesetzten Frist betrat man erneut den Besprechungsraum. Die Aufforderung zur Freiwilligenmeldung wurde wiederholt. Man stellte unmißverständlich fest, daß niemand sich gedrängt fühlen möge, jeder sei in seiner Entscheidung frei. Das Recht, einen vielleicht vorschnell gefaßten Entschluß auch später noch zu revidieren, bleibe jedem unbenommen.

Dann kam der entscheidende Punkt.

Überall folgten die meisten Piloten dem Aufruf und erhoben zum Zeichen der Zustimmung den Arm. Sie handelten, ehe sie wußten, um was es sich wirklich handelte.

Die rekrutierenden Offiziere baten die Freiwilligen, ihre Namen in Listen einzutragen. Dies geschah.

Mit der strikten Order, absolutes Stillschweigen zu bewahren,

wurden an allen Stellen die Zusammenkünfte beendet, und die Offiziere begaben sich zurück, um Meldung zu erstatten.
Werner Wegmann hatte zunächst die Absicht, den Ramm-Einsatz gemeinsam mit seinen Kameraden vom JG 102 mitzufliegen. Erst nachher, so bekannte er in einem Leserbrief, kamen ihm bei dem Gedanken an Frau und Kinder dann doch Bedenken. Über seinen Gruppenadjutanten ließ er sich nach ein paar erklärenden Worten aus der Liste streichen, ohne daß ihm sein Rückzieher irgendwie übelgenommen worden wäre.
Später von den Amerikanern im Rahmen einer Analyse des deutschen Ramm-Kommandos aufgestellte Behauptungen, einige der Piloten wären dorthin versetzt worden, um sich zu rehabilitieren oder durch eine Teilnahme am Ramm-Einsatz dunkle Flecken in der Vergangenheit zu tilgen, sind falsch. Genau so waren schon vorher die »Sturm«-Jäger als »Sing-sing-groups« diskriminiert worden, vermutlich aufgrund falscher oder wichtigtuerischer Agenteninformationen oder phantasievoller Berichterstattung *(AFSHRC, Maxwell, Ziff. 6 »Ramming Attacks«, S. 133)*.
Tadashi Nakajima, Einsatzleiter im Geschwader 201, aus dem die ersten Kamikaze-Piloten hervorgingen, forderte im Oktober 1944 eindringlicher als später deutsche Offiziere, daß Männer, die familiäre oder sonstige Rücksichten zu nehmen hätten, zurücktreten sollten *(III 98)*.
Appelle von Vorgesetzten an Untergebene, Appelle von besonderer Eindringlichkeit hatten auch im Lager der alliierten Flieger nichts Außergewöhnliches an sich.
Am Morgen jenes schicksalhaften 14. Oktober 1943, dem Tage des zweiten verlustreichen Angriffs von Kampfflugzeugen der 8. Luftflotte auf Schweinfurt, hatten Besatzungen vor Antritt ihrer schweren Mission am Schwarzen Brett ihrer Befehlsbaracken folgenden Aufruf lesen können:
»An alle Offiziere und Besatzungen!
Diese heute stattfindende Luftoperation wird die wichtigste dieses Krieges bis zum jetzigen Zeitpunkt sein. Das Ziel muß zerstört werden, da es von größter Bedeutung für den Feind ist.
Eure Freunde und Kameraden, die von den vorangegangenen Einsätzen nicht mehr zurückkehrten und diejenigen, die heute nicht mehr zurückkehren werden, sollen euch daran erinnern, daß ihr

Opfergang nicht umsonst gewesen sein darf.
Viel Erfolg und gute Bombardierung.
Gezeichnet: F. L. Anderson, Brig.Gen. USAAF, HQ VIII. Bomber Command, Eight Air Force.«

Für Flugzeugführer der deutschen Reichsverteidigung lagen heimatliche Wohnorte greifbar nahe. Seitdem die Grenzen immer mehr zurückgenommen werden mußten, flogen sie darüber hinweg oder sie hätten sie mit Leichtigkeit erreichen können. Stattdessen schlugen sich mit dem Fallschirm abgesprungene Piloten immer wieder zu ihren Staffeln durch. Dabei hätten sie ohne viele Umstände als »vermißt« untertauchen und das nahe Kriegsende abwarten können.

In einem Bericht vom 1. Dezember 1944 schilderte ein NSFO die Grundstimmung so, »... daß sie mit dem Leben abgeschlossen hätten und es teuer verkaufen wollten« *(XXXV 42)*.

Normale Einsätze mit Standard-Jagdflugzeugen kamen zu Anfang des Jahres 1945 noch mehr als zuvor Selbstaufopferungen gleich. Den Flugzeugführern war die erdrückende Übermacht sowie völlige Unzulänglichkeit eigener Mittel bewußt. Sie wußten auch, wie gering Rückkehrchancen waren. Und trotzdem: spezielle Einsätze ließen immer wieder Begeisterung aufflammen. Auch beim Unternehmen »Bodenplatte« waren es vor allem junge Piloten gewesen, die Bedenken über Bord geworfen hatten, unerschütterliche Zuversicht zeigten und die Überzeugung äußerten, daß der Gegner nun einen entscheidenden Schlag erhalten würde.

Derselbe Einsatzwille beseelte auch die Freiwilligen des Ramm-Kommandos.

Zwischen normalen Jagdpatrouillen gegen amerikanische Tagbomber und deren Begleitschutz sowie Ramm-Attacken bestand bei objektivem Vergleich der Überlebenschancen kaum noch ein Unterschied.

Außergewöhnlich war beim Rammen nur die Kampfhandlung an sich.

Walter Warlimont erkennt eine Tragik darin, daß deutsche Soldaten selbst dann noch Übermenschliches leisteten und ihr Leben hingaben, als diese Opfer längst sinnlos geworden waren *(XXXV 41)*.

Mitglieder des Ramm-Kommandos empfanden sich in erster Linie als Deutsche, die kämpften, weil ihr Land vom Kriege überzogen worden war. Über Sinn oder Widersinn der Geschehnisse dachten sie wohl kaum ernsthaft nach. Sie glaubten, wie Soldaten der Gegenseite, ihre Regierung im Recht. Zweifel an dem, was sie hörten oder lasen, kamen ihnen nicht. Viele erblickten in einer Teilnahme lediglich eine bestimmte, aufregende Phase ihrer fliegerischen Laufbahn. Aus einer Vielzahl waren sie nach andauernden Ausleseprozessen übriggeblieben. Leistung, Wettbewerb, Ansporn, Einsatzbereitschaft, dies alles waren für sie Normalbegriffe. Bewährung im Kampf hielten sie für selbstverständlich. Im Gegenteil: Ihnen wäre es seltsam vorgekommen, wenn jemand Anstoß am permanenten Wettstreit um beste Abschuß- oder Vernichtungsresultate innerhalb von Staffeln, Gruppen oder Geschwadern genommen hätte.

Jagdflieger sein bedeutete, einer Elite anzugehören. Korpsgeist, ein undefinierbares Fluidum unter Männern im Kampf, trieb sie an, machte sie unter gegebenen Umständen glücklich.

Beim Ramm-Verband reizte ganz sicher auch eine spezielle, noch nie dagewesene Kampfesweise. Sie empfanden es als hohe Auszeichnung, als Ehre, dazuzugehören. Der Drang, in wenig hoffnungsvoller, zerbombter, vom Krieg eingeengter und ständig bedrohter Umwelt zu handeln, aktiv zu sein, auf etwas einzuwirken, entsprang elitärer Gesinnung.

»Sie wissen, daß sie noch nicht fertig sind, um im Einsatz zu fliegen«, so hatte Hartmann den Frontnachwuchs am 25. August 1944 charakterisiert, als Hitler ihm die Brillanten verlieh. »Sie können die Me 109 kaum sicher hoch- und wieder zurückbringen ... Aber sie kommen an die Front und bitten fanatisch ... um die Erlaubnis, Einsätze fliegen zu dürfen« *(XV 160)*.

Nichts deutet darauf hin, daß es sich bei den Freiwilligen des Ramm-Kommandos nicht um normale Menschen gehandelt hätte, allerdings nach den Maßstäben von damals. Wie andere Menschen derselben Zeit, desselben Lebensraumes, unter demselben äußeren und inneren Druck der Verhältnisse, reagierten sie relativ natürlich.

Als Luftwaffensoldaten, die alltäglich mit gefährlichem Fluggerät und Waffen umgingen, wußten sie, was Angst bedeutet. Aber sie hatten auch erfahren, wie Angst zu überwinden war. Angst konnte kompensiert werden, zum Beispiel durch ein Bewußtsein der Treue, Treue gegenüber Angehörigen, die unter dem Kriege litten, Treue zur Heimat, zu geliebten Orten, Treue zur Fliegerei, zu den Führern, zu sich selbst. Sicherlich verspürten manche das Wagnis ihrer Auftrags. Sie kosteten das Abenteuerliche aus. Den Entschluß, zu töten, faßten viele mit Bedauern, andere mit Skrupeln, wieder andere, vielleicht die meisten, mit Gleichmut. Kampf in der Luft war anonymer Kampf, man sah sich kaum. Alles spielte sich unpersönlich, distanziert ab, ohne unmittelbaren Eindruck von körperlichem Schicksal, Verwundung, Tod, Geschrei. In der Luft vollzog sich der Tod anderer fernab, außer Sichtweite; der Sieger war längst abgeschwungen.

Gewiß befanden sich unter den dreihuntert Freiwilligen auch Fanatiker, schneidige HJ-Führer, aber doch wohl kaum jemand von der gewalttätigen, brutalen Sorte.

Aus dem Verhalten eines am 7. April 1945 bei Minden in Gefangenschaft geratenen Ramm-Piloten vom Sonderkommando »Elbe« schlossen die Amerikaner, daß die politische Aufrüstung der Männer in Stendal sehr erfolgreich gewesen sein müsse; denn der Gefangene »sei das vorbildlichste Exemplar eines überzeugten Nazi gewesen, das einem seit langem über den Weg gelaufen sei« *(A.D.I. (K) Report No. 294/1945 S. 2, Ziff. 17).*

Viele Sportsleute waren dabei, Perfektionisten, Tatmenschen, vielfältige Charaktere. Klammer war die Fliegerei, das Empfinden eines Hingezogenseins zu Flugzeugen, und seien es auch Kriegsmaschinen – Ramm-Maschinen.

Es fehlten Angehörige der streng nationalistischen Aristokratie. Christen, religiös motivierte Männer, bekennende Katholiken oder Protestanten traten nicht in Erscheinung. Die meisten Freiwilligen entstammten dem unteren Mittelstand. Sie waren erfüllt von Loyalität und gewohnt, nicht viel zu fragen, warum und für wen diese Maschinen geflogen werden durften. Erziehung, Tradition, Ergebnisse politischer Indoktrinierung, Unterströmungen oder einfach die »allgemeine Meinungsgrundlage« hatte die Meldungen zu dieser Einheit bewirkt. *(XXIX 24).*

Vielleicht kann man die Teilnehmer des Ramm-Kommandos am besten als Objektivisten bezeichnen.

In einer Veröffentlichung wurde das Alter der Männer in Stendal auf 18 bis 23 Jahre geschätzt *(L 3 a)*. Tatsächlich, wer damals jenes Treiben beobachten konnte, bemerkte kaum Männer über 20 Jahren. Nur ein paar Hauptleute und Oberleutnante fielen auf.

Das geringe Lebensalter der Angehörigen dieser speziellen Einheit ist erklärlich.

Der Teilnehmerkreis bestand aus lauter Jagdfliegern. Zu Beginn des Jahres 1945 war die Jagdwaffe von fast allen erfahrenen Kämpfern entblößt. Pilotenverluste konnten kaum noch durch Nachwuchs von den Waffenschulen ausgeglichen werden. Entscheidend waren in jener Improvisationsperiode mehr »guter Wille ... moralische Elemente«, wie Kesselring nach dem Kriege schrieb *(LIII 388)*. Waghalsigkeit des Unternehmens sprach in erster Linie junge Männer an; sie schienen am ehesten jene moralische und charakterliche Eignung zu besitzen, die dazu antrieb, sich kaltblütig in Jagdmaschinen zu setzen, loszufliegen und sich bei einem brutalen Ramm-Stoß aufs höchste zu gefährden.

Auch die Kühnheit, fachliche Bereiche bewußt zu überschreiten, konnte nur jungen Leuten ohne großen Erfahrungsballast zugemutet werden. Jungen Männern konnte gelingen, einen Feuereifer, der sie in allem beseelte, was die Fliegerei betraf, umzuwandeln in finstere, rücksichtslose Entschlossenheit.

Das war nicht nur in Deutschland so.

Britische Nachtbombereinsätze wurden fast nur »von ganz jungen Leuten geflogen« *(LXXXI 200)*. Eindrucksvoll beklagte Botschafter John G. Winant die schrecklich hohen Verluste, mit denen Großbritannien den Einsatz seiner männlichen Jugend bezahlen mußte *(LXXXIV Vol III 303)*.

Alle Kriegsflieger jener Zeit mußten eine gewisse Unbekümmertheit besitzen, eben jenen Leicht-Sinn der Jugend. Immerhin handhabten sie komplizierte Kampfmaschinen, ihr geistiger Horizont muß entsprechend hoch gewesen sein.

Trotzdem hatten sie naive Tabus.

In Deutschland durfte sie niemand, um Gottes willen, vor dem Start fotografieren. Jeder, der dabei war, erinnert sich an das ewige Theater mit der Dreizehn. Und kaum einer, der nicht ein Amulett, einen Talisman bei sich trug.

Denjenigen, die statt Kampferfahrung nur Jugend und Glauben besaßen, und das waren nicht wenige der Männer in Stendal, wurde wahrhaftig ein Höchstmaß an Mut abverlangt. Sie würden sich zu überwinden haben, wenn sie plötzlich und unentrinnbar Hunderte von »Fliegenden Festungen« und »Liberator« vor sich sahen.

Auch die Japaner wußten, weshalb sie erfahrene und bewährte Piloten für Kamikaze-Einsätze überhaupt nicht zuließen *(III 238)*. Bei den wenigen Teilnehmern am Ramm-Unternehmen in Deutschland, die ein Alter von 25 Jahren bereits überschritten hatten, überwog vielleicht Pflichtbewußtsein. Der eine oder andere hatte die »Hurra«-Phase des Krieges mitgemacht. Besonders Berufssoldaten werden von Resignation nach Stendal getrieben worden sein. Aber da waren auch solche, die im Osten oder Westen Deutschlands ihre Familien verloren hatten – unter den Ketten russischer Panzer, im Feuer feindlicher Artillerie oder im Inferno eines gnadenlosen Bombenkrieges.

Melde-Motive: Härte im Luftkampf. Unerbittliche Bombardierungen

Je mehr sich der Krieg dem Ende zuneigte, umso härter wurden die Methoden der Luftkriegsführung.
Direkte Anweisungen, besiegte Gegner am Fallschirm oder am Boden zu vernichten, sind nicht bekannt geworden. Sowjetische Flieger schossen deutsche Gegner grundsätzlich auch am Fallschirm ab *(XXXXII 136)*. Bekanntgeworden sind einige Äußerungen ehemaliger Jagdflieger zu diesem Thema sowie eine bemerkenswerte Anzahl von Ereignissen, die leider die Vermutung erhärten, es sei damals auch im Westen nicht mit rechten Dingen zugegangen.
Gewiß, mitten im Kampfgetümmel »aussteigende« Flugzeugführer konnten unglücklicherweise in Propellerböen oder Schußbahnen geraten. Wer in der Aufregung die Reißleine zu früh zog, mußte stets damit rechnen, von einem der zu Tausenden umherschwirrenden Geschosse getroffen zu werden.
Ehemalige Gegner, die damals die englische Vokabel »kill« für Abschuß benutzten, schreiben heute, es sei für einen deutschen Jagdflieger undenkbar gewesen, einen am Fallschirm hängenden Feind zu beschießen. *(XV 186)*.
Das stimmt.
Aber so ehrenvoll dies für deutsche Jagdflieger klingen mag, es gab seit 1944 auch eine Anordnung des Reichsführer-SS, Himmler, an Polizeiorgane sowie im Kriegsgefangenendienst eingesetzte Soldaten, nach welcher diese nicht schützend eingreifen durften, falls im »berechtigten Volkszorn« Zivilisten oder Parteifunktionäre abgesprungene alliierte Flieger mißhandelten oder sogar töteten *(VI Bd I 545, VIII 136)*. Hitler selbst hatte gefordert, in Gefangenschaft geratene »Terrorflieger« Lynchrichtern zu überlassen. Als er hörte, daß sein Befehl vom Oberkommando der Luftwaffe be-

wußt unterlaufen wurde, warf er Koller, dem Generalstabschef, heftig vor, »... daß die Luftwaffen ein Feigheitsabkommen miteinander geschlossen ...« hätten *(LXII 386)*. Hitler und Himmler wurden noch von Ribbentrops Forderung überboten, grundsätzlich alle in deutsche Hände geratene Bombenflieger auf der Stelle hinzurichten *(LXIV 248)*. Im Herbst 1944 soll es tatsächlich zu derartigen Affekthandlungen gekommen sein *(XX 408)*.

Charles A. Lindbergh, dessen »Kriegstagebuch« einen ungleich härteren Krieg in Ostasien schildert, in dem Grausamkeiten auf beiden Seiten an der Tagesordnung waren, berichtet von Offizieren der 475. Jagdgruppe, die es »völlig in Ordnung« fanden, »feindliche Piloten abzuknallen, die mit dem Fallschirm ausgestiegen waren« *(S. 406)*.

Toliver und Constable schreiben *(XI 26)*, ihnen seien von der Gemeinschaft ehemaliger Jagdflieger »an die hundert Namen deutscher Jagdflieger« nachgewiesen worden, die entweder am Fallschirm oder nach einer Notlandung von alliierten Fliegern auf dem westlichen Kriegsschauplatz getötet worden waren. »Turbo-Jäger« hatten laut Galland »erfahrungsgemäß damit zu rechnen ... am Fallschirm erschossen zu werden« *(V 375)*.

Der australische Jagdflieger Clive Caldwell, Inhaber hoher Kriegsauszeichnungen, trug den Spitznamen »Killer« nicht ohne Stolz. In einem Interview mit der »Australian Post« meinte er am 14. August 1958 auf die Frage, wie er zu diesem makaberen Spitznamen gekommen sei *(I 138)*: »Möglicherweise, weil ich dafür war, sie auch am Fallschirm und am Boden zu erschießen ... Der Grund war ..., daß ich nicht wollte, daß sie heimkamen, um uns wieder angreifen zu können«.

Solche Beispiele einer äußerst harten Luftkriegsführung auf alliierter Seite kursierten damals, noch nicht einmal propagandistisch aufgebauscht, in der Truppe. Sie trugen wesentlich dazu bei, herrschende Verbitterung zu erhöhen. Revanchegefühle entstanden zwangsläufig. Für die im Ramm-Kommando zusammenströmenden Flugzeugführer besaß der Gegner in der Luft eine Mörderfratze. Ihn zu treffen, ihn zu vernichten war allgemeiner Wunsch.

Unbotmäßigkeiten von Gegnern im Luftkampf waren hart und schwer zu fassen. Schier unerträglich empfanden deutsche Flieger

hingegen den brutalen, forcierten Bombenkrieg der Alliierten.
Am 31. Januar 1945 hatten sich die Alliierten über letzte Luftoperationen gegen das verblutende Deutschland geeinigt. Nun planten sie dessen totale Vernichtung aus der Luft, es sei denn, die deutschen Führer streckten vorher bedingungslos die Waffen.
Das Finale einer grausam absoluten Luftkriegsführung »ohne natürliche Unterscheidung von Front und Heimat oder Streitkräften und Zivilbevölkerung« hatte begonnen *(LII 196)*. Alleine in der Zeit vom 1. Januar 1945 bis zum 26. April 1945 wurden noch 404 schwere Angriffe mit Bombern gegen das restliche deutsche Reich gerichtet, 267 mal am Tage und 137 mal bei Nacht. In den ersten drei Monaten des Jahres 1945 waren auf deutschem Boden 329000 Tonnen Spreng- und Brandmittel niedergegangen *(XXV 281)*. Fuller zufolge soll am Bombenkrieg gegen Zivilisten zu einem »nicht geringen Teil Winston Churchills brutaler Wille schuld« gewesen sein, Deutsche zu töten oder – wie er selbst gesagt haben soll – »den Feind mit allen Mitteln zu verbrennen und bluten zu lassen« *(LV 314)*.
In peinvollem Vollzug jener schrecklichen Luftkriegsanweisung von Casablanca war unter Mißachtung der Schutzbestimmungen des Pariser Luftrechtsabkommens *(LIV 161)* inzwischen das »militärische, industrielle und wirtschaftliche System der Deutschen« wahrhaftig »zerstört und vernichtet«, »die Moral des deutschen Volkes« wirklich so weit untergraben worden, daß es schließlich zusammenbrechen mußte *(XI 384)*.
Der erste Tagesangriff nach dem letzten Bombardierungskonzept des Zweiten Weltkrieges in Europa hatte die Reichshauptstadt Berlin am Samstag, dem 3. Februar 1945, getroffen. Insgesamt 937 Bomber der Typen »Fliegende Festung« und »Liberator« entfesselten, wie immer, eine Hölle. Roland Freisler, fanatischer Präsident des deutschen Volksgerichtshofes, endete mit 25000 anderen Menschen im Bombenhagel *(XIV 190)*.
Brandbomben aus amerikanischer Produktion waren kaum zu löschen. Unzählige Zivilisten gingen daran zugrunde oder wurden zu grauenvollem Siechtum verdammt *(LII 299)*.
Das grausamste waren Feuerstürme.
Sie entstanden, wenn sich über einer Vielzahl einzelner Brandherde heiße Luft zu gigantischem Aufwind vereinigte. Kalte Luft

strömte über dem Erdboden orkanartig nach. Die Luftbewegung steigerte sich zur doppelten Hurrikan-Geschwindigkeit – 240 km/h, und es herrschten Temperaturen von mehr als 1000 Grad Celsius. Alles organische Leben erstickte oder verbrannte. Luftzug entfachte zahlreiche weitere Brände. Alle Versuche, solch eine Feuersbrunst unter Kontrolle zu bringen, mußten hoffnungslos scheitern. Die Luft schien wie Feuer, Wolken aus Funken und glühender Asche wirbelten in tollem Tanz mit allen möglichen Bauteilen und Gegenständen durch die Straßen der unglücklichen Stadt. Menschen verloren den Boden unter den Füßen, wurden mitgerissen. Unter der Wucht des Feuersturmes entglitten Kinder ihren Eltern von der Hand und flogen in die Flammen. Leute, die sich schon gerettet glaubten, stürzten unter verzehrender Glut und starben im selben Augenblick. Flüchtende mußten über Tote und Sterbende hinwegschreiten.

Ein unbeschreibliches Heulen und Röhren übertönte Schreie der Angst.

Nach der Art nüchtern denkender Statistiker stellten alliierte Spezialisten nach dem Kriege fest, daß noch rascher noch mehr hätte vernichtet werden können, wenn man nur noch frühzeitiger, noch rigoroser größere Mengen an Brandmitteln verwendet hätte *(LXXXIV Vol III 794).*

Kaum ein anderer Name drückt das Grauen jener Zeit so aus wie der Name Dresden.

Die Alliierten, den Sieg greifbar nahe, hatten einen überraschenden Schlag katastrophalen Ausmaßes aus der Luft beschlossen, eine »Special Air Action«. Als man überlegte, welche deutsche Stadt am besten auf diese Weise vernichtet werden könnte, dachte man natürlich zunächst an die Reichshauptstadt Berlin. Aber dann fiel die schreckliche Auswahl doch auf Dresden.

Am Fastnacht-Dienstag, dem 13. Februar 1945, öffneten in der Zeit von 22:00 Uhr bis 22:30 Uhr 770 viermotorige »Lancaster«-Bomber ihre Schächte und dreitausend Sprengbomben fielen mit 400000 Brandbomben auf die von Flüchtlingen überquellende sächsische Metropole. Eine weitaus schlimmere Katastrophe als später die von Hiroshima bahnte sich an.

Man schätzt, daß dem ersten Angriff der Operation »Donnerschlag« (Thunderclap) zwanzigtausend Menschen zum Opfer fie-

len. Ein englischer Pilot hatte den Eindruck, daß »die Wolken ... (aussahen) wie mit Blut durchtränkte Wattebäusche«.
Die Tragödie nahm ihren Fortgang am Aschermittwoch, dem 14. Februar 1945, als noch einmal aus 1350 schweren englischen Bombern und abermals aus 1100 amerikanischen Kampfflugzeugen Unmengen von Bomben aller Art niederfielen, den Feuersturm zum Inferno steigernd, die ehemaligen Wohnstätten umpflügend. Abermals kamen Zigtausende um.
Als alles vorüber war, schwelten tagelang Scheiterhaufen, gespeist von 135000 Leichen, deren ordentliche Bestattung nicht mehr möglich war.
In seiner ersten Wut befahl Hitler, zehntausend alliierte Gefangene niederschießen zu lassen *(LXII 386)*. Niemand gehorchte.
Was für Deutsche ein entsetzliches Unglück bedeutete, stellte sich englischen Fliegerführern naturgemäß als »Höhepunkt der Nachtoffensive«, als krönende Leistung dar. *(LXVIII Vol III 109)*. Kritisch äußerte sich die Psychological Division of S.H.A.F.E., die sich nicht scheute, die »spezielle Luftoperation« Donnerschlag gegen Dresden als terroristisch zu bezeichnen. Sogar Arnold und Admiral Leahy rückten von der Idee, noch weitere Städte auf diese fürchterliche Weise zu demoralisieren, ab *(LXXXIV Vol III 639)*.
Jedoch, ein paar Tage nach Dresden hatte ein ähnliches Flächenbombardement rund 17600 Menschen in der mittelgroßen Stadt Pforzheim das Leben gekostet *(XXIII 326)*. Bagger wurden benötigt, um die vielen Opfer zuzuschaufeln.
Entgegen verkündeten Absichten von General Spaatz, Bob Lovett und General Eaker waren die Amerikaner nun doch drauf und dran, mit strategischen Bombern der USAAF den »kleinen Mann auf der Straße« zu bewerfen *(LXXXIV Vol III 733)*. An nicht weniger als zwanzig Tagen hatten die amerikanischen Luftflotten im Februar 1945 Verderben nach Deutschland tragen können. Einen Mengenrekord hatte die R.A.F. am 11. März 1945 aufgestellt, als bei einem einzigen Angriff 1079 englische Bomber 4738 Tonnen Brand- und Sprengmittel auf die Stadt Essen geworfen hatten. Doch schon am nächsten Tag war dieser schreckliche Höhepunkt noch übertroffen worden: 1107 Bomber belegten die Stadt Dortmund mit 4899 Tonnen Bomben *(LXXXIV Vol III 742)*.

Auf Berlin waren letztmals am 18. März 1945 Bomben gefallen. Danach ließ ein erbitterter Endkampf um die Reichshauptstadt endgültig alles in Trümmer gehen. Niemand vermochte nachher zu unterscheiden, was nun unter Bomben und was im Trommelfeuer russischer Artillerie zugrunde gegangen war.
Britische und amerikanische Flugzeuge warfen insgesamt 2,7 Millionen Tonnen Vernichtungsmittel ab *(LV 314).* Dreiundachtzig Prozent davon, also 2,24 Mio Tonnen, fielen in den beiden letzten Kriegsjahren überwiegend auf deutschen Boden *(XXIV 6).* Das britische Bomber-Kommando ließ 53 Prozent seiner Bomben auf große Industriestädte werfen. Als aber dann auch Schlag auf Schlag Mittel- und Kleinstädte wie Freiburg, Bayreuth, Würzburg, Heilbronn versunken waren, hatten die Bombardements schließlich einen Punkt erreicht, der zur vernünftigen Überlegung zwang. Man stellte fest, daß deutsche Wohnzentren einen derartigen Stand der Verwüstung erreicht hatten, der es schwer machte, neue Beschädigungen von vorherigen zu unterscheiden – immerhin ein Grund, wenigstens über die Rentabilität weiterer Bombeneinsätze nachzudenken.
Dieses brutale Gesicht eines unerbittlichen Bombenkrieges stand in aller Deutlichkeit vor den Augen deutscher Flugzeugführer. Das schaurige Drama hatte sich tief in ihr Gedächtnis eingegraben.
Jedermann wußte nun, daß es keine Gnade gab, weder im Osten noch im Westen.
Viele Piloten meldeten sich aus purer Vaterlandsliebe.
In diesem allmählich verblutenden Land waren sie geboren und aufgewachsen. Ihre Eltern, Frauen, Kinder, Geschwister, ihre Familien lebten hier, oder sie hatten hier gelebt und gelitten. Deutsch war ihre Muttersprache. Sie hatten deutsche Vorfahren, Deutschland war nun einmal ihre Heimat, an der sie hingen.
Ganz gleich, wer dieses Vaterland regierte, einmal zum Kampfe getrieben, taten die Männer ihre Pflicht als Söhne dieses Volkes.
In jener dramatischen Lage zu Beginn des Schicksalsjahres 1945 hielten Flugzeugführer der deutschen Luftwaffe es für ehrenvoll, ja, beinahe für selbstverständlich, alles zu tun, um verheerenden Luftangriffen Einhalt zu gebieten, und koste es das Leben. Im Anblick unbeschreiblichen Elends, bei versiegenden Versorgungsquellen, stockender Produktion, bei immer langsamer laufender

Kriegsmaschinerie blieben einer einstmals stolzen deutschen Luftmacht sowieso nur noch Waffen der Verzweiflung.
Riskante Unternehmungen wurden in aller Regel von Teilnehmern bestritten, die sich freiwillig gemeldet hatten. Ob allerdings der Entschluß, sich zu einem kritischen Kampfauftrag von der Art eines Ramm-Kommandos zur Verfügung zu stellen, von jedem der dreihundert Flugzeugführer wohlüberlegt und abgewogen sein konnte, sei dahingestellt.
Über Gruppenloyalität und Gruppenmotivierung bei deutschen Jagdfliegern ist an anderer Stelle bereits ausführlich geschrieben worden. Kritisch gesehen, lassen die zahlreichen Freiwilligenmeldungen die Vermutung zu, daß manch einer, der später den Einsatz vom 7. April 1945 mitflog, dem Aufruf des Reichsmarschalls wohl kaum ohne nähere Informationen gefolgt wäre, wenn nicht eine spontane, mitreißende Reaktion einer Mehrzahl von Kameraden gewesen wäre. Hinzu kamen eine geheimnisvolle Atmosphäre, ein Gefühl des Auserwähltseins, das Beeindrucken durch hochdekorierte, prominente Jägerführer, der aufrührende Inhalt des Aufrufs selbst, die Kriegsnot, die eigene, insgeheime Existenzfurcht.
Nur ein paar Minuten lagen zwischen Aufruf und Entscheidung. Beim hastigen Abwägen innerhalb der Gruppe von Kameraden blieb ein Nein die absolute Ausnahme.
In Frederikshavn, Dänemark, bei der III./JG 102 hatten fertig ausgebildete und auf ihre Versetzung zur Ergänzungsgruppe wartende Jagdflieger durch andere, in Aalborg stationierte Kameraden Wind von der Sache bekommen. Sie bestürmten daraufhin ihren Staffelkapitän, Hauptmann Dieball, sowie Major Haugk, den Gruppenkommandeur, so lange, bis auch ihnen schließlich eine Freiwilligenmeldung gestattet wurde. Vergeblich bemühte sich Dieball, der kein Freund des Hitler-Regimes war, die jungen Männer zurückzuhalten. Aber nur einer von fünfzehn, die in Frage kamen, ein Elsässer, blieb aus persönlichen Gründen, die jeder respektierte, zurück.
Auf Mabalakat, wo das 201. Geschwader der japanischen ersten Luftflotte lag, schrieb jeder Unteroffizier oder Flieger, falls er bereit war, als Kamikaze für den Kaiser zu sterben, Namen und Dienstgrad auf ein Stück Papier. Dieser Zettel wurde sodann in

einen Umschlag gesteckt und nach drei Stunden Bedenkzeit abgegeben.
Von sechsundzwanzig aufgeforderten Fliegern meldeten sich am 20. Oktober 1944 vierundzwanzig.
Japanische Offiziere hatten keine Wahl, ihre Teilnahme galt als selbstverständlich. Aus der Freiwilligengruppe von Mabalakat und deren Offizieren rekrutierte sich der erste offiziell organisierte Kamikaze-Verband der Japaner. Später, als extrem gesteigerten Kamikaze-Einsätzen nicht mehr genügend Freiwilligenmeldungen nachfolgten, entstand ein gewisser Druck, sich doch zu melden *(XXXX 193).*
Nicht alle japanischen Führer billigten die Kamikaze-Methode. Vizeadmiral Schigeru Fukudome, bei Kriegsausbruch Chef der Operationsabteilung im Admiralstab, galt als Gegner der Ideen Ohnischis. Erst nach langem Drängen von Seiten der Piloten der 2. Luftflotte gab Fukudome schließlich schweren Herzens nach *(III 106).*

BEDINGUNGSLOSE KAPITULATION ...?

Fast täglich lasen oder hörten deutsche Piloten von unglaublich harten Maßnahmen, denen das gesamte Volk unterworfen werden würde, wenn es erst am Boden lag.
»Germany must perish!« – Deutschland muß untergehen – forderte Theodore N. Kaufman, ein einflußreicher Mann in der Nähe des amerikanischen Präsidenten Roosevelt *(LXXVI 309).*
Entsetzen griff um sich, als gegen Ende des Jahres 1944 die deutsche Propaganda Einzelheiten eines Planes in schonungsloser Offenheit verbreitete, dessen Geist von alttestamentarischer Rache herzurühren schien. Und der Plan kam aus dem Westen!
Cooper formulierte unmittelbar nach der deutschen Niederlage im Anblick einer Trümmerwüste:
»Sicherlich hat das Schwert der Rache niemals unbarmherziger und mit größerem Eindruck blinder Unvermeidlichkeit zugeschlagen« *(LXIV 25).* Es war der Morgenthau-Plan, der die Deutschen in panische Angst versetzte.

Morgenthau war Finanzminister Roosevelts. Nach den von ihm mit Zustimmung des Präsidenten festgelegten Grundsätzen waren weder wirtschaftliche Hilfen noch Nahrungsmittellieferungen nach einem Niederringen Deutschlands vorgesehen. Mangelernährung sollte im Gegenteil ein Chaos bewirken, als dessen unmittelbare Folge der Untergang von Millionen Menschen erwartet wurde. Hull, der entsetzte Außenminister der USA, rechnete mit vierzig Prozent Verhungerten. Aber damit nicht genug. Im Verfolg einer rigorosen »wirtschaftlichen Entwaffnung« sollten deutsche Industriewerke, Bergwerke sowie Eisenbahnanlagen in Nord-Westdeutschland, hauptsächlich im Ruhrgebiet, durch Einsatz von Sprengmitteln in Trümmerhaufen verwandelt werden. Morgenthaus Teilungs- oder, wie die Amerikaner selbst sagten: »Zerstükkelungs-«Plan sah eine Abtrennung und Internationalisierung dieses Gebietes vor. Die Industrieräume Schlesiens und des Saarlandes sollten mitsamt den umliegenden Territorien entvölkert und sodann vom polnischen beziehungsweise französischen Staat in Besitz genommen werden. Polen war am 14. Dezember 1944 von Churchill an Ländereien Ostpreußen, Danzig sowie 200 Meilen Ostseeküste versprochen worden. Seine Grenzen solle Polen »auf Kosten Deutschlands nach Westen ausdehnen«, eine Totalaustreibung werde stattfinden, versicherte Churchill.

»Restitution« im Sinne Morgenthaus hieß schließlich, deutsche Arbeitskräfte als Sklaven in den Siegerstaaten zu verwenden. Schon in Teheran, Ende November 1943, hatte Stalin für sich mindestens vier Millionen deutsche Arbeitskräfte für viele Jahre verlangt *(XXXVI 305)*. Massen deutscher Zwangsarbeiter sollten, ohne ihre Angehörigen, in Nordafrika arbeiten, aber auch in Zentralafrika, in mörderischem Klima. Gigantische hydroelektrische Anlagen sollten von einem Heer arbeitslos gewordener deutscher Industriearbeiter errichtet werden. Es war klar und beabsichtigt, daß die Ausführung des Morgenthauplanes den Todesstoß vor allem für die arbeitsfähige deutsche Industriebevölkerung bedeutete.

Unter dem unmittelbaren Eindruck der Verwüstungen auf der Krim hatte Roosevelt am 4. Februar 1945 in Yalta zu Stalin bemerkt, er sei jetzt noch »blutrünstiger« gegenüber den Deutschen. Er hoffe, Stalin werde einen Trinkspruch auf die Exekution von fünfzigtausend deutschen Offizieren ausbringen *(XXXIV 65)*.

Von Roosevelt war damals allgemein bekannt, daß er zutiefst in dem Glauben an eine Kollektivschuld des deutschen Volkes befangen war *(LXI 353)*. Allen Ernstes wurde erwogen, die deutsche Nation auszulöschen. Der ungeheuerliche Gedanke einer Sterilisation aller Deutschen stand im Raum. Dabei hatte Roosevelt in Deutschland studiert, wie er am 27. Juni 1941 Sir Portal in Bowhill erzählte *(LXVIII Vol I 169)*.

Obwohl erst später in Nürnberg alliierte Richter »genocide« als neuen Begriff für Ausrottung auf deutsche Rassenverfolgungen anwandten, zielten die damaligen Ideen Roosevelts und seiner Berater in dieselbe Richtung – gegen die deutsche Art *(LXIV 133)*.

Bezeichnenderweise äußerte sich Molotow, der damalige Außenkommissar der UdSSR, auf der Konferenz der Außenminister in Paris zurückhaltend. Morgenthaus Pläne würden ein agrarisiertes und ausgepowertes Deutschland zur Folge haben. Wie solle ein solches Land den Siegern dienen? *(XXXI 90, 65, 230ff.)*.

Aber vom russischen Gegner, das erfuhr inzwischen ganz Deutschland und auch die Luftwaffe, war keinerlei Pardon zu erwarten. Lenin hatte die Moral als Faktor gesellschaftlichen Lebens abgeschafft und den Krieg zu einem hemmungslosen, tierischen Kampf herabgewürdigt. Nach Lenins Thesen mußten moralische Feinde amoralischen Gegnern unterliegen *(LV 224, 225)*. Er sollte recht behalten!

Im Januar des Jahres 1945 jagte der Name des russischen Propagandisten Ilja Ehrenburg den Deutschen Schauer der Angst über den Rücken. Blanker Haß trieb drei Millionen Rotarmisten vorwärts.

Mit dem Schrei: »Zwei Augen für ein Auge!«, »Ein Meer von Blut für einen Tropfen Blut!« *(XXXIV 156)* raubten, mordeten, schändeten russische Soldaten in eroberten deutschen Ostgebieten. Dazu nahmen sie sich beim hastigen Vormarsch immer wieder Zeit.

Stalinbefehl Nr. 5 hatte gelautet:

»Das deutsche Volk ist zu vernichten. Alle deutschen Fabriken und das Eigentum der Deutschen sind zu zerstören. Das deutsche Tier muß in seiner Hundehütte erschlagen werden« *(LXXVI 702)*.

Wie ein Lauffeuer ging es durch Deutschland, auf welch fürchterliche Weise die Russen Rache nahmen für vier Jahre Besatzung und Demütigung. Für die Zerstörung von 1710 Städten und Ortschaften sowie für 70000 Dörfer und Flecken, für 6 Millionen in Trümmer gesunkene Gebäude und unzählige Menschen wurde nun eine blutige Rechnung präsentiert *(LXIV 44)*.

Obgleich in allen ostdeutschen Provinzen strenger Winter herrschte, raffte sich die Bevölkerung zur Flucht auf. Die Zahl der Verzweiflungstaten und Selbstmorde schnellte in die Höhe. Pure Angst saß zehn Millionen westwärts Flüchtenden im Nacken *(XXXV 43)*.

»Es ist unser unbeugsamer Wille«, so hatten die Großen Drei in Yalta der Welt verkündet, »den deutschen Militarismus und das deutsche Nazitum auszurotten und dafür zu sorgen, daß Deutschland nie wieder in der Lage sein wird, den Frieden der Welt zu stören ...«

Als ihm das zu Ohren gekommen war, meinte Hitler in Berlin zu Vertrauten, die letzte Viertelstunde sei nun gekommen *(XXXIV 77)*. Im deutschen Volk hatte das, was man aus Amerika, England und dem Osten hörte, anfangs nur Furcht erzeugt. Aber dann drehte eine perfekte Propaganda den Spieß um und begann, das ganze Volk in einen Paroxysmus der Wut und Verzweiflung zu treiben. Erbitterter Widerstandswille breitete sich aus.

Es trat das ein, was der amerikanische Außenminister Cordell Hull befürchtet hatte, als er zum erstenmal von den unmenschlichen Grundforderungen der Morgenthau-Politik gehört hatte: Viele Deutsche sahen im Frieden keine Chance mehr. Man dachte an 1918, wo schon einmal die Humanität mißachtet und Wilsons 14 Punkte beim Diktat des Versailler Vertrages ignoriert worden waren. Alliierte schienen wahrhaftig kein Vertrauen zu verdienen. Und so faßten viele Deutsche den Entschluß, sich mit allen Mitteln zur Wehr zu setzen – bis in den Tod.

Allgemeine und persönliche Informationen reichten aus, um auch den jungen Flugzeugführern der deutschen Luftwaffe eine düstere Zukunft vor Augen zu führen. Sie gerieten, wie die Mehrzahl der Deutschen, in eine Atmosphäre der Unversöhnlichkeit, die in einem unheimlichen, unaufhaltsamen Prozeß stets aufs Neue aufgeladen wurde zu immer höherer Spannung.

Dann war zu allem Überfluß noch am 19. März 1945 die Weisung des Führers ergangen, bei Geländepreisgaben sämtliche Sachwerte zu vernichten, die Bevölkerung ins Innere des Reiches zu evakuie-

ren und dem Gegner eine »Verkehrswüste« zu hinterlassen. An die Oberbefehlshaber richtete Hitler die strikte Order, den Kampf gegen den in Bewegung geratenen Feind auf das fanatischste zu aktivieren.
Piloten in Fliegerhorsten und auf Flugplätzen waren ebenso wie alle anderen Soldaten tief betroffen, als sie sich klar darüber wurden, daß das Prinzip »Verbrannte Erde«, welches bisher nur in bezug auf Feindgebiete Aktualität erlangte, nun auch auf ihre Heimat, auf ihre eigenen Zivilwohnungen, ihr eigenes Hab und Gut sowie auf ihre Angehörigen angewendet werden würde. Aber niemand kam auf den Gedanken, jemanden anders als den Feind zu beschuldigen. Er, der Feind, war der Aggressor! Durch seine Schuld war der Friede des täglichen Lebens schon längst zerstört worden. Vom ihm gingen Unheil und Vernichtungsodem aus.
Alle aufwallenden Gefühle konzentrierten sich auf diesen Feind. Das Verlangen stieg, etwas zu tun, um ihm zu schaden, sich auf ihn zu stürzen, ihn mit sich in den Tod zu reißen.
Dieser weitverbreiteten Stimmung entsprang die Ramm-Bereitschaft deutscher Flugzeugführer. Sie wurden Opfer eines Hasses, den ein gescheiterter Hitler in den Monaten Februar und März 1945 bis auf den Siedepunkt zu treiben versuchte, einen Punkt, an dem es dann wirklich kein Pardon mehr gegeben hätte *(XX 433).*

DAS GESPENST DER »ABLÖSUNG«

Will man einen speziell gegen die deutsche Luftwaffe geführten tödlichen Stoß ermitteln, ist vor allem an fatale Folgen konzentrierter alliierter Luftangriffe auf deutsche Kraftstoff-Versorgungsanlagen sowie Hydrierwerke zu denken. Nur 13 Raffinerien zur Gewinnung synthetischen Treibstoffs sowie 3 kleinere, die erst 1944 in Betrieb genommen worden waren, hatten den gesamten Bedarf an Flugbenzin zu decken. *(LXXIII 8).* Hier lag die Achillesferse der Luftwaffe, und hier stieß der Gegner zu.
Schon im Jahre 1942 hatte sich eine »Enemy Oil Intelligence Group« im Ministry of Economic Warfare konstituiert. Im Juli 1944 hatte man dann das »Joint Oil Targets Committee« gebildet,

bestehend aus Repräsentanten des »Bomber Operations and Intelligence Directorate« der englischen und amerikanischen Stäbe, des Ministry of Economic Warfare, der Enemy Objektives Unit of the US Embassy und des War Office. Ab Mai 1944 waren bereits Werke und Anlagen, die der Herstellung, Umformung, Leitung und Lagerung von Treibstoffen dienten, systematisch angegriffen und zerstört worden. Doch gegen Ende des Monats Juli 1944 waren achtundneunzig Prozent aller flugtreibstoffproduzierenden Stellen entweder zerbombt oder auf mehr oder weniger lange Zeit lahmgelegt *(XX 357ff.)*. In diesem Bereich kam es im Sommer sogar zu einem Produktionstag Null – das heißt, kein einziger Tropfen Benzin wurde gewonnen! *(XXXIX 931)*. Schwer beeinträchtigt war auch die Erzeugung von »R-Stoff« zum Betrieb von Raketen sowie von »J 2«, auch »Josef zwei«, dem Spezialkraftstoff für Düsenflugzeuge.

Das Treibstoffpotential der Alliierten verhielt sich gegen Mitte des Jahres 1944 zu demjenigen Deutschlands wie 1:29. Im August 1944 mußte die Zeit für Probeläufe fabrikneuer deutscher Triebwerke von zwei Stunden auf eine halbe Stunde verkürzt werden *(LXXIII 9)*. Und zu Beginn des Jahres 1945 bestand im Treibstoffbereich eine hundertfache Überlegenheit der Alliierten *(XXXV 36)*.

Das Beispiel von Leuna ist bezeichnend.

In der »Schlacht um Leuna« wurden von den Alliierten insgesamt 6552 Einsätze gegen dieses wichtige Hydrierwerk geflogen. Ein ganzes Jahr lang ließen sie nicht locker, um 18328 Tonnen Bomben auf diese Treibstoffquelle zu werfen *(LXXIII 9)*.

Dank Speer, Galland und »Jägerstab« stand im Herbst 1944, wie wir noch sehen werden, eine Höchstmenge an Jagdflugzeugen zur Verfügung. Allerdings mit leeren Tanks.

Kaum eingeflogen, fielen neue Maschinen entweder feindlichen Jagdbombern oder Flächenbombardierungen zum Opfer. Andererseits war im Frühjahr 1945 im Hinblick auf Verteidigungsnotstände an allen Ecken und Enden des Restreiches eine Nachfrage nach Männern für Fallschirmjägereinheiten, SS-Bataillone und Felddivisionen kaum noch zu stillen. Nun spürten die Jagdflieger, schon längst keine sieggewohnten, ordensgeschmückten Helden und Volkslieblinge mehr, verstärkt die Ungunst ihrer Führer.

Schon am 7. Oktober 1943 hatte Göring, als er in aller Öffentlichkeit seine Orden ablegte, um die Jagdflieger damit zu beschämen, befohlen, daß die Jagdwaffe sich einsetze »bis zum letzten Mann«. »Tut sie dies nicht, dann geht sie in den Infanteriekampf«. *(IV 29).* Auch Hitler wollte, als er wieder einmal gegen die Luftwaffe tobte, bereits im August 1944 die deutschen Jagdflieger »absitzen« lassen. *(VIII 137).* Im Oktober desselben Jahres kulminierten die Diskriminierungen, als der Reichsmarschall im Saale der Reichsluftschutzschule in Berlin ätzende Vorwürfe über dort versammelte Verbandsführer ausgoß *(IV 75).* Im Hinblick auf den außerordentlich hohen Blutzoll, den insbesondere diese Waffengattung zu entrichten hatte, klangen Vorwürfe dieser Art besonders böse.
Aber trotz all dieser unerfreulichen Erscheinungen, trotz Diskriminierungen und Verlusten blieb ein Fliegerleben attraktiv. Wer einmal Flugzeugführer war, mochte nichts anderes sein, unter welchen Umständen auch immer.
Als dann aber deutlicher sichtbar geworden war, wohin ein maßlos gesteigerter Luftkrieg über Deutschland führen mußte, fühlten sich deutsche Piloten doppelt bedroht. Zur Sorge ums Überleben im Luftkampf gesellte sich eine ständig wachsende Sorge um Verbleib beim fliegenden Personal.
Tatsächlich mußte, bedingt durch extrem hohe Verluste und akuten Treibstoffmangel, ab Februar 1945 damit begonnen werden, zunächst einzelne Staffeln, dann Gruppen und schließlich ganze Geschwader aufzulösen. Das Ende der Tagjäger, das Ende der deutschen Kriegsfliegerei überhaupt, nahte.
Auflösungsbefehle trafen im März 1945 bei sechs Jagdgruppen ein. Goebbels, der Göring schon lange mit seiner Gegnerschaft verfolgte, hatte bei Hitler mit seiner Denkschrift vom 20. März 1945 über einen weiteren personellen Abbau bei der Luftwaffe endlich Gehör gefunden. *(XXXVIII 618).* Und infolgedessen mußten im April 1945 die Piloten von sieben weiteren Jagdgruppen ihre Fliegerausrüstung an den Nagel hängen. Andere Truppenteile, Flak, Luftwaffen-Felddivisionen sowie Fallschirmjäger- und Infanterie-Einheiten übernahmen freiwerdende Flugzeugführer, durchweg Männer in bestem Wehralter und einigermaßen guter physischer Verfassung.
Aber wie sehr sich selbst »abgelöste« Flieger noch an die Hoff-

nung klammerten, bald doch wieder Flugzeuge besteigen zu dürfen, verdeutlichen Vorgänge an der deutschen Maasfront in Südbrabant. Dort schenkten ehemalige Angehörige des fliegenden Personals beharrlichen Gerüchten nur allzu gerne Glauben, denenzufolge man sie schon bald wieder im fliegerischen Einsatz verwenden wolle, und zwar sogar auf legendären Düsenjägern vom Typ Me 262! *(VI Bd I)*.

Ehemaligen Kampffliegern ging es trotz Umschulung auf Jagdmaschinen nicht viel anders als den Jägern.

Noch Ende Februar 1945 hatte sich das unter dem Divisionskommando von Oberst Herrmann stehende KG (J) 27 in der Umschulung auf Standard-Jagdflugzeuge der Typen Bf 109 und Fw 190 befunden. Koller war dann mit dem Vorschlag von Peltz einverstanden gewesen, umgeschulte Kampffliegerbesatzungen »bis zur vollen Einsatzreife« zur Unterstützung des Heeres zu verwenden, allerdings nicht im Osten, wie Peltz gewünscht hatte, sondern im Bereich der Luftflotte 4. Der Gedanke war, diese neuen Jagdverbände sofort Tagbombern der 15. USAAF entgegenzuwerfen, sobald nur Betriebsstofflage und Ausbildungsstand dieses erlaubten. Der Generalstabschef erhoffte sich einen Überraschungserfolg, weil von Süden eindringende Bomber nun schon seit mehr als einem Jahr keiner deutschen Jagdabwehr mehr ausgesetzt gewesen waren! Aber bis zur Ausstattung mit Flugzeugen hatte das KG (J) 27 zunächst doch erst Verwendung in der Endmontage sowie beim Einflugbetrieb gefunden. Und als dann schließlich doch eingesehen werden mußte, daß eine Umrüstung auf Me 262-Düsenjäger unwahrscheinlich geworden war, erging vom OKL die Weisung an Luftflotte Reich, das Geschwader aufzulösen. Freiwerdende Besatzungen der Bf 109-Gruppen I und II sollten an den General der Jagdflieger abgegeben werden und Fw 190-Besatzungen der III. Gruppe an den General der Schlachtflieger. Das restliche Personal wurde zu den Fallschirmjägerdivisionen 10 und 11 versetzt *(S. I. 1; 134, 139, 159, 193)*.

Bedroht von verhaßter »Ablösung«, ein höchst ungewisses Schicksal als Bodenkämpfer vor Augen, traten viele Flugzeugführer lieber die Flucht nach vorne an. Nur einer der ehemaligen Angehörigen des Ramm-Kommandos »Elbe« berichtete nach dem Kriege, auf ihn und seine Kameraden sei unverhohlen Druck ausgeübt

worden, und zwar mit der Drohung, entweder die Verpflichtungserklärung zur Teilnahme am Ramm-Einsatz abzugeben oder zur Infanterie abkommandiert zu werden.
Bei den japanischen Achsenverbündeten herrschten damals ähnliche Verhältnisse; kein Wunder, denn sie waren ebenso am Ende. Schon relativ früh, nämlich im Dezember 1944 begannen Verhandlungen zwischen Admiral Ohnischi, dem »Vater der Kamikaze«, und Heeresdienststellen über die Abgabe von Luftwaffenpersonal. Auch dort war, wie berichtet wird, die Verbitterung der Piloten groß *(III 166)*.
Aber am 6. Januar 1945 verfügte das 201. Luftgeschwader auf Mabalakat nur noch über ganze fünf einsatzklare Flugzeuge. Man stellte die Piloten vor die Wahl, sich entweder zum fliegerischen Einsatz zu melden oder in den Infanteriekampf zu gehen. Beide Einatzformen brachten mit Sicherheit den Tod.
Deutschen Jagdfliegern stand nur noch ein einziger Ausweg offen: Der Weg nach Stendal, ins Ramm-Kommando. Ein erstaunlich guter Ausweg, rein äußerlich gesehen; denn den Freiwilligen sollte sich, wenn auch nur für kurze Zeit, eine Welt auftun, die keinen Mangel zu kennen schien – im sechsten Kriegsjahr, bei allem Elend ringsumher und ganz im Gegensatz zu ihrem kargen Dasein bisher.

»Schulungslehrgang Elbe«

DAS LEBEN DER DEUTSCHEN RAMM-JÄGER IN STENDAL

Hinter einem Schlagbaum mit Wachtposten, in einer abgelegenen Ecke des Fliegerhorstes Stendal, entwickelte das Sonderkommando des Obersten Herrmann ein verborgenes Treiben. Für ein paar Wochen spielte sich zwischen Luftwaffen-Steinbauten und einigen Baracken in den Monaten März und April des Jahres 1945 für etwa dreihundert freiwillige Flugzeugführer ein ungewöhnliches, gemessen an den äußeren Verhältnissen und im Vergleich mit der übrigen Umwelt sogar ein märchenhaftes Leben ab.
Schon bei der Ankunft zog das Geheimnisvolle Neulinge in den Bann. Soldbücher wanderten in die Schubladen der Schreibstube. Ein Kontakt mit Personen außerhalb der Umzäunung wurde nicht erlaubt. Das Lager war nach außen abgeschirmt.
Natürlich hätte es keiner großen Anstrengung bedurft, dieses strikte Gebot zu umgehen. Aber die Männer waren sich des Ernstes ihres Hierseins bewußt. Von Anfang an hielten psychologische Barrieren sie wirksamer zurück, als ein mehr symbolischer Zaun.
Das Fieber der Erwartung kam hinzu. Einige Male verließen die Piloten den eingehegten Bereich, um in großen, aufgelockerten Haufen, erlaubterweise nach Lust und Laune ausstaffiert, zu kurzen Wanderungen auszuschwärmen. Sie trafen nur auf wenige Zivilisten; man grüßte und schritt vorüber.
Innerhalb des Lagers herrschte das übliche Hin und Her von Leuten, die sich soeben erst kennenlernten. Man war bemüht, Kontakt zu bekommen, vor allem aber Informationen zu erhaschen.
Eine Orientierung fiel in dieser kleinen Welt nicht schwer. Schon

bald kannte sich jeder aus mit den Wegen zur Kantine, zum Frisör, zum Fotografen, der Paßfotos für Frontflugausweise anzufertigen hatte, zum Fourier, zur Kammer sowie zu all jenen Einrichtungen, ohne die selbst der bunteste Haufe nicht auskommen konnte.
Aus Individuen formte sich allmählich eine große Gruppe.
Jagdgeschwader der deutschen Luftwaffe hatten früher außer Nummernbezeichnungen auch noch besondere Namen erhalten.
So nannten sich zum Beispiel das JG 3 »Jagdgeschwader Udet«, nach dem berühmten Jagd- und Kunstflieger Ernst Udet, der später als Generalluftzeugmeister überfordert worden war; das JG 26 Jagdgeschwader »Schlageter«, nach dem Helden der nationalsozialistischen Revolution, Albert Leo Schlageter; das JG 54 trug schließlich die Bezeichnung Jagdgeschwader »Grünherz«, womit Thüringen gemeint war, das grüne Herz Deutschlands.
Derartige Benennungen trugen dazu bei, Traditionen aufzubauen und zu pflegen. Jedes Jagdgeschwader erstrebte die Ehre der höchsten Abschußziffern, und Kommodore wetteiferten um die Spitze innerhalb der Abschuß- und Vernichtungs-Skalen.
Den Namen von Jagdgeschwadern entsprachen Embleme oder Geschwaderabzeichen. Fast jede Geschwadermaschine schmückte ein solches Abzeichen. Darüberhinaus prangten an verschiedenen Maschinen Sonderbemalungen und Sonderbeschriftungen, allerdings gegen Schluß des Krieges in weniger großem Umfange; der Sinn stand nicht mehr so sehr danach. Aber je erfolgreicher ein Jagdflieger war, umso toleranter verhielten sich seine Vorgesetzten, zumal diese ja meist selbst diejenigen waren, die sich als Experten durch besondere Kriegsbemalung kenntlich machten.
Ernsthafterer Natur waren die Truppenfahnen, die jedes Geschwader verliehen bekam.
Abweichend von solchen Gepflogenheiten deutscher Traditionsgeschwader und völlig anders als die Japaner, mußten Piloten des Ramm-Verbandes gänzlich auf derartige Symbolik verzichten. Hast des Aufbaus, relativ schwach entwickeltes Gruppengefühl, Geheimhaltungsbestrebungen sowie einfach die äußerliche Drangsal führten dazu, daß kein einziger von den Piloten, die dann am 7. April 1945 wirklich ihren schweren Flug antraten, dies unter einem besonderen Zeichen tun konnte, aus dem er, außer aus dem Hakenkreuz, vielleicht noch Kraft hätte schöpfen können. Viel-

mehr übernahm man ohne viele Umstände die aus allen Richtungen zusammengebrachten Flugzeuge so, wie sie angekommen waren: mit den alten, meistens fremden oder mit überhaupt keinen Zeichen.

Um ein Vielfaches reichhaltiger und hintergründiger als bei deutschen Jagdfliegern war die uralte Symbolik japanischer Verbündeter. Beim feierlichen Aufnahmezeremoniell neuer Kamikaze-Piloten trugen Marineangehörige weiße Roben, im Rücken geziert von gestickten, rosafarbenen Kirschblüten. Armeeflieger hüllten sich in schwarze Gewänder mit aufgestickten gold-grünen Drachen *(VII 223)*. Eine Nachbildung der Blüte des Kirschbaumes trugen alle Kamikaze als Zeichen der Reinheit *(III 336)*. Die Kirschblüte galt als die erste unter den Blüten – so wie der Krieger als erster unter den Männern. Eine auf dem Wasser treibende halbierte Chrysantheme diente den Piloten vor Okinawa als allegorische Darstellung ihrer seelischen Größe. Zusätzlich führten sie die poetische Bezeichnung »Kikusui«, schwimmende Chrysantheme.

Im Durcheinander der letzten Kriegsmonate schwirrten in Deutschland zu viele Gerüchte und Parolen über Wunderwaffen und Sonderkampfmittel umher, als daß Versetzungen von ein paar Hundert Jagdfliegern nach Stendal weiter aufgefallen wären. Es gelang tatsächlich, den wahren Hintergrund des angeblichen »Schulungslehrgangs Elbe« bis zum Tage des Geschehens selbst unter einem tiefen Schleier der Geheimhaltung zu verbergen. Keiner der vielen alliierten Geheimdienste bekam rechtzeitig Wind davon, was in Stendal nun wirklich getrieben wurde – sehr zum Nachteil eingeplanter psychologischer Wirkungen auf amerikanische Bomberbesatzungen, wie sich herausstellen sollte.

Alle informierten oder zwangsläufig beteiligten Stellen, das Oberkommando, der Generalstab, der Führungsstab, der General der Jagdflieger, sein Inspekteur für die Tagjagd, der Chef des IX. Fliegerkorps, die vielen Adjutanturen sowie alle weiteren direkt oder indirekt mit Organisation und Verwaltung dieser Spezialeinheit beschäftigten Persönlichkeiten und Personen hielten dicht. Und was in die Öffentlichkeit gedrungen sein mochte, wurde offensichtlich absorbiert, vielleicht nicht ernst genommen.

Ein paar Leute in der Küche, im Kasino, an den Wachen, das waren nur wenige Berührungspunkte mit der Außenwelt; sie zu

sichern fiel nicht schwer. In erster Linie wird es aber wohl an der eisernen Disziplin der Angehörigen des Ramm-Kommandos selbst gelegen haben, daß das Geheimnis der neuen Einheit sowie deren Absichten ganz im Dunkeln bleiben konnten.
Wie perfekt die Verschwiegenheit gelang, beweist auch das allgemeine Erstaunen der Jagdflieger regulärer Verbände, als sie erst am Einsatztage von den Zielen dieser merkwürdigen Leute hörten, die da schon seit ein paar Tagen herumgestrichen waren.
Als das erste Kamikaze-Korps am 19. Oktober 1944 auf Mabalakat beschlossen und strenge Geheimhaltung angeordnet worden war, zog man zunächst nur die übrigen Stabsoffiziere ins Vertrauen. Diese übernahmen dann die Aufgabe, von Mann zu Mann mit solchen Piloten im 201. Luftgeschwader zu sprechen, bei denen eine Bereitschaft zur Freiwilligenmeldung vermutet werden konnte. Aber trotz aller Vorsicht sprach sich auch auf Cebu die Gründung der neuen Einheit herum, und viele meldeten sich unaufgefordert *(XXXX 66)*.
Ganz ähnlich geschah es im deutschbesetzten Aalborg sowie in Frederikshavn. Informelle Informationen über die beabsichtigte Aufstellung eines Spezial-Jagdverbandes drangen eher nach Frederikshavn zum JG 102 durch als der berühmte Werbe-Oberst mit seiner schnellen Reisemaschine vom Typ Fw 190. Es bleibt ein Rätsel, wie geschäftige Vorgänge um den »Schulungslehrgang Elbe« trotz relativ breit angelegter, wenn auch insgeheim betriebener Werbekampagnen einem sonst so hervorragend informierten Gegner verborgen bleiben konnten.

STENDALER SCHLARAFFENLAND 1945

Für Ernährungs- und Bekleidungslager der Wehrmacht verantwortlich war in der Entstehungszeit des Ramm-Kommandos »Elbe« der Chef VA, SS-Obergruppenführer Frank *(XX 462)*. Allerdings lag in seinen Händen nur die Federführung in Wirtschaftsfragen der Wehrmacht.
Als sich gegen Ende Februar 1945 bei Frank Meldungen über ungenutzte Luftwaffenbestände gehäuft hatten, hielt es die Dienst-

stelle »Qu.3(Wi)« des Wehrmachtführungsstabes nunmehr an der Zeit, sofortigen Ausgleich zu fordern. Darüberhinaus verlangte sie ein absolutes Weisungsrecht für Frank und legte am 24. Februar 1945 einen Führerbefehls-Entwurf vor, der den SS-Obergruppenführer zum »Chef der Wirtschaftsversorgung der Wehrmacht« erheben sollte, damit er, nun allein dem Chef OKW unterstehend, die Versorgung aller Truppen mit Bekleidung, Verpflegung und Unterkunftsgerät uneingeschränkt steuern könne.
Dabei machte sich WFSt/Qu.3(Wi) allerdings insofern nichts vor, als damit gerechnet werden mußte, daß diese saubere Lösung auf erheblichen Widerstand stoßen würde – insbesondere auch vom Oberkommando der Luftwaffe *(IfZ; MA-240, 8337–8340).*
Tatsächlich erhielt dann auch die 6. Abteilung beim Generalquartiermeister der Luftwaffe Weisung, den neuaufgestellten Luftwaffenverband »Elbe« zu versorgen *(S. I. 1; S. 185).*
Was die Verpflegung betraf, so durften als sogenannte »Lebensmittelrationen« nach den amtlichen Mitteilungen vom 28. März 1945 in der 74. Kartenperiode für Normalversorgungsberechtigte an wichtigen Nahrungsmitteln folgende Zuteilungen pro Kopf und Woche ausgegeben werden:

Brot	1700 Gramm
Fleisch	250 Gramm
Fett	125 Gramm
Nährmittel	225 Gramm, allerdings für drei Wochen!

Zucker und Marmelade in doppelter Menge; grundsätzlich 125 Gramm je Woche.

Käse	62,5 Gramm in drei Wochen
Quark	125 Gramm in drei Wochen
Kaffee-Ersatz	100 Gramm in drei Wochen …

Die Ernährung war zu einem großen Problem geworden.
Die Ernährungswirtschaft hatte sich wegen »militärischer Operationen in den landwirtschaftlichen Überschußgebieten des Ostens«, eine kaum kaschierte Umschreibung für den Zusammenbruch der Ostfront, sowie der »Anspannung auf allen Gebieten des Transportwesens« – Verkehrsmittel aller Art sowie Verkehrswege lagen unter andauerndem Beschuß alliierter Flieger – an die Lage anzupassen. Man verlängerte die Zuteilungsperioden um eine Woche.

Das deutsche Volk begann, zu hungern.
Von diesem allgemeinen Mangel auf dem Gebiete der Ernährung blieben die deutschen Piloten in Stendal zu ihrem größten Erstaunen völlig verschont.
Ungläubig zunächst, zurückhaltend, ja, geradezu schüchtern, dann allerdings staunend nahmen sie Zuteilungen an Kognak, Wein, Bisquits, Schokolade, Zigaretten und Zigarren in Empfang. Aber erst die Verpflegung!
Anstelle des üblichgewordenen Kriegsfrühstücks aus Ersatzkaffee, dünn aufgebrüht, nassem, schwerverdaulichen Kommißbrot, gestreckter Margarine sowie einem Brotaufstrich, der die Bezeichnung Marmelade wirklich nicht verdiente, standen nun plötzlich Delikatessen auf dem Tisch: Frisch duftendes Weißbrot, dazu richtige Butter, Wurst und Käse, Eier, ja, sogar Bohnenkaffee, alles reichlich, niemand kam zu kurz.
Diese Genüsse fanden ihre Fortsetzung bei den Mittags- und Abendmahlzeiten. Jedermann bediente sich nach Belieben – eine Welt des Überflusses hatte sich aufgetan!
Aus dunklen, aber offenbar unerschöpflichen Quellen rollte Nachschub heran.
Es blieb nicht aus, daß ein gutgefüllter Magen die allgemeine Stimmung sehr veränderte. Die außergewöhnliche Ernährungslage hob ganz zwangsläufig das Ansehen der jungen Einheit, und man hatte keinen Zweifel daran, privilegiert zu sein. Der persönliche Stolz wuchs. Hinzu kam, daß von Anfang an die normalen Unterschiede zwischen Mann und Offizier aufgehoben schienen; jedenfalls hatten sich die Offiziere eingereiht. Weniger der Dienstgrad als vielmehr die Zugehörigkeit zum Ramm-Kommando »Elbe« galt etwas.
Um einiges schlechter erging es, was die Lebensbedingungen betraf, den radikaleren, zur Selbstaufopferung bereiten Kamikaze-Männern im fernen pazifischen Raum.
Zusammengepfercht in unzulänglichen Räumlichkeiten fristeten sie im allgemeinen ein kärgliches Leben.
Einmal, Mitte November 1944, ließen japanische Soldaten den Todesfliegern auf Cebu ein Dutzend Flaschen Saki zukommen, sie wollten ihnen damit eine kleine Freude machen. Anläßlich eines Kameradschaftsabends in der Messe von Cebu wurde dieser schar-

fe Reiswein zu reichlichen Speisen ausgeschenkt *(XXXX 108)*. Ein anderes Mal, beim ersten Kamikaze-Sonderverband von Formosa, gelang es den findigen Köchen von der Staffel Niitaka, etwas Besonderes, nämlich Rindfleisch, Tintenfischkonserven und etwas Gemüse auf den Tisch zu bringen, bevor die todeswilligen Piloten zum letzten Flug in ihre Maschinen stiegen *(III 139, 171)*.
In Stendal machte sich, allerdings nur in den Augen von Oberst Herrmann, ein ganz anderer Mangel bemerkbar.
Unter den Freiwilligen befanden sich, sehr zu seinem Leidwesen, immer noch zu wenige Repräsentanten des Erfolgs. Es fehlten Verbandsführer mit Fronterfahrung und großen Orden. Es fehlte infolgedessen an Glanz, Ausstrahlung und Zugkraft, erfahrungsgemäß immer noch Einflüsse von fast unverminderter Faszination, insbesondere bei jüngeren Besatzungen.
Oberst Herrmann löste das Problem kurzentschlossen durch Kommandierungen innerhalb seines eigenen Machtbereiches.
Und so tickten in der Nacht vom 25. auf den 26. März 1945 über einige Luftwaffenfernschreiber ein paar geheime Kommandosachen. Im Auftrage des Kommandeurs der 9. Friedensdivision (J) gab Major i. G. Wetterer in seiner Eigenschaft als Ia-Offizier den unterstellten Kommodore Befehl, »zur Steuerung und Überwachung eines Sondereinsatzes, an dessen erfolgreiche Durchführung große Erwartungen gebunden sind«, Kommandeure und Staffelkapitäne mit Fronterfahrung und Auszeichnungen – wörtlich: »mind. Deutsches Kreuz in Gold« – »kurzzeitig« abzugeben.
Die Art dieses Sondereinsatzes wurde nicht enthüllt.
Es hatten auf Befehl Herrmanns zu melden:
Die KG (J) 27, 55 und 61 je einen Kommandeur sowie je zwei Staffelkapitäne, die III. Gruppe des KG (J) 30 einen Staffelkapitän.
Tags darauf folgte der Marschbefehl. Er bezeichnete als Marschziel Stendal und gab Order an die befohlenen Offiziere, sich bei Major Köhnke, Schulungslehrgang »Elbe«, zu melden. »Dort Einweisung in Aufgabe«, lautete der Text. »Kommandodauer voraussichtlich 10 bis 14 Tage«.
Wie dem Geschwaderbefehl Nr. 7/45 vom 31. März 1945 des »Greifengeschwaders«, KG (J) 55 zu entnehmen ist, stellte dessen Kommodore, Major Brunner, dem Herrmann'schen Ramm-Kommando mit Wirkung vom 26. März 1945 den Kommandeur der

ersten Gruppe, Major Schirmböck, Träger des Deutschen Kreuzes, sowie die Hauptleute und Ritterkreuzträger Thoss von der II./KG (J) 55 und Schmidt von der III./KG (J) 55, einen ehemaligen Adjutanten Herrmanns, zur Verfügung, offiziell »zu einem Schulungslehrgang« *(MA; RL 10/112).*

MORALISCHE UND TAKTISCHE AUFRÜSTUNG IN STENDAL

Ein preußisch-militärischer Dienstplan existierte im »Schulungslehrgang Elbe« nicht. An seiner Stelle wurde lediglich ein Rahmenplan herausgegeben, eine Art Veranstaltungskalender, der nur anbot und auf Vorträge oder Filme aufmerksam machte.
Niemand unterlag dem Zwang einer Teilnahme.
Aber die Faszination des Unternehmens war so stark, daß dann doch jeder an Veranstaltungen teilzunehmen schien. Jedenfalls waren die Säle stets gefüllt.
Obwohl die Bezeichnung »Schulungslehrgang Elbe« Tarnung bezweckte, fanden tatsächlich Veranstaltungen mit einem gewissen belehrenden Charakter statt. Einige der gebotenen Referate waren deutlich tendenziös, wie zum Beispiel antisemitische Ausführungen des damals bekannten Arbeiterprofessors Börger.
Dieselben Absichten verfolgten einige der gebotenen Filme: »Jud Süß«, »Der ewige Jude«, »Die Rothschilds« – Streifen, die sowieso in allen Kinos gelaufen waren und die jeder kannte.
Ein prominenter Rundfunk-Kommentator, Professor Hans Härtel vom Ministerium für Volksaufklärung und Propaganda, analysierte in seinem Vortrag die Verhältnisse im gegnerischen Lager, berichtete von erheblichen Spannungen unter den sogenannten Alliierten und knüpfte kühne Erwartungen daran. Dabei ergab sich ein interessanter Aspekt im Hinblick auf den bevorstehenden Ramm-Einsatz. Härtel erhoffte sich von einem erfolgreichen »Elbe«-Unternehmen der Männer in Stendal weniger einen Sieg, etwa in dem Sinne, daß mit einem Male die amerikanischen Bomberflotten vom Himmel verschwänden. Wenn man ihn recht verstand, zog er überhaupt keinen Endsieg Deutschlands in Betracht.

Entscheidend schien dem Professor nur zu sein, einen Verhandlungsspielraum zu gewinnen, Zeit herauszuschlagen sowie einen Prestigezuwachs durch möglichst spektakuläre militärische Erfolge – auf welche Art auch immer. Solche Aktionen wie der kommende Ramm-Einsatz, meinte Härtel, würden die Westmächte bestimmt an den Verhandlungstisch bringen. Himmler, der ja bereits seine Fühler ausgestreckt habe, könne mit militärischen Trümpfen in der Hand für Deutschland weit mehr tun. Und der geplante Ramm-Einsatz sei ein hoher Trumpf!

Von den Filmen schilderten einige immer wieder Deutsche mit starkem Durchhaltecharakter. Sie enthielten Szenen heldenhaften Widerstandes edler Minderheiten gegen rohe Feindmassen, wie zum Beispiel Veit Harlans »Kolberg«-Film, letzter Streifen der UFA; patriotische Filme wie »Bismarck«, »Der große König«, zielten ab auf das deutsche Gemüt.

Nachmittags, abends, in freien Stunden und in der Zeit, in der sie keinen Schlaf fanden, suchten die Männer die Gemeinschaft der Kameraden. Dann saßen sie in ihren Unterkünften beieinander, Mannschaften wie Offiziere. Unterschiede waren aufgehoben. Man unterhielt sich, erzählte von daheim, tauschte Erinnerungen aus und landete dann doch wieder bei dem alle beherrschenden Gesprächsstoff: dem Ramm-Einsatz.

Beim Kamikaze-Korps von Mabalakat veranstaltete der Flugleiter Tadashi Nakajima regelmäßige Schulungen über Fragen, die mit der speziellen Angriffsart zusammenhingen. Vor allem Neuankömmlinge wurden instruiert. Dabei versammelte man sich entweder im Buschgelände am Rande des Flugfeldes oder in einer Baracke.

Nakajima schilderte seine Zuhörer als höchst interessiert und eifrig. Es hätten sich lebhafte, bis in die Nacht reichende Diskussionen ergeben. Alle Gedanken kreisten immer wieder nur um die ernste Sorge, den erteilten Auftrag möglichst vorbildlich zu erfüllen.

Die Gespräche hätten mehr wie eine Unterhaltung »über einen guten Angelplatz« geklungen und nicht wie »eine Beschreibung der eigenen Todesart« *(XXXX 110, 114, 158)*.

Zentrales Thema, absolutes Thema Nummer 1 war auch in Stendal die bevorstehende Aktion.

Ein Oberfeldwebel, mit dem Ritterkreuz am Halse, ehemaliger Angehöriger einer »Sturm«-Gruppe des JG 3 »Udet«, kam, um über seine speziellen Ramm-Erfahrungen zu berichten.
Es gefiel den Männern, als er freimütig zugab, ihm wäre es damals sicherlich lieber gewesen, wenn der von ihm anvisierte viermotorige Bomber bereits unter dem Feuer seiner schwer bestückten und gepanzerten Focke Wulf Fw 190 gefallen wäre.
Erst schießen – dann rammen, so hatte damals das Motto der »Sturm«-Jäger gelautet. Doch dem Oberfeldwebel war keine andere Wahl geblieben. Als ihm in Sekundenbruchteilen klargeworden war, daß sich das gegnerische Kampfflugzeug immer noch halten konnte, sei er einfach hineingestoßen.
Eine Technik des Rammens? – Nein, damit konnte dieser biedere »Sturm«-Jäger nicht dienen. Er hatte auch nicht vor dem Aufprall die Haube seiner Kabine abgeworfen. Und den Ausstieg mit dem Fallschirm hatte er, wie er sagte, »irgendwie« geschafft, jedenfalls nicht bewußt.
Wie eine lebhafte Diskussion ergab, hatte der Mann keine einzige der eisernen Regeln beachtet, die den Teilnehmern am Schulungslehrgang »Elbe« inzwischen ununterbrochen eingehämmert wurden. Glück hatte er gehabt ...!
Die Geschichte war zwar interessant, aber nicht sehr nützlich.
Bei allem Gerede und Gehaste blieb noch genügend Zeit, um private Angelegenheiten zu regeln. Die Freiwilligen packten ihre Habe zusammen, verschnürten diese sorgfältig in Kistchen oder Kartons, was sie gerade zur Hand hatten, manche nähten ihr persönliches Eigentum mit viel Mühe in Tuch ein. Die Zeiten waren unsicher und die Transportverhältnisse mehr als rauh.
Einen Begriff davon, wie schwer man den bevorstehenden Einsatz einzuschätzen hatte, bekamen die Piloten, als die offizielle Empfehlung kursierte, den Nachlaß zu regeln. So wurden Testamente formuliert und von Notaren bestätigt, Abschiedsbriefe wurden zu Papier gebracht, sogar Ferntrauungen fanden statt. Von einigen Männern hörte man, sie hätten dem Winterhilfswerk der NSV ihren Wehrsold überschrieben.
Was die Männer da taten, war alles andere als normal. Ihrem Tun haftete eine düstere, deprimierende Note an. Trotzdem blieb die äußerliche Stimmung gut. Derbe Witze, besonders über die unzeit-

gemäße Pedanterie der Beamten, übertünchten innere Empfindungen. Jedenfalls schien niemand ernsthaft anzunehmen, daß sich ausgerechnet sein säuberlich verschnürtes Nachlaß-Päckchen in wirklichen Nachlaß verwandeln könnte.

Keiner wollte sterben.

Als die Männer ihr Eigentum mit viel Liebe in einem trockenen Keller aufgestapelt hatten, ahnte kaum einer, daß diese Sachen nirgendwo mehr Verwendung finden würden. Wenige Tage nach erfolgtem Ramm-Einsatz jagten deutsche Truppen vor anrückenden Amerikanern alles in die Luft.

In den endlosen Diskussionen über mutmaßlich sicherste und erfolgversprechendste Angriffs- und Ramm-Methoden kam man sich allmählich näher.

Piloten ohne große Fronterfahrung, oder solche, die frisch von der Schule kamen, drangen in die »Veteranen«, die allerdings auch nicht sehr viel älter waren, um dahinterzukommen »wie man es macht«. Nach und nach schälten sich taktische Details heraus.

Es war eben in erster Linie die Frage, ob ein Mensch überhaupt imstande war, kühlen Kopf zu bewahren, indem er auf ein kompaktes anderes Flugzeug von den Ausmaßen einer »Fliegenden Festung« oder einer »Liberator« auftraf, durch stabile Flugzeugteile hindurchstieß und sodann mit einer infolge des Ramm-Vorganges sicher fluglahm gewordenen Jagdmaschine abstürzte.

Elftausend Meter Einsatzhöhe schienen angebracht, um die Führung der Ramm-Schwärme durch die einzige informierte und auf das Geschehen vorbereitete Bodenstelle in Treuenbrietzen auch auf weite Entfernung zu gewährleisten. Die benutzten Bordfunkgeräte arbeiteten ausnahmslos im Ultrakurzwellenbereich. Infolgedessen entsprach ihre Reichweite der optischen Sicht. Je größer die Flughöhe, desto größer also auch die Strecke, über welche Ultrakurzwellen empfangen werden konnten, in mittlerer Höhe etwa 200 Kilometer.

Es war bekannt, daß feindliche Störflugzeuge in großen Bomberverbänden mitflogen, um sich auf deutschen Funksprechverkehr einzupeilen. Lebhafter deutscher Mitteilungsverkehr bot somit alliierten Spezialisten Gelegenheit, auf die Stärke eines Jägereinsatzes zu schließen und entsprechende Abwehrmaßnahmen zu treffen.

Gelang es dem Gegner, Störsender auf deutschen Jägersprechfunk einzustellen, hatte dies große Behinderungen zur Folge, wenn nicht sogar eine vollständige Unterbindung aller Mitteilungen von Bord zu Bord oder von Bord zu Boden.
Infolgedessen schien absolute Funkstille für Ramm-Piloten die beste Lösung dieses Problems zu sein. Durch technische Blockierung ihrer Sender würde ihnen jede Gelegenheit genommen werden, sich über Funk zu Gehör zu bringen.
Während sich die Ramm-Piloten immer mehr auf ihre Aufgabe einstellten, hielt sich die »Lehrgangsleitung« zurück. Vielleicht entsprach die scheinbare Oberflächlichkeit, ja, die Lässigkeit, mit der man diese heiße Sache anging, durchaus einer Auffassung von ausgebildeten, zum Teil fronterfahrenen, jedenfalls mutigen und resoluten Flugzeugführern, die im Hinblick auf eine außergewöhnliche Kampftaktik – einen schweren Gegner einfach zu rammen – ihren Entscheidungsspielraum sowie ihre gewonnene Freizügigkeit, die ja gerade einen besonderen Reiz dieses Sonderunternehmens bildeten, nicht mehr aufzugeben bereit waren.
Im »Schwarm«, je zwei Rotten, also vier Piloten in vier Ramm-Maschinen, hatte man sich auf einen gemeinsamen Handlungsablauf verbindlich festzulegen. Die Schwärme bestimmten ihre Führer selbst. Jeder verfügte über eine vollgültige Stimme, Dienstgrade spielten keine Rolle. Im Falle von Meinungsverschiedenheiten überwog die Stimme des Schwarm-Führers, Zweifel klärte die Kommandoführung. Auf die Zusammensetzung der Schwärme nahm niemand Einfluß. Es blieb den einzelnen Flugzeugführern überlassen, sich zu gruppieren; jeder bestimmte selbst, mit wem er den schweren Flug ins Ungewisse anzutreten wünschte.
Auf diese Weise entstanden innerhalb des buntgewürfelten Haufens Vierergruppen. Trotz der ungewöhnlichen, unpreußischen Formierungsmethode gab es keine Schwierigkeiten.
Oberst Herrmann, der als Kommandeur der 9. Fliegerdivision (J) stark in Anspruch genommen wurde, blieb distanzierter, beobachteter, respektierter Mittelpunkt. Seine Autorität war unumstritten. Plötzlich konnte er erscheinen, ein paar Worte wechseln, ermuntern, Rat erteilen, befehlen – dann verschwand er wieder.
Unermüdlich pendelte er zwischen Stendal und Neubiberg, dem Standort des Stabes der 9. Fliegerdivision (J), hin und her.

FLIEGERISCHE VORBILDUNG DEUTSCHER RAMM-PILOTEN

Fliegen ist aufwendig.

Auch damals verlangte eine Flugzeugführerausbildung den deutschen Steuerzahlern sowie den Bevölkerungen besetzter Länder viel ab. Andererseits bot der Krieg jungen Männern die Chance, eine fliegerische Ausbildung zu genießen, ohne daß viel nach Kosten und Aufwand gefragt werden mußte.

Es schien genug Geld da zu sein.

Im Jahre 1940 waren neue Kampffliegerbesatzungen noch über die Dauer von achtzehn Monaten geschult worden *(VI Bd. I 438)*. Weil der Kampffliegergeneral Peltz den Ausbildungsstand seiner Leute auf beachtlichem Niveau hielt, traf ihn von Seiten der Jägerführung der Vorwurf, Piloten zu lange der Frontverwendung entzogen zu haben. Peltz sah sich jedoch in der Lage, qualifizierte Besatzungen anzubieten, als plötzlich auch bei der obersten Führung die alte, jetzt aber zu späte Erkenntnis durchbrach, die Me 262 sei ein Jagdflugzeug und kein Blitz-Bomber.

Und so waren aus Kampffliegern Düsenjäger geworden.

Treibstoffmangel drückte die Flugstundenzahl für Flugschüler der Luftwaffe zeitweilig, insbesondere nach konzentrierten Bombardierungen deutscher Treibstoffquellen, von 260 auf 110 und sogar auf 50 Stunden herab *(XXVI 732)*.

Tüchtige und verantwortungsbewußte Männer leiteten das Ausbildungswesen. General der Flieger Kreipe war schon im Oktober 1942 Chef des Stabes beim Chef des Ausbildungswesens im RLM geworden, im Juli 1943 war dann seine Berufung zum General für Fliegerausbildung nachgefolgt *(XXXIX 43)*.

Auch die Jäger hatten ihre besten Offiziere für die Ausbildung zur Verfügung gestellt.

Oberst Günther Lützow vertauschte im Januar 1944 seinen Dienstsitz als Kommandeur der 1. Jagddivision in Döberitz mit dem des Befehlshabers der 4. Flieger-(Schul-)Division in Altenburg. Oberst Hannes Trautloft folgte ihm in diesem Amte nach.

Aber während General Peltz noch im Jahre 1945 für jeden seiner umzuschulenden Piloten 65 Tonnen Treibstoff verlangte und auch bekam, ist bei Galland nachzulesen, daß im Jahre 1944 für die Ausbildung eines Jäger-Nachwuchspiloten nur mit einem Aufwand von rund 25 Tonnen Flugbenzin gerechnet werden durfte *(V 246, 358).*

Diese Zahl 25 taucht bei Dahl ebenfalls auf, wenn er berichtet, daß ausgebildete Jagdflieger bei Ergänzungsgruppen fünfundzwanzig Stunden hatten, um ihre speziellen Turns zu fliegen *(VIII 164).* Den Amerikanern stand, laut Dahl, für den gleichen Zweck die dreifache Zeit zur Verfügung. Dasselbe Verhältnis nennt wiederum Galland beim Vergleich der Gesamt-Flugstunden von Front-Neulingen hüben und drüben: Einhundertfünfzig Stunden hatten die Deutschen, vierhundertfünfzig die Amerikaner.

Interessant erscheint in diesem Zusammenhang die scharfe Kritik von Craven und Cate am überhasteten Ausbildungsprogramm der USAAF. »Die meisten Piloten der 8. Luftflotte« seien nicht imstande gewesen, Bombenangriffe kursgenau zu fliegen *(LXXXI 201).*

Führer von RAF-Jagdmaschinen benötigten Ende 1944 ungefähr dreihundert Flugstunden, um ihr Ausbildungspensum zu erfüllen *(XXIV 62).* Doch auch bei den Alliierten wurde der Unterschied zwischen den wenigen Flugerfahrenen und dem fliegerischen Nachwuchs als zu groß empfunden *(LXXXI 237).*

In Deutschland war es üblich, daß Jagdgeschwader Patenschaften über Jagdfliegerschulen übernahmen *(V 244).* Jedes Jagdgeschwader hatte seine eigene Ergänzungsgruppe, eine Ausbildungsetappe für fertige Flugschüler vor Versetzung zur Front. Auch dort wurde trainiert. Schießausbildung, Alarmstart- und Verlegungsübungen, Flüge bei schlechtem Wetter, UKW-Jägerdurchstoßverfahren, Flüge in der Dämmerung, Scheinangriffe mit eingebauter Kamera auf Freundziele – all dieses hätte vielleicht noch intensiver betrieben werden können, wenn genügend Treibstoff dagewesen wäre.

Obwohl die Jagdflieger in der Ausbildungsleitung sicherlich nicht schlecht vertreten waren, sank die Qualität infolge allgemeiner Unterlegenheit erschreckend ab. Nicht, daß die jungen Männer schlechter fliegen konnten, geringeres fliegerisches Gefühl besessen hätten oder vielleicht weniger Begeisterung als die »guten« Jahrgänge vorher. Anforderungen, wie sie etwa im Jahre 1941 an Jagdflieger gestellt worden waren, hätten einen wirkungsvollen Einsatz auch des Nachwuchses garantiert. Inzwischen hatten je-

doch die Alliierten diese Anforderungen durch gewaltige quantitative und qualitative Fortschritte derartig in die Höhe getrieben, daß selbst »Experten« nur noch unter günstigen Bedingungen, etwa aus der Deckung tüchtiger Kaczmareks heraus oder mit überlegenen Düsenjägern oder mit R4M-Raketen oder mit allen drei Bedingungen zum Schuß und auch zum Abschuß kamen.
Weniger die Zahl der Übungsstunden als vielmehr veraltetes, weit unterlegenes Gerät sowie ein katastrophal schlechtes Verhältnis beim Vergleich der auf beiden Seiten eingesetzten Jäger hätte eigentlich schon im Sommer 1944 die totale Herausnahme aller »Ottojäger« aus dem Luftkampfgeschehen erfordert.
Normal ausgebildete, mit Standardjägern ausgerüstete deutsche Jagdflieger taugten im Jahre 1945 allenfalls noch als Schlachtflieger – oder als Ramm-Jäger.
Gemäß einer Entscheidung vom 17. Februar 1945 des Oberkommandos der Luftwaffe erhielt der General der Jagdflieger, Gollob, Weisung, ab sofort Jägernachwuchs für die Reichsverteidigung vorab den Ergänzungsgruppen II und IV des Ergänzungsjagdgeschwaders bei der Luftflotte 6 zuzuteilen. Frischausgebildete Jagdflieger sollten sich zunächst an der Ostfront an Einsatzverhältnisse gewöhnen *(S. I. 1; S. 91)*.
All jene bravourösen Jäger-Tricks, die Nicht-Experten zu Ende des Krieges angesichts einer erdrückenden Übermacht guter feindlicher Jagdflieger, die dazu noch stets in Massen auftraten, dringend zum Überleben benötigten, kamen für Ramm-Einsätze nicht in Frage. Denn Begegnungen mit Eskort-Jägern der Gegenseite waren nach dem taktischen Konzept unbedingt zu vermeiden. Die meisten Ramm-Jäger flogen der Schnelligkeit wegen ohnehin ohne Waffen. Zusätzliche Chancen, feindlichen Jägern auszuweichen, räumte ihnen die Methanol-Wasser-Anlage (siehe unten) ein. Ziel waren die schweren, viermotorigen Bomber und nicht die »Mustang« und »Thunderbolt«.
Was man von Flugzeugführern des Ramm-Kommandos allerdings erwartete, war, daß sie ihre Jagdmaschinen ordentlich vom Boden wegbrachten, sie auf die vorgeschriebene Einsatzhöhe manövrierten, den Höhenflug beherrschten, alle Geräte richtig bedienen konnten, die Reichsjägerwelle empfingen, im Schwarm dranblieben, den Feind rechtzeitig entdeckten, um dann den befohlenen

Angriff so zu fliegen, daß Durchstoß und Abschuß gelangen.
Zu solch einem Sonderauftrag ohne Landung bedurfte es weder einer außerordentlichen Begabung noch einer hervorragenden Ausbildung. Die Männer mußten wie normale Flugzeugführer handeln, und sie mußten, allerdings, mutig und beherzt sein.
Wenn einer größeres Können besaß oder mehr Erfahrung – umso besser.
In Wahrheit hatten die Alliierten konventionellen deutschen Jägern, sofern sie noch mit kolbengetriebenen Maschinen in den Kampf geworfen wurden, längst die letzten Trümpfe aus der Hand gewunden. Wenn überhaupt, dann konnte ein »Schlag« gegen terrorisierende Bomber allenfalls bei konsequenter Abwendung von herkömmlichen Auffassungen gelingen.
Die radikale Ramm-Technik, so unvollkommen und roh sie auch erscheinen mochte, paßte, falls man überhaupt noch in der Luft weiterkämpfen wollte, besser in jene Lage als noch so sehr verfeinerte übliche Taktiken.
Von den Japanern ist bekannt geworden, daß sie weit weniger Zeit und Geld für Ausbildungszwecke aufwendeten als ihre deutschen Verbündeten.
Bei Flugschülern, die eine Ausbildung auf den Einsatz als Kamikaze ausrichteten, hatten die Fluglehrer alle Mühe, weil die fanatischen jungen Männer meinten, auch mit geringerer fliegerischer Übung Maschinen in feindliche Ziele stürzen zu können *(XXVI 928)*.
So ließen die Qualitäten japanischer Piloten zu wünschen übrig. Ihre Geschicklichkeit im Luftkampf war gering, und im Schießen mit Bordwaffen wurden sie nur flüchtig unterwiesen.
Für die Aufstellung eines zweiten Kamikaze-Korps brachte Admiral Ohnischi etwa einhundertfünfzig Reserveleutnants zusammen, von denen keiner mehr als 100 Ausbildungsstunden hinter sich hatte.
In einem Lehrgang von sieben Tagen erhielten sie eine zusätzliche Ausbildung. Zwei Tage lang übten sie Starten und Sammeln, weitere zwei Tage standen für Verbandsflüge und wiederholte Startübungen zur Verfügung. Die letzten drei Tage widmete man schließlich Anflugübungen sowie Scheinangriffen.
Von den Einsatzleitern wird berichtet, daß sie glatte Landungen

bewunderten; denn in Anbetracht der Jugend und Unerfahrenheit der Freiwilligen seien dies die Ausnahmen gewesen *(XXXX 121, 139, 191)*.

MEDIZINISCHE PROBLEME DES RAMM-VORGANGES

Im Drange der Vorbereitungen war es kaum möglich, systematisch und aufwendig Kernprobleme im Zusammenhang mit den Auswirkungen eines Ramm-Stoßes auf den menschlichen Körper erschöpfend zu erörtern, geschweige denn, diese Probleme zufriedenstellend zu lösen. Außerdem erschien es höchst zweifelhaft, ob es ratsam war, die Ramm-Piloten mit harten, physischen Konsequenzen schonungslos zu konfrontieren. Man war sich auch über die psychologische Belastung von Piloten, so abgebrüht sie sich auch geben mochten, durchaus klar. Je rascher der Einsatz auf die Rekrutierung folgte, umso besser.

Natürlich sahen die Führer auch das menschliche Problem.

So vorteilhaft die im Sturzflug aus 11 000 Meter Höhe erzielbare außerordentliche Kraft für beabsichtigte Bomberbeschädigungen auch sein mochte, vorrangig lag ihnen doch das Schicksal der jungen Menschen, die sich freiwillig gemeldet hatten, am Herzen.

Wie groß waren deren Überlebenschancen?

Sehstörungen und Bewußtseinseintrübungen würden selbst bei guterhaltenem Blutkreislauf unvermeidlich sein; sie erschienen als geringeres Übel. Allen Jagdfliegern vertraute »Mattscheiben« entstanden durch hydrostatisch bedingte Durchblutungsstörungen im Gehirn und in der Netzhaut der Augen, wenn den hohen Fliehkräften zuwider das um ein Vielfaches schwerer gewordene Blut bis zum Gehirn etwa 30 Zentimeter hochgepumpt und in ausreichender Menge je Zeiteinheit durch Gehirnblutgefäße und die hieraus versorgten Augenblutgefäße gefördert werden mußte.

Ein nahezu rechtwinkliges Zusammenstoßen der Flugzeuge würde zu starken Deformationen der Jagdmaschinen und demzufolge auch zu schweren Verletzungen der Piloten führen. Die Gefahr lag nahe, daß es zu Halswirbelbrüchen, Schädelverletzungen, Zahnverlust, Sehkraftschäden, inneren Verletzungen im Brust-

und Bauchbereich sowie zu Knochenbrüchen, insbesondere an Beinen, Füßen und Armen kommen könnte.
Bei den hohen Ramm-Geschwindigkeiten blieb die Gefahr, mit dem Kopf aufzuschlagen, relativ groß. Eine Optimierung von Sicherungsmaßnahmen in diesem Bereich schien dringend erforderlich, konnte jedoch nicht ernsthaft ins Auge gefaßt werden. Ebensowenig geklärt werden konnten in der Eile auch Fragen über Nachgiebigkeit oder Stabilität von Kabinendetails wie Armaturenbrett, Brandschott, Seitenkonsolen, Fußrasten, Steuerknüppel, aber auch von Luftschraube, Motor, Motoraufhängung, Panzerscheibe, Kabinenrahmen und dergleichen.
Keine der improvisierten Überlegungen stellte, nach damaligen Maßstäben, einen Ramm-Einsatz von der geplanten Art in Frage. Allerdings, man riet den Flugzeugführern, auf Waffen nebst Munition zu verzichten. Dann schieden auch erhöhte Explosionsgefahr und gefährliche Reflexvisiere als Verletzungsquellen aus.
Festes Anschnallen, wenn auch ohne zusätzliche Gurte, blieb eines der obersten Gebote. Die Kabinenhaube war zur Sicherung des Ausstiegs unmittelbar vor dem Zusammenstoß mit einem gegnerischen Flugzeug abzusprengen.
Im übrigen blieb vieles offen. Man schien zu unterstellen, daß die gefährdeten Ramm-Piloten selbst Mittel und Wege fänden, wie sie am besten überlebten.
In der Tat gestaltete die Einsatzleitung die Lebensbedingungen im Hinblick auf die zu erwartende hohe körperliche Belastung optimal. Angestrebt wurde physische Höchstform zum Tage des Einsatzes. Problematisch blieb nur die Frage, wie das ärztliche Erfordernis nach gesunder Lebensführung, kräftigem Essen, Bewegung in der frischen Luft vereinbar war mit dem verständlichen Bestreben vieler Teilnehmer, den reichlich gebotenen Alkohol auch wirklich zu konsumieren.

RAMM-QUALITÄTEN DER STANDARD-JAGDFLUGZEUGE MESSERSCHMITT BF (ME) 109 UND FOCKE WULF FW 190. – TECHNISCHE VORBEREITUNGEN

Ohne Zweifel hingen die Chancen rammender Piloten, mit dem Leben davonzukommen, wesentlich ab von der Auswahl geeigneten Fluggeräts. Das Außergewöhnliche des bevorstehenden Einsatzes bestand ja gerade darin, vernichtende Schäden beim Gegner dadurch zu erzielen, daß man als Ramm-Körper die Jagdflugzeuge verwendete, in denen man selbst saß. An eine Rückkehr verformter Ramm-Maschinen dachte niemand.

Nun erleichterte eine jahrelange verfehlte Typenpolitik der Führung die Auswahl. Zwar hatten deutsche Ingenieure in Versuchsstätten und Fabriken überraschend viele, ja, zu viele interessante Entwürfe auf Reißbrettern liegen oder sogar schon in der Erprobung, doch die Truppe selbst flog, von wenigen Ausnahmen abgesehen, nach wie vor die alten Standardmuster Bf 109 und Fw 190 – »Ottojäger«, wie man sie zur Unterscheidung von den viel zu raren »Strahlern« nannte.

Informationsreisen nach Leipzig, zu den Werken Erla und A.T.G. (Allgemeine Transportgesellschaft), wo ein Drittel aller Bf 109-Zellen herkam *(LXXII 347)*, nach Berlin-Johannisthal oder Bremen zu Focke Wulf, hätten für die Führer des Ramm-Kommandos im Bereich des möglichen gelegen. Auch die Ramm-Qualität der schweren Jägermotoren hätte sachkundig erörtert werden können, denn Produktionsstätten von BMW befanden sich ganz in der Nähe, in Basdorf nördlich von Berlin sowie in Spandau, und Daimler-Benz ließ in Marienfelde bei Berlin sowie in Genshagen, südlich von Berlin, Flugzeugmotoren für Jagdflugzeuge von den Montagebändern laufen *(LXVIII Vol 278a, 279a)*.

»Sturm«-Jäger, Vorläufer des Ramm-Kommandos, hatten für ihre Spezialeinsätze und zum Rammen modifizierte Jagdflugzeuge vom Typ Fw 190 benutzt. In den relativ wenigen Fällen mit Ramm-Begegnungen hatte sich der breitflächige, mächtige Motor keineswegs als nachteilig erwiesen, im Gegenteil; die große Scheibe des vierzehnzylindrigen Doppelsterns gab einen heftigen Stoß weit besser an die Zelle ab, so daß die Gefahr eines Eindringens in den Führerraum so gut wie ausgeschlossen war.

Der schwere, luftgekühlte und insofern beschußsichere Sternmotor der Focke Wulf-Jäger bot auch im Annähern an ein Ziel natürlichen Schutz.
Erst im Jahre 1941 in den Dienst der Luftwaffe gestellt, wies die Fw 190 modernere technische Attribute auf als die Messerschmitt Bf 109. In Bodennähe zeigte sie sich, rund eine Tonne schwerer als ihre Konkurrentin, eindeutig überlegen.
Doch alle Vorzüge gegenüber dem Typ Bf 109 machte ein großer Nachteil wieder zunichte: In Höhen ab siebentausend Meter fiel die Leistung der Fw 190 rapide ab. Feindlichen Jägern wurde sie oberhalb dieser Grenze zur leichteren Beute.
In Anbetracht dessen, daß für den beabsichtigten Ramm-Einsatz eine Höhe von elftausend Metern vorgesehen war, mußten Jagdflugzeuge vom Typ Fw 190 schon allein wegen dieses gravierenden Mangels bei den Überlegungen über verwendbare Flugzeugmuster ausscheiden.
Wenn beim Einsatz anläßlich der letzten Luftschlacht des Zweiten Weltkrieges in Europa am 7. April 1945 dann plötzlich doch Jäger vom Typ Fw 190 als Ramm-Maschinen in Erscheinung traten, dann lag dies wohl daran, daß es in der allgemeinen Hast, unter der das Ramm-Kommando litt, nicht mehr möglich gewesen war, alle Fw 190-Piloten auf den Typ Bf 109 einzuweisen; infolgedessen flogen einige von diesen gewohnte Focke Wulf-Muster. Hinzu kam noch, daß Piloten anderer Jagdverbände im Kampfgetümmel den spontanen Entschluß faßten, es den anderen gleich zu tun und ebenfalls zu rammen.
Oberst Herrmann war mit beiden Standard-Flugzeugmustern vertraut, ebenso wie mit Düsenmaschinen der Typen Ar 234 und Me 262.
Ganz anders als bei normalen Fw 190 verhielt es sich mit sogenannten »Langnasen«.
Anstelle des höhenschwachen BMW-Sternmotors der Jagdflugzeuge von der A-Serie hatten die Focke Wulf-Werke in eine Weiterentwicklung, die Fw 190 D-9 (Dora neun), den enorm starken, für größere Höhen geeigneten, wassergekühlten Reihenmotor Jumo 213 eingebaut. Zum Ausgleich für die lange Nase mußte der Rumpf verlängert werden. »Langnasen« waren bereits im Monat September 1944 bei Jagdverbänden aufgetaucht. Erste Einsätze

mit diesem besseren Flugzeugmuster flog die III. Gruppe des JG 54 »Grünherz«.
Im Frühjahr 1945 hatte auch das JG 2 »Richthofen« Flugzeuge vom Typ Fw 190 D-9 erhalten. Großes Lob überall.
Aber für eine Verwendung bei Ramm-Einsätzen schieden »Langnasen« schon deshalb aus, weil nicht genügend Exemplare dieses noch relativ seltenen Musters in der Nähe des Ramm-Kommandos zur Verfügung standen. Wegen der besonderen Wichtigkeit einer kräftigen, zerstörerischen Luftschraube beim Ramm-Vorgang wären die bei D-9/13-Typen Verwendung findenden Holzpropeller ohnehin ein echtes Handicap gewesen.
Diese Flugzeuge waren für einen Totaleinsatz einfach zu schade. Ganz im Gegensatz zu neuartigen, seltenen Flugzeugmustern standen Jagdflugzeuge vom Typ Messerschmitt (Me) Bf 109 überall auf den verstreuten Plätzen der Luftflotte Reich abseits von Pisten, in Schneisen, Verhauen, von Splitterboxen umgeben oder einfach auf freiem Feld herum, unter Netzen oder Zweigen so gut es ging getarnt. Der Standardjäger Bf 109 war noch massenweise vorhanden – eine Folge des »Jägerstab-Programms 226«, welches einen enormen Mengenrekord beim Ausstoß von Standardjägern besonders im Herbst 1944 bewirkt hatte. Speer berauschte sich an den Zahlen und sprach begeistert von einem »Rüstungswunder« *(LXVIII Vol II 225).*
Fast in demselben Tempo, wie Flugzeugfabriken im Bombenhagel zermalmt wurden, war tatsächlich ein improvisiertes Wiederaufleben der Produktion gelungen, nicht nur im Flugzeugbau *(LXXIII 7).* Die nüchterne Erklärung für dieses Wunder lag darin, daß flexible Arbeitskräfte aus relativ mobilisiertem Material Flugzeuge in nicht weniger als 739 verstreuten Produktionsstätten herstellten *(LXXXIV Vol III 658).* Im britischen Luftfahrtministerium ermittelte man nach dem Kriege aufgrund erbeuteter Unterlagen den höchsten Flugzeugbestand in Deutschland für Dezember 1944, nämlich 6313 Maschinen, wovon 1688 an der Ostfront eingesetzt waren *(LXXXIV Vol III 728).*
Im stärksten Produktionsmonat des ganzen Krieges waren insgesamt 4103 Maschinen, darunter 3013 einmotorige Jagdflugzeuge aus versteckten Fabriken, unterirdischen oder in Stollen getriebenen Hangars gerollt *(V 327).* Wenn die Produktionszahlen auch

Reparaturen einschlossen und »Produktion« nicht sogleich auch Einsatzbereitschaft bedeutete, nahm die Truppe doch so viele Jäger wie nie zuvor entgegen. Allerdings, die Mehrzahl, knapp zwei Drittel, bestand wiederum nur aus verbesserten Standardflugzeugmustern des Typs Bf 109, Serien G 10, G 14 oder, weniger, K 4.

Schon von der Menge her gesehen war es keine Frage: Die Bf 109 bot sich als Ramm-Maschine förmlich an.

Nun ergibt sich die Qualität eines Jagdflugzeuges aus verschiedenen Kriterien – Geschwindigkeit, Steigfähigkeit, Wendigkeit, Sicherheit, Feuerkraft, Reichweite. Für Oberst Herrmann kam das Kriterium »Ramm-Eignung« hinzu.

Die Messerschmitt Bf 109 war eine ganz alte Bekannte: schon seit Anfang 1937*) fand sie bei der deutschen Luftwaffe Verwendung, und sie hatte ihren Mann gestanden. Aber im Laufe der Zeit vorgenommene Veränderungen waren ihrer eleganten Linie nicht gerade förderlich gewesen. Bei der Truppe hieß die G-Serie, wenn auch nicht gerade abfällig, »Beule«, weil sich ausgerechnet vor den Augen der Piloten zwei große Schalen über dem Ansatz von Motor und Zelle herauswölbten, um elektrischen Schußgebern zwei überschwerer Maschinen-Gewehre vom Typ MG 131 Platz zu verschaffen. Zeitweise benutzte Gondelwaffen steckten ebenfalls in beulenartigen Wannen unter den Tragflächen, und eine mächtige Ansaughutze vom Lader ragte links am Motor heraus. Verstärkte Fahrwerke nötigten ab der Serie G-5 zu Ausbuchtungen auf den Tragflächen.

Im Reichsluftfahrtministerium hieß die Bf 109 »Bollenpest« – aus denselben Gründen *(S. I. 3)*.

Auf einigen Fotografien, die im Bundesarchiv in Koblenz verwahrt werden, ist jedoch deutlich zu erkennen, daß Bf 109-Hersteller die häßlichen Beulen in den Motorblechen ausgebügelt hatten *(BA; Fotos 680/8264/16; 453/1049/33 a)*.

MBB bestätigte, daß »die MG 131-Beulen« bei Flugzeugen der Serien »G-10/14 teilweise und ab K gänzlich in die Motorverkleidung eingestrakt wurden, also serienmäßig« *(MBB-Brief 17. 11. 76)*.

*) Herausgeber Messerschmitt-Bölkow-Blohm GmbH »Messerschmitt – 50 Jahre Flugzeugbau«, Ottobrunn, 1973, Seite 26.

Motoren mit höherer Leistung sowie Veränderungen an Zelle und Leitwerk sollten nun wieder jene infolge von Umrüstungen oder Rüstzusätzen verschlechterten Flugeigenschaften ausgleichen – ein zermürbender, letztlich für die Deutschen nutzloser Wettlauf.
Nur Eingeweihte wußten, daß die Bf 109 nun endlich vom Fließband heruntermußte. Am 23. März 1945, bei der »Abendlage«, informierte Oberst von Below den Führer über das bevorstehende Auslaufen der Bf 109-Produktion »in den nächsten vier Monaten« *(XXXIX 944).*
Doch das Ende kam früher.
Am Schlusse ihres wechselvollen Lebens taugte die altgewordene Bf (Me) 109 offenbar nur noch als Ramm-Maschine.
Schon bald stellte sich heraus, daß es weder an Maschinen noch an Ersatzteilen oder sonstigen Ausrüstungsgegenständen haperte. Kein Vergleich mit jenen Beschaffungssorgen, die im August 1943 den damaligen Kommandeur der »Wilden Sau«, Herrmann, geplagt hatten *(LXXII 306).* Das »Wunder von Stendal«, eine nicht für möglich gehaltene Versorgung in allen Dingen des täglichen Lebens, erstreckte sich nun, im Frühjahr 1945, auch auf den technischen Bereich.
Von allen in Reichweite liegenden Plätzen und Einheiten kamen zur letztmaligen Verwendung im Ramm-Kommando viel mehr Maschinen zusammen, als fürs erste benötigt wurden. Angefordert worden waren einwandfreie, einsatzfähige Jagdflugzeuge vom Typ Bf 109. Angeliefert wurden von der Abteilung 6 beim General-Quartiermeister ausschließlich Muster der Serie G, Baureihen 10,14 sowie einige K 4.
Jedes zum Rammen bereitgestellte Flugzeug war leistungsgesteigert und verfügte über eine MW-Anlage. Somit konnte es erwünschte höhere Geschwindigkeiten notfalls entwickeln und sich bequem von Feindjägern absetzen.
Mit der Wahl der Bf 109 rückte aber ein anderes Problem heran: das Problem begrenzten Treibstoffvorrats. Meistens leuchtete das rote Warnlicht am Armaturenbrett auf, wenn niemand daran dachte. Bei doppelt hohem Brennstoffverbrauch während eines Luftkampfes trat dieser wunde Punkt regelmäßig zu früh ein. Er verursachte nicht zu Unrecht Kopfzerbrechen; denn nun standen dem Flugzeugführer nur noch etwa zehn bis fünfzehn Minuten

Betriebszeit zur Verfügung – knappe Zeit für ordentliche Anflüge mit Landung, oder zum Ramm-Anflug.
Die Bewaffnung sah schon besser aus.
Wer den Ramm-Einsatz trotz aller Bedenken bewaffnet flog, konnte vor allem die enorme Feuerkraft robuster Maschinenkanonen des Typs Mk 108, Kaliber 3 cm, in Anspruch nehmen. Wenn nur nicht das Reflexvisier gewesen wäre!
Zum Schießen und Treffen benötigten Jagdflieger üblicherweise eine Zielvorrichtung. Diese bestand in Standardflugzeugen aus einem kleinen kompakten Kästchen aus Metall, das in Augenhöhe unangenehm dicht am Gesicht der Piloten installiert war. Das Gerät projizierte einen Kreis mit Fadenkreuz und Entfernungsmarkierungen auf eine schräggestellte, getönte Scheibe.
Böse Erfahrungen mit der sogenannten »Revi-Krankheit«, worunter schwere und schwerste Schädelverletzungen zu verstehen waren, hatten zwar dazu geführt, daß ein kleines Polster angebracht worden war und der Pilot nun im Notfall das Befestigungsrohr durch kurzen Handdruck und eine darauffolgende Drehbewegung teleskopartig verkürzen und somit den gefährlichen Abstand zwischen Revi und Kopf vergrößern konnte, aber eine Patentlösung war das nicht. Das übliche Reflexvisier blieb eine tödliche Gefahrenquelle bei Landungen ohne Fahrwerk, »Bauchlandungen«, und natürlich auch bei jedem Aufprall – bei einem Ramm-Stoß ganz besonders.
Es gab dann auch große Debatten über dieses Problem bei den wenigen, die sich im Schwarm darauf geeinigt hatten, der größeren Sicherheit wegen doch nicht auf Waffen zu verzichten. Die Lösung bestand nun darin, im Falle eines Gebrauchs der Waffen die Schußpositionen nach den deutlich sichtbaren Bahnen der Leuchtgeschosse zu korrigieren. Also ließen auch diese Piloten die unangenehmen Reflex-Visiere entfernen.
Tatsächlich hatte niemand zuvor ernsthaft daran gedacht, dieses grazile Jagdflugzeug Bf 109 als ordinäre Ramm-Maschine zu verwenden. Bis zur Aufstellung des Herrmann'schen Ramm-Kommandos hatte also auch kein Grund vorgelegen, sich mit Fragen einer Sonderausrüstung zu beschäftigen, speziellen Einrichtungen, die sie etwa von der besonderen Konstruktion her befähigt hätte, einen Ramm-Stoß auszuhalten.

Folglich mußte diese Maschine so genommen werden wie sie war. Etwas Tröstliches hatte die ungewöhnliche Beschußfähigkeit der Bf 109. Weder große noch kleine Einschüsse hatten in den verschiedenen Bauteilen nennenswerten Einfluß auf die Flugsicherheit, trotz leichter Messerschmitt-Bauweise.
Die elektromechanische VDM-Verstell-Luftschraube aus Metall war schwer und kräftig. Sie würde wie eine Fräse wirken, wie ein »Zerstörpropeller«, von dem damals Generalfeldmarschall Milch gesprochen hatte, als er im September 1943 zum ersten Male mit seinen Herren die Möglichkeiten von Ramm-Angriffen erörterte. Der mächtige Motorblock war bei der Bf 109 an zwei gabelförmigen, verstrebten und verschraubten Halterungen aufgehängt. Diese bestanden allerdings aus einer leichten Legierung. Aber beim Rammen stieß der DB 605-Motor ohnehin nur in ein großes Loch hinein, welches zuvor die Luftschraube in den mächtigen Rumpf eines Bombers reißen würde.
Ausgesprochen günstig war die Höhenqualität des Motors.
Vom Standpunkt unermüdlich arbeitender Flugzeug-»Warte« aus gesehen würden weder Kerzenschäden, noch rauh laufende Triebwerke, Lagerbrüche oder Öldruck-Abfall die Flugzeugführer daran hindern, diese Bf 109-Jagdmaschinen an den Feind heranzubringen. Nachdem sie erfahren hatten, wohin diesesmal die Reise ging, wird wohl manch einer dieser Männer in den schwarzen Overalls, denen die Flieger so unendlich viel verdanken, mit Bedauern daran gedacht haben, wie bald sich doch diese gepflegten und mit aller Kraft auf allerhöchste Leistung gebrachten Maschinen in bizarre Gebilde verbogenen, zerfetzten und ausgeglühten Schrotts verwandeln würden.
Vorerst bauten sie noch Panzerplatten aus. Immerhin bestand die Metall-Panzerung einer Standard-Bf 109 aus 60 mm starken Rükken- und Kopf-Stahlplatten, die einiges Gewicht in Anspruch nahmen, mithin auch Geschwindigkeit. »Geschwindigkeit vor Schutz« – diesem Grundsatz mußten sie nun weichen.
Um absolute Funkstille zu gewährleisten, mußten einhundertdreiundachtzig Bord-Funkgeräte auf Empfang montiert werden. Ramm-Piloten blieben während ihres Fluges stumm, niemand würde sie hören können.
Der Gedanke lag nahe, daß sich Oberst Herrmann oder Major

Köhnke bei autorisierten und anerkannten technischen Experten der Luftwaffe Rat verschafft hätten, etwa bei dem Leiter der Erprobungsstelle. Aber Oberst a. D. Edgar Petersen, der damals am 14. September 1943 an der von Generalfeldmarschall Milch aufgrund des Selbstaufopferungsanerbietens von Oberleutnant Lange entfachten Diskussion über Radikalkampfmittel – unter anderem auch Rammen – teilgenommen hatte, konnte sich genau erinnern: Mit Oberst Herrmann habe er nie über Ramm-Qualitäten von Bf 109 oder Fw 190 gesprochen. In der Erprobungsstelle seien nie irgendwelche Ramm-Pläne erwogen worden *(Brief Petersen 3.5.76).*

Bei aller Ungewißheit über Eignung oder Nichteignung des Fluggeräts schien eines sicher: Was die Ramm-Piloten in hohem Maße benötigten, war vor allem Glück.

Beim übermächtigen amerikanischen Gegner sah es da ganz anders aus. Jene 13800 Flieger der 8./USAAF, die am 7. April 1945 mehr oder weniger mit den Ramm-Piloten in Berührung kommen sollten, hatten in der weitaus größeren Mehrheit allerbeste Aussichten, trotz allem, was sich in Deutschland zusammenballte, die bevorstehende Luftschlacht zu überstehen.

Und dennoch; nicht wenige von ihnen sollten den 7. April nicht überleben.

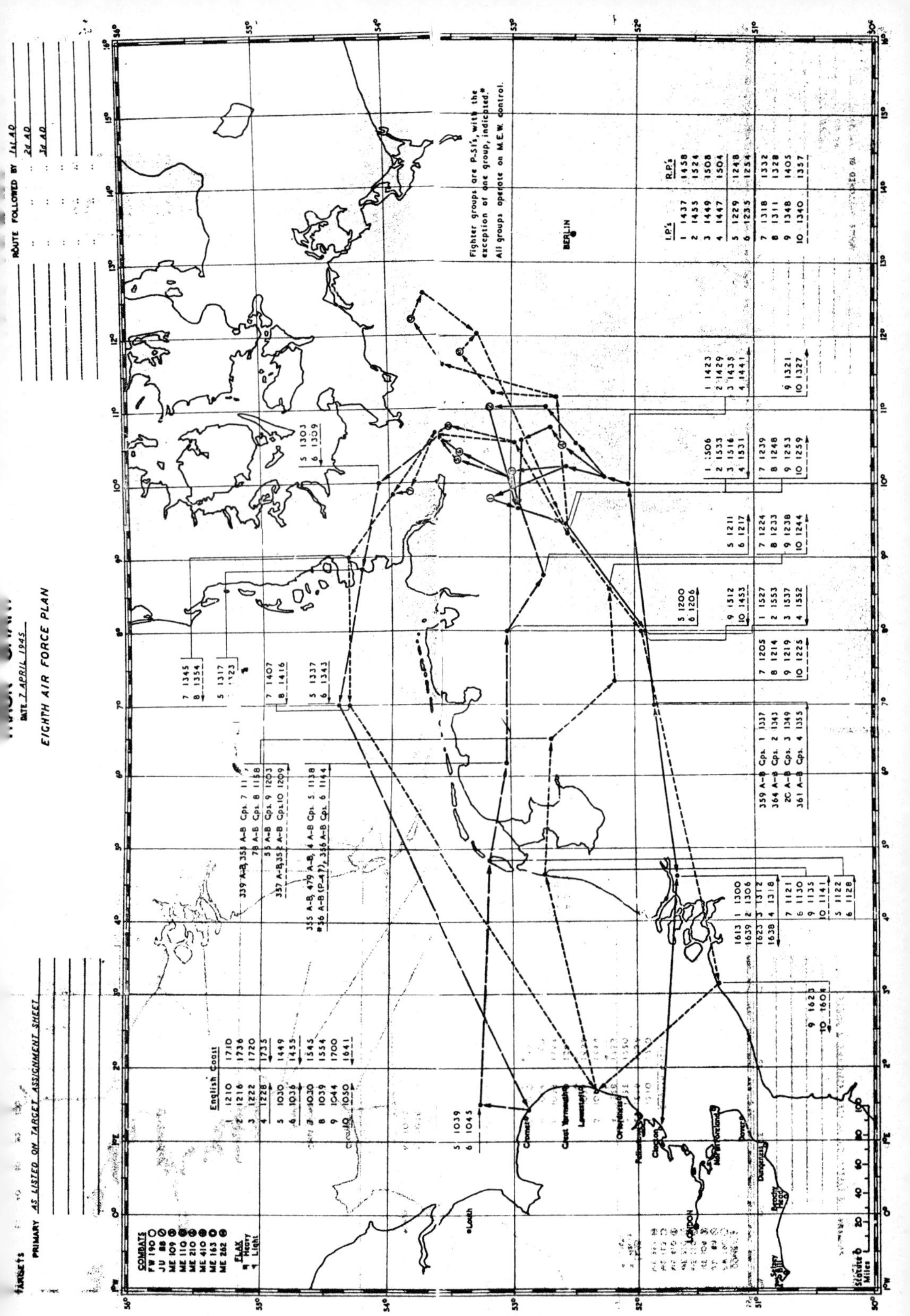

Ein Detail aus der umfangreichen Planung der 8./USAAF, Einsatztag 7. 4. 1945.
An- und Abflugkurse beteiligter Bomber- und Jäger-Verbände, Wendemarken, Treffpunkte mit den Eskort-Jägern, Zeiten, Ziele — dies alles und noch mehr mußte exakt vorausbestimmt werden. 1300 schwere Bomber und 800 Begleit-Jäger zugleich auf wenige Ziele anzusetzen, erforderte präzise, unbedingt verläßliche Organisation.
(Foto: USAAF)

Consolidated B-24 „Liberator" in üblicher Verbandsformation, wie sie deutsche Jagdflieger unzählige Male zu Gesicht bekamen, beim Anflug auf Bombardierungsziele in Deutschland. (Foto: USAAF)

Jäger!
Scharfe, weiße Kondensstreifen markierten ihren Weg. Hier kreuzen amerikanische Eskort-Jäger in Überhöhung den Kurs eines B-24-Verbandes.
Am 7. April 1945 gelang es deutschen Ramm-Jägern, im ersten, überraschenden Ansturm direkt zu den schweren Bombern durchzustoßen — ohne daß die sonst äußerst wachsamen Eskorten dies verhinderten. (Foto: USAAF)

Modernste Düsenjäger vom Typ Me 262 trafen am 7. April 1945, dem deutschen Einsatzplan entsprechend, genau gleichzeitig mit zwei großen Gruppen Ramm-Jäger auf Bomberformationen der 3rd Air Division. An diesem Tage bestand die taktische Aufgabe von J. G. 7 und K. G. (J) 54 darin, die überwiegend unbewaffneten Ramm-Schwärme des Sonderkommandos „Elbe" vor dem Erreichen der feindlichen Bomberverbände vor etwa auftauchenden amerikanischen Begleitjägern zu schützen.
(Foto: Messerschmitt Archiv)

Am 7. April 1945, zu Beginn der letzten Luftschlacht in Europa, wurde die von Lt. Richardson gesteuerte B-17 Nr. 43-38868 als erstes Flugzeug des starken amerikanischen Bomberverbandes von einem deutschen Ramm-Jäger des Typs Bf 109 getroffen und vernichtet.

An diesen beiden Seitenständen einer notgelandeten B-17 „Flying Fortress“ hatten, kurz bevor dieses Foto entstand, noch die beiden amerikanischen Schützen gestanden. (Foto: Privat)

Eine Consolidated B-24 L „Liberator“ der 451st Bombardment-Group mit geöffneten Bombenschächten, unmittelbar vor dem Abwurf ihrer tödlichen Last.
Consolidated stellte gegen Schluß des Zweiten Weltkrieges in San Diego 417 Stück der L-Serie her, Ford in Willow Run die dreifache Anzahl. (Foto: USAAF)

Die letzte Luftschlacht des Zweiten Weltkrieges in Europa

AKTIVITÄTEN VOR DEM TAG DER SCHLACHT

Seit dem 2. März 1945 hatten sich konventionelle deutsche Jagdflugzeuge den schweren Bombern der 8./USAAF nicht mehr in größerer, ernst zu nehmender Anzahl entgegengestellt.
Man wußte auf alliierter Seite erstaunlich wenig über den wirklichen Zustand der deutschen Luftwaffe. Man hatte zwar von Auflösungen ganzer Fliegergruppen gehört, und die Berichte zurückkehrender Bomber- und Jägerbesatzungen ließen ermessen, welche verheerenden und eigentlich tödlichen Schläge die Luftwaffe Tag für Tag und Nacht für Nacht einzustecken hatte. Mitgebrachte Fotos zeigten total verwüstete Fliegerhorste.
Dieses und die allgemeine Siegeszuversicht mußte amerikanische Flieger in ihrem Glauben bestärken, die deutsche Luftwaffe sei bereits vernichtet.
Wie nun schon öfters zuvor, hatte kein einziger deutscher Jäger am 3. 4. 45 Bomber der 3rd Air Division belästigt, geschweige denn daran gehindert, die norddeutsche Stadt Kiel zu bombardieren.
Obwohl dieser Einsatz geradezu »klassisch« und ganz nach Wunsch verlaufen war, hielt es das Hauptquartier der 8./USAAF doch für angebracht, noch am Abend desselben Tages mit »Field Order No. 1887 A« alle Einheiten eindringlich vor einem an sich verständlichen Nachlassen der Wachsamkeit zu warnen. Ihm war diese Stille nicht geheuer. Meteorologen hatten schöneres Wetter vorausgesagt. Mögliche Bewölkung, insbesondere mittlere Schichtung, könnte Düsenjägerangriffe begünstigen, erfahrungsgemäß Angriffe von hinten-oben und hinten-unten. Rein auf dem Papier könnten die Deutschen zwar auch noch mäßig starke Verbände einmotoriger Jäger aus dem Raume Berlin/Leipzig einsetzen, aber

die momentane Verfassung dieser Einheiten und die jüngsten Erfahrungen mit konventionellen Jägern ließen es nach Meinung der Stabsoffiziere doch höchst zweifelhaft erscheinen, ob die schweren Bomber mit größeren Feindkräften zu rechnen hätten. *(129/958; 222/2246).*

Allergrößten Respekt verdiente der Hauptfeind, die deutschen Düsenjäger.

Aber im Gegensatz zu den Befürchtungen der Stabsleute gab es am 4. April 1945 bei erneuten Bombenangriffen gegen Kiel und Eggebeck nur schwache Feindberührung in der Nähe von Hamburg. Einige wenige Düsenjäger vom Typ Me 262 sowie ein paar Fw 190 hatten ihr Glück versucht. Doch wenn nicht zwei B-17 Bomber unglücklicherweise zusammengestoßen wären, hätte die »Achte« auch an diesem Einsatztage keine Verluste zu beklagen gehabt.

Gestimmt hatte allerdings die Voraussage, daß die Düsenjäger tatsächlich aus Richtung Parchim überfallartig auftauchten, wobei sie Wolken und Bomber-Kondensstreifen geschickt als Deckung benutzten. Koordinierte deutsche Jagdabwehr hatte zum Glück für die Bomber nicht stattgefunden.

Übereinstimmend hatten Besatzungen von diesem Einsatz die Meldung mitgebracht, die Deutschen hätten neuerdings Zusatztanks an den Tragflächen ihrer schnellen Düsenjäger. Ohne die Richtigkeit dieser Feststellung viel zu prüfen, gab das Hauptquartier der 8./USAAF sofort allen Einheiten diese beunruhigende Neuerung bekannt. Nun mußte man damit rechnen, daß gemeinsame Abwehraktionen aller in Nord- und Süddeutschland stationierten Düsenjägereinheiten stattfanden.

Diese Aufregung war unbegründet. Düsenjäger vom Typ Me 262 flogen nicht mit Zusatztanks, schon gar nicht im Jagdeinsatz, wie ein Experte, Major Späte, bestätigte *(Brief 14. 8. 76).* Möglich, daß die amerikanischen Flieger den Raketenautomaten RA 55 unter den Tragflächen der Düsenjäger für Zusatztanks gehalten hatten.

Am darauffolgenden Tag, dem 5. April 1945, an dem Masseneinflüge gegen die Städte Nürnberg, Fürth, Bayreuth, Ingolstadt, Grafenwöhr und Unterschlauersbach stattfanden, wurden die Bomberbesatzungen der 1st und 2nd Air Divisions nochmals nachdrücklich vor jederzeit möglichen Düsenjägerangriffen gewarnt.

Und wiederum fanden konventionelle deutsche Jäger nur am Rande Erwähnung; von dieser Seite sei die Bedrohung nach wie vor gering, meinten die amerikanischen Einsatzleiter.
In der Tat, auch an diesem Tage hatten nicht mehr als nur zehn Me 262-Düsenjäger in die Formationen eindringen können. Es gelang ihnen, drei nicht dicht genug fliegende »Festungen« abzuschießen. Dafür meldete die 56. Jägergruppe der 8./USAAF die Zerstörung eines Düsenjägers *(1266/2246)*.
Tags darauf, am Vortage der letzten Luftschlacht des Zweiten Weltkrieges in Europa, hatte sich die 1st Air Division wiederum nur gegen eine relativ kleine Streitmacht von etwa fünfzehn Düsenjägern zu wehren gehabt. Mit von der Partie waren jedoch an diesem 6. April 1945 die amerikanischen Fliegermajore Rayn und Petersen gewesen, beides Offiziere im 66th Fighter Wing – und beide poetisch ambitioniert.
Noch deutete nicht das geringste auf eine mögliche drohende Gefahr hin. Im Gegenteil: Der Geruch des Sieges lag für die Alliierten unverwechselbar in der Luft. In dieser Stimmung ließen die beiden Jäger-Offiziere nun in offizielle Gefechtsberichte über ihre Kampfmissionen einen aus verständlichem Übermut gespeisten Spott in Knüttelverse fließen.
»Oh wohin, oh wohin«, so höhnte Major Rayn in seinem Gefechtsbericht, »haben sich diese Heinies verzogen.
Sie sind so eingeengt und so erfolglos.
Sollten sie tatsächlich aufgehört haben,
auf die Schnelle zuzuschnappen –
und Patton schlägt zu und gibt ihnen eins auf die Nuß.«
(2246/1235)
Major Petersen verfaßte unter Ziffer 0 wörtlich: »Ein anderes Gedicht« und machte sich ebenfalls über die Feinde lustig:
»Die Luftwaffe ist in mächtig blauer Stimmung,
aus allem sind sie stiften gegangen, selbst aus höheren Regionen.
Tatsächlich schlottern diesen Heinies so die Knie,
daß sie nicht mal raufkommen, um in die Luft zu schießen!«
(2246/1530)
Ungeachtet dessen, daß inzwischen unter den Augen alliierter Flieger Hunderte von Jagdflugzeugen in der Altmark zusammengezogen worden waren und obwohl sich rund einhundertfünfzig

Ramm-Piloten bereits zu ihren Einsatzplätzen begeben hatten, ahnten weder Rayn noch Petersen, noch irgendjemand in der ganzen großen achten Luftflotte der Amerikaner, was sich da in Stendal und Umgebung zusammenbraute.
Und so konnte es geschehen, daß die Angehörigen der amerikanischen Fliegerverbände, unter ihnen die beiden lustigen Fliegermajore, ihre Einsatzvorbereitungen für den 7. April 1945 in völliger Ahnungslosigkeit trafen.

FAHRT DER DEUTSCHEN RAMM-JÄGER ZU DEN EINSATZPLÄTZEN

Überraschend hatte die deutsche Einsatzleitung mitten in der Nacht zum fünften April 1945 Verlegungsbefehl erteilt.
Die Organisation arbeitete vorzüglich.
Im gedämpften Durcheinander der Verlegung hasteten die Piloten zu bereitgestellten Lastkraftwagen.
Motoren sprangen an, Türen klappten, unterdrückte Rufe ...
Die Männer starrten in die Dunkelheit.
Rumpelnd verließ die Kolonne die kleine Oase des Überflusses. Es war kalt, und die harten Bänke waren ungemütlich. Im Rauch von Zigaretten eilten Gedanken voraus. Ungewißheit drückte die Stimmung.
In jener Nacht beförderten schwere Militär-Lastkraftwagen mit dem Kennzeichen WL von Stendal aus Flugzeugführer des Ramm-Kommandos zu ausgewählten Einsatzplätzen in der Altmark. Dreißig übrige Piloten, die von hier aus starten würden, blieben in Stendal zurück.
Als andere Startplätze waren vorgesehen: Sachau, Liegeplatz der III./JG 301, ferner Gardelegen, benutzt von der IV./JG 301 sowie der II./KG (J) 54, ferner Solpke und Salzwedel, beides Horste der restlichen Gruppen des JG 301.
Oberfähnrich Stumpf, von Dahl zitiert *(VIII 201)*, nannte als weitere Standorte die Flugplätze Delitzsch bei Bitterfeld sowie Mortiz bei Eilenburg, nordöstlich von Leipzig.
Mit dem Abmarsch der einzelnen Gruppen des Sonderkomman-

dos war der Ramm-Einsatz nun in sein nächstes Stadium getreten. Auf den Liegeplätzen der gastgebenden Jagdgruppen an den Rändern der Rollfelder herrschte fast überall das gleiche Bild: Erstaunlich viele unzerstörte Flugzeuge der Standard-Typen Bf 109 und Fw 190 sowie vereinzelte Me 262 standen herum, wurden hin und her bewegt, gerollt, geschoben, abgebremst. Monteure hantierten an den Motoren und Triebwerken, prüften, machten die Maschinen einsatzklar. Tankwagen fuhren von Maschine zu Maschine, spendeten den so raren Kraftstoff. Hier herrschte Hochbetrieb. Die zusammenbrechende deutsche Ostfront forderte von der Jagdwaffe verstärkten Einsatz zum Schutze der Infanterie.

Trotz der Weite der Flugfelder lastete, wie immer, schwerer Benzin- und Kühlstoffgeruch über dem Treiben. In den Lärm startender und landender Maschinen mischten sich Rufe von Warten, Wachen und anderem Personal, fetzenweise wehte Musik aus überall aufgestellten Lautsprechern dazwischen. Motoren dröhnten, Staub wirbelte auf in einen wolkenlosen, kalt-blaugrauen Himmel.

Wegen außerordentlich hoher Verluste in den letzten Wochen und Monaten hatten sich die Angehörigen regulärer Jagdstaffeln an das fortwährende Kommen und Gehen von Flugzeugführern gewöhnen müssen. Neue fielen kaum noch auf.

So gelang es, auf allen vorgesehenen Einsatzplätzen die Piloten des Ramm-Kommandos in der Nacht vom vierten auf den fünften April 1945 unauffällig einzuschleusen.

Für die Gruppen von jeweils dreißig Mann galt strikte Order, sich zurückzuhalten. Dies geschah.

In aufgelockerten Grüppchen von drei, vier Mann warf man, kaum beachtet, Blicke auf den Alltag eines voll im Einsatz stehenden Jagdverbandes. Man strich um seltene Düsenjäger herum, um Aufenthaltsräume und Gefechtsbaracken, umspannte mit Blicken die zum Rammen bereitgestellten Maschinen und fieberte im übrigen dem immer noch ungewissen Tage des Einsatzes entgegen.

Einige oberflächliche Kontakte zu Flugzeugführern der regulären Jagdgruppen blieben, wie sich bald ergab, unvermeidbar. Fliegerkameraden, die sich von anderen Verbänden oder von Flugschulen her kannten, standen sich plötzlich gegenüber. Aber das große Geheimnis blieb bewahrt!

Mahlzeiten nahmen die Piloten des Ramm-Kommandos in einer Atmosphäre gespannter Neugier in den Speisesälen an separaten Tischen ein. Verabreicht wurde sogenannte »Höhenkost«; die Männer sollten fit gehalten werden.

Über allem lag auch weiterhin die unsichtbare Hand einer aufmerksamen Einsatzleitung.

Bei einem Flug ohne Wiederkehr erschien das Brennstoffproblem plötzlich in anderem Licht. Einen Rückweg würde es nicht geben. Infolgedessen stand der gesamte Kraftstoffvorrat für Hinflug, Wartezeit und Angriff zur Verfügung.

Wegen der Zeitplanung war es angebracht, den Ramm-Schwärmen zermürbendes Warten auf den Liegeplätzen zu ersparen. Deshalb sollten sie starten, sobald Feindeinflüge mit Sicherheit feststanden. Durch diese flexible Gefechtsführung konnte die Kerntruppe des bevorstehenden deutschen Angriffs, nämlich die Ramm-Jäger, in möglichst optimale Ausgangspositionen manövriert werden. Der Plan sah vor, daß sich die Ramm-Schwärme in zugewiesene Warteräume über dem Gebiet der Elbe begaben, um dort in einer Höhe von etwa 11 000 Metern den endgültigen Einsatzbefehl abzuwarten. Der Fluß, dessen Name die Einheit trug, sollte für so manchen der jungen Ramm-Piloten zum Schicksal werden.

Japanische Kamikaze flogen rottenweise, wobei eine Rotte, anders als in Deutschland, aus zwei oder drei Flugzeugen bestehen konnte. Jede Kamikaze-Rotte wurde von einem oder von zwei Begleitjägern geschützt.

Freitag nach Ostern 1945, am Morgen des 6. April, wurden die deutschen Ramm-Piloten, als sie gerade beim Frühstück saßen, durch ein Gerücht von einem angeblich unmittelbar bevorstehenden Einsatz elektrisiert.

Diese Nachricht bestätigte sich.

Oberst Herrmann hatte, anders als mit dem Luftwaffenführungsstab vereinbart *(VI Bd I 520)*, Samstag, den 7. April 1945, zum Einsatztag der Ramm-Verbände bestimmt.

Allerdings hatte das Oberkommando der Wehrmacht, wie die Eintragung vom 4. April 1945 in das »Lagebuch« des Wehrmachtführungsstabes nachweist, »... ein Geschwader von 150 Flugzeugen im Raum von Stendal ... für zweiteiligen Einsatz freigegeben« *(XXXVII 333)*.

Eine letzte Besprechung vor der ersten koordinierten Einsatzoperation von deutschen Düsenjägern, regulären Jagdverbänden sowie Ramm-Jägern hatte am Nachmittag des 20. März 1945 beim Reichsmarschall stattgefunden. Alle Kommodore und auch Oberst Herrmann waren zu dieser bedeutungsvollen Zusammenkunft nach Berlin ins Reichsluftfahrtministerium befohlen worden. *(MA; RL 10/112)*

Als Major Brunner, der Kommodore des »Greifengeschwaders«, KG (J) 55, über den Fernschreiber in Berlin rückfragte, ob besondere Unterlagen mitzunehmen seien, antwortete Major Hoffmann vom Oberkommando: »Nein, nur ein tapferes Herz«.

Am 5. April 1945 hatte man schließlich im Kriegstagebuch des OKL zu Protokoll gebracht, daß General Peltz Meldung über den Abschluß der Vorbereitungen für das Unternehmen Werwolf erstattet habe. »Aus psychologischen Gründen« dürfe jedoch »nicht zu lange mit dem Einsatz gewartet werden« *(S. I. 1; S. 199).*

Nachdem das Einsatzdatum nun offenbar endgültig für den 7. April bestimmt worden war, änderten sich Stimmung und Verhaltensweisen der Piloten auffällig. Die meisten schritten mit ernsten Gesichtern umher, getragen von Gedanken an das, was kommen würde. Einige hantierten an ihren Sachen, ihr Appetit ließ nach.

Die Nacht vom 6. auf den 7. April 1945 wurde von manchem schlaflos verbracht; die Dunkelheit wollte einfach nicht weichen...

BOMBARDIERUNGSZIELE DER 8./USAAF AM 7. APRIL 1945

Von den noch geplanten zehn letzten strategischen Angriffen der 8. Luftflotte gegen Ziele in Deutschland war die Mission vom 7. April 1945 die drittletzte im strategischen Luftkrieg in Europa *(LXXXIV Vol III 752).*

Für den Angriffstag des 7. April 1945 waren von der amerikanischen Einsatzleitung normale Operationen von Großverbänden gegen fünf Düsenjägerstartplätze in Nord- und Mitteldeutschland ausgearbeitet worden. Reinsehlen, Kohlenbissen – ein Feldflugplatz östlich von Munster und nördlich von Faßberg –, Wesendorf,

Kaltenkirchen, vor allem aber das immer wieder unter die Bombenzielgeräte genommene Parchim galten als Objekte höchster Dringlichkeit.

Kaltenkirchen beherbergte die I./JG 7; in Parchim lag die III./JG 7 mit eingegliederter IV./KG (J) 54. Beide Düsenjägergruppen sollten später in die Luftschlacht eingreifen.

Daß sie in Parchim außer Düsenjägern zufällig auch noch einen anderen geheimnisvollen Luftwaffenverband treffen und an einem wichtigen Nachteinsatz gegen russische Übergangsbrücken der Weichsel hindern würden, wußten die amerikanischen Einsatzplaner allerdings nicht: Tatsächlich wartete in Parchim eine Zielgruppe des »Gefechtsverbandes Helbig«, bestehend aus acht »Mistel«-Gespannen Ju 88/Fw 190 auf den Befehl zum Start. Diese Flugzeuge, an sich dem Kampfgeschwader KG (J) 30 zugehörig, waren mit anderen »Mistel«-Verbänden in Oranienburg, Rechlin-Lärz sowie in Peenemünde auch für jenes legendäre Hauptunternehmen »Eisenhammer«, das nie stattfinden sollte, bereitgehalten worden *(RL 7/542, MA, Pag. 199, 308)*.

Als weitere Primärziele boten sich in der Nähe Hamburgs, an der Elbe gelegen, zwei große Munitionsfabriken, Düneburg und Krümmel an, außerdem noch zwei unterirdische Treibstoffdepots bei Büchen und Hitzacker sowie ein wichtiges Ausrüstungslager der Wehrmacht in Güstrow.

In Krümmel sollte wieder einmal die ehemalige Wirkungsstätte Alfred Nobels in Trümmer sinken, wo der berühmte Schwede im Jahre 1865 seine erste Nitroglyzerinfabrik gegründet und wichtige Versuche durchgeführt hatte *(C 90)*.

Zunächst war beabsichtigt gewesen, auch Rechlin in die Angriffsserie einzubeziehen. Aber diese wichtige Versuchsanstalt der Luftwaffe lag inzwischen bereits östlich jener mit den Russen vereinbarten Bombardierungslinie und war tabu. Es blieb keine Zeit mehr, die Sache über die US-Militärkommission in Moskau klären zu lassen *(1819–1822/2246)*, und infolgedessen bestimmte der Einsatzstab gemäß dem Plan of Attack on German Communications als Zweitziele in der berührten Zone 1 Ost-West-Verbindungen der Reichsbahn zum Ruhrgebiet sowie Verkehrsanlagen in Neumünster, Schwerin, Lüneburg und Uelzen *(LXVIII Vol III 246a)* sowie den Flugplatz von Salzwedel – zufälligerweise einen der

Startplätze des Ramm-Kommandos.
Zum Auftakt der letzten Luftschlacht des Zweiten Weltkrieges in Europa hatten frühzeitig zwei spezielle »Fliegende Festungen« das Wetter über See nordwestlich von Lands End erkundet; zwei weitere »Festungen« begaben sich zum selben Zweck auf Routinestrecke, und fünf »Mosquitos« meldeten die Wetterverhältnisse insbesondere über England, Holland, Dänemark und Berlin. Später, während ihres Feindfluges, sollten die Bomberflotten von neunundzwanzig »Mustang« sowie drei »Fliegenden Festungen« als sogenannten Wetterpfadfindern betreut werden.
Drei von ursprünglich vier Spezial-»Liberator«-Flugzeugen starteten um 05:00 Uhr zum Funk-UKW-Störflug. Tatsächlich meldeten sechs deutsche Würzburg-Riesen und drei Freya-Geräte Störungen in der Zeit von 05:05 bis 16:25 Uhr *(2152/2148)*.

DIE EINTEILUNG DER BOMBERFLOTTEN, UND DIE ZUWEISUNG DER ESKORTEN *(220/1834)*

Der 2nd Air Division, zum Teil noch mit B-24-»Liberator«-Bombern ausgerüstet, waren die Ziele Düneburg und Krümmel zur Zerstörung zugewiesen worden. Zehn schwere Bombergruppen formierten sich zu vier Combat Wings *(1976/2246)*, geschützt von 58 »Thunderbolt« sowie 229 »Mustang«-Jägern, insgesamt sieben Jagdgruppen. Dem Gros der Streitmacht, dreizehn schwere Bombergruppen der 3rd Air Division, zusammengeschlossen in vier Combat Wings, alles »Fliegende Festungen«, blieben die Ziele Güstrow, Parchim, Kaltenkirchen und Büchen vorbehalten. Ihre Begleitung bestand aus sechs Jägergruppen mit insgesamt 358 »Mustang«.
In Anbetracht der schweren Verluste, die insbesondere die Bombergruppen der 3rd Air Division erleiden sollten, erscheinen einzelne Funk-Rufzeichen wie böse Omen:
»Fireball« (13. CBW), »Vampire« (45. CBW), »Hotshot« (4. CBW).
Als dritte und letzte große Bomberformation dieses Tages sollten

genau ab Mittag zwölf schwere Bombergruppen der 1st Air Division in vier Combat Wings zum Bombenangriff gegen Deutschland starten, und zwar gegen Ziele bei Reinsehlen, Hitzacker, Kohlenbissen und Wesendorf. Diesen Großverband schirmten zwei »Mustang«-Jagdgruppen ab.
Wegen der Schönwetterlage über Deutschland wurde für den 7. April 1945 mit gut koordinierten und harten Angriffen von mindestens fünfzig Düsenjägern östlich von Bremen gerechnet. Nach allem, was man wußte, hielt man die Spitzenformationen für besonders gefährdet. Deshalb sollten alle Jagdgruppen einen dichten Sperrverband fliegen und die Bomber nicht verlassen. Tiefangriffe, die wegen der Ohnmacht der deutschen Abwehr bei amerikanischen Jagdfliegern beliebt geworden waren, wurden für den 7. April 1945 strikt verboten *(1824/2246)*.

EINSATZVORBEREITUNGEN DER AMERIKANER

Die eigentlichen Einsatzbefehle ergingen um Mitternacht unmittelbar von den Divisions-Befehlsstellen an die Bomber- und Jägergruppen. Als Zeitpunkt für die Einsatzbesprechungen wurde 02:45 Uhr festgelegt *(38/1865)*.
Überall in Südostengland versammelten sich die Besatzungen der 8. amerikanischen Luftflotte, sicherlich nicht besonders glücklich, aber durch Gewöhnung duldsam und pflichtergeben. Mitten in der Nacht hatte für sie ein heißer Tag begonnen. Zu ungewöhnlicher Stunde verzehrten sie ihre Startverpflegung aus kaltem Eipulver und Kaffee. Auch bei ihnen zerrte das Warten an den Nerven.
In den Gefechtsständen ließen sie, wie immer, ihre Blicke über die vielen Karten an der Wand schweifen. Für viele von ihnen bedeuteten die ausgeschriebenen Ziele bekannte Namen; um diese Zeit gab es schon nicht mehr viel im kleingewordenen Deutschland zu bombardieren.
Besondere Aufmerksamkeit wurde den »Flak-maps« gewidmet, Karten mit eingezeichneten deutschen Flak-Abwehr-Konzentrationen. Je mehr das deutsche Reichsgebiet zusammenschrumpfte, umso enger wurde der Raum, auf dem sich die deutschen Flak-

Batterien zusammendrängten.
Es folgten die Befehlsausgaben durch die Kommandeure, Angaben zur Organisation, Einteilungen, Verbandszuordnungen, Beschreibungen der Ziele. Alle Einheiten wurden angewiesen, Kiel und Umgebung sowie Verkehr auf dem Nord-Ostsee-Kanal nicht zu bombardieren oder mit Bordwaffen anzugreifen; neutralen Schiffen war eine ungehinderte Passage zugesichert worden. Auch Gelegenheitsziele in der Nähe von Kriegsgefangenenlagern sollten gemieden werden *(1822/2246)*.
Die gesamte Flotte werde, wie der Nachrichtenoffizier erläuterte, ein Gebiet überqueren, in welchem schätzungsweise zweihundert deutsche Schlachtflieger, für Bomber kaum gefährlich, stationiert seien. Weitere zweihundertfünfzig deutsche Jäger lägen zwar »südlich von Bremen«, aber es scheine fast sicher, daß sie an den Boden gefesselt bleiben müßten; denn die meisten von ihnen seien ohnehin unklar oder bereits außer Gefecht gesetzt.
Abermals folgte die obligatorische Warnung vor deutschen Düsenjägern.
Wegen der Nähe der russischen Front waren für den 7. April 1945 als Erkennungssignale ein drei- bis fünfmaliges Tippen der linken Tragfläche sowie deutliches Wackeln um die Längsachse vereinbart worden *(1866/2246)*.
Angaben über Flugrouten, Sammelpunkte, Kolonnenverhältnisse, Zeiten, Bombenlasten, Zielmarkierungen, Anflugkurse, Ausweichhäfen, Notlandeplätze, Rufzeichen, Frequenzen, Codeworte und dergleichen schlossen sich an. Beim Wetterbericht vertieften sich die Sorgenfalten. Statt reichlicher Wolken, die man erhoffte, boten die Meteorologen nur 0 bis 3/10 Strato-Cumuli. Vereisungsgefahr bestand nicht. Sicht klar, vermutlich fünfzig Kilometer; an den Startplätzen mußte mit Dunst und Nebelfetzen gerechnet werden *(2016/2246)*. Nun gaben die Leitbombenschützen ihre Anweisungen, Bordmechaniker erörterten Tourenzahlen, die Bordschützen wurden in ihre Aufgabe eingewiesen *(LXXXI 207)*.
»Haltet eure Flugzeuge zusammen und ihr werdet alle wieder nach Hause kommen«, so lautete eine markante Stelle in der sattsam bekannten Verbandsfliegerlitanei der schweren Bomber. Doch gerade gegen diese eiserne Regel sollte an diesem Tage verstoßen werden!

Zum Schluß fand die Flugkontrolle statt.
Für fast fünf Stunden Flugzeit waren die Bomber randvoll mit Benzin gefüllt. Bei einer Bombergruppe stellte sich nach dem Einsatz für Flugzeiten von $8^1/_2$ Stunden der Treibstoffverbrauch auf Werte zwischen 7117 Litern und 8618 Litern heraus. Die Motoren jeder einzelnen Maschine hatten pro Stunde rund 1000 Liter verschlungen! *(233/1865).*

DER ANFLUG DER BOMBERFLOTTEN

Wegen schlechter Sichtverhältnisse in England hatte die »Stunde Null«, die Startzeit, tatsächlich zweimal verschoben werden müssen. Ursprünglich sollten sich die schweren Bomber mit ihrer Begleitung schon ab 7:30 Uhr auf ihre gefährliche Reise begeben. Man dachte, die Bombardierungen könnten dann ungefähr um 11:00 Uhr erfolgen. Als endgültige Startzeit galt dann 10:30 Uhr *(2031/2246).*
So wie in Horsham St. Faith, wo die 458. Bombergruppe sich mit 52 »Liberator«-Bombern auf den Einsatz vorbereitet hatte, konnte überall auf den englischen Flugplätzen den Windverhältnissen entsprechend in mehreren beliebigen Richtungen gestartet werden. In Horsham standen zum Beispiel drei Bahnen zur Verfügung.
Als Leuchtpatronen den Start freigegeben hatten, donnerten nun am laufenden Band »Fliegende Festungen«, »Liberator«, »Mustangs« und »Thunderbolts« über die Pisten in East Anglia, versammelten über vorgeschriebenen Funkfeuern und fügten sich zu gewaltigen Strömen von Kampfmaschinen zusammen, Deutschland entgegen.
Start, Versammlung und planmäßige Formierung von 1304 schweren Bombern sowie 792 Jägern gelangen auch dieses Mal nicht so, wie man es sich gewünscht hätte.
Die 388. Bombergruppe war an sich gut vom Platz weggekommen und sammelte nun in vorgesehener Höhe. Bei der Formationsbildung verdrängte sie jedoch, weil sie eine Minute zu früh eingetroffen war, ungewollt die 452. Bombergruppe, die infolgedessen nicht dem Wing-Führer folgte.

Alle Bomber im führenden 45th Combat Wing stiegen gemeinsam auf 5500 Meter Einsatzhöhe.
Im 13th Combat Wing gab es eine Zeitlang Einordnungsprobleme für die beiden Bombergruppen 95 und 390.
Obwohl der 4th Combat Wing als letzter Pulk in der Divisionskolonne fliegen sollte, traf er am Sammelpunkt der Division etwa eine Minute zu früh ein. Der 93rd Combat Wing, der die dritte Stelle in der Divisionskolonne einnehmen sollte, verspätete sich um $1^1/_2$ Minuten. Um diese Differenzen auszugleichen, begann eine ziemlich konfuse S-Kurverei *(923/958)*. Trotzdem sah sich der 93rd Combat Wing gezwungen, wegzukurven, um der letzten Gruppe die Einordnung zu ermöglichen. Schon beim Kurven wurden die einzelnen Bombergruppen recht weit auseinandergezogen. Navigatoren gerieten in Orientierungsschwierigkeiten; eine Gruppe kam etwa dreißig Kilometer vom Kurs ab. Zwischen der ersten und der letzten Bombergruppe klaffte bereits eine Zeitlücke von 17 Minuten, noch bevor der Combat Wing die Küste des Kontinents überflog. *(66/435)*.
Nach dem Einsatzplan sollten die ersten beiden großen Bomberflotten die englische Küste fast zeitgleich hinter sich lassen. Aber die komplette 2nd Air Division flog zunächst einen um 90° versetzten Kurs nach Norden, als Cromer passiert worden war. Niemand konnte zu diesem Zeitpunkt ahnen, daß ihr dies das harte Los der nun ihre Stelle einnehmenden 3rd Air Division ersparte.
Wegen unvorhergesehener Ostwinde war die 2nd Air Division, noch bevor sie Texel hinter sich ließ, um weitere zwei bis acht Minuten zurückgeworfen worden. Bis zu ihren Zielen Düneburg und Krümmel stieg die Zeitdifferenz schließlich auf 15 bis 20 Minuten.
Im Gegensatz dazu flog der erste Teilverband der 3rd Air Division exakt nach Zeitplan. In 2500 Meter Höhe herrschten vorhergesagte Winde aus 40–50° mit 20 Knoten Geschwindigkeit. Nördlich von Amsterdam war der Kontinent ein paar Minuten früher als vorgesehen erreicht.
So geschah es, daß nicht die 2nd Air Division, sondern die korrekt und sauber geflogene 3rd Air Division über dem Steinhuder Meer einen heißen Empfang erlebte *(1826, 1827/2246)*.
Wenn sich ein Bomberstrom von 700 Flugzeugen in der Regel

über eine Länge von etwa 60 Meilen, also 100 Kilometer, erstreckte *(XXXXIX 114)*, sollten die am 7. April 1945 ihren Zielen entgegenfliegenden Bomber über die doppelte Länge auseinandergezogen werden, wie sich später zeigte.
Für viele Stunden auf engem Raum in wenig komfortablen Kriegsmaschinen zusammengedrängt, hatten die Männer nun in endlos scheinender Eintönigkeit ihre Funktionen zu erfüllen, manchmal nur in Form von gespannter, entnervender Wachsamkeit.

Es bestanden eigenartige, willkürliche Beziehungen zwischen jungen Amerikanern, die darauf zu achten hatten, daß sich ein kompliziertes Waffensystem, ein schwerer viermotoriger Bomber, im Sinne ihrer Führung in ein Vernichtungsinstrument verwandelte.

DIE DEUTSCHE BODENFÜHRUNG

Bei dezentraler Führung leiteten Kommodore oder deren Ia-Offiziere aus Geschwadergefechtsständen Gruppen und Staffeln mit Hilfe des Funksprechverkehrs an feindliche Verbände heran.
Am 7. April 1945 übernahmen Jägerleitoffiziere der 1. Jagddivision in Döberitz, Kennwort »Koralle«, die Führung eingesetzter deutscher Jagdverbände in Kooperation mit dem IX. Fliegerkorps (J).
Führungszuständigkeiten wechselten naturgemäß, sobald Verbände in benachbarte Luftraumbereiche eindrangen. Bereits seit Herbst 1942 bildeten Jagddivisionen und deren Leitstellen das Fundament der Reichs-Luftverteidigung.
Die sogenannte Y-Führung, ein UKW-Sprechfunkverkehr zwischen Funkstellen am Boden und Funkstellen an Bord der Jagdmaschinen, geschah mit Hilfe von Bord-Funkgeräten vom Typ FuG 16 ZY über die sogenannte »Reichsjägerwelle« im Bereich 38,5 bis 42,3 MHz. Diesem Leitsystem lagen synchrone Planquadratbezeichnungen zugrunde. Doppelbuchstaben in den Fliegerkarten an Bord entsprachen analogen Bezeichnungen auf großen Glastafeln, Hauptlagekarten, die inmitten weiträumiger, bombensicherer Betonbunker, den Jägerleitständen, auch »Gefechtsopern-

häuser« oder »Wasserköpfe« genannt, von allen Seiten sichtbar aufgerichtet waren.

Hier, meistens tief unter der Erde, arbeiteten Hunderte von Frauen und Männern rund um die Uhr in Tag- und Nachtschichten, als »Tagportiers« und »Nachtportiers«. Apparaturen empfingen Impulse von Funkmeßgeräten (Radar), die fernab an den Küsten oder an den Grenzen gegen den Feind gerichtet waren. Über ein weitgespanntes Netz gelangten aufgefangene Bewegungen feindlicher Flugzeuge auf Anzeigegeräte in den Jägerleitständen, wo sie von Scharen von Luftnachrichten-Helferinnen (»Blitzmädchen«) in hintereinander hochgestaffelten Sitzreihen sofort mittels »Lichtspuckern«, kleinen Leuchtkanonen, auf jene überdimensionalen gläsernen Landkarten projiziert wurden. Zugleich ermittelte man durch Peilungen im Funkmeßverfahren jeweilige Entfernungen zu den Bordsendern und somit momentane Standorte sowie Flughöhen und Flugrichtungen eigener Jagdverbände.

Je eher die deutschen Flugabwehrsysteme von Versammlungen feindlicher Verbände erfuhren, umso schneller und intensiver konnten Abwehr sowie Schutz von Bevölkerung und Sachen organisiert werden. Im Großen Belt lag seit dem 3. Dezember 1943 ein umgebautes Frachtschiff, die »Togo«. Hauptsächlich als Nachtjägerleitstelle gedacht, hatte man sie vollgestopft mit funkmeßtechnischer Elektronik *(XIV 117)*. Ab Beginn des Jahres 1944 versetzte ein Panorama-Gerät, eine Weiterentwicklung des bewährten Würzburg-Riesen, das etwa vierzig Kilometer von Berlin in Tremmen im Havelland nach Nordwesten strahlte, die Leitstelle der 1. Flakdivision im Berliner Zoo-Bunker »Gustav« in die Lage, Impulse bereits aus dreihundert Kilometern Entfernung zu empfangen und auszuwerten *(XIV 153)*.

Autorisierte Stellen konnten die jeweilige Luftlage aufgrund verschlüsselter Positionsangaben des Horizontsenders MIO erkennen und verfolgen. Waren allerdings Maschinen mit Störgerät und »Carpet«-Operatoren an Bord unterwegs, wie jene am 7. April 1945 in aller Frühe gestarteten drei B-24 »Liberator« der 8./USAAF, dann drehten deutsche Geräte durch, die Echos vervielfältigten sich, über die Bildschirme flimmerte Schneegestöber – die Luftlage wurde unklar, so wie nachts bei Störeinsätzen der 100. Gruppe der RAF.

Auf den großen Milchglasscheiben in den Jägerleitständen kennzeichneten Symbole und Zahlen die verschiedenen Arten, Standorte, Anzahlen, Höhen und Marschrouten eigener sowie fremder Luftstreitkräfte. An einem Leitpult, hinter einer Menge Schalter, Knöpfe und Telefone erfüllten Divisionskommandeure ihre verantwortungsvolle Aufgabe. Hier liefen alle Funk-, Fernsprech- und Fernschreibverbindungen zusammen *(XIV 67)*.
Auch der zentrale Gefechtsstand des IX-Fliegerkorps (J) in Treuenbrietzen war einem hellwachen Gehirn vergleichbar, das rund um die Uhr unentwegt Impulse aus Nervensträngen, einem riesigen Netz von Flugmeldegeräten und -leitungen, empfing und unmittelbar verarbeitete.
Der Tag, dem Ramm-Jäger vom Sonderkommando »Elbe« in der letzten großen Luftschlacht des Zweiten Weltkrieges in Europa eine ganz besondere Bedeutung geben sollten, begann, wie immer, mit der Horch-Lage. Funk-Abstimmvorgänge der amerikanischen Bomber und Jäger in Ost-England sowie auf dem Kontinent verrieten routinierten deutschen Auswertern rasch ungefähre Anzahl, Typen und Verbände der 8./USAAF, die sich da drüben im Heraufdämmern des 7. April 1945 auf ihren Einsatz gegen Deutschland vorbereiteten.
Aus Horchergebnissen und summierten Ergänzungsmeldungen, der Horch-Lage, ersah die deutsche Einsatzleitung schon bald, was sich wieder einmal drüben tat. Um fünf Uhr stand der Umfang des bevorstehenden Angriffs fest. Fraglich blieben allerdings die feindlichen Angriffsziele; diese würden sich erst später, wenn sich der Bomberstrom heranwälzte, enthüllen – hoffentlich rechtzeitig genug, um die Zivilbevölkerung zu warnen. – Man verständigte den Kommandierenden General.
Unermüdlich bedeckten Luftnachrichten-Helferinnen, auf vier übereinandergestaffelten Galerien sitzend, aufgrund der Meldungen, die sie im Kopfhörer empfingen, die Rückseite der hellerleuchteten Hauptlagekarte mit passenden taktischen Zeichen aus verschiedenfarbiger Kreide. Dabei mußten sie zwangsläufig die Planquadrate in Spiegelschrift von rückwärts lesen. Die gehörte Lagemeldung des erfaßten Feindverbandes wurde im Horch-Theater ebenso wie im Flugmelde-Bild-Theater mit einer Maximalverzögerung von nur einer Minute mitgezeichnet.

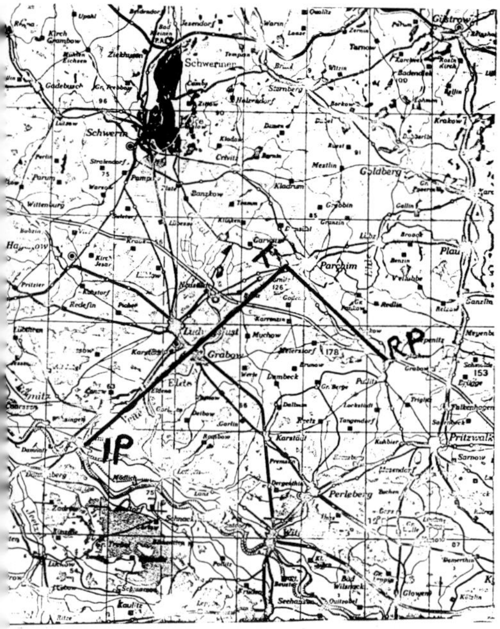

Parchim, Horst deutscher Düsenjäger, immer wieder angegriffenes Primärziel der 8./USAAF – so auch am 7. April 1945.

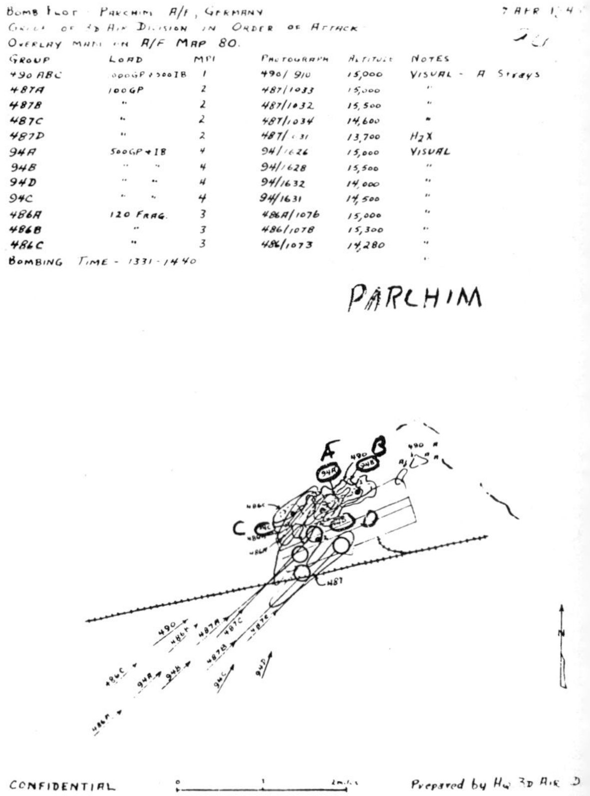

BOMB PLOT PARCHIM A/F, GERMANY — 7 APR 1945
GROUPS OF 3D AIR DIVISION IN ORDER OF ATTACK
OVERLAY MAIN ON A/F MAP 80.

GROUP	LOAD	MPI	PHOTOGRAPH	ALTITUDE	NOTES
490 ABC	1000GP + 500IB	1	490/ 910	15,000	VISUAL - A Strays
487A	100GP	2	487/1033	15,000	"
487B	"	2	487/1032	15,500	"
487C	"	2	487/1034	14,600	"
487D	"	2	487/[illegible]31	13,700	H2X
94A	500GP + IB	4	94/1626	15,000	VISUAL
94B	" "	4	94/1628	15,500	"
94D	" "	4	94/1632	14,000	"
94C	" "	4	94/1631	14,500	"
486A	120 FRAG.	3	486A/1076	15,000	"
486B	"	3	486/1078	15,300	"
486C	"	3	486/1073	14,280	"

BOMBING TIME - 1331 - 1440

PARCHIM

CONFIDENTIAL — Prepared by Hq 3D Air D

Rechts v. o. n. u.:

Foto A:
Angriffsplan für den 7. 4. 45. Über der Wendemarke IP (Initial Point) hatten angreifende Bomber auf das Ziel (T = target) Parchim einzuschwenken, um nach erfolgten Bombardierungen in 90°-Kurve nach rechts auf Abflugkurs (R = return) zu gehen.

Foto B:
Bombardierungsskizze nach Vollzug des Angriffsplanes zur Zerstörung Parchims; 7. 4. 1945.

Foto: C:
Es zeigt Parchim, eines der wichtigsten Bombardierungsziele vom 7. 4. 45; eingezeichnet die Flächen, über welche von den einzelnen Verbänden vernichtende Bombenteppiche ausgebreitet wurden. (Foto: USAAF)

Rückansicht der Consolidated B-24 „Liberator"; gut sichtbar die hinteren und seitlichen Armierungen: Heckstand, Gondel, seitliche Schützenstände. Markant die scharfgeschnittenen Scheiben des Seitenleitwerks. Der Leitwerksträger galt deutschen Ramm-Jägern als verwundbarste Stelle. (Foto USAAF)

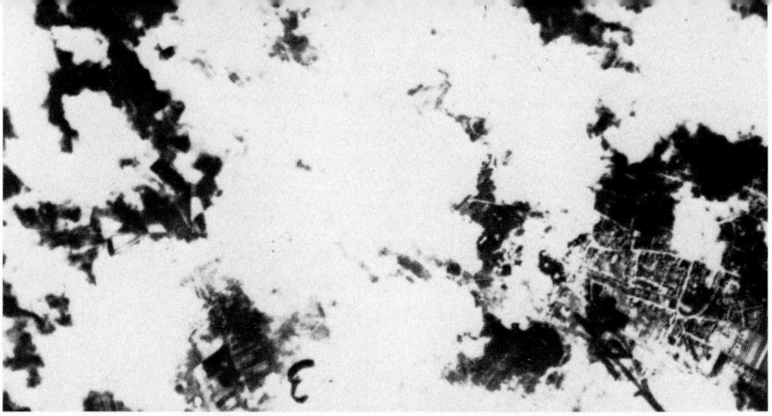

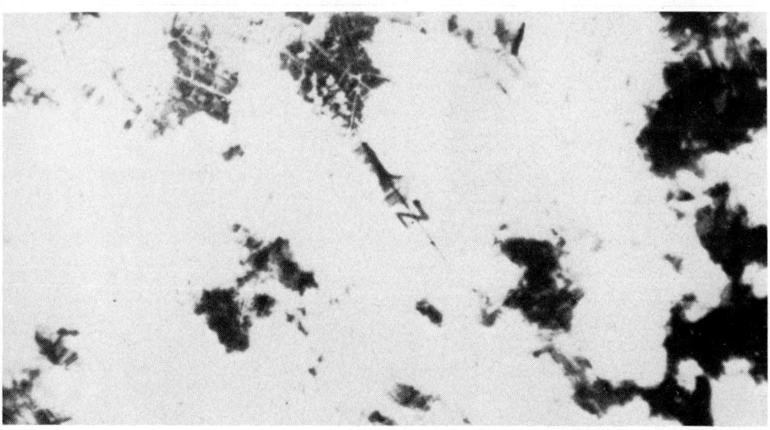

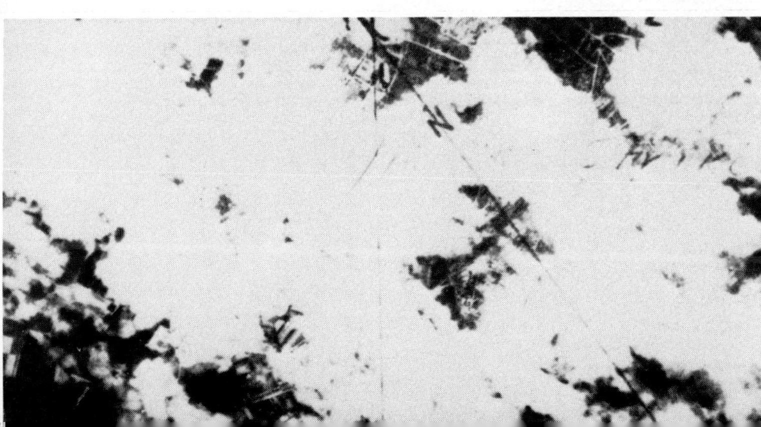

Stendal — Standort der „Ramm-Jäger“, bekam am Tage nach dem ersten Einsatz des Ramm-Kommandos „Elbe“ die Wucht eines Gegenschlages der 8./USAAF zu spüren. Zielfotos, während dieses Angriffes von Bombern aus geschossen, lassen das Ausmaß der Zerstörung ahnen.
(4 Fotos: USAAF)

Von der letzten großen Luftschlacht am 7. April 1945 zurückfliegenden B-17-Bomber der 3rd Air-Division/8th USAAF. Flugzeuge der Bombergruppen Nr. 486, 100 und 95 haben sich zusammengefunden, obgleich sie nach der offiziellen Formationseinteilung ganz woanders hingehörten. Der zusammengewürfelte Verband überfliegt soeben in etwa 4000 Meter Höhe die holländische Nordseeküste, Richtung England. (Foto: USAAF)

Vom Stabsbeschauer aus gesehen malte sich immer deutlicher ein günstiges Bild für den beabsichtigten Ramm-Einsatz ab. Auch die Wettermeldungen klangen gut.
Oberst Herrmann hielt den Augenblick des Einsatzes für gekommen. Telefonisch stimmte er sich mit dem Ia/ChefGenst., Oberstleutnant i. G. Dyrchs, ab.
Wie bei zahllosen Einsätzen langer Kriegsjahre zuvor, so hingen auch an diesem 7. April 1945 Erfolg oder Mißerfolg des ersten Ramm-Einsatzes der deutschen Luftwaffe hauptsächlich von einer reibungslos funktionierenden Technik sowie vom Können aller Führungsoffiziere in Treuenbrietzen ab.
An diesem bedeutsamen Tag machte sich eine uniformierte Luftnachrichten-Helferin mit vorgeschriebenen patriotischen Texten aus der Feder Herrmanns und fanatischen Kampfparolen vertraut, die sie auf Befehl der Einsatzleitung erstmals in diesem Luftkrieg zu ebenfalls zum ersten Male kämpfenden Ramm-Jägern des Sonderkommandos »Elbe« hinaufsprechen sollte.
Es würde sich, wie die Zukunft bald lehrte, nicht wiederholen. Sobald die vielen Menschen im zentralen Gefechtsstand in Treuenbrietzen Meldungen entgegengenommen hatten und sobald alle Koordinaten übereinzustimmen schienen, erteilte die Dienststelle IX. Fliegerkorps (J) über die Jagddivisionen Befehl zum Einsatz.
Damit waren die Würfel gefallen.

START DER DEUTSCHEN RAMM-JÄGER

Der Morgen des heranbrechenden 7. August 1945 war in Deutschland, im Gegensatz zu den Wetterverhältnissen in Süd-Ost-England, strahlend schön.
Es herrschten Windstille, Wolkenlosigkeit und Kälte.
Auch in Deutschland verzehrten die Flieger ihre Startverpflegung mit gemischten Gefühlen.
In den Gefechtsbaracken trafen jetzt zum erstenmal Angehörige von Ramm-Schwärmen mit Jagdfliegern gastgebender Verbände zusammen. Nun endlich nahm man den Schleier von jenem Geheimnis, das diese fremde Gruppe von Piloten während der letzten Tage umgeben hatte. Erst jetzt erfuhren reguläre Jagdpiloten, wor-

um es heute ging. Die Mitteilung schlug wie eine Bombe ein.
Nachdem sich die allgemeine Aufregung gelegt hatte, erhielten die Ramm-Jäger letzte Instruktionen.
Nur eine Welle war zu rasten: Die Reichsjägerwelle, 40,9 MHz; Rufzeichen waren »Geier« und »Falken«. Es folgten Millibarwerte zur Höhenmessereinstellung. Ein ausgedehntes Hochdruckgebiet ließ in Einsatzhöhen um elftausend Meter Temperaturen von minus 40 Grad erwarten, eher niedrigere.
An die Erläuterung der Großwetterlage und Angaben zum Verhalten in großer Höhe schlossen sich knappe Aussagen über Wetterverhältnisse in ganz Deutschland, in Südostengland, dem Startraum der 8./USAAF, im eigenen Startraum sowie Schätzungen über die voraussehbare Wetterentwicklung an. Was der Meteorologe da bekanntgab, bedeutete ideale Wetterbedingungen für den anlaufenden koordinierten großen Schlag.
Vermutungen über mögliche Verhaltensweisen des Gegners wurden geäußert und besprochen. Falls in England wegen des dort herrschenden schlechten Wetters überhaupt gestartet werden würde, dann wohl erst gegen Mittag; als Flugflächen würden wahrscheinlich Höhen um 8000 Meter oder darunter in Frage kommen. Es folgten Angaben über Startart und Startfolge der Schwärme, Sammelpunkt und abermals eindringliches Einschärfen der Formationsbildung. »Zerplatzen« des Ramm-Verbandes war das Schlimmste, was passieren konnte.
Meß-Flugzeugführer und deren Ersatzmänner wurden eingeteilt. Dann ging man an die Kartenvorbereitungen für den voraussichtlichen Einsatzraum.
Nach Abschluß der Flugvorbereitungen begaben sich die Ramm-Piloten zu den Liegeplätzen.
Das große Warten begann.
Draußen am Start lauerte die Alarmrotte. Man sah die Piloten in ihren Maschinen ausharren; wegen der Morgenkälte hielten sie die Kabinenhauben geschlossen.
Endlos dehnte sich die Zeit.
Zum wiederholten Mal wurde aus purer Nervosität alles mögliche immer wieder überprüft. Dann plötzlich, mitten in das nervöse Herumhantieren, platzte der Divisionsbefehl für Ramm-Schwärme: Dreißig-Minuten-Bereitschaft!

Fremde Flugzeugwarte machten sich an die Maschinen heran, hielten sich bereit. Über die Stako-Anlage kamen Reportagen von Feindlage und Wetteränderungen; im einzelnen: Positionen, Kurse, Entfernungen, mutmaßliche Einsatzräume. Daraufhin wurden jeweils die Dauer einer Annäherung an den Feind und voraussichtlicher Kraftstoffverbrauch ermittelt und notiert.
Irgendwo setzte jemand ein Triebwerk in Betrieb; es kam knatternd, lief, heulte kurz auf und erstarb dann wieder.
Bald darauf, etwa um 11:10 Uhr, wurde Sitzbereitschaft befohlen.
Nun sprangen je zwei Warte auf jede Ramm-Maschine. Sie lauerten auf das Zeichen zum Ankurbeln des Schwungkraftanlassers. Bereitwillig und freundlich halfen sie den Piloten, sich bedächtig in enge Sitze zu zwängen. Rückengurte wurden angereicht, man schnallte sich noch sorgfältiger fest als sonst.
Sitzstellung, die ganzen Armaturen: Öldruck, Kraftstoffanzeige, Temperatur, Uhr, Höhenmesser, Sitz des Fallschirms, die Sauerstoffversorgung, Anschluß der FT-Haube, Qualität des UKW-Empfangs – all dies mußte stimmen.
An die Flugzeuge der Verbandsführer waren Ringleitungsapparate gebracht worden; die Ringleitung selbst war inzwischen auf Reportage umgeschaltet worden.
Da kam unvermittelt der Startbefehl!
In den Kopfhörern die Stimme des Kommandeurs:
»Geier und Falken sammeln über Friedrich Cäsar ... gehen mit Kurs 190° auf Gefechtshöhe 10000, allgemeine Richtung Heinrich Dora (das war Magdeburg!) ... Viel Glück!«
Im Handumdrehen klappten die Kabinenhauben zu.
Geräusche, ferne Rufe, Summen, Klicken, dann ein anschwellendes, alles andere übertönendes Heulen vom Schwungkraftanlasser; Geruch von Glykol, Benzin und Öl drang in die Kabinen.
Schallwellen wummerten über den Platz, der Boden erzitterte. Jetzt sprangen die Warte von den Tragflächen herunter, schrien: »Frei!« und gaben entsprechende Zeichen.
Ein kräftiger Zug am Startergriff – starke Motoren weckten 1600 Pferdestärken zum Leben, die Kolben begannen zu arbeiten, wuchteten mit großem Getöse schwere Dreiblatt-Luftschrauben um Längsachsen. Etwas später erfolgte das Überprüfen der Motoren; dann Gas zurück – Abbremsvorgang beendet.

Nach Lösen der Spornverriegelungen ein kurzes, dankbares Nikken zu den Warten. Man winkte.
Schwerfällig holperten jetzt die Flugzeuge der Ramm-Schwärme an den Start.
Endlich hob der Startwinker die Flagge: Start frei!
Immer mehr auf Touren kommend, rollten die Jagdflugzeuge an, beschleunigten, rasten quer über die Graspisten ohne Rücksicht auf die Windrichtung, wurden schneller und schneller, hüpften, kamen frei – flogen ...
Ein Knopfdruck, und die Fahrbeine verschwanden links und rechts in den Tragflächen, innen leuchteten am Vierlampengerät rote Kontrollichter auf; jetzt Steigen mit 2600 Umdrehungen pro Minute, Ladedruck 1,3 ata. Klappen wurden eingekurbelt.
Kameraden der Ramm-Schwärme schoben sich langsam näher aneinander heran; überall Maschinen.
Mit geglücktem Start war der Ramm-Einsatz vom 7. April 1945 nun endlich angelaufen.
In Stendal und Gardelegen brausten die Ramm-Jäger vorbei an Fahnenträgern. Die Reichskriegsflagge wehte heftig in Propellerböen. Die Einsatzleiter sollen dabeigestanden sein, den rechten Arm zum deutschen Gruß erhoben ...
Nur vierundzwanzig Stunden vorher hatten japanische Verbündete ihre Selbstaufopferer vor Okinawa unter dem Dröhnen schwerer Trommeln auf ihren letzten Flug geleitet; eine traditionelle Zeremonie, die auch in früheren Zeiten dem Ausrücken von Kriegern in eine Schlacht vorausgegangen war *(III 194, XXV 278)*.

KOOPERIERENDE DÜSENJÄGER

Über die ungewöhnlich langgestreckte, speziell für Düsenjäger von russischen Gefangenen gebaute und noch immer zum großen Erstaunen der Deutschen unversehrt gebliebene Betonbahn in Brandenburg-Briest jagten am 7. April 1945, fast eine halbe Stunde nach dem Start der Ramm-Jäger, haifischartige Me 262 der dort stationierten II. Gruppe des JG 7, mit Stab JG 7, um erstmals in der Geschichte der Jagdfliegerei zu sehen, was man in Kooperation mit kolbengetriebenen Standardjägern und Ramm-Piloten unter den Bombern anrichten konnte. Konventionell ausgerüstete Flugzeuge der III./JG 3 sicherten Startplätze des JG 7 vor feindlichen Jägern, und zwar je eine Staffel die Plätze Brandenburg-Briest, Parchim und Oranienburg *(S. I. 1; S. 143).*

Von den Plätzen Brandis, Zerbst und Alt-Lönnewitz starteten Me 262 der I./KG (J) 54, um feindliche Begleitjäger von Maschinen des Ramm-Verbandes fernzuhalten. Diese Einheit war die erste ab März 1945 als Jagdverband mit Düsenjägern vom Typ Me 262 einsatzbereit gewordene ehemalige Kampffliegerformation; erst am 18. März 1945 hatte das Oberkommando der Luftwaffe ihre Verlegung von Giebelstadt, wo Ausbildung und Umrüstung erfolgt waren, in den Großraum Berlin verfügt. Dort sollte ja nach den Vorstellungen von General Peltz ein Strahljägerschwerpunkt gebildet werden.

Die meisten der am 7. April 1945 gemeinsam mit Ramm-Piloten eingesetzten Düsenjäger wurden von rasch umgeschulten ehemaligen Kampffliegern bedient. Gezwungen durch die mangelhafte Treibstoffversorgung und im Hinblick auf vorausgegangene Ausbildung auf Standard-Jagdflugzeugen hatte das Umschulungsprogramm für Me 262-Piloten »sehr kurz« gehalten werden müssen. Kunstflug, sonst eine hervorragende Übung für Jagdflieger, war strikt verboten. Theoretische Erörterungen waren nur gestattet, »soweit … unbedingt erforderlich« – die Zeit war knapp. Taktische Stärke und Überlegenheit, so lernten angehende Me 262-Piloten, liege nicht im Kurvenkampf, sondern vielmehr in »zügigem Fliegen und leichten Schwüngen«. Große Nachteile eines überstürzten Einsatzes unzureichend geschulter Düsenjägerbesatzungen waren am 9. Februar nur allzu deutlich geworden, als ungünstiges Wetter einen ohne besonderen Befehl durchgeführten Einsatz von fünfzehn Me 262 der IV./KG (J) 54, der an sich geschlossen erfolgen sollte, zunichte machte. Infolgedessen hatte der Verband empfindliche Verluste erlitten, der Kommodore war gefallen. Gollobs »Kampfanweisung« (Mappe Moritz Taktik II) hatte den Schwerpunkt des Einsatzes von Me 262-Verbänden unmißverständlich auf die Bekämpfung viermotoriger Bomber gelegt. Jägerkampf war nur in besonderen Situationen erlaubt. Eine derartige Situation war dann jedoch am 7. April 1945 gegeben. Bei dem ge-

planten Einsatz mit kolbengetriebenen Standard-Jagdflugzeugen hatten die Düsenjäger befehlsmäßig zunächst feindliche Begleitjäger anzugreifen, um diese zum Schutze der eigenen Ramm-Schwärme zu binden. Sobald nach dem ersten Zusammentreffen das Sammeln der schnellen Düsenjäger mißlang, waren wiederum die amerikanischen Begleitjäger die Ziele angreifender Me 262.
Sollte es den Ramm-Jägern tatsächlich gelingen, durch ungestümen Einbruch in die Formationen Bomber-Gruppen auseinanderzusprengen, oder zum Abdrehen zu zwingen, dann ergaben sich allerdings ideale Angriffsverhältnisse für Düsenjäger, selbst für weniger erfahrene oder soeben erst umgeschulte Flugzeugführer.
Die Startzeit, im Einsatzbefehl der Division enthalten, ließ nur Toleranzen von plus/minus zehn Minuten zu. Spätestens drei Minuten nach dem Startbefehl mußte die erste Me 262-Rotte abgehoben haben; die übrigen Rotten starteten im Abstand von 20 Sekunden.
Nach dem Start gaben die Verbandsführer sofort Startzeit, Stärke des tatsächlich gestarteten Verbandes, Abflugkurs und Einsatzhöhe an die Jagddivision über Funk durch. Jetzt kam alles darauf an, auf die Sekunde genau zeitgleich mit Herrmanns außerordentlich hoch fliegenden, langsamen Ramm-Schwärmen zusammenzutreffen, um dann mit geballter Kraft zuschlagen zu können.
Nach gelungener Versammlung achteten Verbandsführer höllisch auf guten Zusammenhalt der Me 262-Streitmacht, die nun ebenfalls dem Bomberstrom entgegeneilte *(MA; RL 10/112).*
Major Späte, ehemaliger Leiter des Zwischenahner Raketenjäger-Erprobungskommandos 16 – Me 163 »Kraftei« – und zuletzt Gefechtsverbandsführer im Jagdgeschwader JG 7, meinte, eine Art »Begleitschutz« von Düsenjägern für Ramm-Jäger-Verbände sei »kaum in Frage« gekommen. Theorien Steinhoffs und Hohagens, schnelle Jagdmaschinen vom Typ Me 262 als »Höhenjäger zur Abwehr ... (feindlichen) Jagdbegleitschutzes zu verwenden« seien von Männern wie Theo Weißenberger schnell widerlegt worden. Im Einsatz pflegte vielmehr der gesamte Gefechtsverband des JG 7 von hinten aus allen Rohren feuernd wie ein Spuk durch feindliche Bomberformationen hindurchzufegen, um sofort danach ebenso schnell wieder zu verschwinden, wie er aufgetaucht war.
Späte raste einmal mutterseelenallein in Anwendung dieser An-

griffsart mit seiner Me 262 auf der Strecke Dresden–Plauen durch Pulks von »Fliegenden Festungen« hindurch, schoß kurz hintereinander drei Maschinen ab und kehrte ohne selbst auch nur einen einzigen Treffer eingesteckt zu haben, heim.
Auf die Untauglichkeit überschneller Düsenjäger für Luftkämpfe mit kolbengetriebenen Feindjägern hatte auch der Messerschmitt-Ingenieur Bölkow hingewiesen. Angegriffene »Mustang« oder »Thunderbolt« konnten dem Beschuß von Me 262-Jägern leicht durch Abschwingen oder bloße Geschwindigkeitsverminderung entgehen *(LXXII 466)*.
Vom JG 7 aus gesehen bedurfte es eigentlich keiner ausgefallenen Praktiken, um sichere Abschüsse zu erlangen. Düsenjäger kamen auch bei geschlossenen Bomberverbänden zum Erfolg. Im Gegenteil, unkontrolliert erscheinende Ramm-Jäger zwangen Me 262-Besatzungen zu noch größerer Aufmerksamkeit. Sie hielten, laut Späte, Ramm-Einsätze für überflüssig, ohne dabei allerdings die Sensation, den propagandistischen Nutzen zu bedenken, den man sich dabei versprach.
Steinhoff berichtete von Me 262-Piloten, die sich auf den Kampf mit amerikanischen Begleitjägern spezialisiert hatten. Einer Normalbestückung von vier 3-Zentimeter-Kanonen, Typ Mk 108, zogen diese Männer eine Bewaffnung mit zweimal Mk 108 zuzüglich zweimal 12,5-mm-Maschinengewehren vor *(Der Flieger, Heft 4, April 1952, S. 64)*.

ANFLUG DER DEUTSCHEN JÄGER

Nach weit geflogener Sammelrunde schlossen die Flugzeuge der Ramm-Schwärme auf. Sie gingen auf Südkurs, Richtung Magdeburg.
Die meisten Männer empfanden, wie immer in Kampfformationen, ein starkes, wohltuendes Zusammengehörigkeitsgefühl. Es war gut, Kameraden neben sich zu wissen.
Ramm-Schwärme blieben an diesem Tage dichter als sonst beieinander; Abstände zum jeweiligen Nebenmann betrugen ungefähr zwanzig oder dreißig Meter. Piloten in Meßflugzeugen bemerkten an gelegentlichen leisen hohen oder tiefen Pfeiftönen Peilvorgänge

der Bodenstelle. Mit Beginn des Steigfluges schlich sich dann doch unfreundliche Einsamkeit in die engen Kabinen der Ramm-Flugzeuge ein. Im gleichförmigen Dröhnen der schweren Motoren ließen sich Gedanken nicht mehr so leicht verdrängen.
Gelegentlich, in größeren Abständen, meldete sich die Bodenstelle, um Kurse und Höhen durchzugeben. Urplötzlich drang dann die Stimme eines Jägerleitoffiziers in die Ohren, so deutlich und klar, als befinde er sich unmittelbar in den Kabinen und nicht weit weg dort unten in seinem bombensicheren Unterstand. Wo nötig wurden Nachstimmungen des Frequenzangleichs vorgenommen.
An diesem besonderen Einsatztage sendete die Bodenstelle ausnahmsweise auch Musik, Marschmusik.
Während die Jagdmaschinen im stetigen Steigen den Abstand zur Erde vergrößerten, kam die Zeit notwendiger Handgriffe.
Wer es bis jetzt übersehen hatte, betätigte nun den Drehgriff für Ladedruck. Bei Stellung »Auf« floß rotgefärbter Kraftstoff aus einem Dreihundert-Liter-Behälter, der zusätzlich unter dem Rumpf wie eine Bombe hing, durch ein Schauglas am rechten Obergurt. Zur Steigleistung benötigte der schwere Motor vom Typ DB 605 zweitausenddreihundert Umdrehungen pro Minute, bei einem Ladedruck von 1,1 ata. Steiggeschwindigkeiten um etwa 270 km/h verursachten einen Kraftstoffverbrauch von annähernd vierhundert Litern je Stunde.
Würde der begrenzte Kraftstoffvorrat überhaupt gestatten, an die Bomber heranzukommen?
Unruhige Blicke hinter getönten Gläsern tasteten über einen kalten Himmel.
Als Höhen um 4000 Meter erreicht wurden, stülpten sich die deutschen Ramm-Piloten mit aller gebotenen Sorgfalt Atemmasken über Nase und Mund. Höhenkrankheit, eine Funktionsstörung infolge von Sauerstoffmangel, war gefürchtet. Schon geringe Beimischungen atmosphärischer Luft in Höhen über viertausend Metern führten zu Höhenerkrankungen. Daher nahmen Flieger einwandfrei funktionierende Atemgeräte und deren regelmäßige Kontrollen sehr ernst.
Höhenkrankheiten, sofern sie noch rechtzeitig vor Eintritt des schleichenden Höhentodes durch Sauerstoffatmung beseitigt werden konnten, hinterließen in der Regel keine Dauerfolgen.

Je mehr der Außendruck umgebender Luft bei zunehmender Höhe abnahm, umso weiter dehnten sich die Leiber der Piloten aus; Gurte strammten, ab und zu glich sich Luft auf natürliche Weise aus.
Symptome ihres tückischen Höhenfeindes waren den Männern nicht fremd. Sie achteten höllisch auf erste Anzeichen. Je nach körperlicher Verfassung und Veranlagung konnten sich übermäßige Wärmegefühle einstellen, es kribbelte dann in den Fingerspitzen, Kurzatmigkeit, unangenehmer Druck im Kopf und Sehstörungen traten auf, dazu Benommenheit, Herzklopfen und – das Schlimmste für Flieger im Einsatz – Gleichgültigkeit, gepaart mit Schläfrigkeit, Willensschwäche und Apathie.
Sobald beginnende Höhenkrankheit wahrgenommen wurde, preßte man einen hellen blauen Knopf an der Membranlunge rechts am Atemgerät. Freigegebener Sauerstoff beseitigte normale Störungen im Nu. Half jedoch eine Sauerstoffdusche wider Erwarten nicht sofort, mußte unverzüglich nach Ursachen geforscht werden. Vielleicht saß eine Schnelltrennstelle nicht dicht genug, oder aber Sauerstoff-Flaschen funktionierten nicht richtig. Nach einem Ausfall des Höhenatemgerätes in elftausend Meter Höhe standen einem Flugzeugführer als Zeitreserve für Selbstrettungsmaßnahmen nicht mehr als etwa vierzig Sekunden zur Verfügung!
Als Versammlungsraum war für die Ramm-Jäger des Sonderkommandos »Elbe« das Stadtgebiet von Magdeburg befohlen worden, und als Ablaufpunkt die Mitte dieser Stadt.
Von Sachau, Stendal, Gardelegen, Salzgitter und Solpke näherten sich die Ramm-Schwärme in mehr oder weniger aufgelockerter Formation. Die Sichtverhältnisse erlaubten ein frühzeitiges Erkennen. Schon bald darauf bestand zwischen den meisten Schwärmen Sichtverbindung. Kaum war der Versammlungspunkt erreicht, kam von der Bodenstelle der Befehl:
»Achtung! Antreten in vier Minuten mit Kurs 270 Grad.«
Die Ramm-Schwärme kurvten auf den Ablaufpunkt ein und flogen zeitlich ziemlich genau ab. Alle achteten darauf, den befohlenen Kurs sowie die angegebene Geschwindigkeit möglichst exakt einzuhalten, um die beabsichtigte, immer wieder als entscheidend dargestellte räumliche und zeitliche Zusammenballung nicht zu gefährden.

Bei den eingesetzten Düsenjägern garantierten eingebaute Jägerkurssteuerungen genaue Navigation. Während die Ramm-Verbände strikte Order hatten, Begegnungen mit feindlichen Jägerpulks zu vermeiden, um auf Gedeih und Verderb an amerikanische Großbomber heranzukommen, galten für Düsenjägerverbände andere Regeln. Hier lag die Entscheidung grundsätzlich beim Verbandsführer. Üblicherweise erfolgte Angriffsbefehl, sobald man sich vom Feind entdeckt sah.
Aber heute, wo alles darum ging, den deutschen Angriffskeil aus Ramm-Maschinen möglichst geschlossen in den feindlichen Bomberstrom hineinzutreiben, würde ein Teil der deutschen Düsenjäger trotz ihrer relativen Überlegenheit dem Kampf mit feindlichen Begleitjägern zunächst ausweichen. Der Aufprall mußte geballt erfolgen.
Die Sicht blieb bei etwa zehn bis zwanzig Kilometern konstant. Vereinzelte Wolken standen jetzt am Himmel.
Bis sie ihre befohlene Einsatzhöhe von 11000 Metern erreichten, würden die Temperaturen der Lufthülle in dieser Jahreszeit auf rund minus 55 Grad Celsius gefallen sein. Schon jetzt gefror beim Ausatmen die Luft über der Atemmaske. Kälte reduzierte nicht nur die Behaglichkeitsgrenze, sie verursachte außerdem erhöhte Wärmeproduktion im Körper zum Ausgleich des Wärmeverlustes und trieb dadurch den Sauerstoffverbrauch noch mehr in die Höhe.
Als 11000 Meter Höhe endlich erklommen waren, froren die Piloten trotz Kabinenheizung.
Plötzlich konnte man unwahrscheinlich schnell fliegende Jagdmaschinen blendend weiße Streifen hinter sich herziehen sehen – die Düsenjäger kamen!
Mit zunehmender Nervosität schweiften Blicke von Ramm-Jägern in die Runde. Jetzt meldete die Bodenstelle zum erstenmal »Indianer«, also feindliche Jagdflugzeuge.
Die Stimme klang hektischer.
Dann: »Dicke Autos in Hanni November bis Januar« (Feindbomber in Höhen von 5000 bis 7000 Metern).
Nach den Standort- und Kursmeldungen schienen sich die feindlichen Luftstreitkräfte direkt aufeinander zuzubewegen.
Alle Sinne spannten sich noch mehr.

Den Angaben zufolge konnten Kassel oder Braunschweig, vielleicht auch Hannover als Ziele der Bomberflotten in Frage kommen. Nun stieg die Spannung auf den Siedepunkt.
Da, plötzlich, eine exaltierte Frauenstimme in den Kopfhörern der deutschen Ramm-Piloten:
»Kameraden!«, rief die Stimme. »Denkt an eure Frauen, Mütter und Kinder in den zerbombten Städten ...!«
Die weibliche Stimme rührte ans Herz. Manche Hand krampfte sich noch mehr um den Steuerknüppel.
Nun mußten nach den Angaben der Jägerleitstelle die feindlichen Bomber bald in Sicht kommen.
Ja! – Dort! Halb rechts voraus ein erstes Aufblinken, dann noch einmal – viele Male. Helle Metallrümpfe reflektierten die Sonne.
Jetzt schwirrte der Äther von knappen Mitteilungen regulärer deutscher Jäger:
»Berühre Familie, Ente zehn Kilometer, Karuso dicke Autos etwa vierzig Grad« (Ich sehe feindliche Bomberpulks in etwa 10 Kilometer Entfernung; Feind fliegt Kurs 40 Grad) ...
»Aufnahme Indianerfamilie ...!« (Erkenne Massen feindlicher Jäger) ...
»Kirchturm März ...« (Eigene Höhe neuntausend Meter) ...
»Bleiben Sie auf dem Balkon!« (Halten Sie die Anflughöhe bei) ...
Alle diese Funksprüche der anderen Jäger untereinander blieben den Ramm-Piloten verborgen. Sie empfingen die Reichsjägerwelle und hörten nur noch Kampfparolen. Ununterbrochen diese Frauenstimme, aufpeitschend, fast unerträglich ...!
Jetzt gab wohl der Kommandeur jener regulären Jagdgruppe da drüben die Meldung »Feindsichtung!« nach unten.
Die Ramm-Schwärme schlossen sich, wie befohlen, enger zusammen. Kurze, heiße Blicke berührten benachbarte Maschinen.
Dann ertönte das erhoffte, ersehnte, befürchtete, verfluchte Einsatzzeichen:
»An alle Geier und Falken – Angriff frei – *Sieg heil!*«
Alle Jäger griffen gleichzeitig an. Über zweihundert Flugzeuge stürzten sich den Bombern entgegen.
Den Düsenjägern standen von nun ab ungefähr vierzig Minuten für Kampf und Rückkehr zur Verfügung. Ihre Angriffsgeschwindigkeiten lagen bei 800 km/h, innerhalb der Schwärme wurde ein

Abstand von etwa 150 Metern eingehalten.

Wenn nicht tiefer Ernst dahintergestanden hätte, wäre manchem die Code-Sprache von Fliegern lächerlich erschienen.

»Dicke Autos« kennzeichneten gegnerische Flugzeuge als viermotorige Bomber. Feindjäger hießen »Indianer«. Diese konnten beispielsweise in »Hanni Januar«, das hieß, in einer Höhe von 7000 Metern, operieren.

Während eines Einsatzes in der Reichsverteidigung, in den Tausende von Flugzeugen verwickelt waren, wimmelte es im Äther nur so von »Dicken Hunden« oder »Familien«, also Bomber-Großverbänden im Anmarsch auf deutsche Ziele.

Mit der Warnung »Fragezeichen elf Uhr« lenkten Jäger die allgemeine Aufmerksamkeit auf unidentifizierte Flugzeuge in Nord-Nord-West-Richtung. Mit dem Ruf: »Viktor, Viktor!« bestätigte man Verstehen und Befolgen einer Funkmitteilung.

Eigene Jagdflugzeuge trugen die Bezeichnung »Radfahrer«. »Möbelwagen« waren selten gewordene deutsche Bombenflugzeuge, zum Beispiel He 111. »Big Friends« hießen eigene Bomber bei amerikanischen Jägern, die ein ähnliches Kauderwelsch benutzten. Mit dem Code-Wort »Pauke, Pauke!« gaben deutsche Verbandsführer Angriffsbefehl.

»Mein Pferd lahmt« hieß, daß mit der eigenen Maschine irgendetwas nicht stimmte; lahmende Pferde hatten schleunigst zu verschwinden und zuzusehen, einen eigenen Flugplatz, sprich: »Gartenzaun« möglichst rasch zu erreichen.

Verbände führten spezielle Einsatznamen. Ramm-Schwärme des Sonderkommandos »Elbe« wurden mit »Geier und Falken« angesprochen. Jägerleitstellen gaben sich ebenso nur mit Decknamen zu erkennen. »Koralle« war die Jägerleitstelle der 1. Jagddivision. Meldete sich »Primadonna«, wußten die Piloten die 3. Jagddivision im Äther.

Die Amerikaner nannten deutsche Jäger »Jerries«, auch weniger freundlich »Banditen« oder »Heinies«.

DER KAMPF DEUTSCHER JAGDFLIEGER MIT DER 8. LUFTFLOTTE

Als erste hatte die 355. Bombergruppe bösartige Flakwölkchen südlich von Groningen gesichtet. Alle bemerkten plötzlich weitgestreutes Flakfeuer deutscher Abwehr *(2148/2246)*. Der Eintritt unmittelbarer Gefahr zerstörte mit einem Schlage die Einförmigkeit stundenlangen Fliegens.

»Nuthouse«, ein amerikanischer Begleitjäger, meldete um 12:15 Uhr, gerade als die Spitzenformationen der 3rd Air Division den Wendepunkt Münster erreicht hatten, als erster Feindjäger, ohne daß allerdings schon nähere Einzelheiten ausgemacht werden konnten. Erst in der Nähe des Steinhuder Meeres sah man auch von den Bombern aus weitab im Osten zahlreiche Bündel von Kondensstreifen hochfliegender Maschinen, die sich ohne Zweifel auf den Bomberstrom zubewegten. Zu diesem Zeitpunkt war die 3rd Air Division über eine Strecke von 120 Meilen, fast 200 Kilometer, auseinandergezogen und bot so einem Feind offene Flanken *(2120/2246)*.

Zum großen Erstaunen amerikanischer Abhörspezialisten hatten sie plötzlich außer knappen, verschlüsselten deutschen Kampfanweisungen auch Marschmusik in den Ohren. Das »Horst-Wessel-Lied« erklang und »Deutschland, Deutschland über alles ...«. Eingeflochten in patriotische Lieder waren außergewöhnliche, nie vorher gehörte Anfeuerungsrufe einer Frauenstimme auf der deutschen Jägerfrequenz, die herzzerreißend an Frauen und Kinder unter dem Schutt zerbombter deutscher Städte erinnerte und forderte: »... bis zum Letzten für Deutschland zu kämpfen«.

»Rettet das Vaterland!«, flehte die Stimme voller Leidenschaft *(2120/2246)*.

Für diese erstmalige, befremdliche Ausdrucksform deutscher Bodenführung fehlte den Amerikanern eine unmittelbare Erklärung. Offenbar waren sie ratlos, sie wußten nicht, was sie davon halten sollten. Jedenfalls erging keine Warnung an die Bomberflotten.

Erst hinterher, als die heiße Schlacht vorüber war, ahnte man Zusammenhänge zwischen dem erstmaligen Auftreten massierter deutscher Ramm-Jäger und der seltsamen Bodenführung, die dem »Canterbury Report 7/4/45 (A)« zufolge »wahrscheinlich geschah, um die Piloten zu äußerster Leistung anzutreiben. Wie es auch sei, so etwas über den deutschen Sprechfunk zu hören, war absolut neuartig« *(2145/2246).*

Das amerikanische Hauptquartier gelangte später zu dem Schluß, dies habe »... einen Pessimismus enthüllt, der die Feinde wohl schon lange bedrückte, der aber noch niemals vorher in solch dramatischer Form in Erscheinung getreten sei. Offensichtlich scheinen die Piloten zu Selbstmord-Attacken gedrängt worden zu sein« *(1847/2246).*

Es war 12:18 Uhr, als über Hannover zahlreiche Kondensstreifen von schnellen Flugzeugen bemerkt wurden, Richtung Nordwest. Sofort schwirrte der Äther von Warnungen an Bomber- und Jägerbesatzungen der 8. Luftflotte. Man vermutete vier große deutsche Jägerformationen auf Kurs 320°.

Warnungen vor intensivem Flakbeschuß im Bereich des Dümmer erhöhten die allgemeine Aufregung auf amerikanischer Seite. Der Funkverkehr steigerte sich bis zur Verwirrung *(2143/2246),* vielfach wurde vergessen, von Sendung auf Empfang umzuschalten, wodurch natürlich erhebliche Frequenzstörungen entstanden *(1834).*

Mitten in den Sprechsalat platzte auch noch eine ominöse Warnung vor nicht gekennzeichneten P-51 »Mustang«-Jägern, die angeblich eigene Bomber beschossen *(2148/2246).*

Genau westlich von Hannover, gar nicht weit entfernt vom ehemals traditionellen Abfangpunkt deutscher Jagdstreitkräfte in der damals fast routinemäßigen Auffangzone, dem Luftraum über Dümmer und Steinhuder Meer, stürzten sich nun doch wieder Massen deutscher Jäger auf die führenden Bombergruppen der Combat Wings 45, 13 und 93 der 3rd Air Division. Colonel Batson, Chef der 452. Bombergruppe, die als »Hoch«-Gruppe im 45th Combat Wing den allerersten Stoß hinnehmen mußte, lokalisierte die erste Feindberührung bei den Koordinaten 5230 Nord und 0900 Ost, also etwas westlich von Stolzenau über sumpfigem Gelände zwischen der Weser und einem ihrer kleinen Nebenarme, etwa über der heutigen Bundesstraße 441.

Zum ersten Male in der Geschichte der deutschen Jagdfliegerei griffen gemischte Verbände aus Standardjägern der Typen Bf 109 und Fw 190 sowie Düsenjägern vom Typ Me 262 gemeinsam an.

Vier große Gruppen stürzten sich aus Höhen zwischen 5500 und 9000 Metern und aus südlicher Richtung ohne Zögern auf die Bomber. Angaben der ersten amerikanischen Augenzeugen über Stärke und Zusammensetzung der deutschen Jagdverbände schwanken zwischen »70–80 Feindjägern der Typen Me 109 und Fw 190 und einigen Me 262« *(67/435)*, »30–35 Me 109, 10–15 Fw 190 und 10–12 Me 262« *(1834)*, sowie »30 Me 109, 10 bis 12 Me 262, 8–10 Fw 190 und einer Ju 88« *(1990/2246)*. Wenigstens eine Arado Ar 234, an sich ein Düsenaufklärer und leichter Schnellbomber, sowie noch ein anderer seltener Flugzeugtyp sollen amerikanischen Angaben zufolge am ersten Stoß der deutschen Verbände beteiligt gewesen sein *(1834/2246)*.
Tatsächlich waren es 184 Ramm-Jäger, meistens auf den Typen Bf 109, sowie 51 Düsenjäger vom Typ Me 262 *(S. I. 1, 209)*.
Ein hervorragend gelungenes Zusammenwirken vieler Stellen hatte gute Voraussetzungen für ein Gelingen des beabsichtigten großen Schlages gegen amerikanische Bomberformationen geschaffen.
Die Jägertaktik, feindliche Bomber im Angriff von vorne unter Feuer zu nehmen, entstammte der Praxis des Jagdgeschwaders JG 2 »Richthofen« *(V 215)*. Unter dem Kommandeur Major Meyer war diese außergewöhnliche Art des Angriffs zur Reife gediehen, so daß andere, vor allem die sogenannten Experten, also besonders mutige und erfolgreiche Jagdflieger, sie aufgriffen und bevorzugt anwendeten. Ein blitzartig von vorne vorgetragener Angriff verlangte außer starken Nerven hohes fliegerisches Können. Unkontrollierbare Reaktionen anvisierter Gegner konnten tödliche Kollisionen heraufbeschwören. Das Feuer eröffneten von vorne angreifende Jäger meistens aus etwa 200 Meter Entfernung. Ihnen starrten überschwere Zwillings-Maschinengewehre aus drehbaren Kinntürmen – bei »Fliegenden Festungen« – oder aus Bugkanzeln – bei »Liberator«-Bombern – entgegen. Die Rasanz des Vorganges bei sich summierenden Annäherungsgeschwindigkeiten reduzierte die eigentliche Kampfzeit auf knappe Sekunden.
Besatzungsmitgliedern in den Bomberkanzeln blieben trotz Flak-Jacken in der Art von Kettenpanzern, trotz Schutz durch Stahlhelme und feste Schalensitze aus widerstandsfähigem Metall kaum Chancen, direkten Beschuß von deutschen Jägern lebend zu überstehen *(IV 63)*. Entsprechende, verständliche Furcht packte

sie, sobald sie erkennen mußten, daß sich deutsche Jäger zum Frontalangriff formierten. Vom Wert an sich unbeliebter und unbequemer »flak-jackets« war Sergeant Bajewski, Funker in der »Sick Call«, einer »Festung«, nach dem 11. Januar 1944 ein für allemal überzeugt. Ein deutsches Zweizentimeter-Brandgeschoß war knapp über seinem Herzen krepiert und hatte doch nicht mehr bewirkt, als ihm kurz die Luft abzudrücken. Allerdings war auf der Weste ein gezacktes, handgroßes Loch in der oberen Schicht zurückgeblieben *(XXXXIX 106)*.

Auch am 7. April 1945 fragten sich die amerikanischen Bomberbesatzungen, ob es wieder einmal Jägerangriffe von vorne zu überstehen galt. Sie hatten keine Ahnung von der wilden Entschlossenheit der Deutschen, die da hoch über ihnen heranjagten, an diesem Tage noch weit mehr zu wagen als riskante Frontalangriffe.

Immer noch bestand die »klassische« Angriffsart deutscher Standard-Jäger darin, sich von hinten einem aufs Korn genommenen viermotorigen Bomber, der mit etwa 350 km/h Geschwindigkeit im Verband flog, zu nähern und so lange die Waffen in Tätigkeit zu halten, bis er fiel – oder bis die Munition verschossen war. Ein wachsames Auge galt dabei stets dem lauernden Heckschützen. Um dessen belfernden Maschinengewehren zu entgehen, setzte man am besten die Endphase eines Angriffes hinten-unten an und schoß aus flachem Winkel hoch. Wegen der relativ geringen Differenz zwischen Geschwindigkeiten von Bombern und deutschen Standard-Jagdmaschinen zog sich ein Jagdangriff von hinten je nach Fahrtüberschuß des Angreifers über zwei bis vier Minuten hin.

Manche Bomberpiloten trachteten danach, sobald sie alarmiert waren, durch grobe Pumpbewegungen die Chancen ihrer Heckschützen zu erhöhen, tote Winkel mit ihren beiden überschweren Maschinenwaffen doch noch erfassen zu können. Unruhig hin und her tanzend boten schwere Bomber kein sicheres Ziel.

Man mußte schon nahe genug herangehen, um Erfolg zu haben. In der Absicht, die Zeitspanne herabzudrücken, während der man zwangsläufig dem massierten feindlichen Abwehrfeuer ausgesetzt war, griffen deutsche Jäger möglichst stets aus Überhöhung an. Dabei erzielten sie beachtlichen Geschwindigkeitsüberschuß, der sie nun doch relativ schnell durch das Sperrfeuer hindurchtrug und

an ein Ziel heran, oder darüber hinaus – oder in es hinein, wie im besonderen Falle der Ramm-Jäger.
Gerade waren zehn Minuten der Mittagsstunde verstrichen, als einige der herumstreifenden und nach Osten absichernden Begleitjäger von der 359. Staffel, die zum 67th Fighter Wing gehörte, auf eine Formation relativ weit auseinanderfliegender Me 262-Düsenjäger stießen. Sofort nahmen sie den Kampf auf. Über Nienburg kam es aber nur zu einem Geplänkel in Höhen von 6000 bis 4000 Metern, in dessen Verlauf dann allerdings doch eine »Mustang« abstürzte. Dem Piloten gelang es zwar, seine Maschine rechtzeitig zu verlassen, aber seine Kameraden sahen mit Entsetzen, wie sich der Fallschirm, obwohl er gut herausgekommen war, nicht entfaltete.
Den Amerikanern glückte es nicht, die Düsenjägerstaffel des Jagdgeschwaders JG 7 am raschen Weiterflug nach Westen zu hindern. Auch die 339. Jägergruppe war nach Osten ausgeschwärmt, als sich die Meldungen über herannahende Feindjäger häuften. Sie flog jedoch nicht hoch genug, so daß sie den großen deutschen Jägerverband verfehlen mußte. Inzwischen war in ihrem Rücken der Teufel los. Später beklagte sich Colonel Batson, der Kommandeur der 452. Bombergruppe, die schwer mitgenommen wurde, über »völlig unzureichende Jägerbegleitung« *(929/958)*.
Das anfängliche Erstaunen über das Aufklingen einer weiblichen Stimme im Funkverkehr schlug rasch in Beklemmung um, ja, in Schrecken, als die Flieger der Bombergruppen 452 und 388 die massierten deutschen Jägerverbände sichteten und als klar wurde, daß die Stoßrichtung der herabstürzenden deutschen Jäger genau auf sie hinzielte.
Die »Fliegende Festung« Nr. 43-38868 von Leutnant Richardson aus der 452. Bombergruppe bekam auch sofort Treffer ab. Sie fiel hinter den anderen zurück. Unmittelbar darauf stieß eine Bf 109 in die linke Flanke zwischen Seitenstand und Leitwerk; sie trennte das Heck vom Rumpf. Der schwere Bomber stürzte etwa noch tausend Meter in die Tiefe, um dann zu explodieren. Diesen Absturz überlebten nur der Turmschütze sowie der Funker, den sich die Besatzung für diesen Einsatz von der 730. Staffel ausgeliehen hatte. *(MACR 13888)*.
Über dem Nordufer des Steinhuder Meeres, sechs Kilometer west-

lich von Neustadt am Rübenberge, lag der Bomber Nr. 42-31366 mit Leutnant Owens als Pilot genau in Sturzrichtung angreifender Ramm-Jäger. Eine Bf 109 stürzte mit aufheulendem Motor kurvend von hinten oben direkt in die Pilotenkanzel hinein und riß bei außerordentlich hoher Sturzgeschwindigkeit alles, was sich vor dem Turmstand befunden hatte, auseinander und in die Tiefe. Sofort ging der Bomber in steilen Sturz über; drei Mann der Besatzung fielen brennend aus dem Wrack, höchstens fünf Fallschirme hatte man mit Sicherheit beobachten können.

Eine Hölle war entfesselt. Belfernde Kanonen, Knattern von Maschinengewehren, kreischende, übertourende Triebwerke, platzende Granaten, erste Explosionen bei Freund und Feind, und über allem das schwere Wummern starker Bombermotoren. All dieses vermischte sich in den Ohren der wenigen Menschen am Boden, die heraufstarrten, zu einem fürchterlichen, infernalischen Schlachtgetöse.

Alarmierte »Mustang«-Piloten jagten hin und her, überall sahen sie Flugzeuge zur Erde stürzen.

Eine Bf 109 schlug östlich des Dümmer auf. Major May, Kommandeur der 78. Jägergruppe, meldete fünf bis sieben »herunterfallende B-17« sowie etwa fünfzehn gleichzeitig niederschwebende Fallschirme *(1951/2246)*. Plötzlich war auch von einer in die Kämpfe verwickelten Me 210 die Rede *(913/958)*. Piloten der 339. Jägergruppe beobachteten auf der Strecke zwischen Celle und Uelzen vier kampfunfähig gewordene »Festungen«. Sie sahen auch, wie eine Bf 109 bei Uelzen in einen Bomber hineinstürzte und diesen dabei in zwei Teile zerriß. Zwar versuchte die Bf 109 danach kurvend zu entkommen, aber sie fiel dann doch unter den Maschinengewehrgarben einer »Mustang« von der 78. Jägergruppe. Überall in der Gegend waren nun Aufschlagbrände zu beobachten. Schwarze Rauchwolken quollen zum Himmel und markierten einen Weg der Vernichtung.

Leutnant Gills hatte es zwar noch fertiggebracht, die Gewalt über seine »Fliegende Festung« Nr. 44-8531 bis zum nördlichen Stadtrand von Hamburg zu behalten, obwohl die Maschine schon beim ersten Massenangriff der Deutschen schwer beschädigt worden war, aber als schließlich zwei Motoren anfingen zu brennen, mußte Gills doch aufgeben. Andere Besatzungen sahen, wie die Kappen der Ausstiegluken an den beiden Seitenständen und am Heckstand abgeworfen wurden und die Maschine langsam ins Trudeln überging. Aber es waren dann doch nur zwei Fallschirme zu sehen sowie ein Mann der Besatzung, dessen Schirm sich am herausgefallenen Spornrad verfangen hatte *(MACR 13893)*.

Auf der deutschen Frequenz kamen nun auch schon Rufe wie: »Bin angestrahlt, bin angestrahlt; setz' mich ab, mach' reise reise ...« (Ich bin getroffen worden. Ich verlasse den Einsatzraum). Oder: »Ich stopfe ...!« (Waffen funktionieren nicht).

Nach Darstellung der Flieger von der 55. Jägergruppe der 8. Luftflotte spielte die deutsche Luftwaffe mit den schweren Bombern »Versteck«, nachdem der Tanz am Steinhuder Meer in Richtung Salzwedel losgegangen sei *(1834)*. Mit Pumpbewegungen und seitlichem Hin-und-Her-Schwingen versuchten die Bomber den Deutschen das Zielen so schwer wie möglich zu machen. Vor Hunderten von Browning-Maschinenwaffen blitzte Mündungsfeuer den kaskadenartig immer wieder wild herabstürzenden Jägern entgegen.

Eine »Fliegende Festung« mit schwarzen Kennungsstreifen und großem, weißen »H«, also aus der 388. Bombergruppe, die am Vormittag von der Army Air Force-Station Nr. 136 in Knettishall gestartet war, mußte nun unter den Augen von Colonel Cox aufgegeben werden, nachdem sich eine deutsche Jagdmaschine vom Typ Focke Wulf Fw 190 in sie hineingebohrt hatte *(XXXXIX 261)*.

Im »Hoch«-Schwarm der am höchsten fliegenden Staffel flog ebenfalls in der Formation der 388. Bombergruppe rechts vom Schwarm-Führer die »Festung« Nr. 43-38869 »Paula Sue«, gesteuert von Leutnant Bare und bedient von neun weiteren Fliegern. Plötzlich stieß eine Bf 109 unmittelbar von links in die Seite der B-17 und zerplatzte beim Aufprall. Aber auch der schwere Bomber brach, genau so wie Leutnant Richardsons Maschine von der 452. Bombergruppe, sofort in der Mitte auseinander. Das Vorderteil trudelte in flachen Spiralen zur Erde, während die Schwanzpartie langsam niederglitt.

Weil der deutsche Jagdflieger bei seinem Angriff keinen einzigen Schuß abgefeuert hatte, hielt man ihn bereits zu diesem Zeitpunkt für tot und den Zusammenstoß infolgedessen für ein großes Un-

glück *(MACR 13723)*. Dabei war es in Wirklichkeit einer jener Piloten gewesen, die der Schnelligkeit wegen auf Waffen bewußt verzichtet hatten.
Die Wracks schlugen ungefähr dort auf, wo bereits Teile von Leutnant Owens Maschine lagen – am Nordrand des Steinhuder Meeres.
Einer der »Elbe«-Männer rammte, schlug beim Zusammenprall hart mit dem Kopf auf. Mit geborstenem Schädel gelang es ihm zwar noch, die Maschine rechtzeitig zu verlassen, bevor sie ihn in die Tiefe riß, ja, er konnte sogar noch seinen Fallschirm auslösen. Doch noch ehe er den Boden erreichte, war er tot. Zivilisten bargen seine Leiche.
Fünf Mann von der neunköpfigen Besatzung der »Fliegenden Festung« Nr. 42-97105, welche in Nummer-zwei-Position des unten fliegenden Schwarms der Führungsstaffel der 388. Bombergruppe gekämpft hatte, überlebten den Absturz ihres Bombers, dem eine deutsche Ramm-Maschine vom Typ Bf 109 das rechte Höhen- und Seitenleitwerk abgeschert hatte. Daraufhin verließ der beschädigte Bomber den Verband, und man konnte beobachten, wie der Pilot, Leutnant Hickman jr., das schwere Flugzeug etwa noch fünf Minuten lang unter Kontrolle halten konnte, während es träge einen Vollkreis beschrieb. Daraus war aber dann doch eine Trudelbewegung geworden, und die noch lebenden Flieger stiegen aus *(MACR 13724)*.
Als die Spitzenformationen der 2nd Air Division etwas weiter nördlich vom Kurs der schwer attackierten 3rd Air Division und ein wenig später im Kampfraum eintrafen, flogen sie, über Funk alarmiert, eng aufgeschlossen in tadelloser Abwehrordnung. Den Eskort-Jägern des 65th Fighter Wing erleichterte dies einen maximalen Schutz, wie Major Glover später meinte.
Andererseits brachte die enorme Jägermassierung aber auch Schwierigkeiten mit sich, weil die schnellen Flugzeuge Mühe hatten, sich auf engem Raum nicht allzu sehr zu behindern.
Colonel Kinnard von der 355. Jägergruppe war jedenfalls nicht glücklich, und er äußerte sich später recht kritisch über die »Konfusion«, die durch eine Zusammenballung viel zu vieler Jäger entstanden sei. Der übertriebene Versuch, den Bombern nun möglichst hautnahen Schutz zu bieten, habe »klägliche Situationen«

heraufbeschworen, als man darangehen mußte, die feindlichen Jäger abzuwehren *(1959/2246)*. Außerdem verloren die Schützen in den schweren Bombern durch das schnelle Vorbeiflitzen vieler Jäger die Übersicht. Und so blieb es schließlich nicht aus, daß zwei »Mustang«-Jäger von der 479. Jägergruppe im Feuer eigener Bomber schwere Beschädigungen erlitten *(1960/2246)*.

Südöstlich von Bremen prallten plötzlich lose Haufen von insgesamt dreißig Bf 109 und Fw 190 sowie einige Düsenjäger auf Bomberformationen der 2nd Air Division. Die Amerikaner gewannen den Eindruck, daß es sich hier um aufgelöste Einheiten von der ersten massierten Begegnung mit der etwas weiter südlich in breitem Strom dahinfliegenden 3rd Air Division handelte. In späteren Analysen war dann auch die Rede von »überlebenden Angreifern des ersten Treffens« aufgefüllt durch »einige Nachzügler« *(1847/2246)*.

Inzwischen war aber das JG 7 voll in Aktion und die Angriffswut der ausgeschwärmten Ramm-Jäger hatte keineswegs nachgelassen. Major Olds erledigte eine Bf 109, nachdem diese kurz zuvor eine »Liberator« vernichtet hatte. Vierundzwanzig Kilometer südwestlich von Faßberg schoß ein Bf 109-Jäger eine »Liberator« in Brand und sofort danach noch eine andere, die nun zur Erde trudelte. Acht Amerikanern gelang der rettende Absprung mit dem Fallschirm. Beide Bomber hatten sich ihrer Bombenlast noch nicht entledigt.

Begleitjäger der 479. Jägergruppe mußten tatenlos mit ansehen, wie eine »Fliegende Festung«, deren rechtes Höhenleitwerk abgerissen war, acht Kilometer nördlich von Lüneburg aus 6000 Meter Höhe zur Erde fiel. Ein Mann der Besatzung, dessen Fallschirm sich am Bug festgehakt hatte, stürzte mit in den Tod *(1960/2246)*.

Sechzehn Kilometer westlich von Lüneburg flog an der Spitze seiner »Sky Scorpions«, der 389. Bombergruppe, in einer »Liberator« Colonel Herboth jr. Seit dem 4. Dezember 1944 führte er die in Hethel stationierte Einheit, die seit Juni 1943 bei der 8./USAAF im 2nd Combat Wing in Dienst stand und schon den Ploesti-Raid mitgemacht hatte; dafür war sie damals mit einer Distinguished Unit Citation ausgezeichnet worden *(XXXXIX 224, 255)*.

Nun hatte Herboth den Tod vor Augen.

Ein Ramm-Jäger vom Typ Bf 109 stieß fast frontal in die Bug-

kanzel der Kommandeursmaschine.
Oberleutnant Kunkel, der als Pilot der zweiten Führermaschine direkt daneben flog, überlebte nur durch Zufall die Katastrophe, die nun auch seinen Bomber traf. Seine »Liberator-LHO« war mit dreizehn Mann besetzt gewesen, darunter zwei zusätzlichen H2X-Navigatoren, den Leutnanten Rolly und Freedman, sowie Major Tolleson als Command Pilot. Die deutsche Ramm-Maschine hatte sich genau von hinten-oben genähert, war dicht über die Formation hinweggebraust, um sich sofort im Anschluß daran nach einer hochgezogenen Kehrtkurve auf das erste Führerflugzeug zu stürzen. Es riß die Bugkanzel von Herboth's Maschine ab, schleuderte zur Seite und schoß nun in die zweite Führermaschine, etwa am Turmschützenstand unmittelbar hinter der Pilotenkanzel aufschlagend. Sergeant Pfarr wurde sofort getötet. Der wegfliegende Turm schlitzte den Rumpf auf, vom Motor Nr. 1 flog der Propeller weg, Motor Nr. 4 brannte, ebenso die Funkkabine. Die Steuerorgane waren blockiert, und die schwere Maschine stellte sich auf den Kopf; sie rollte langsam auf den Rücken.
Kunkel schilderte später, wie er alles mögliche versucht habe, um die abstürzende Maschine wieder in seine Gewalt zu bekommen. Schließlich habe er Befehl zum Aussteigen gegeben, aber die Alarmanlage funktionierte nicht mehr. Nun schrie er die Männer in seiner Nähe an, abzuspringen, aber gegen die gewaltigen Fliehkräfte kamen sie nicht mehr an. Als der viermotorige Bomber sich in Rückenlage gewälzt hatte, schüttelte er heftig und begann, abzumontieren.
Der Bordingenieur, der seinen Brustfallschirm noch nicht angelegt hatte, wurde gegen das Instrumentenbrett geschleudert und blieb besinnungslos liegen. Bei einem anderen Besatzungmitglied – wer, wußte Oberleutnant Kunkel später nicht mehr – hatte sich der Fallschirm zur Unzeit schon in der Maschine geöffnet und Feuer gefangen. Dann brach die Maschine auseinander, und Kunkel befand sich plötzlich im Freien; neben ihm wirbelte Major Tolleson durch die Luft. Kunkel konnte außer einigen Überbleibseln seiner Maschine nur noch einen niederschwebenden Fallschirm entdekken *(MACR 13892)*. Er lokalisierte die Absturzstelle bei den Koordinaten 53° Nord – 9°46' Ost, also etwa acht Kilometer West-West-Nord von Visselhövede.

Großes Glück ließ den Gefreiten Willi Rosner, dessen Ramm-Maschine die beiden Führungsflugzeuge zum Absturz gebracht hatte, überleben. Die dramatische Begegnung war sein erster scharfer Fronteinsatz gewesen. Wegen des Doppelerfolges erhielt der bescheidene Mann aus dem Fichtelgebirge außer den Unteroffizierstressen die Eisernen Kreuze II. und I. Klasse sowie das Deutsche Kreuz in Gold.

»The Sky Scorpions« hatten insgesamt 153 Totalverluste zu beklagen, und sie hatten ihren Kommandeur im Einsatz verloren *(XXXXIX 255)*.

Colonel Kinnard von der 355. Jägergruppe berichtete über zwei »Liberator«, die kurz vor Erreichen des Zieles deutschen Jägern zum Opfer fielen.

»Die Me 109«, so stand später im amerikanischen Protokoll, »wurden sofort danach selbst abgeschossen« *(1959/2246)*. Diese Feststellung bedeutet, daß es sich hier kaum um die beiden unglücklichen Führermaschinen von Herboth und Kunkel gehandelt haben kann, sondern um zwei andere »Liberator«-Bomber der 2nd Air Division.

Oberleutnant Kilborn, Pilot der »Liberator« Nr. 42-94870, fand mit fünf weiteren Mitgliedern seiner zehnköpfigen Besatzung den Tod, nachdem eine Me 262 gegen 12:30 Uhr den Bombenschacht in Brand geschossen hatte. Der Bomber explodierte und schleuderte sechs Mann heraus. Von diesen überlebte nur Sergeant Schmidt, ein Störfunkspezialist (Carpet-Operator). Er begrub seine Kameraden mit Hilfe britischer Soldaten noch an der Absturzstelle, ungefähr 25 Kilometer südlich von Bremen, also etwa bei Schoven an der Bahnlinie Sulingen–Bassum. Zwei Schwerverwundete kamen sofort ins Krankenhaus. Tschechische Zwangsarbeiter wollten einen weiteren niederschwebenden Fallschirm gesehen haben, der jedoch zu weit abgetrieben worden sie.

Der Turmschütze, Sergeant Medvaskas, gilt seitdem als vermißt *(MACR 13894)*.

Dreizehn Düsenjäger vom Typ Me 262 attackierten Flugzeuge der 2nd Air Division bis 12:45 Uhr im Raume südöstlich von Bremen, Nienburg und Hamburg. Sie kämpften in aufgelockerten Kleinverbänden. Dagegen stieß ein geschlossener Gefechtsverband von Düsenjägern um dieselbe Zeit etwa dreißig Kilometer westlich von Hannover auf einen Pulk Begleitjäger. Im Gegensatz zu anderen Me 262-Verbänden, die nur zögernd den Kampf mit feindlichen Jägern angenommen hatten und offensichtlich bestrebt waren, so schnell wie möglich zu den Bombern vorzudringen, versuchten diese, die amerikanische Eskorte in Luftkämpfe zu verwickeln und sie zum Abwerfen ihrer Zusatztanks zu zwingen (o. Nr./1834). Tatsächlich nahmen die »Mustang« den Kampf an, und eine wilde Jagd begann, wobei die Deutschen immer wieder auseinanderstoben, um dann plötzlich wieder von allen Seiten kurz anzugreifen. Ohne Zweifel vermieden sie den Kurvenkampf wegen ihrer enormen Geschwindigkeiten, die sie allerdings voll zur Geltung brachten.

Bald darauf mußte eine komplette Begleitgruppe sowie eine weitere Jägerstaffel der Amerikaner den Bomberverband wegen Mangel an Treibstoff vorzeitig verlassen. An ihre Stelle beorderte die amerikanische Verbandsführung sofort eine andere Jägerstaffel, die bis dahin als »Force IV« im Gebiet Steinhuder Meer frei operieren durfte *(1833/2246)*.

Acht andere Düsenjäger griffen auf der Strecke Nienburg–Hamburg hartnäckig an. Vier sollen abgeschossen worden sein, fünf weitere beschädigt.

Mit einem weiteren deutschen Jagdverband von fünfzehn Bf 109 und vier Fw 190 kam es in der Nähe von Lüneburg zum Kampf. Zwanzig Bf 109 stürzten sich südlich von Bremen in die Schlacht, zehn weitere warfen sich den Amerikanern westlich von Faßberg entgegen, und noch zehn andere tauchten nahe bei Uelzen und Salzwedel auf.

Oberleutnant Dallas hatte als Pilot einer »Liberator« soeben noch seine Besatzung vor einem feindlichen Jäger warnen können und Zielanweisungen gegeben, als Sergeant Kratoska von seinem linken Schützenstand aus plötzlich sah, wie der deutsche Jäger um die Nummer-3-Maschine der Formation herumflog und dann ohne Zögern auf seinen Bomber zustieß. Unmittelbar darauf prallte die deutsche Jagdmaschine gegen das Brandschott des linken Außenmotors und rammte seitlich in die Kanzel hinein, wo der Pilot sowie sein Navigator auf der Stelle getötet wurden *(MACR 14113)*.

Bei den amerikanischen Fliegern steigerte sich die allgemeine Aufregung noch mehr, als plötzlich Warnungen vor »Mustang«-Jä-

gern durch den Äther schwirrten, die auf eigene Bomber geschossen haben sollten.
Major Glover von der 4. Jägergruppe traute seinen Augen nicht, als er mehrere P-51 »Mustang« Angriffe auf »Fliegende Festungen« der 2nd Air Division fliegen sah. In der Nähe von Soltau umkreisten um 12:45 Uhr einige amerikanische Jagdflugzeuge »vermutlich von ›Jerries‹ geflogen«, wie sich Glover später ausdrückte, die Bomberformationen in deutlich feindlicher Absicht. In verschiedenen Höhen hätten fünf oder sechs Paare »Silver-P 51«, die ohne Zusatztanks flogen, auch eigene Jäger attackiert *(1957/2246)*.
Leutnant Talbot mußte über Funk melden, er sei von einer »Mustang« angeschossen worden; ein paar Minuten später konnte er seine Maschine nicht mehr halten und stieg in der Gegend um den Dümmer aus *(1951/2246)*.
War in den ersten Hilferufen noch von nicht gekennzeichneten »Mustang«-Jägern die Rede gewesen, berichtete die 355. Jägergruppe nun allen Ernstes von »Mustang« mit deutschen Hoheitsabzeichen. Dasselbe behauptete auch Colonel Kinnard. Er lokalisierte die befremdlichen Erscheinungen im Luftraum südöstlich von Bremen *(1959/2246)*. Bemerkenswerterweise waren es allerdings ebenfalls Piloten der 355. Jägergruppe gewesen, die schon auf dem Hinflug eine verdächtige »Spitfire« gemeldet hatten, als diese den Bomberstrom der 2nd Air Division bis tief hinein nach Deutschland begleitete *(o. Nr./1834)*.
Aber auch die Majore Carson und McGee von der 467. Jägergruppe wußten von einer »weißnasigen P-51 ›Mustang‹ mit gelbem oder orangefarbenem Schwanz« zu berichten, die um 13:00 Uhr von einer anderen »Mustang« abgeschossen wurde.
Nördlich von Braunschweig flog eine »Mustang« angeblich Angriffe auf Bomber. Sie fiel um 13:20 Uhr im Abwehrfeuer, der Pilot stieg aus *(1955+57/2246)*.
Wer möchte es den tapferen amerikanischen Fliegern angesichts überraschend starker deutscher Abwehr und massenweise vorbeiflitzenden Düsenjägern verdenken, daß plötzlich doch wieder jene obskuren Gerüchte Gestalt annahmen, die schon immer hartnäckig von Deutschen in eingesetzten Beutemaschinen wissen wollten?
Einsätze erbeuteter Flugzeuge im Kampf sind auch nach dem

Kriege nicht bewiesen worden *(LXXXVIII 159).*
Sie müssen sich geirrt haben, wie zum Beispiel Leutnant Goshler. »Beim Einsatz vom 7. April 1945«, rechtfertigte er sich später in einem Sonderbericht, »stieß ein Schwarm der 359. Jagdstaffel, 356. Jagdgruppe, zugeteilt der 2nd Air Division, auf zwanzig Me 109, die um eine Formation von gelbschwänzigen B-17 Bombern herumflogen. Ich war Schwarm-Führer und griff eine Me 109 an. Deren Rottenflieger, der aus Richtung 6 Uhr einen flachen Angriff flog, schoß eine B-17 ab und kurvte, wobei der vermutliche Rottenkamerad unter ihm wegzog. Beide schienen vom Bordfeuer der ›Fliegenden Festungen‹ getroffen worden zu sein. Ich flog durch das Feuer, schoß eine Me 109 ab und kurvte zehn Grad weiter, um nun auch den Rottenflieger zu erledigen. Tatsächlich erzielte ich einige Treffer am Flächenansatz. Jetzt erst, beim Anheben der Tragflächen zum Wegkurven, erkannte ich in dem angeblich feindlichen Rottenflieger eine Mustang. Ich brach meinen Angriff sofort ab.«
Die angeschossene »Mustang« war augenscheinlich voll unter Kontrolle; jedenfalls meinte das Leutnant Goshlers Rottenflieger. Es soll eine P-51 D gewesen sein, hellblau, aber ohne Kennzeichen *(2122/2246).*
Tragisch endete dagegen eine Verwechslung für Leutnant Mackenzie von der 339. Jagdgruppe. Er war mit seinem »Flight« im Begriff gewesen, hinter Bombern abzuschwenken, als Leutnant Kunz, ein Heckschütze, auf eine Entfernung von etwa 500 Metern das Feuer auf ihn eröffnete. Die Garbe lag unglücklicherweise genau in der Rumpfunterseite und im Motor der Jagdmaschine, die sofort mit einer Rauchfahne zeichnete und abschmierte *(1951+1952/2246).*
In einem anderen Falle erlitt eine »Mustang« schwere Beschädigungen, nachdem B-17-Schützen ihr nicht weniger als fünfzehn Treffer beigebracht hatten *(1951/2246).*
Captain Jenkins flog als »Air Leader« des 13th Combat Wing den Angriff mit. Er saß in der »Fliegenden Festung« Nr. 8548« der 95. Bombergruppe.
Ein einzelner Düsenjäger hatte sich entgegen der Kampfanweisung von oben in die Formation gestürzt, als ob er nur harmlosere britische Bomber vor sich hätte. Etwa fünf Minuten vor Erreichen des

Wendepunktes zum Ziel kam eine weitere Me 262 in Sicht, flog aus Richtung 7 Uhr oben durch den Verband und schoß Nummer 4 des »Hoch«-Schwarms der Führungsstaffel prompt ab. Im schweren Feuer zerplatzte die gelbgestreifte »Fliegende Festung« mit dem roten Nasenband wie ein Glasballon *(XXXXIX 224, 255).* Ihr Name »Hard to get« (schwer zu kriegen) strafte die Taufpaten der »Festung« Nr. 44-8225 Lügen, nachdem eine einzelne Me 262 mit ihren vier 3-cm-Kanonen vom Typ Mk 108 auf sie gefeuert hatte. Sowohl die rechte Tragfläche als auch Motor Nummer 4 standen sofort in Flammen, und Leutnant Kotta, der Flugzeugführer, sah sich gezwungen, die Alarmglocke zu betätigen. Daraufhin sprangen acht Mann sofort ab; Leutnant Kotta verließ das Flugzeug etwas später. Die Absturzstelle lag in der Nähe des berüchtigten Konzentrationslagers Bergen-Belsen, zwei Kilometer östlich von Bergen an der einspurigen Eisenbahnlinie *(MACR 13891).*

Auch nach den Wendepunkten zu den Zielen Büchen, Kaltenkirchen und Neumünster sah sich der 13th Combat Wing fortwährenden Jägerattacken ausgesetzt.

»Die blutige Hundertste«, die 100. Bombergruppe unter der Führung von Major Gibbons, wurde in der Zeit von 12:50 Uhr bis 13:26 Uhr von fünfzehn Bf 109 sowie einer Fw 190 mit »fanatischer Intensität« angegriffen. Die deutschen Jäger kamen von allen Seiten, meistens aber aus Richtung 9 Uhr oben, also von links, passierten die Bomberformationen, rissen ihre Maschinen wieder herum, griffen erneut an und das mehrere Male hintereinander *(1991/2246).*

Eine rammende Bf 109 verlor eine Tragfläche, als sie in das Heck von Nr. 38514 hineinstieß. Sie stürzte ab. Aber die schwerbeschädigte »Fliegende Festung« konnte sich noch zurückschleppen, obwohl ein Drittel der Seitenflosse samt Ruder und das linke Höhenruder bis auf einen Stumpf abgerissen waren. In der Schwanzpartie des Bombers hatte die Luftschraube des Jägers tiefe Kerben hinterlassen.

Sergeant Dudecz, der Heckschütze dieser Maschine, soll angeblich erst in Abbotts nach der Landung die Bescherung bemerkt haben.

Immer wieder hatten sich die Flugzeugführer des Sonderkommandos »Elbe« eingeschärft, was zu tun blieb, wenn sie den Ramm-Stoß überstanden hatten.

Überlebensregel Nummer 1 bezog sich auf das Abwerfen der Kabinenhaube: Dies hatte unter allen Umständen *vor* dem Zusammenprall zu geschehen!

Den Ramm-Vorgang selbst mußten die Männer infolgedessen ohne jeden oberen und seitlichen Schutz durchstehen. Nur die Sechs-Zentimeter-Panzerscheibe in ihrem festgefügten Metallrahmen vorne hielt frontale Stöße ab, soweit es ging.

Wenn das Schlimmste, das Hineinrammen in einen feindlichen Bomber, überstanden war, mußte sofort Überlebensregel Nummer 2 befolgt werden: die schnelle Rettung aus einer flugunfähig gewordenen Maschine. Hochgepeitscht vom Überlebenswillen, lösten diejenigen, die daran noch denken konnten, die Brechstekker vom FT-Kabel, an dem sie durch die Kopfhaube noch hingen, öffneten den Druckknopf des Kehlkopfmikrofons, nahmen, sofern sie die Nerven behielten, noch einen kräftigen Lungenzug voll Sauerstoff, rissen sich die Atemmaske herunter und betätigten danach die Reißklammern der Anschnallgurte. Viel mehr Kraft benötigte man jedoch zum Hochziehen aus dem Sitz, gegen den Druck hereinwirbelnder Luft und gegen das Gewicht des Sitzfallschirms, der zugleich mit dem Körper aus der Sitzwanne hochgehoben werden mußte.

Sobald ein aussteigender Pilot etwa in Brusthöhe außerhalb seiner Maschine hing, wirkte der Sog auf den Körper ein, und wie von einer Riesenfaust gepackt, verließ der Mann mit einem gewaltigen Schwung sein Flugzeug ungefähr bei einer Geschwindigkeit von 700 Stundenkilometern. Theoretisch gehörte ein kräftiger Fußtritt gegen den Steuerknüppel dazu; dies sollte ein seitliches Abkommen und Vorbeifallen am gefährlichen eigenen Leitwerk ermöglichen.

Glücklich am Leitwerk vorbei, mußten sich die Piloten nun, mitten in einem tollen Wirbel schmerzender Glieder, fast erstickend, an Überlebensregel Nummer 3 erinnern: Durchfallen lassen!

Ausstieghöhen deutscher Jagdflieger lagen in der Regel etwa bei 7000 oder 7500 Metern. Ungefähr fünfzig Sekunden benötigten Fallschirmspringer, um ohne entfalteten Schirm die Normalatmosphäre bei 4000 Metern zu erreichen. Zogen sie jedoch unbe-

herrscht oder aus Furcht sofort nach dem Verlassen der Maschinen ihre Reißleinen, pendelten sie in tödlicher Langsamkeit.
Dann war ihr Schicksal besiegelt. Ihre Chance, zu überleben, war verspielt. Bei einer Fallgeschwindigkeit von zehn Metern pro Sekunde benötigten sie fünf Minuten bis zur rettenden Höhe von 4000 Metern. Fünf Minuten ohne Sauerstoffversorgung führten mit Sicherheit zum Höhentode. Außerdem packte sie eine mörderische Kälte, brachte ihnen lebensgefährliche Erfrierungen bei, so daß sie schließlich auch an Unterkühlung sterben mußten. Erfrierungen bei gleichzeitigem Sauerstoffmangel bedeuteten einen raschen, schmerzlosen Tod.
Um diesem Schicksal zu entgehen, ließ derjenige, der noch aussteigen konnte, sich mehrere tausend Meter frei durch die Luft fallen. Erst dann, wenn Höhen um 4000 Meter endlich erreicht schienen, rissen die Piloten den eckigen Griff vorne links am breiten Gurt heraus, lösten dadurch die Agraffen und gaben somit die hervordrängende Seide des Fallschirms frei.
Der Schmerz brutaler Entfaltungsstöße, die unweigerlich darauf folgten und ihrem wirbelnden Fall ein jähes Ende setzten, sowie das tiefe, peinvolle Einschneiden der Gurte in Oberschenkel und Lenden verflogen in einem glückhaften Bewußtsein, die rettende Glocke des Fallschirms über sich zu sehen.
Ohne Rücksicht auf einzelne Schicksale tobte die Luftschlacht mit unverminderter Härte weiter.
Scheinbar unbeirrt wälzte sich der amerikanische Strom von 1300 schweren Bombern weiter nach Norden, seinen Zielen zu.
»Mustang«-Begleitjäger der 479. Jägergruppe überraschten bei Uelzen zehn konventionelle deutsche Jäger, die noch mit Zusatztanks flogen, offenbar also noch nicht lange vorher gestartet waren. Es entspann sich ein heftiger Luftkampf, der schließlich von 10000 Meter Höhe bis in Bodennähe tobte.
Colonel Mayden, Chef der 352. Jagdgruppe, jagte um 13:20 Uhr hinter einer Bf 109 her, die von oben Bomber angegriffen hatte. Im Sturz der Verfolgung versuchte der deutsche Jäger zu entkommen. Als ihm kein anderer Ausweg blieb, stieg der deutsche Pilot in einer Höhe von etwa 600 Metern aus. Mayden beobachtete, wie sein Opfer von alliierten Soldaten in Empfang genommen wurde *(1948/2246)*.

Eine andere Bf 109 hatte sich von hinten-oben auf den Bomber Nr. 42-97071 aus der Formation der 100. Bombergruppe gestürzt. Kurz bevor die Jagdmaschine das amerikanische Flugzeug erreichte, brach unter dem Beschuß dessen linke Tragfläche ab, die noch halbvolle Treibstofftanks enthielt. Der deutsche Jäger konnte nicht mehr ausweichen, kollidierte mit der Fläche und explodierte sofort.
Aber auch das Wrack des Bombers stand in Flammen, als es abtrudelte. Sieben Fallschirme hatten sich geöffnet, wobei nicht genau feststand, ob alle zu diesem einen Bomber gehörten. Die »Fliegende Festung« schlug zehn Kilometer in Richtung 294° von Winsen/Aller auf und explodierte ebenfalls *(MACR 13718).*
An derselben Stelle ging auch der von Oberleutnant Howard geflogene B-17 Bomber Nr. 44-8334 verloren, der wiederum zur 100. Bombergruppe gehörte. Motor Nummer 3 hatte nach dem Angriff einer Bf 109 Feuer gefangen und der Propeller war herausgebrochen. Während das Flugzeug aus der Formation ausscherte, erlosch der Motorbrand, aber nun stand ein Rad in hellen Flammen. Daraufhin ordnete der Pilot Notwurf an. Nachdem die Bomben heraus waren, flog Howard eine 180°-Kurve und tauchte zum Schutze vor feindlichen Jägern, von denen nach Zeugenaussagen um diese Zeit immer noch etwa fünfzig herumschwirrten, in die wenigen Wolken ein, die sich fanden. Seitdem blieb das Flugzeug verschollen *(MACR 13716).*
»The Bloody Hundredth«, mit 229 Totalverlusten bisher schon schwer geprüft und in der 8./USAAF als Pechvogel verschrien, hatte auch am 7. April 1945 Blutzoll zu entrichten. Deutsche Düsenjäger schossen schließlich als letzte an diesem Einsatztage die zweihundertdreißigste »Fliegende Festung« mit schwarzem Seitenruder und großem weißen »D« ab.
»Die eigene Jägerunterstützung ließ zwar eine Zeitlang nicht zu wünschen übrig«, schrieb der Kommandeur der 385. Bombergruppe, Colonel Jumper, nach dem Einsatz in seinen Gefechtsbericht. »Als aber deutsche Jäger angriffen«, fuhr er fort, »waren nur noch sehr wenige eigene Jäger zu erblicken. Es war uns auch nicht möglich, Funkkontakt mit ihnen herzustellen« *(958/527 332).*
Elf Kilometer fast nördlich von Gifhorn, etwa über dem heutigen Segelfliegergelände Wesendorf, sah der Heckschütze der »Fliegen-

den Festung« Nr. 44-8744, Sergeant Stewart, mit Entsetzen auf gleicher Höhe eine Ramm-Maschine herannahen. Sie schien bereits getroffen worden zu sein, aber ehe Stewart reagieren konnte, war der Feindjäger bereits auf die linke Tragfläche geprallt, und es erfolgten heftige Explosionen. Offenbar waren beide Tragflächen der deutschen Maschine in die Luft geflogen. Sofort stand von ausfließendem Treibstoff die linke Rumpfseite des Bombers in Flammen. Bevor er in den spärlichen Wolken verschwand, konnte man noch fünf Fallschirme zählen; zehn Mann waren an Bord gewesen.
Als aus der 385. Bombergruppe, den »Van's Valiants«, die für Einsätze gegen Regensburg und Zwickau bereits zwei »Citations« erhalten hatte, diese B-17 mit den großen roten Karos auf dem Seitenleitwerk und den roten Streifen an Tragflächen und Höhenleitwerk herausgerammt worden war, hatte sich die Verlustziffer dieser Gruppe auf 169 Flugzeuge erhöht *(XXXXIX 224, 255)*.
Die Gruppe war nördlich von Hannover von drei Bf 109 in der üblichen scharfen Art angegriffen worden. Fünf Bf 109 hatten sich dann um 13:10 Uhr auf sie gestürzt, und zwar von hinten, in Linie, aus der Sonne heraus, kamen aber nur bis auf etwa 200 Meter heran. Um 13:25 Uhr war dann eine einzelne Bf 109 plötzlich durch die »Hoch«-Staffel der 385. Bombergruppe hindurchgefegt, hatte Treffer eingesteckt und prallte unmittelbar darauf in eine »Fliegende Festung« der »Unten«-Staffel. Beide Maschinen taumelten in Flammen gehüllt zur Erde und explodierten *(1991, 2037/2246)*.
Ein deutscher Focke-Wulf Jäger, der nach Meinung von Major Norley bereits unter seinen Feuerstößen kampfunfähig geworden war, kollidierte bei Wesendorf mit einer »Festung«, deren Heckpartie abriß und die daraufhin abstürzte. Den Schlußverband des 93rd Combat Wing bildete die 490. Bombergruppe aus Eye, AAF-Station 134, unter Colonel Bostrom, jene Gruppe mit der niedrigsten Verlustrate innerhalb der ganzen 8./USAAF.
Als zwei Bf 109 auf den Verband zustürzten, krachte eine in den rotgestreiften Bomber Nummer 2 des Schwarm-Führers der »Hoch«-Staffel, der sich gezwungen sah, schwerbeschädigt die Formation zu verlassen. Er landete aber doch noch sicher auf einem Notlandefeld in Nordfrankreich. Und noch eine »Fliegende Festung« mußte nach dem Jägerangriff mit brennendem Motor ausscheren *(946/958)*.

»Lady Helene«, die »Festung« Nr. 43-38082 des Oberleutnants Druhot von der 490. Bombergruppe, mit neun Mann besetzt, hatte von einer Bf 109 bei der ersten Attacke schwere Treffer ins Ruder erhalten; die Einschläge klatschten genau über dem Kopf des Heckschützen, Sergeant Kyser, in den mächtigen Rumpf. Aber auch die linke Tragfläche war getroffen worden, Motor Nummer 2 fing Feuer, ebenso der rechte Innenmotor, Nr. 3. Nach Benutzen des Feuerlöschers schienen die Flammen erstickt worden zu sein, aber dann brachen sie umso heftiger wieder aus.
Als erster sprang Kyser ab, noch ehe Oberleutnant Druhot sein Flugzeug unter Nummer 4 der Führerstaffel manövriert hatte. Nach und nach stiegen alle aus, etwa über dem kleinen Ort Scholen, von Sulingen in Richtung 326° ungefähr fünf Kilometer entfernt, wo knapp fünfundzwanzig Minuten vorher eine »Liberator« der 2nd Air Division explodiert war.
Die »Unten«-Staffel büßte ebenfalls eine »Fliegende Festung« nach Ramm-Stoß einer Bf 109 ein; ihre Trümmer fielen nördlich von Hannover zur Erde. Der deutsche Angriff auf diesen Bomberverband dauerte zehn Minuten.
Eine »Mustang« der 353. Jagdgruppe wurde durch herabstürzende Wrackteile ziemlich stark beschädigt *(1953/2246)*.
Als letzter in der Kolonne der 3rd Air Division flog der 4th Combat Wing. Obwohl die Stoßkraft des deutschen Angriffs nach Meinung der Amerikaner bereits nachgelassen hatte, verlor die 486. Bombergruppe in der Position der »Hoch«-Gruppe eine »Festung«, während eine andere »Festung« der 487. Bombergruppe in der Führungsformation noch einigermaßen davonkam: Wieder hatte ein Bf 109-Pilot einen Ramm-Stoß gegen die Heckpartie eines Bombers gerichtet, diesen jedoch nicht zum Absturz bringen können. Dagegen riß die Tragfläche des deutschen Jägers ab, die Maschine explodierte. Schwer angeschlagen hielt sich der Bomber in der Luft, um später einigermaßen gut zurückzukehren *(1991/2246)*. An anderer Stelle wird in den Gefechtsberichten der Amerikaner allerdings nicht die Möglichkeit ausgeschlossen, es könnte sich hier auch um eine abstürzende »Mustang« gehandelt haben *(2176/2246)*.
Ein Flugzeugverlust, der die 486. Bombergruppe traf, ging eindeutig auf einen unglücklichen Bombenwurf der B-17 Nr. 846 zurück.

Ein Bündel von 45 kg-»Frag«-Bomben hatte sich über dem Ziel gelöst, brach dann jedoch unvorhergesehen auseinander und streute nun unkontrolliert durch die untere Formation. Eine Bombe war offenbar scharf geworden; sie traf die »Fliegende Festung« Nr. 43-39163 »Happy Warrior« (Glücklicher Krieger), die sofort in Flammen stand. Sechs Flieger fielen heraus, und fünf Fallschirme öffneten sich. Major Fulton, ein allgemeiner Militärbeobachter, der sich außer neun Mann Besatzung ausnahmsweise als Passagier an Bord befunden hatte, blieb seitdem vermißt. Der Absturz dieser Maschine erfolgte fünf Kilometer westlich von Parchim, über dem Dreieck, das von Kanal, Eisenbahnlinie und Straße gebildet wird.
Kurz nach 13:00 Uhr war es für deutsche Düsenjäger Zeit, den Kampf abzubrechen und zu den Startplätzen zurückzukehren. Aber überall auf den Flugstrecken sahen die Düsenjägerpiloten amerikanische Bomber mit Begleitschutz.
Die Me 262 des JG 7 mußten auf Ausweichplätze beordert werden; denn inzwischen war klargeworden, daß einige der Bomberverbände sich geradewegs auf Parchim und Kaltenkirchen zubewegten. Kaum eine halbe Stunde später donnerten dann auch tatsächlich in zwei getrennten Verbänden jeweils fast einhundertfünfzig »Fliegende Festungen« über die Flugplatzanlagen des JG 7 und richteten mit jeweils über 400 Tonnen Spreng- und Brandbomben verheerende Verwüstungen an. Die Start- und Landebahnen wurden förmlich umgepflügt, und es schien, als ob sich hier kein einziges deutsches Flugzeug mehr in die Luft erheben könnte.
Aber noch war die Luftschlacht vom 7. April 1945 nicht zu Ende. Vierundzwanzig Kilometer östlich von Hamburg jagte eine »Mustang« mit blaugefärbtem Schwanz eine deutsche Maschine direkt in eine »Liberator« hinein, deren Tragfläche beim Zusammenstoß in Brand geriet.
Jäger der 357. Jagdgruppe, an sich zum Schutze der 3rd Air Division eingeteilt, nahmen ziemlich weitab westlich von Magdeburg eine »Liberator« mit rotem, diagonal weißgestreiften Seitenruder der 467. Bombergruppe in Obhut, die im Kampf ihr rechtes Höhen- und Seitenleitwerk eingebüßt hatte *(1955/2246)*. Der deutsche Ramm-Flieger, der diesen Schaden verursacht hatte und ausgestiegen war, hatte fest daran geglaubt, den Bomber zum Absturz ge-

bracht zu haben. Das hatte er auch schließlich. Denn mit halbiertem Schwanz kam der schwere Bomber zwar noch über »Freund«-Gebiet, mußte dann aber doch aufgegeben werden, nachdem die ganze Besatzung ausgestiegen war *(XXXXIX 224)*. Es war der 48. Totalverlust von Colonel Showers »The Rackheath Aggies«, die sich rühmten, die Bombergruppe mit der besten Treffgenauigkeit innerhalb der 8./USAAF zu sein.

Die Bodenstelle der 65. Jagdgruppe empfing um 14:15 Uhr über Kanal B die Meldung, »Maywind J« kehre mit drei Motoren zurück, allerdings ohne ein metergroßes Stück in der linken Tragfläche, das eine deutsche Fw 190 bei einer Kampfberührung mitgenommen hatte *(1834)*.

Nun waren inzwischen auch kaum noch deutsche Jagdflugzeuge der Standardtypen Bf 109 und Fw 190 zu sehen. Einige von ihnen flogen gerade nach Osten ab, und ein paar Begleitjäger, die noch genügend Treibstoff hatten, machten sich an die Verfolgung.

Tatsächlich entdeckten die Majore Carson und McGee auf ihrem Streifzug in großer Höhe zwei weit voneinander entfernt fliegende Bf 109. Die eine schossen sie in etwa 11000 Meter Höhe bei Salzwedel ab, die andere ungefähr in derselben Höhe weiter im Süden, nordwestlich von Magdeburg, nahe bei den Ramm-Jäger-Startplätzen Sachau und Solpke.

Relativ spät, etwa fünfzig Minuten nach der turbulenten Luftschlacht, mußte Leutnant Whitson jr., dessen »Fliegende Festung« Nr. 43-39070 Treffer abbekommen hatte, die Maschine etwa an der eingleisigen Bahnlinie Schwerin–Parchim, siebzehn Kilometer südöstlich von Schwerin, aufgeben.

Plötzlich waren die Landeklappen ausgefahren, und das Flugzeug, das in der 493. Bombergruppe mitgeflogen war, drehte nach links ab, um unter der Tiefen-Staffel wegzugleiten. Trotzdem konnte es seine Bomben noch ungefähr im Zielgebiet loswerden, bevor die Mannschaft ausstieg. Neun Fallschirme wurden von anderen Besatzungen mit Sicherheit entdeckt. Aber Leutnant Whitson blieb vermißt.

BOMBARDIERUNGEN. RÜCKFLUG

Im großen und ganzen hatten die schweren Bomber der 8./USAAF trotz unerwarteter Attacken von Ramm-Jägern und Düsenjägern ihren Verbandsflug einigermaßen gut, manchmal sogar in enger Formation beibehalten können. Dieser Umstand und eine im allgemeinen wirksame Unterstützung und Abschirmung durch Begleit-Jäger nahm den wilden deutschen Angriffen schließlich doch den Schwung.

Die klar erkennbare Absicht, Pulks mit Ramm-Gewalt aufzubrechen, wurde jedenfalls vereitelt.

Nun ging man daran, die eigentliche Arbeit zu verrichten. Insgesamt noch 503 Bomber der ersten Flotte, die alle zur 3rd Air Division gehörten, warfen 1239 Tonnen Sprengbomben sowie 204 Tonnen Brandmittel auf die vorgesehenen Ziele; Schwerin und Güstrow wurden außerdem noch mit Flugblättern eingedeckt.

Ein kleiner Verband sollte zum letzten Mal für die 8. Luftflotte über hundert Tonnen Bomben auf die Treibstofflager in Büchen werfen, aber die 36 »Festungen« verfehlten das Ziel um fast zwei Kilometer.

Dafür quollen aber aus unterirdischen Tankanlagen bei Güstrow dicke schwarze Rauchwolken und signalisierten den Erfolg. Ein Dutzend Bombenkrater blockierten die Bahnlinie Hamburg–Stettin nach Norden *(1833/2246)*.

Die auf Parchim angesetzte »Fliegende Festung« Nr. 44-8528 aus der 486. Bombergruppe konnte an diesem Tage doch nicht mehr nach Sudbury Suffolk zurückkehren.

Etwa 40 Kilometer nördlich von Stendal, über Cumlosen an der Elbe, setzten Flaktreffer um 14:56 Uhr die ziemlich tief fliegende Maschine außer Gefecht. Erst brannten beide Motoren an der rechten Seite, dann griff das Feuer auch auf die beiden linken Motoren über. Die schwere Maschine verlor an Höhe, sie mußte schließlich von der Besatzung aufgegeben werden.

Neumünsters Verschiebebahnhof, sowohl von der 2nd als auch der 3nd Air Division angegriffen, war fast genau fünf Monate vorher schon einmal gründlich heimgesucht worden. Am 7. April 1945 sanken nun auch der Hauptbahnhof, der Lokomotivschuppen, das Expreßgüterdepot und andere Bahnanlagen in Trümmer. Danach blieb keine einzige Durchgangslinie mehr benutzbar *(1832/2246)*. Auch Wohngebiete fünf Kilometer südlich des Zielpunktes wurden in Mitleidenschaft gezogen. Deutsche Flak setzte sich nur schwach zur Wehr; krepierende Granaten lagen ungenau.

Im südlichen Teil der Stadt Schwerin wurden Bahn- und Straßenknotenpunkte, sowie leider auch dichtbesiedeltes Gebiet beiderseits der Bahnlinie zerbombt. Etwa sechzig Güterwagen, die auf vier Nebengeleisen gestanden hatten, flogen wie Spielzeuge in die Luft.

Über Salzwedel tauchte plötzlich mutterseelenallein eine »Fliegende Festung« auf, die Führermaschine der B-Staffel der 486. Bombergruppe. Wegen eines Funktionsfehlers an der Aufhängevorrichtung waren in 5000 Meter Höhe beim Anflug auf das eigentliche Ziel sämtliche Rauchbomben über Bord gegangen, worauf alle anderen Bombenschützen dieses Verbandes, das Signal mißverstehend, ihre Bomben auslösten. Wütend gab daraufhin Leutnant Seibel, der leitende Bombenschütze, seinem Piloten Anweisung, das Steuer herumzureißen und das vorgesehene Drittziel, nämlich den Flugplatz von Salzwedel, anzufliegen. Hier angekommen, warf er vorschriftsmäßig seine Ladung, fünf Tonnen Bomben, auch auf Unterkünfte von Ramm-Jägern ab und brummte unbehelligt davon *(935/958)*.

Obwohl den Spitzenformationen der 2nd Air Division übel mitgespielt worden war, gelangten auch deren schwere Bomber über die vorgeplanten Ziele.

Dreihundertfünfzig Tonnen Bomben trafen die Nitro-Zellulose-Anlage der Munitionsfabrik Krümmel. Im Nitroglyzerin-Bereich lösten die Würfe außerdem noch schwere Explosionen aus. Das wichtige Werk zur Herstellung von Dynamit wurde besonders im nördlichen und südlichen Teil zerstört *(1830/2246)*.

Von den 450 Tonnen Bomben, die über den Munitionsfabriken von Düneburg ausgelöst wurden, fielen einige ins Verteilerzentrum, was sofort heftige Detonationen zur Folge hatte. Man sah von den Bombern aus einen mächtigen Krater von etwa fünfzig Meter Durchmesser und einen noch größeren südwestlich der Lagertanks. Gebäude und Anlagen waren von der Gewalt der Explosionen hinweggefegt worden. Aber nicht nur die gesamten Fabrikanlagen hatten schwerste Beschädigungen erlitten, sondern leider auch Wohn- und Geschäftshäuser in der Nachbarschaft *(1830/2246)*.

Der dritte Großverband des Bombergroßeinsatzes vom 7. April 1945 blieb von Ramm-Jägern gänzlich verschont. Nur schwache Flakabwehr, deren Salven allerdings gar nicht schlecht lagen, bemühte sich vergeblich, den Angriff zu behindern.

Der Verband flog weit auseinandergezogen. Ungünstige Winde verzögerten seine Ankunft am Ziel um fünfzehn beziehungsweise zwanzig Minuten *(1837/2246)*.

Im Bericht der 20. Jagdgruppe hieß es später:

»Um 12:06 Uhr waren wir gestartet. Kurz bevor wir mit dem dritten Großverband, der 1st Air Division, um 13:20 Uhr Kontakt aufnahmen, hörten wir von den Massenangriffen am Steinhuder Meer. Aber als wir schließlich um 14:30 Uhr nordöstlich im Kampfraum eintrafen, war die ganze Aufregung bereits vorüber« *(2243/2246)*.

Aus einer Höhe von 4300 Meter waren auf dem Fluge nach Parchim in Hannover, das drei Tage später von Truppen der XIII. und XIX. Korps der neunten Armee erobert werden sollte, ausgedehnte Brände deutlich auszumachen. Der Chef der D-Gruppe, Horton, vermerkte im Logbuch um 14:50 Uhr drei erfolglose Angriffe von Focke-Wulf-Jägern.

Am Nachmittag des 7. April 1945, als der arg zerzauste deutsche Adler sein Gefieder zu inspizieren begann, bombardierten 432 »Fliegende Festungen« der 1st Air Division Flugplatzanlagen in Kohlenbissen, Wesendorf und Faßberg, Kraftstofflager in Hitzacker sowie Verkehrsanlagen in Lüneburg und Uelzen. Wegen inzwischen geschlossener Wolkendecke blieb der Flugplatz Reinsehlen diesesmal von Bomben verschont.

Alle Primärziele konnten nach Sicht angeflogen und bombardiert werden, weil hier nur stark aufgelockerte Bewölkung vorherrschte. Beim Bombardieren der Zweitziele wurde mit Hilfe von H2X-Geräten blind geworfen.

Über Hitzacker, Kohlenbissen und Wesendorf kippten die Besatzungen zusätzlich Flugblattbehälter aus.

Der Flugplatz von Kohlenbissen war nach sieben Massenabwürfen zum größten Teil mit Bombentrichtern übersät. Als der Flugplatz von Wesendorf angeflogen wurde, schlug den Bombern nur

schwaches, ungenaues Flakfeuer entgegen. Sechs konzentrierte Würfe lagen unmittelbar im Ziel. Eine große Flugzeughalle wurde sechsmal voll getroffen, eine andere viermal. Werfthallen und Flugleitung erhielten ebenfalls Volltreffer. Der Westflügel der Flugleitung brannte, ebenso die Funkstation und ein Gebäude im Schirrmeisterbereich.
Dicht bei dicht lagen auf den Start- und Landebahnen die Einschläge. Fast dreißig Flugzeuge standen in Flammen. Ein Deutscher, der noch wegzustarten versuchte, stürzte brennend ab.
Im Einsatzziel Lüneburg saßen Volltreffer in Güterschuppen, Reparaturhallen und in einem Knotenpunkt der Bahnlinie Soltau–Wittenberge. Vier mächtige Explosionen erschütterten die Gegend, eine im Südwesten angrenzende Fabrik wurde total zerstört, überall wüteten Brände.
Zwei kleinere Bomberformationen richteten Angriffe gegen Uelzen und Faßberg. Im Raume von Wesendorf versuchten nach amerikanischen Angaben noch einmal drei Me 262 ohne Erfolg einen Angriff, vier weitere Düsenjäger wurden durch »Mustang« abgefangen. Der letzte Angriff fand statt, als die Bomber gerade den Sammelpunkt bei Wesendorf erreichten. Zwei Düsenjäger stürzten aus der Sonne heraus auf den Verband, aber auch dies hatte keine Folgen.
So erlitten die schweren Bomber der 1st Air Division am 7. April 1945 keine Verluste, abgesehen von 27 mehr oder weniger starken Beschädigungen durch Flak. Allerdings konnten ebensowenig Abschußerfolge nachgewiesen werden *(1844–46/2246)*.
Zwei deutsche Düsenjäger wurden dabei beobachtet, wie sie etwa zwanzig Minuten lang dem Bomberstrom folgten, ohne jedoch anzugreifen *(1838/2246)*.
Nach den Bombenwürfen stiegen die Bombergruppen sofort auf sichere Höhe. Ein erneutes Auseinanderziehen sollte nun auf alle Fälle verhindert werden. Aus diesem Grunde wurde über See eine große S-Kurve geflogen, damit die einzelnen Kolonnen enger aufschließen konnten *(913/958)*. Die 390. Bombergruppe beschrieb einen großen Vollkreis, um auf Höhe zu gelangen. Infolgedessen mußte nun die 100. Bombergruppe die Führung des Combat Wing übernehmen *(920/958)*. Auch die 490. Bombergruppe kämpfte mit Schwierigkeiten. Nach Norden abfliegend, kurvte sie nach links

und rechts, um nachfolgenden Verbänden den Abschluß zu erleichtern.
Während sie allmählich aufzuatmen begannen, richteten die Bomberbesatzungen während des Rückfluges nun befehlsmäßig ihr Augenmerk auf künftige Zielobjekte. Sie observierten stattliche Anzahlen ein- und mehrmotoriger Flugzeuge bei Neumünster, Cloppenburg, Vechta und auf vier Feldflugplätzen, 32 abgestellte Düsenjäger bei Soltau sowie auf zwei Feldflugplätzen in der Nähe, etwa hundert Kraftfahrzeuge im Verschiebebahnhof 10 Kilometer südlich von Groningen, dreißig Schiffe im Hafen von Kiel, regen Schiffsverkehr bei Lübeck, sowie schließlich in der Elbmündung sechs große Schiffe, von denen eines die Ausmaße eines schweren Kreuzers hatte. Künstliche Vernebelungen behinderten bei Kiel, Brunsbüttelkoog und Wilhelmshaven die Sicht.
Als allerletzter Bomber dieses bemerkenswerten Einsatztages mußte die »Fliegende Festung« Nr. 44-8634 doch noch den Schutz des Großverbandes auf dem Heimflug verlassen.
Diese B-17, mit Oberleutnant Sharp am Steuer und neun Mann Besatzung, hatte schon am Steinhuder Meer einige Treffer von deutschen Jägern einstecken müssen, sich dann aber doch bis zur Helgoländer Bucht in der Luft gehalten, obwohl eine halbe Stunde lang aus einer Fläche immer wieder bedrohliche Flammen herauszüngelten und zu allem Unglück der linke Außenmotor ausgefallen war.
Zum letzten Mal hatten die Kameraden diese Maschine bei St. Peter-Ording gesehen, wie sie in etwa 6500 Meter Höhe gegen 13:55 Uhr in Richtung auf die schwedische Küste verschwand.
Um 18:30 Uhr war dann endgültig das letzte der zurückgekehrten Flugzeuge der 8./USAAF auf seiner Landepiste in Südostengland ausgerollt.
Die letzte Luftschlacht des Zweiten Weltkrieges in Europa war geschlagen, die grimmige Eröffnungspartie deutscher Ramm-Jäger zu Ende.
Sie sollten nie mehr zum Zuge kommen.

Resultate der letzten Luftschlacht

DER DEUTSCHE RAMM-ANGRIFF AUS AMERIKANISCHER SICHT. DIE DEUTSCHEN STUDIEN 10/1 UND 10/2

Plötzlichkeit und Wucht des deutschen Jägerangriffs erweckten bei den Amerikanern den Anschein, als wollten die Deutschen am 7. April 1945 eine komplette Bomberflotte vom Himmel wischen *(1847/2246)*. Genau dies war tatsächlich der ursprüngliche Wunsch gewesen. Von allen Überraschungen dieses außergewöhnlichen Tages hinterließ den tiefsten Eindruck der Kampfgeist deutscher Jagdflieger.

»Die feindlichen Piloten ... waren fanatisch aggressiv«, schrieb Brigadegeneral Harbold an den Kommandierenden General der 8./USAAF, »nur wenige von ihnen schwangen ab, wenn sie beschossen wurden« *(1991/2246)*.

Der erstaunliche und unerwartete Einsatz von Massen deutscher Ramm-Jäger und das gleichzeitige, offenbar auf die Sekunde genau abgestimmte Eingreifen vieler Düsenjäger hatte die Grenzen alles bisher Dagewesenen gesprengt. Auf amerikanischer Seite wußte man im Augenblick des Geschehens überhaupt nicht, was da passierte. Nichts schien am Verhalten der plötzlich offenbar von allen Seiten auf die Bomberflotten einstürmenden feindlichen Jäger vergleichbar mit dem zu sein, was man kannte. Einzeln, in Rotte, zu dreien, vieren, hintereinander, nebeneinander, aber auch in Gruppen, mit zehn auf einmal, ein anderes Mal mit noch mehr Flugzeugen – so hatten die Deutschen angegriffen *(1834, 1847/2246)*.

»Angriffe erfolgten aus allen Richtungen und Lagen«, berichtete man später *(2121/2246)*. »Die feindlichen Jäger ließen jede vernünftige Obacht vermissen.« Der Feuerhagel, mit dem sie überschüttet wurden, schien sie überhaupt nicht zu stören. Meistens kamen sie von oben, wobei sie es ganz offensichtlich auf die Heckpartien der schweren Bomber abgesehen hatten; wer von den Deutschen überlebte, riß die Maschine herum und griff von neuem an, und dies so lange, bis sie entweder gerammt hatten oder abgeschossen worden waren. Für die Amerikaner stellte sich die Luftschlacht so dar, als seien »alle Bombenflugzeuge ... unzählige Male angegriffen worden« *(1996/2246)*.

Widersprüchliche Meldungen wollten einerseits von »ziemlich ungeübten deutschen Piloten« wissen *(2042/2246)*, andererseits, wie zum Beispiel nach dem Resumé von General Partridge, von »augenscheinlich erfahrenen Piloten in den konventionellen Flugzeugen« *(63/435)*. Sie hätten geschickt den Schutz von Wolken über und unter den Bombern und die Deckung durch Kondensstreifen ausgenutzt. Auch ihre Angriffe aus der Sonne heraus seien gekonnt gewesen.

Völlig unverständlich fanden die Amerikaner die Tatsache, daß einige der Ramm-Jäger mit vollausgefahrenen Landeklappen und mit herausgeklapptem Fahrwerk auf sie zugestürzt waren *(1848, 1991/2246)*. Je mehr die Zeit verstrich, um so zahlreicher wurden einfache Passagen von Jägern durch die Bomberformationen. Focke-Wulf-Jäger hatte man dabei beobachtet, wie sie kurz vor dem offensichtlich wohlüberlegten Rammen die Kabinenhauben abwarfen und absprangen – so, wie ihre japanischen Verbündeten! *(2176/2246)*.

Eine andere Jägertaktik hatte darin bestanden, Angriffe von oben mit gleichzeitigen Angriffen von unten zu kombinieren: Immer wenn Jäger einzeln oder paarweise von oben kamen, tauchten plötzlich auch von unten mehrere Schwärme auf und schossen von unten in die Bauchpartien der Bomber *(o. Nr./1834)*.

Während der Schlacht wußten die amerikanischen Bomberbesatzungen nicht, was sie von dieser wilden Kurbelei unvermutet aufgetauchter deutscher Standardjäger halten sollten. Zunächst hatten sie sich ihrer Haut zu wehren.

Hinzu kam noch, daß ausgerechnet am ersten Einsatztage deutscher Ramm-Jäger die achte amerikanische Luftflotte von einer der »schwersten Düsenjägerattacken« getroffen worden war *(LXXIV 227)*. Ungefähr fünfzig deutsche Düsenjäger hätten sich »in die

quirlende Masse feindlicher Maschinen« gemengt. Das war ebenfalls noch nie dagewesen und verwirrte die amerikanischen Schützen.
Deutschen Angaben zufolge erzielten die Me 262-Verbände an diesem Tage »ohne nennenswerte eigene Verluste« achtundzwanzig Abschüsse. Obwohl Major Späte, nachmaliger Gefechtsverbandsführer im JG 7, bezweifelt, daß seine Leute sich damals nicht auf Bomber, sondern auf feindlichen Jagdschutz konzentrieren sollten, stimmen andere deutsche und amerikanische Ansichten in diesem Punkte in etwa überein, zum mindesten, was die ersten Augenblicke der Schlacht betrifft.
Nach amerikanischen Berichten griffen die deutschen Düsenjäger am 7. April 1945 meistens in Rotte an. Sie gaben den Verlust von fünf Bombern durch Düsenjägereinwirkung zu.
Die deutsche Studie 10/2 »Der Einsatz der deutschen Luftwaffe zur Reichsverteidigung 1943–45«, Band IV, im März 1958 bearbeitet von Generalmajor a. D. Grabmann, dem ehemaligen Kommandeur der 1. und 3. Jagddivisionen, bezeichnet den Ramm-Einsatz des Sonderkommandos »Elbe« korrekt als »Werwolf-Unternehmen«. Nicht zutreffend ist jedoch die Kurzschilderung der angewandten Taktik; was in der Studie beschrieben wird, entspricht vielmehr der »Sturm«-Jäger-Taktik: Erst schießen – nur notfalls rammen. Der »Werwolf«-Verband habe »unter dem Schutz von Strahljägern« gekämpft, er sei mit Mustern Bf 109 und Fw 190 ausgerüstet gewesen. Einhundertdreiundachtzig Flugzeugführer seien als Ramm-Jäger eingesetzt worden. In der Bilanz werden deutscherseits »77 tödlich abgeschossene Piloten und 133 Totalverluste an Flugzeugen« aufgeführt. »23 Viermotbomber« seien vom Ramm-Verband »zum Absturz gebracht« worden. Interessant erscheint, daß in einer anderen, vorausgegangenen »Studie 10/1«, Band 5, die aus der Feder von Generalleutnant a. D. Beppo (Josef) Schmid stammt, auf Seite 681 noch fälschlich von einem »Selbstaufopferungseinsatz der Tagjäger« in einem »letzten Gewalteinsatz der untergehenden Tagjagdwaffe in der RLV« berichtet wurde. Unbelegt geblieben ist auch eine andere schwerwiegende Variante der Studie 10/1, nach der behauptet wird, Ramm-Piloten sei nur für den Fall einer »sicheren Vernichtung eines Viermotbombers« der rettende Absprung mit dem Fallschirm erlaubt.

AMERIKANISCHE ANALYSE DER GESCHEHNISSE VOM 7. APRIL 1945

Unmittelbar nach dem Geschehen am Mittag beorderte die Führung der 8./USAAF eine Aufklärungsmaschine vom Typ P-38 »Lightning« nach Mitteldeutschland, wo offenbar doch noch Fliegerhorste deutscher Jäger vermutet werden mußten.

Vier »Mustang«-Jäger von der 4. Jagdgruppe, die am Morgen noch die Bomber der 2nd Air Division begleitet hatten, schützten nun die Aufklärungsmaschine, deren Pilot auftragsgemäß die Gegend um Berlin, Eberswalde und Gardelegen zu fotografieren hatte.

Der kleine Verband startete um 16:10 Uhr. In der Nähe von Stendal, wo sich das Hauptquartier des Ramm-Kommandos befand, beobachteten sie einen Düsenjäger vom Typ Me 262, wie dieser in einer Höhe von 6000 Metern Rollen drehte *(o. Nr./1834)*.

Sobald im Stab der achten Luftflotte einigermaßen Übersicht bestand, versuchte man ein Gesamtbild von den außergewöhnlichen Ereignissen dieses Einsatztages zu gewinnen.

Eine schon totgeglaubte deutsche Luftwaffe hatte außer Düsenjägern erstmals seit Wochen Massen von Standardjägern »in bester fliegerischer Verfassung« in den Kampf geworfen. Plötzlich hatte man eine Erklärung für die wochenlange Abstinenz gefunden. Die These, alle konventionellen deutschen Jagdstreitkräfte fänden nur noch als Schlachtflieger an der Ostfront Verwendung, hatte sich als falsch erwiesen. *(XXXXIX 224ff.)*.

Zu Anfang bestand noch Neigung, diese merkwürdig zahlreich aufgetretenen Kollisionsfälle während der Luftschlacht dem unglücklichen Zufall zuzuschreiben. Es konnten ja unerfahrene, ungeübte Jagdflieger gewesen sein, denen in der Rasanz des Kampfes ihre Maschinen aus der Hand geglitten waren, oder vielleicht waren es bereits im Cockpit vom Tod ereilte Piloten gewesen, die nicht mehr ausweichen konnten. Aber mit der Zeit verdichtete sich dann doch der Verdacht, man könnte bei dieser »resolutesten aller Abwehraktionen, die von Luftwaffenstreitkräften jemals gegen die achte Luftflotte gewagt worden waren« *(Intops Summary 7. 4. 45)* jener »oft gerüchtweise bekanntgewordenen Rammstaffel« *(XXXXIX 224ff.)* begegnet sein, zur Gewißheit.

Einhellige Meinung war aber dann die, es müsse sich dabei um Selbstmord-Kandidaten gehandelt haben. Es war den Amerikanern bei ihrer Weltanschauung wohl nicht möglich, Verhaltensweisen deutscher Jagdflieger anders zu deuten. Schon »Sturm«-Jäger hatten in ähnlichem Verruf gestanden.
Das Ausmaß damaliger divergierender Meinungen sowie Unschlüssigkeiten zeigt sich in Widersprüchen in ein und demselben Gesamt-Gefechtbericht, der noch am selben Abend entstanden war.
In einem besonderen Absatz: »Gegen unsere Bomber-Verbände angewandte feindliche Taktiken« leugnete man hartnäckig eine bewußte Ramm-Taktik deutscher Jäger:
»Fälle von freiwilligem Rammen«, heißt es hier, »wurden jedoch nicht gemeldet«. Kollisionen wurden als Unglücksfälle hingestellt. Auf Seite 6 desselben Berichtes ist dann allerdings unter der Überschrift »Intelligence ... I. Enemy Air Opposition« doch die Rede von Jägern, die »... wohlüberlegt die Bomber rammten«.
Obwohl man auf amerikanischer Seite in den beunruhigenden Aktionen deutscher Jagdflieger mehr einen politisch motivierten Kraftakt zu sehen geneigt war, machte man sich doch insgeheim auf einen fanatischen und »selbstmordartigen Endkampf« der deutschen Luftwaffe gefaßt.
Resümierend kam man im Hauptquartier der achten Luftflotte zu dem Schluß, am 7. April 1945 sei die Reaktion der Luftwaffe »bei weitem« von dem abgewichen, was man bei der Planung in Betracht gezogen habe. Besonders betroffen war man von dem massierten Einsatz konventioneller Jäger, die bis dahin von maßgeblichen Führern der 8./USAAF als Gegner überhaupt nicht mehr ernst genommen worden waren *(1846/2246)*.
General Partridge, der Kommandeur der 3rd Air Division, hielt es für wichtig, die Lehren aus dem ersten koordinierten Einsatz von Düsenjägern und konventionellen Jägern zu ziehen *(63/435)*. Die Männer in den Schützenständen der Bomber sollten instruiert werden, daß nur die Wachsamkeit angesichts aufgelockerter Bewölkung sowie sich gegenseitig unterstützendes Feuer die Verluste dieses Tages in Grenzen gehalten habe.
Allgemeines Erstaunen hatte die Verlagerung des Angriffspunktes so weit nach Westen hervorgerufen.

Die Amerikaner machten sich nach den Erfahrungen des 7. April 1945 nichts vor: Der deutschen Führung war es offensichtlich gelungen, in Jagdfliegern patriotisches Feuer zu entfachen. Wer weiß, was die Deutschen noch im Schilde führten.

Den Ramm-Attacken blieb nur deshalb die erhoffte schockartige Wirkung versagt, weil Bomberbesatzungen gar nicht wahrnahmen, »daß die Rammerei in voller Absicht geschah. Vielmehr glaubten sie, daß die Flugzeuge nur unglücklicherweise in die Bomber hineingerieten ...« *(2121/2246)*.

Niemand wußte auf der Gegenseite, was da ablief. Eine zu strenge Geheimhaltung hatte einen wichtigen Punkt der deutschen Planung zunichte gemacht.

Im Hinblick auf die wenigen noch ausstehenden Einsätze strategischer Bomber entschloß sich die amerikanische Führung, etwa aufkeimender Unruhe entgegenzuwirken. Man hielt es für besser, sowohl die anfänglich spontan vertretene Selbstmordthese als auch die bewußten Ramm-Attacken deutscher Jagdflieger zu leugnen. Vielmehr bestärkte man die Bomberbesatzungen in ihrem ursprünglichen Glauben, und General Partridge beruhigte seine Mannschaft in einem Brief mit den Worten:

»... der Überblick über die insgesamt gemachten Erfahrungen ... stützen die Ramm-Theorie auf keinen Fall«. Freiwilliges Rammen habe es nicht gegeben *(63/435)*.

Brigadegeneral Banfill, Chef des Nachrichtendienstes der 8./USAAF, beruhigte in einem Memorandum vom 8. April 1945 den Kommandierenden General. Unter anderem schrieb er:

»... Weitere Befragungen (ergaben): ... Dies waren keineswegs selbstmörderische Ramm-Attacken«, sondern lediglich Unglücksfälle. »Die Schärfe der Angriffe hat Ramm-Gerüchte aufkommen lassen, aber alles was man hört, spricht gegen eine greifbare Ramm-Theorie.« Banfill berichtete dann weiter über Mitteilungen von Kriegsgefangenen, die Hinweise auf spezielle Focke-Wulf-Jagdstaffeln enthielten. Angeblich sollten deren Piloten mit Ramm-Techniken experimentieren. Sie würden die Kabine abwerfen, dann aussteigen und die Flugzeuge in Bomber hineinfliegen lassen. »Dies hat jedoch niemals substantielle Bestätigung gefunden« *(2172/2246)*.

Offiziell einigte man sich auf die Sprachregelung »Unglücksfälle«;

weder von Selbstmord-Kandidaten noch von blindwütigen Ramm-Jägern war fürderhin die Rede. *(1991/2246).*
Die fantasievollen Jägermajore vom 66th Fighter Wing reagierten auf den Trubel des 7. April 1945 wie üblich – in Gedichtform. Unter der Bezeichnung: »Noch ein anderes Poem – sechs Zeilen ungewaschene freie Verse« stand im Gefechtsbericht diesesmal folgender Reim:
»Die alten Heinies versuchten Druck.
Er schoß Salven hoch hinauf, benutzte Me's als Quälgeister;
aber wie immer, wie bei jedem Treffen,
verwichsten wir ihn mit verdammt feinen Schlägen.
Zum Himmel wurden die Hunde raufgeschickt und die Quälgeister abgeschossen« *(1950/2246).*
Die üblichen graphischen Darstellungen der Angriffsrichtungen nach dem Zifferblattsystem bei Benutzung bestimmter Symbole für oben, unten und horizontal führten zu dem Ergebnis, daß der massivste Stoß der Ramm-Jäger, von den Bombern aus gesehen, von rechts hinten oben gekommen war.
Die am stärksten betroffenen Combat Wings der 3rd Air Division meldeten 91 Angriffe von hinten, davon 37 aus der Sonne, 28 aus der Horizontalen und 26 von unten. Sechsundvierzigmal kamen die Jäger von rechts, und zwar von oben neunundzwanzigmal und von unten zehnmal.
Die linke Flanke der Bomberformationen war von den Deutschen neunundzwanzigmal attackiert worden, wieder meistens von oben und unten. Aber auch direkt von vorne hatten sie zugestoßen, wenn auch nur zwölfmal.
Bei den schweren Bombern hatten die Turm-, Gondel- und Heckschützen alle Hände voll zu tun gehabt; sie machten infolgedessen auch die meisten Jägerabschüsse geltend. Nicht weniger als einhundertvierundzwanzig Jäger wollten allein die Schützen der 3rd Air Division abgeschossen haben. Zählt man die von den Schützen der 2nd Air Division reklamierten Abschüsse, nämlich sechsundfünfzig Jäger, hinzu, dann ergibt sich im Hinblick auf die eingesetzte Menge deutscher Jäger (184 Ramm-Jäger und 51 Düsenjäger) ein unwahrscheinlicher Erfolg. *(1982/2246).*
Hierauf ist noch zurückzukommen.
Captain Felkin von der Dienststelle A.D.I.(K) and U.S. Air Inter-

rogation gab am 26. April 1945 inzwischen erworbene Erkenntnisse über das deutsche Ramm-Kommando mit dem Bericht Nr. 294/1945 an achtzehn Dienststellen des Luftfahrtministeriums, 22 Kommandostellen, darunter S.H.A.E.F., U.S.S.T.A.F. und 8./USAAF, an die Admiralität, das »War Office« und verschiedene Behörden der Verbündeten weiter, unter anderem an das französische Luftfahrtministerium und das Deuxième Bureau.

Einzelheiten dieses Berichtes beruhten auf Aussagen deutscher Kriegsgefangener, hauptsächlich auf Angaben eines Flugzeugwartes sowie eines Piloten, der am 7. April 1945 bei Minden nach Fallschirmabsprung in amerikanische Hände gefallen war. Ausdrücklich wurde auf eine mögliche Fehlerhaftigkeit der ungeprüften Aussagen hingewiesen. Tatsächlich war der Report in wesentlichen Teilen falsch. Wahrscheinlich hatte der deutsche Ramm-Pilot, der als Musterexemplar eines »Nazi« geschildert wurde, dem amerikanischen Vernehmungsoffizier einen kräftigen Bären aufgebunden.

DER SIEBENTE APRIL 1945 – EIN PUNKT IN DER ZEIT

Der erste organisierte Ramm-Einsatz deutscher Jagdstreitkräfte fand in einer Periode statt, die Kesselring »den Feldzug der Improvisationen« genannt hat *(LIII 388)*. Der Tag selbst war ein Samstag, der erste Samstag nach Ostern 1945.

Am selben Tage trat jener berüchtigte Erlaß Hitlers zum Zerstörungsbefehl vom 19. März 1945 in Kraft, dem manches deutsche Brückenbauwerk zum Opfer fallen sollte. Ebenfalls am 7. April 1945 verfügte Hitler auch den Produktionsstop aller Standard-Jagdflugzeuge sowie der Typen Ar 234 und »Volksjäger« He 162 zugunsten einer forcierten Herstellung von Me 262 Flugzeugen.

Am 7. April 1945 schüttelten sich aber auch Millionen übriggebliebener Menschen in deutschen Städten und Orten den Staub aus den Kleidern; denn von nun an blieben wenigstens die englischen Bomber aus. Es gab nichts mehr zu bombardieren. Auch die mutigen Besatzungen des britischen Bomber-Kommandos atmeten auf. Gollob, der General der Jagdflieger, begab sich am 7. April 1945

„Uhren", auf welchen die Amerikaner nach der Analyse einer Luftschlacht mittels Markierungen, Zeichen und Buchstaben gemeldete Ergebnisse dokumentierten:
Bombardierungsziel, Bomber-Verband, Dauer der Jäger-Angriffe, Flugstrecke während der Jäger-Angriffe, Angriffsrichtung („Uhrzeit"), Angriffsebene (von oben; auf gleicher Höhe; von unten), Angriffshäufigkeit, erzielte/nicht erzielte Abschüsse und Beschädigungen, von welchem Schützen gemeldet (Bugkanzel, Turm, Gondel, Seitenstände, Heck).
Beispiele A bis D: Luftschlacht vom 7. April 1945; es berichten die vier Combat-Wings der 3rd Air-Division.
(Fotos: USAAF)

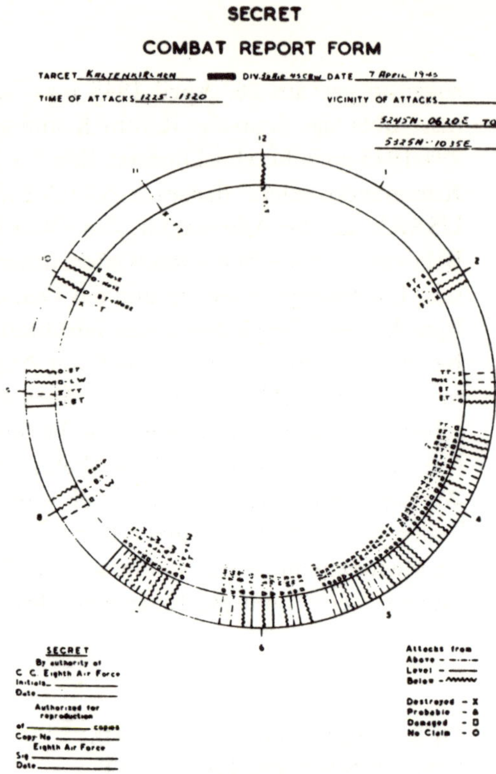

Beispiel A:
Bericht des 45th Combat-Wing; Hauptangriffsrichtung der deutschen Jäger: von hinten-rechts.

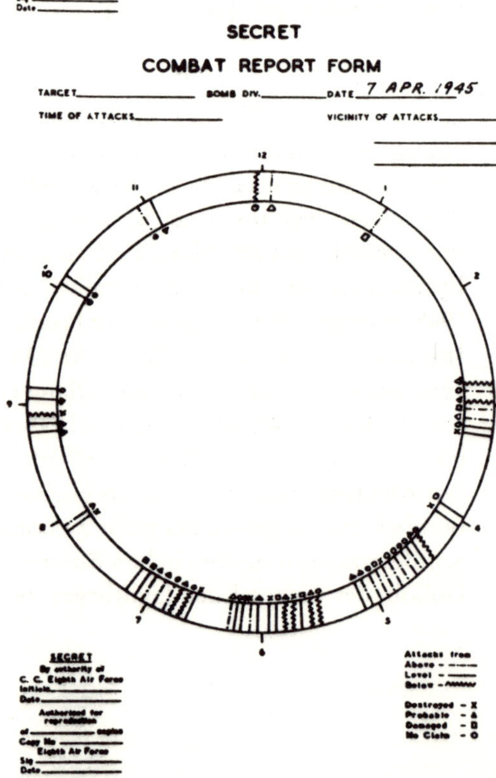

Beispiel B:
Vermutlich Bericht des 4th Combat-Wing; Jäger-Hauptangriffsrichtung: von hinten-rechts.

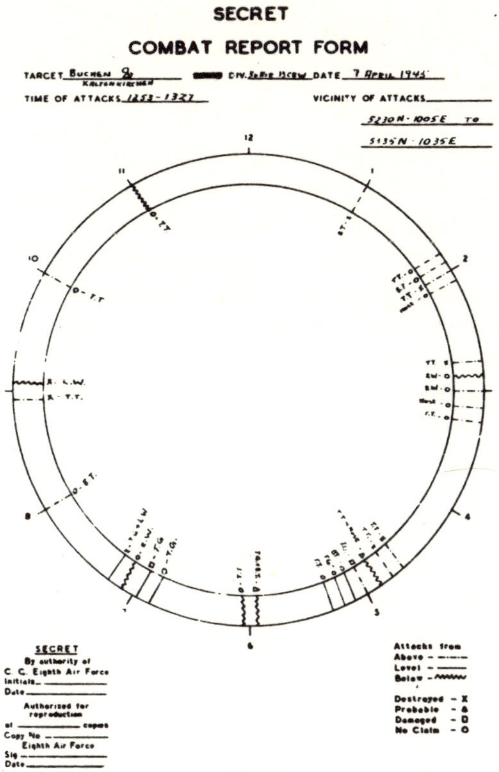

Beispiel C:
Bericht des 13th Combat-Wing; Jäger-Hauptangriffsrichtung: von rechts.

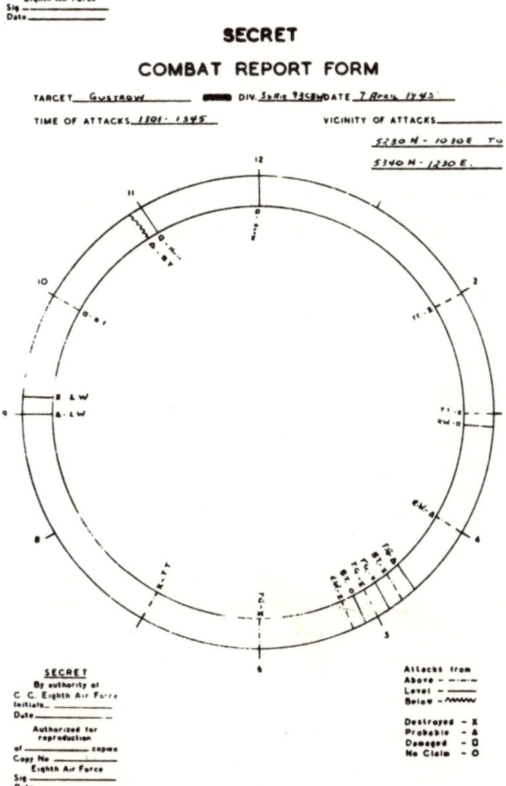

Beispiel D:
Bericht des 93rd Combat-Wing; Jäger-Hauptangriffsrichtung: von rechts-hinten.

nach Bayern *(LXXXVII 64).*
Einen Tag vorher war die bisher als ganz besondere Auszeichnung geltende namentliche Nennung in Wehrmachtberichten entfallen *(XIX 88).* So fanden weder einzelne Ramm-Piloten noch deren Führer jemals namentliche Erwähnung. Weil ab April Verlustmeldungen der Jagdwaffe unterblieben, gibt es auch keine offiziellen Verlustzahlen über den Ramm-Einsatz vom 7. April 1945 *(II 196).*
Knapp eine Woche nach dem Ramm-Einsatz, am 13. April 1945, funkte die Londoner Bombardierungskommission »Jockey« an das alliierte Hauptquartier jenen schwerwiegenden Satz:
»Jockey hat abgesattelt ...« (Jockey has unsaddled and weighed in. Sic transit gloria tuesday) *(LXXXIV Vol III 753).*
Und am 16. April 1945, neun Tage nach dem Ramm-Einsatz, verkündete General Spaatz endlich das Ende des strategischen Luftkrieges in Europa. Jetzt ginge es nur noch um eine »direkte Unterstützung des Vormarsches am Boden« *(LXXXIV Vol III 484).*
Am selben Tage begann der letzte sowjetische Ansturm auf die Reichshauptstadt Berlin *(XXIII 326).*

DEUTSCHE WEHRMACHTBERICHTE VOM 8. UND 11. APRIL 1945

Nachdem der allerletzte, verzweifelte große Schlag am 7. April 1945 geführt worden war, überstürzten sich kurz nach Mittag in den Jägerleitstellen, bei der Luftflotte Reich sowie beim IX. Fliegerkorps (J) Meldungen über Abschüsse, Abstürze und eigene Verluste.
In Stendal rief als erster Überlebender gegen 24 Uhr ein Fähnrich an. Er meldete Major Köhnke, einen viermotorigen Bomber bei Schwarmstedt vernichtet zu haben. Er selbst sei an Kopf und Arm leicht verwundet. Köhnke riet ihm, den nächstbesten Personenwagen zu requirieren und zur Einheit zurückzukehren. Am nächsten Tag traf der Fähnrich ein und konnte ausführlich berichten. Insgesamt gesehen traten große Differenzen auf.
Noch Tage sollten vergehen, ehe wenigstens in Umrissen ein ungefähres Zahlenbild entstand. Niemand außer dem OKW und den

unmittelbar Beteiligten schien am Resultat dieses außergewöhnlichen Ereignisses sonderlich interessiert zu sein. So geschah es, daß Zahlen, die früher Aufsehen erregt hätten, ihre Bedeutung verloren. Sie verblaßten im Wetterleuchten eines heraufziehenden Unterganges.
Auch sonst hatte sich vieles geändert. Weder Meldebögen, noch Luft- oder Bodenzeugen waren gefragt. Die ganze Bestätigungshierarchie war in der Person des Kommandeurs vereinigt.
Die Anerkennungsbürokratie hatte aufgehört zu existieren. Dem Oberst genügten Angaben von Kameraden, oder einfache Bescheinigungen von Polizei-, Wehrmachts- oder sonstigen Amtsdienststellen.
Nach einer Anweisung vom 25. Oktober 1944 des Chefs des Wehrmachtführungsstabes, Generaloberst Jodl, hatten in Wehrmachtberichte aufgenommen zu werden »Truppenteile, die in die Geschichte eingehen, weil ihre Taten entweder das Kriegsgeschehen entscheidend beeinflußt haben, oder weil ihr Heldentum so groß war, daß kommende Geschlechter sich noch daran begeistern sollen.«
Solche Truppen gab es in übergroßer Zahl.
Das Sonderkommando »Elbe« lieferte noch am 7. April 1945 einen kurzen Beitrag zum Wehrmachtbericht, wie es die Pflicht gebot. Dieser Beitrag hatte in Form einer Lagemeldung an den verantwortlichen Vorgesetzten zu erfolgen. Generalmajor Peltz gab den Bericht sofort an das Oberkommando der Luftwaffe weiter. Vom OKL wurde er an das OKW/WPr weitergeleitet. Hitler wurde zusätzlich vom Generalstab der Luftwaffe informiert.
Die eigentliche Formulierung eines Wehrmachtberichtes erfolgte durch Dr. Wilhelm Ritter von Schramm, Mitglied der Amtsgruppe für Wehrmachtpropaganda *(XXXVII 13)*. Den Inhalt erfuhr Hitler, ohne dessen Zustimmung nichts an die Öffentlichkeit dringen durfte, bei der »Führerlage« in den Mittagsstunden des 8. April 1945 durch den Chef des Wehrmachtführungsstabes.
Im Nachrichtendienst des deutschen Rundfunks verlas ein Sprecher am 8. April 1945 unter anderem folgenden Text: »Amerikanische Terrorverbände richteten gestern Angriffe gegen Orte in Nord- und Südostdeutschland ... Besonders über Norddeutschland kam es zu erbittert geführten Luftkämpfen, in denen die kühn

angreifenden deutschen Jäger trotz stärkster Abwehr den amerikanischen Bomberverbänden schwere Verluste zufügten ...« *(XIX 558).*

Es fehlte offenbar noch jeder Überblick. Vielleicht lag aber auch eine gewisse Absicht darin, die »Elbe«-Erfolgsmeldung aufzusparen, wie es zuweilen geschah *(XIX 56).*

Es war allgemein bekannt, daß die Generalstabs-Autoren starr an Grundprinzipien von Glaubwürdigkeit und nüchterner, ungeschminkter Berichterstattung festhielten. Es gab keine Sensationshascherei. Umso bemerkenswerter erscheint, daß dem kargen Wehrmachtbericht vom 8. April 1945 am Mittwoch, dem 11. April 1945, ein Nachtrag folgte, offenbar infolge eines ausführlicheren Berichtes, den Generalmajor Peltz tags zuvor anläßlich einer Besprechung beim Reichsmarschall gegeben hatte, zu der auch Koller, Stumpff und Schmid befohlen worden waren *(RL 7/542 MA Pag. 257):*

»Wie bereits im Wehrmachtbericht vom 8. April gemeldet«, hieß es nun, »zeichneten sich deutsche Jagdverbände bei der Abwehr amerikanischer Terrorangriffe ... am 7. April durch hervorragenden Kampfmut aus. Die Jäger durchbrachen in erbitterten Luftkämpfen die starke feindliche Jagdsperre und stürzten sich ungeachtet des heftigen Abwehrfeuers ... in todesmutiger Selbstaufopferung auf die viermotorigen Kampfflugzeuge. Die amerikanischen Verbände erlitten in den auch für die deutschen Jäger opferreichen Kämpfen schwere Verluste. Über 60 viermotorige Bomber wurden allein durch Rammstoß vernichtet. Ein Teil der Jäger konnte sich durch Fallschirmabsprung retten.«

Damit war der Ramm-Einsatz vom 7. April 1945 dokumentiert. Das verwendete Wort »Selbstaufopferung« hatte nur rethorischen Wert, sein Inhalt wurde durch die gleichzeitige Bekanntgabe von rettenden Fallschirmabsprüngen korrigiert.

Die erste Erfolgsmeldung japanischer Kamikaze-Flieger war ebenfalls über den Rundfunk bekanntgeworden. Tokio gab unmittelbar nach dem ersten Einsatz am 25. Oktober 1944 eine Verlautbarung des Kaiserlichen Hauptquartiers bekannt, die folgenden Wortlaut hatte:

»Die ›Schikischima‹-Gruppe des Sonderangriffskorps Kamikaze hat am 25. Oktober 1945 um 10:45 Uhr etwa 30 Seemeilen nordöstlich der Insel Suluan einen erfolgreichen Überraschungsangriff auf eine feindliche Kampfgruppe durchgeführt, zu der vier Flugzeugträger gehörten. Zwei Flugzeuge trafen einen Träger und versenkten ihn. Ein drittes Flugzeug traf noch einen anderen Träger und beschädigte ihn; ein viertes traf einen Kreuzer, der sofort sank.«

Nach offiziellen Zahlenangaben der Amerikaner hatten sie an diesem Tage durch Kamikaze-Flieger folgende Veluste:

Versenkt:	Geleit-Flugzeugträger »St. Lo«
Beschädigt:	Die Geleit-Flugzeugträger »Kalinin Bay«, »Kitkun Bay« und »White Plains«.

ZU DEN DEUTSCHEN ZAHLENANGABEN

In den beiden Wehrmachtberichten war nur die Rede von »deutschen Jägern« oder »deutschen Jagdverbänden« gewesen. Angaben über die Anzahl beteiligter Jäger, Typen, Einheiten, Flugzeugführer, Sonderaufträge und so weiter fehlten naturgemäß. Zum Resultat wurde lediglich gemeldet, »über 60« amerikanische viermotorige Bomber seien unter Rammstößen vernichtet worden.

Tatsächlich stieß eine exakte Ermittlung der Erfolge und Verluste dieses Einsatztages auf große Schwierigkeiten.

Die Front verlief bereits südlich von Hannover, sie zog sich über Lingen, Rheine, Wunstorf, Neustadt, Hildesheim hin und weiter entlang dem Möhnetal. Und schon tags darauf standen alliierte Truppen bei Lehrte, Verden, Stadthagen, Bückeburg, Rinteln, Salzgitter, Höxter und Göttingen, und sie drangen rasch weiter vor.

Wer wollte oder wer konnte bei derartig dramatischen Entwicklungen noch daran denken, Zahlen über tatsächlich abgeschossene amerikanische Bomber oder verlorengegangene deutsche Jagdflugzeuge zusammenzutragen?

Entsprechend unterschiedlich sind die Zahlenangaben in den spärlichen Veröffentlichungen zu diesem Thema.

Sicher ist, daß einige Ramm-Piloten ihren Auftrag aus verschiedenen Gründen nicht erfüllten. Bekanntgeworden sind Motorschäden, Treibstoffmangel, vorzeitiger Totalverlust durch feindliche Begleitjäger oder Abstürze im Feuerhagel der angegriffenen Bomber.

Was die übrigen betrifft, so stimmen die Autoren darin überein, daß eine Rettung der »meisten«, »der Hälfte« oder des »Rests« mit Hilfe von Fallschirmen gelang. Führt man sich die damalige Frontlage vor Augen, so wird klar, weshalb letztlich nur fünfzehn von einhundertdreiundachtzig eingesetzten Ramm-Piloten tatsächlich wieder zur Einheit zurückkehrten: Die meisten konnten sich nicht mehr melden, weil sie entweder den tief eingedrungenen Alliierten vor die Füße gesprungen waren, oder weil sie durch den Keil, den die Amerikaner mitten durch Deutschland den Russen entgegentrieben, daran gehindert wurden, dem inzwischen nach Pocking bei Passau verlegten Ramm-Kommando nachzueilen. Fortschreitende Trennung des norddeutschen vom süddeutschen Raum hatte die ostwärts Gotha verlaufende Hauptnachrichtenachse bereits seit dem 3. April 1945 ausfallen lassen. Ein weiterer wichtiger Kabelstrang über Plauen war nach schweren Bombardierungen unterbrochen worden *(S. I. 1; S. 194)*.

Verwundete des Ramm-Kommandos konnten entweder keinen Kontakt mehr herstellen, weil sie dazu physisch nicht mehr in der Lage waren, oder sie drangen mit ihren Berichten nicht mehr nach Pocking durch.

Für die Deutschen hatten sich hochgespannte Erwartungen nicht erfüllt. Zu einem großen Schlag hatten die von Koller reduzierten Kräfte nicht ausgereicht.

Nimmt man die amerikanische Erfolgsziffer trotz aller Bedenken mit 100 vernichteten deutschen Jägern als richtig an, und bringt man dazu die Zahl 60 aus dem deutschen Wehrmachtbericht ins Verhältnis, dann ergibt sich eine Quote von 100:60 – knapp zwei verlorene Jäger gegen einen zerstörten viermotorigen Bomber. Einem Verlust von rund sechshundert Besatzungsmitgliedern auf amerikanischer Seite stand eine Einbuße von hundert deutschen Jagdfliegern gegenüber, die sich allerdings in der überwiegenden Mehrzahl mit dem Fallschirm über Heimatgebiet retten konnten.

Die deutsche Material-Verlustrate erscheint jedenfalls außerordentlich hoch, zu hoch, als daß sie noch einmal hätte hingenommen werden können.

Jeder psychologische Effekt blieb aus.
Die Amerikaner taten so, als habe es einen verzweifelten Versuch, ihre Offensive durch Einsatz von Ramm-Flugzeugen zu stören, überhaupt nicht gegeben.

AMERIKANISCHE ZAHLENANGABEN

An den Bombenangriffen vom 7. April 1945 beteiligten sich 1304 schwere Bomber. Letztlich warfen 1257 Bomber 3355,8 Tonnen Bomben ab; sechs weitere streuten Flugblätter. Die Eskorte hatte aus 852 Jägern bestanden, von denen 792 den Einsatz tatsächlich flogen. Weitere 27 Jagdmaschinen erfüllten Aufgaben als Wetter-Scouts *(1846/2246)*.
Als die Amerikaner ihre Gefechtsberichte ausgewertet hatten, kamen sie zu dem verblüffenden Resultat, daß sie offenbar die gesamte feindliche Luftstreitmacht niederkämpfen konnten *(1837/2246)*. Insgesamt bot sich den Amerikanern das Bild eines unwahrscheinlichen Erfolges dar:

Anspruchsteller	Abschüsse	wahrscheinliche Abschüsse	Beschädigungen
Bomber	62	38	26
Begleit-Jäger	67	2	16
Deutsche Verluste	129	40	42

Eigene Verluste waren mit 23 Bombern sowie 6 Jagdflugzeugen angegeben worden.
Wenn man diese Zahlen liest, sollte man sich allerdings bewußt sein, daß inzwischen sorgfältige, distanzierte Untersuchungen ergeben haben, daß die Abschußziffern der achten Luftflotte »weit übertriebener waren, als selbst ihre härtesten Kritiker annahmen« *(LXXXIV Vol II, XIII)*.
Ein Feindflugzeug wurde bei den Amerikanern als zerstört gewertet, wenn es vollständig in Flammen gehüllt im Absturz gesehen worden war, jedoch nicht, wenn Flammen bloß aus dem Motor züngelten. Als Abschuß, »kill«, zählte auch, wenn sich ein gegne-

risches Flugzeug in der Luft in Einzelteile auflöste, oder wenn eine Tragfläche oder das Heck abrissen, nicht jedoch, wenn es nur ein Rad oder einen anderen Bestandteil unter Beschuß verlor. Erfahrungen mit so manchem eigenen Flugzeug hatten gelehrt, daß selbst schwer beschädigte Maschinen zurückkehren und sicher landen konnten.

Einmotorige Feindflugzeuge galten auch dann als abgeschossen, wenn der Flugzeugführer dabei beobachtet wurde, wie er seine Maschine in der Luft verließ.

Die Kategorie »wahrscheinlich abgeschossen« bezog Maschinen ein, bei denen Ungewißheit über eine Zerstörung bestand, wo aber die Intensität der Flammen oder der Grad der Beschädigungen die Chance einer glatten Landung ausschlossen.

Eine Feindmaschine konnte als »beschädigt« gelten, wenn Teile unter dem Beschuß weggeflogen waren *(LXXXIV Vol III 223).*

Abschußangaben von Jägerpiloten, die oft von Kameraaufnahmen oder sogenannten Schießfilmen belegt werden konnten, waren zuverlässiger als solche von ständig wechselnden Schützen in den MG-Ständen der schweren Bomber. *(dito 803).*

Die besondere Eigentümlichkeit des Luftkampfes und die Schwierigkeiten einer ordentlichen Beobachtung veranschaulichen Craven und Cate wie folgt:

»Ein 19 Jahre alter Junge startet in einem ›heißen‹ Flugzeug, allein oder zusammen mit einer Mannschaft, einem Auftrag gemäß, ein bestimmtes Ziel zu einer ganz bestimmten Zeit zu zerbomben oder heimzusuchen. Er muß von seiner Basis aus, die oft weit vom Ziel entfernt liegt, durch dickes Wetter fliegen, das oftmals ein genaues Navigieren erschwert, und dann auch noch durch eine feindliche Jagdsperre hindurch, deren Angriffe unglaublich schnell ablaufen. Er kommt über dem Ziel so pünktlich wie nur möglich an und erfüllt seine tödliche Aufgabe unter Verhältnissen, die ihm kaum gestatten, sich die Zeit für ganz genaue Eintragungen ins Logbuch zu nehmen.

Selbst ohne Berücksichtigung der emotionellen Seite des Kampfes würde der Junge es bei seiner Rückkehr unmöglich finden, seinem Befragungsoffizier einen akkuraten und detaillierten Bericht seiner eigenen Erlebnisse zu geben. Trotzdem muß die Geschichte eines langen Feindfluges aus Hunderten derartig unvollkommener per-

sönlicher Meldungen zusammengestellt werden« *(LXXXIV Vol II, XII).*
Die außerordentlich hohen Erfolgszahlen der 8./USAAF vom 7. April 1945 beurteilen Craven und Cate allerdings wieder milder als nur »ein bißchen übertrieben« *(LXXXIV Vol III 752: substantiated later as being little exaggerated).*

DIE VERLUSTE DER 8. AMERIKANISCHEN LUFTFLOTTE AM 7. APRIL 1945

Erstaunlich individuell gehaltene Formationszeichnungen, Berichte und Meldungen erschwerten bei der Durchsicht der amerikanischen Gefechtsberichte und Unterlagen eine Auswertung. Wenige waren ausführlich, die meisten vielmehr militärisch knapp gehalten. Die Darstellungsweisen variierten mit den verschiedenen Kommandeuren; manche gaben nur Flugzeug-Nummern an, die wenigsten auch Namen. Ausdrücke für Verluste reichten vom klaren »MIA« (missed in action), »lost«, »shot down«, »knocked down«, »missing« über »out over target«, »omit«, »failed to return« bis hin zum »NYR« (not yet returned) oder »status unknown«.
Als Summe aller Einzelangaben, die nach Orts- und Zeitverhältnissen einigermaßen klar voneinander unterschieden werden konnten, mußten 45 »Fliegende Festungen«, 11 »Liberator« und 6 »Mustang« verlorengegangen sein. Die offiziellen Zahlen weisen jedoch nur 17 Bomber-Totalverluste aus, davon 12 B-17 und 3 B-24 durch Jäger, eine »Festung« infolge von Flaktreffer, eine andere durch »Unfall«. Nur acht Ramm-Fälle sollen stattgefunden haben. Vier weitere B-24 sowie eine weitere B-17 erlitten Totalschäden, ohne daß die Ursachen ermittelt werden konnten. 147 Beschädigungen, 109 Kategorie A und 38 Kategorie AC, kamen noch hinzu.
Von den Eskortjägern gingen nach offiziellen Angaben sieben verloren, und zwar einer durch Unfall, vier aus »unbekannten Gründen«, zwei als »zusätzliche Totalschäden«. Sechs Jäger sollen mehr oder weniger beschädigt worden sein. *(1837/2246).*

DIE REAKTION DER AMERIKANISCHEN LUFTFLOTTEN

Als das Geheimnis der Leute in Stendal durch ihr kühnes Ramm-Unternehmen vom 7. April 1945 preisgegeben worden war, schlug der Gegner sofort zurück.
Trotz allem, was geschehen war, erschienen am darauffolgenden Tage wiederum 1200 amerikanische Bomber über Deutschland, demonstrierten ihre unbesiegbare Übermacht und rächten ihre Kameraden, die so kurz vor Kriegsschluß noch dem Ramm-Einsatz deutscher Jäger zum Opfer gefallen waren. Sie zerbombten unter anderem auch Stendal. Die verbliebenen Teile des Kommandounternehmens selbst erlitten allerdings keine Verluste; sie befanden sich bereits auf dem Marsch nach Pocking bei Passau.
Gegen Parchim richteten sich erneut schwere Schläge am 8. April 1945. Weitere Angriffsziele waren Plauen, Hof, Eger, Grafenwöhr. Man hatte zwar bei der Befehlsausgabe gewisse Lehren aus den Ereignissen des Vortages gezogen; man schien sich nicht darüber klar zu sein, ob das koordinierte Auftreten von Düsenjägern und konventionellen Jägern nur eine einmalige Sache gewesen war. Die Besatzungen beruhigte man mit dem Hinweis auf die enormen Verluste deutscher Jäger am Vortage. Man hielt eine rasche Erholung für unwahrscheinlich, schloß aber vereinzelte Abwehrreaktionen nicht aus *(362/435)*.
Jetzt kam alles nur noch darauf an, sich zu vergewissern, daß nicht noch einmal übriggebliebene Jagdverbände in einer Art letztem Amoklauf Schaden stifteten *(LXXXIV Vol III 783)*.
Tatsächlich wäre um ein Haar beim Angriff auf Parchim am 8. April 1945 die Nummer 7 aus der Führungsstaffel der 487. Bombergruppe verlorengegangen. Ein tollkühner deutscher Jägerpilot hatte sich ganz allein auf die schweren Bomber gestürzt und mit seiner Bf 109 am Heck der B-17 große Schäden angerichtet. Nur mit Mühe und Not konnte der Bomberpilot sein Flugzeug zur Landung bringen. Im Gefechtsbericht wurde dieses Ereignis so geschildert, als habe der deutsche Jäger unglücklicherweise trudelnd Berührung mit dem Bomber bekommen. Zieht man jedoch in Betracht, daß auch am Vortage beabsichtigte Ramm-Stöße deutscher Jäger beharrlich fehlinterpretiert worden waren, deutet vieles dar-

auf hin, als habe hier ein verzweifelter »Elbe«-Pilot versucht, doch noch zum Erfolg zu kommen *(396/435)*.

Nachdem am 8. April 1945 insbesondere die Bahnhofsgegend von Stendal schwer verwüstet worden war, richtete sich der nächste Angriff der Amerikaner mit 900 Bombern gegen Flugplätze im Raume München; hier lag auch der Jagdverband 44. Schleißheim, München-Riem, Ingolstadt, Neuburg, Ulm und Augsburg, aber auch das ferne Stade mußten Bombardierungen erdulden *(630/435)*.

Am 10. April 1945 warfen 1200 schwere Bomber ihre Lasten auf Bodenorganisationen der Luftwaffe in Norddeutschland, tags darauf wiederum auf Münchener Plätze sowie auf Regensburg.

Erst am 12. April 1945 flaute die Bombertätigkeit merklich ab. Nur noch 350 viermotorige Bomber bewarfen im Süden die Städte Venedig, Villach und Linz. Und nachdem am darauffolgenden Tage noch einmal 350 amerikanische Tagbomber Flugplätze in Norddeutschland umgepflügt und die Städte Neumünster und Oldenburg heimgesucht hatten, kehrte der amerikanische Adler befriedigt in sein Nest zurück.

Die »Fünfte Phase« der strategischen Bomberoffensive der Amerikaner in Europa war zu Ende. Der Gegner lag am Boden. Was blieb, waren nicht mehr ernst zu nehmende Zuckungen eines todwunden Torsos, der einmal Großdeutschland gewesen war.

MILITÄRISCHE AUSZEICHNUNG, SOLDATENLOHN

Nichts gegen wohlverdiente Auszeichnung. Nicht wenige halten die Ehre auch heute noch hoch. Meistens sind es die Besten gewesen, denen die Ehre zukam, im Zweiten Weltkriege ausgezeichnet zu werden; niemand sollte sie ihnen streitig machen.

Aber vom Standpunkt des Auszeichnenden aus gesehen sind Orden herumtragbar, visueller Anreiz, man kann stolz darauf sein und gleichzeitig andere anspornen.

Ihr Wert ist ideeller Natur, streng persönlich.

Wegen des geringen Aufwandes bei großem Nutzen finden Orden weite Verbreitung in allen Nationen, heute so wie damals.

Aus der im Grunde genommen einförmigen Flut von Orden und Ehrenzeichen im Zweiten Weltkriege ragte als einzigartig die Auszeichnungsform der Japaner heraus. Mußten alliierte Soldaten sowie die Militärpersonen der Achsenmächte Italien und Deutschland zunächst einmal auszeichnungswürdige Taten vollbringen, höchste Chargen ausgenommen, so genügte dem kaiserlich-japanischen Oberkommando der bloße Entschluß zu einer Tat, der Entschluß, sich aufzuopfern. Erfolg oder Nichterfolg spielten keine Rolle. Gewandet in zeremonielle Roben, gesäubert, das Haupt kahlgeschoren, so wurden Kamikaze-Piloten in einer überaus feierlichen Verehrungszeremonie ausgezeichnet. Materieller Aufwand begünstigte allenfalls eine Nachkommenschaft der Todesflieger. Fällig wurden hohe Pensionen, verbunden mit Ehrentiteln *(VII 223)*.

Aber auch die Alliierten wußten um den Wert von Auszeichnungen. Sie verliehen beziehungsweise zeichneten aus mit »Distinguished Service Order«, »Distinguished Flying Cross« einfach oder doppelt, mit oder ohne ein- beziehungsweise mehrfachen Pfeilbündeln oder »bars«, »Silver Star«, »Purple Heart«, »Air Force Cross«, »Air Medal« mit oder ohne Pfeilbündel, »Navy Cross«, »Victoria Cross«, »Croix de la Libération« – um nur einige der klingenden Bezeichnungen aufzuführen.

Die alliierten Führer wußten auch um den Wert ehrender Nennungen von Personen oder Einheiten *(XI 291, XIV 49)*. Bei einer »Distinguished Unit Citation« erhielt zum Beispiel die Truppenfahne der jeweiligen Einheit einen DUC-Wimpel. Diese Ehrung erfuhr beispielsweise die 452. Bombergruppe der 8./USAAF, die als Führungsgruppe im 45th Combat Wing der 3rd Air Division am 7. April 1945, anläßlich der letzten Luftschlacht des Zweiten Weltkrieges in Europa, den Hauptstoß deutscher Ramm-Jäger aufgefangen hatte und dabei schwere Opfer brachte. Colonel Batson hatte damals das Verlustkonto seiner Gruppe auf 158 schwere Bomber erhöhen müssen *(XXXXIX 224, 255)*. Die 452. Bombergruppe ragte auch insofern hervor, als schon früher an zwei ihrer Offiziere, die Leutnante Gott und Metzger, die »Congressional Medal of Honor« verliehen worden war, die höchste amerikanische Auszeichnung, gedacht für Offiziere und Mannschaften, die »hervorragende Tapferkeit und Opfermut« an den Tag gelegt hat-

ten. Grundlage für alliierte Jagdflieger-Auszeichnungen bildeten »kills«, Abschüsse also, und »scores«, die Anzahl gesammelter Punkte *(IX 175)*.
In Deutschland bestand ein ähnlich perfektioniertes Auszeichnungssystem. Gängige Orden waren das Eiserne Kreuz II. und I. Klasse, das Deutsche Kreuz, das Ritterkreuz. Aber je länger der Krieg dauerte, umso höher stiegen die Abschußziffern und damit auch der Auszeichnungsbedarf. Eine auf Blitz-Krieg und Blitz-Sieg zugeschnittene Ordensreihe mußte verlängert werden.
Zum Ritterkreuz verlieh Hitler nun eigenhändig das Eichenlaub, dann das Eichenlaub mit Schwertern, danach das Eichenlaub mit Schwertern und Brillanten und endlich, allerdings nur ein einziges Mal, am 1. Januar 1945, an den tapferen Oberst Rudel, das Goldene Eichenlaub mit Schwertern und Brillanten zum Ritterkreuz des Eisernen Kreuzes *(XV 9)*.
Neben diesen Orden gab es bei den Fliegern Frontflugspangen in Bronze, Silber und Gold, mit und ohne Anhänger, Verdienstkreuze, Verwundetenabzeichen und anderes mehr.
Anstelle von Ehrenpokal und Ehrenschale kam ab Januar 1945 in der Luftwaffe eine Ehrenblattspange zur Verleihung *(MA; RL 10/112)*. Eichenlaubträgern gewährte Hitler Dotationen des Reiches, vorwiegend in Form von Grundbesitz. So überschrieb man zum Beispiel Generaloberst Guderian, als er von Hitler zunächst in den unverhofften Ruhestand versetzt worden war, Gut Deipenhof im Warthegau zu eigen *(LVII 361)*.
Göring trug als einziger das Großkreuz des Eisernen Kreuzes. Goldene Flugzeugführerabzeichen mit Brillanten waren eine Erfindung Görings und sein höchstes Geschenk an verdiente Persönlichkeiten. Baumbach erhielt das seine im Jahre 1949 von der britischen Regierung mit dem Ausdruck des Bedauerns zurück; englische Soldaten hatten es unerlaubt in Besitz genommen *(XXX 295)*.
Eigentlich ließ ein strenges Punktesystem Ausnahmen nicht zu. Aber außergewöhnliche Tapferkeit sowie hervorragende Einsätze wurden doch besonders honoriert.
Justus Jürgensen, ein einfacher Pionier aus dem Bataillon Sprottau, wurde am 6. Februar 1945 mit dem Ritterkreuz und einer namentlichen Nennung im Wehrmachtbericht geehrt, allerdings posthum.

Er hatte sich mitsamt der Oderbrücke bei Fürstenberg vor den anstürmenden Russen in die Luft gesprengt *(XIX 465)*.
Bei Jagdfliegern galt Rammen als Abschuß.
Ramm-Piloten des Sonderkommandos »Elbe« erhielten die nächsthöhere Auszeichnung, mindestens das Eiserne Kreuz I. Klasse. Gleichzeitig wurden sie zum nächsthöheren Dienstgrad befördert. Ein Zurückkommen war also wesentliche Voraussetzung einer Auszeichnung. Hätte der Gedanke einer Selbstaufopferung überwogen, dann wären Auszeichnungen dem Start vorausgegangen, wie bei den Japanern.
Und Oberst Herrmann, der Kommandeur der Ramm-Jäger, hielt, was er versprochen hatte.
Als nach und nach die Einsatzreserve, das Gros der Truppe, von Stendal aus mit der Reichsbahn mehr schlecht als recht im niederbayerischen Pocking bei Passau eingetroffen war und sich auch fünfzehn erfolgreiche Ramm-Piloten vom 7. April 1945 zur Einheit durchgeschlagen hatten, kam der Tag der Ehrung.
Auf dem Höhepunkt einer kurzen, soldatischen Würdigungszeremonie innerhalb des Barackenlagers übergaben Ordensträger ihre eigenen Auszeichnungen an die neu Dekorierten.
Fabrikneue Orden waren nämlich nicht vorhanden.
Als ob die amerikanische Gegenseite es darauf abgesehen hätte, den Piloten des verwegenen Ramm-Kommandos doch noch den Schneid zu nehmen, suchten ausgerechnet während dieses Ordensappells Jagdbomber den Platz Pocking heim.
Schwere Maschinengewehre ratterten, Flugzeuge, Fahrzeuge und Baracken gingen in Flammen auf, dumpfe Detonationen fallender Bomben ließen die Männer unwillkürlich zusammenzucken. Durch Bäume nur dürftig einer Sicht entzogen, erwarteten sie jeden Moment, entdeckt und unter Beschuß genommen zu werden.
Unter unheimlichem Jabo-Gedröhn führte Herrmann die kurze Feier zu Ende. Erst auf den Befehl: »Weggetreten!« stob die Schar in schützende Deckung.
Am selben Abend, nachdem der Tieffliegerspuk vorüber war, versammelten sich Angehörige des Ramm-Verbandes in der Kantine, um mit der Erleichterung von Menschen, die Grund haben, sich ihres vorläufigen Entrinnens bewußt zu werden, freien alkoholi-

schen Getränken zuzusprechen.
Erfolgreiche, Nicht-Erfolgreiche sowie solche, die sich als Anwärter auf Erfolg wähnten, vergaßen für eine Weile den verdammten Krieg.

OBERST HERRMANN GAB IMMER NOCH NICHT AUF

Gegen die Annahme, Oberst Herrmann habe seine Spezial-Ramm-Einheit nur zur Beseitigung einer einmaligen, akuten, zeitlich oder örtlich begrenzten Notlage organisieren dürfen, spricht zweierlei. Einmal jener im »Lagebuch« unter dem Datum des 4. April 1945 eingetragene Genehmigungsvermerk des Oberkommandos der Wehrmacht, nach welchem ein zweiteiliger Einsatz freigegeben worden war, und zum anderen die Tatsache, daß auch nach dem 7. April 1945 die Werbetrommel für weitere Ramm-Unternehmungen gerührt wurde.
Während sich Hitler, wie man jetzt weiß, am 14. April 1945 im Führerbunker der Reichskanzlei ereiferte: »Die Luftwaffe ist ein fauler Laden, es sind Nichtstuer, überall Schlendrian«, strömten immer noch freiwillige Piloten in Pocking und später in Klagenfurt zusammen, um für diesen Führer ihr Leben zu riskieren.
Unberührt von angeblichen Bemühungen Speers und Baumbachs im fernen Berlin, ihnen sinnlos erscheinende Unternehmungen von der Art des Ramm-Kommandos zu vereiteln, rollte Lastwagen auf Lastwagen ins Pockinger Lager des Sonderkommandos, um sowohl neue Ramm-Mannschaften als auch Bergausrüstungen, Schihosen, Schistiefel, Notgepäck sowie Massen guter Verpflegung heranzutransportieren.
Von einer »Auflösung der Rammer«, wie sie Bartz dem Rüstungsminister zuschreibt *(XXXIII 257)*, konnte keine Rede sein.
Als sich am 25. April 1945 um 16:40 Uhr amerikanische Vorausabteilungen des 273. Regiments der 69. Infanteriedivision vom V. Korps und sowjetrussische Soldaten der 58. Gardedivision an der Elbe bei Torgau die Hände reichten *(LVIII 532)* und damit die Teilung Deutschlands sichtbar machten, zog sich das Ramm-Kommando noch tiefer in die sogenannte »Festung Alpen« zurück.
Ziel war Klagenfurt.

Mit dem Ort wechselte auch das Einsatzziel. Ersatzmaschinen für weitere Ramm-Einsätze standen nicht mehr zur Verfügung. Außerdem blieben die amerikanischen Bomber aus. Die »Fünfte Phase« war beendet.

Admiral Ohnischi war wie vor den Kopf geschlagen, als er hörte, wie seine Majestät der Kaiser auf die Nachricht vom ersten Einsatz japanischer Todesflieger reagiert hatte.

»War das denn nötig, zu so extremen Maßnahmen zu greifen?« hatte der Kaiser gefragt.

Diese Bemerkung, meinte Ohnischi, könne nur als Kritik an ihm, dem verantwortlichen Befehlshaber, verstanden werden. Dennoch fuhr er fort, Kamikaze-Verbände aufzustellen und einzusetzen. Er hielt es im Interesse Japans für unbedingt erforderlich.

Auf dem pazifischen Kriegsschauplatz endete der Einsatz des ersten Kamikaze-Korps, welches von Mabalakat aus operiert hatte, am 6. Januar 1945. Es hatte zweieinhalb Monate bestanden und 424 Kamikaze-Einsätze gestartet *(XXXX 146)*.

An der zweiten Offensive der Japaner bei Okinawa beteiligten sich nur noch 185 Todesflieger anderer Einheiten. Erst begannen die Maschinen knapp zu werden, dann die Männer. Schließlich gelangten nur noch etwa 40 Kamikaze je Angriff zum Einsatz.

Nach der Schlacht um Okinawa starben noch ungefähr 1900 Kamikaze-Piloten den Opfertod *(XXVI 1040)*.

Als nach Beendigung des blutigen Ringens Bilanz gezogen wurde, zeigte sich in erschreckender Deutlichkeit die tödliche Wirksamkeit von Todesflügen. In der Zeit vom 25. Oktober 1944 bis zum 21. Juni 1945 griffen 2550 Kamikaze-Flieger an. Sie töteten 12260 Amerikaner und verwundeten 33769. Dreiunddreißig Kriegsschiffe und siebenundvierzig Truppentransporter waren versenkt worden, 223 andere Schiffe wurden mehr oder weniger schwer beschädigt *(LII 361)*.

SINN ODER UNSINN?

Beim Stand der Waffentechnik und angesichts atemberaubender Fortschritte erscheinen Kommandounternehmungen von der Art

des Ramm-Kommandos »Elbe« mitleiderregend.
Die eigenartige Verwendung von Jagdflugzeugen als bemannte Geschosse ist ein Glied in einer Entwicklungskette anderer Erfindungen und Unternehmungen. Mit ihrem Ramm-Einsatz vom 7. April 1945 versuchten deutsche Jagdflieger einen verzweifelten Schlag in allerletzter Stunde. Ihm lagen weder Erfahrungen noch wohlabgewogene Überlegungen zugrunde. Vielmehr entstand er in aller Hast aus unmittelbarem Zwang tödlicher Bedrohung.
Schwerer verständlich als der Entschluß, ein solches Unternehmen überhaupt in Gang zu setzen, erscheint die rückhaltlose Bereitschaft junger Flieger, derartige »Geschosse« tatsächlich zu bemannen. Ebenso unbegreiflich muß uns heute aber auch jene Hartnäckigkeit konventioneller deutscher Jäger erscheinen, die Tag für Tag unverdrossen gegen vernichtende Übermachten ankämpften, obwohl sie doch genau wußten, wie gering ihre Überlebenschancen waren.
Menschliche Tugenden mögen nach Ort, Situation, Zeit und Zeitgeist verschieden erscheinen. Aber Mut bleibt Mut, und Idealismus ändert sich nicht durch Veränderung einer Staatsform.
Bei den damaligen Verhältnissen schien Herrmanns Absicht zweckmäßig gewesen zu sein. Alternativen waren sture, mörderische Jagdangriffe herkömmlicher Art, zeitraubende Umrüstungen oder aber die Auflösung der Jagdwaffe.
Heute sagt man: Hätte man doch aufgelöst! Aber Oberst Herrmann und seine Befürworter scheinen in jenen chaotischen, wirren Wochen gemeint zu haben, materielle Nachteile durch die Mobilisierung immaterieller Kräfte wie Begeisterung, Idealismus und sogar Opfermut wettmachen zu können.
Die Absicht wurde, wie wir wissen, nicht erreicht.
Vom Vernehmungsoffizier ermuntert, doch einmal von sich aus Kardinalfehler der Luftwaffe zu formulieren, nannte Generalfeldmarschall Milch nur einen einzigen: »140000 nicht gebaute Jäger« *(LXXII 209)*. Diese klaffende Lücke konnten Ramm-Jäger trotz aller Begeisterung nicht überbrücken.

DAS ENDE EINER EINHEIT

Von Below's Antwort auf die Frage, wie Hitler zu Hajo Herrmann stand und ob er ihn schätzte, kann Ja bedeuten; Herrmann sei »anerkannt« gewesen.

»Wilde Sau«, »Ramm-Kommando Elbe« und »Kommando Bienenstock« waren umstrittene Unternehmungen. Ganz allgemein rechtfertigt Kesselring aber auch Herrmanns Verhalten, wenn er meint, gegen Schluß des Krieges hätte »die rein sachliche, taktische Aufgabe« nicht von »politischer Lage, militärischen Möglichkeiten, wirtschaftlichen Verhältnissen« beherrscht werden dürfen. »Höchstes Soldatentum«, schreibt der Feldmarschall, »ist es, allen Zweifeln zum Trotz die schädliche Kritik zum Schweigen zu bringen«.

Allerdings – was war damals »schädlich«, was war »nützlich«? Wer für die Ramm-Pläne war, wird zum Beispiel General Kammhubers harte negative Meinung für »schädlich« gehalten haben.

Mit Genugtuung stellt Kesselring weiter fest, er habe im Frühjahr 1945 »noch sehr viele Soldaten ... gesehen, die diese Kraft in sich trugen«, nämlich bedingungslos taktische Aufgaben trotz aller Zweifel und »schädlicher Kritik« zu erfüllen *(LIII 380)*.

Für Hajo Herrmann, einen durch und durch von soldatischem Geiste geprägten Oberst, stellte sich am Tage der bedingungslosen Kapitulation Deutschlands, dem 8. Mai 1945, die schicksalsschwere Frage, was nun zu tun sei.

Er befand sich mit den Resten seiner abenteuerlichen Schar von Fliegern auf einem kleinen Feldflugplatz bei Ratzendorf in der Nähe Klagenfurts. Seit Tagen kreisten amerikanische Kampfflugzeuge unangefochten über Ort und Platz. Tito befand sich mit seinen gefürchteten Partisanenverbänden schon bedrohlich nahe.

Zu diesem Zeitpunkt, noch unmittelbar vor Kriegsschluß, bot sich Herrmann Gelegenheit, einem unversöhnlichen Gegner der britischen Politik den Weg aus dem deutschen Zusammenbruch zu ebnen.

Im Lager »Kommando Bienenstock« sprach sich am 4. Mai 1945 schnell herum, daß der Chef einen hohen Würdenträger zu Gast hatte. Haj Amin Al Husseini, Großmufti von Jerusalem, fanatische Seele des arabischen Freiheitskampfes gegen die Engländer,

Rechtsgelehrter und Dauergast der nationalsozialistischen und faschistischen Propaganda, war mit einer PKW-Kolonne, die der ehemalige Gauhauptmann von Kärnten, Meinrad Natmeßnig, stellvertretender Chef der Behörde des Reichsstatthalters, im Auftrage des Auswärtigen Amtes zusammengestellt hatte, von Badgastein aus über die Radstädter Tauern angereist, um sich ins neutrale Ausland abzusetzen.
Seine Rolle in Deutschland war ausgespielt.
Sie hatte abenteuerlich genug begonnen. Damals war Husseini aus dem Exil unter den Augen türkischer Behörden und vor den Nasen feindlicher Geheimdienste schwer bandagiert als verunglücktes Mitglied der deutschen Mission per Flugzeug nach Berlin geschafft worden. Hier hatte er den Deutschen wertvolle Informationen geben können *(LI 312)*. Islamitische Propaganda ließ mohammedanische Völker Rußlands, Kalmücken, Balker, Karatschaier, Verrat an der UdSSR begehen *(LXXI 111)*. Wichtiges Material war mit Hilfe Himmlers in Großtransportern des KG 200 von Wien-Aspern aus für den Großmufti fortgeschafft worden.
Einige Stunden im Lager »Bienenstock« dienten nun zur Vorbereitung der Flucht. Man tauschte Höflichkeiten und Geschenke aus, vielleicht auch allgemeine Gedanken über den Osten.
Dann bestieg der »Ausleger des Korans« mitsamt seinem Gefolge eine von Hauptmann Burkhardt und einem Unteroffizier geführte zweimotorige Maschine vom Typ Siebel Si 204 D und entschwand unter dem hastig aufgemalten Zeichen des Roten Halbmonds ebenso abenteuerlich wie er gekommen war. Er flog in die nahegelegene Schweiz, um sich von dort aus nach Ägypten ins Asyl zu begeben.
Zurück blieb Oberst Herrmann, in der Hand ein schmales Kästchen mit einem Paar kostbarer, in Silber ausgelegter Vorderlader-Pistolen – Gegengabe des Großmuftis für die Generosität, mit der Herrmann ohne viel Umschweife zwei Soldaten sowie fiskalisches Eigentum weggegeben hatte.
Zwei Tage später machten Männer der »Österreichischen Freiheitsbewegung« mit rotweißen Armbinden, bis vor kurzem noch deutsche Ostmärker, klar, daß sie nun auf der anderen Seite standen.
Folttmann und Möller führen in »Opfergang der Generale« unter

laufender Nummer 157 Hajo Herrmann als Generalmajor in der Liste jener Generale, »die ... im Osten in Feindeshand gefallen sind« *(LX 132).* Im März 1949 unternahm Herrmann einen Fluchtversuch aus dem Lager Kasan an der Wolga. Er wurde gefaßt und im Mai desselben Jahres zu zehn Jahren Zwangsarbeit verurteilt. Seine Richter warfen ihm vor, Staatseigentum – die übliche wattierte Jacke der Gefangenen – entwendet zu haben.
Er überlebte die harte Gefangenschaft und fand schließlich Frieden. –
Auf einem Foto zwischen den Seiten 64 und 65 im Dokumentarbericht über Japans Todesflieger »Der göttliche Wind« posiert einer der Verfasser, Tadashi Nakajima, in der Uniform der neuen japanischen Selbstverteidigungsstreitkräfte vor einem Nachkriegs-Düsenjäger. Weder seine Tätigkeit als Flugleiter und Ausbildungsoffizier für Kamikaze-Einsätze, noch seine maßgebliche Beteiligung am Aufbau dieser schrecklichen Waffe, noch sein unverhohlenes Bekenntnis zu seinen damaligen Auffassungen scheinen ihn diskreditiert zu haben.

GÖRINGS LETZTE PHASE

Elf Tage nach dem ersten Ramm-Einsatz der deutschen Luftwaffe, am 18. April 1945, verließ Reichsmarschall Hermann Göring endgültig die eingekesselte Metropole Berlin und begab sich über Böhmen zum Obersalzberg *(IV 249).* Schon ab 21. März 1945 soll Göring Waffenstillstandsverhandlungen für notwendig gehalten haben, aber er scheute sich, Hitler entgegenzutreten *(XXI 99).* Göring war der festen Meinung, als Nachfolger des Führers einen akzeptablen Frieden für das deutsche Volk erwirken zu können.
Doch seine telegraphische Anfrage bei Hitler, ob er auf Grund des Erlasses vom 29. Juni 1941 nun Herrschaft über Staat und Wehrmacht übernehmen dürfe, weil Hitler als Staatschef in Berlin blokkiert sei, hatte fatale Folgen. Ein argwöhnischer, am Ende seines Weges angelangter, verbitterter Hitler entkleidete den langjährigen, treuen Kampfgefährten sämtlicher Ämter, stieß ihn aus der Partei aus, ja, verurteilte ihn formell sogar zum Tode. Nur wegen

seiner Verdienste blieb es bei der Festnahme am 24. April 1945 auf dem Obersalzberg durch Obersturmbannführer Dr. Frank, den Leiter des dortigen Sicherheitsdienstes *(XXVI 1001, XIII 45)*.
Dem deutschen Volk wurde die Wahrheit vorenthalten. Im Rundfunk hieß es, ein chronisches Herzleiden habe den Reichsmarschall zu der Bitte veranlaßt, »von der Führung der Luftwaffe und den damit zusammenhängenden Aufgaben entbunden« zu werden. Hitler habe dieser Bitte entsprochen *(XXXXVII 40)*.
Noch einen Tag bevor ihn Hitler von seinem Throne stürzte, hatte Göring geglaubt, zu Eisenhower fliegen zu können, um »in einer Aussprache von Mann zu Mann« günstige Kapitulationsbedingungen auszuhandeln *(XIII 39)*.
Am 9. Mai 1945 nahm General Dalquist, Kommandeur der 36. amerikanischen Infanteriedivision, den Reichsmarschall gefangen *(LXXIX 520)*. Als alles vorbei war und harte Männer über deutsche Führer zu Gericht saßen, gewann Göring seine Haltung zurück. Er ragte aus der Gruppe der Angeklagten hervor. Ehemalige Gegner zollten ihm Respekt. Er kämpfte wie in alten Tagen und stand mannhaft zu seinen Taten – und zu Adolf Hitler, an den er sein Schicksal gebunden hatte. Monatelang ertrug er die demütigende Prozedur in Nürnberg, hörte den unerbittlichen Urteilsspruch: »Tod durch Erhängen«.
Erst dann machte er seinem Leben durch Gift ein Ende *(LXIV 209, 215)*.

SÜHNE. – KONSEQUENZEN DER FÜHRER

Hitler, Göring, Goebbels, Himmler, Ritter von Greim sowie andere Staatsführer und Soldaten des Dritten Reiches starben nach dem Zusammenbruch von eigener Hand. Andere deutsche Führer, Generale und Offiziere wurden als Kriegsverbrecher entweder schmachvoll gehenkt, oder sie hatten mit dem Verlust ihrer Freiheit zu sühnen.
Aus pragmatischen Fliegerführern wurden, oft nach Jahren der Not und Läuterung, Bürger – Zivilisten, oder Bürger in neuer Uniform. Zwölf Jahre Nationalsozialismus begründeten keine

Tradition. Originäre mystische, mystifizierende Antriebe fehlten in Hitler-Deutschland fast gänzlich. Nach dem verlorenen Kriege standen Luftwaffenführer für das gerade, was sie als Soldaten zu verantworten hatten, der eine mehr, der andere weniger.
Danach packten sie beim Wiederaufbau zu.
Sofern sie Erkenntnisse publizierten, schwingt fast überall ein unmißverständlich warnender Unterton mit.
Ohne jede Rücksicht auf Erfordernisse einer Zukunft reagierten traditionsverpflichtete, religiös bestimmte Japaner.
Konteradmiral Matome Ugaki, Befehlshaber der Fünften Luftflotte, wählte am 15. August 1945 den Fliegertod. Im »jikabu« erblickte er die einzige Möglichkeit, als Kommandant von Kamikaze-Einheiten einer schmählichen Kapitulation zu entgehen.
Anstelle von befohlenen drei standen auf Omura plötzlich elf Sturzkampfbomber mit zweiundzwanzig Fliegern zum Todesflug bereit. Ohne jedes Rangabzeichen, in den Händen ein kurzes Schwert sowie ein Doppelglas haltend, beendete Ugaki hinter Leutnant Tatsuo Nagasaki auf dem Beobachtersitz sein Leben im Aufschlag auf Hangar Nr. 2 der »Savo Island«. Neununddreißig Amerikaner riß er mit sich in den Tod *(III 306, VII 229, XXXX 200ff.).*
Ugakis Testament, drahtlos über Funk übermittelt, hatte folgenden Wortlaut:
»Ich fliege nun zum Angriff auf Okinawa, wo meine Männer gefallen sind wie Kirschblüten. Dort werde ich mich auf den verfluchten Feind stürzen und ihn vernichten, in echtem Bushido-Geist, im unerschütterlichen Glauben an den ewigen Bestand des japanischen Kaiserreiches ...« *(III 306, VII 229).*
Auch Admiral Takijiro Ohnischi, Initiator und Begründer der japanischen Kamikaze-Korps, blieb bis in den Tod ein »Falke«. Am 15. August 1945, der japanische Kaiser hatte soeben über den Rundfunk die bedingungslose Kapitulation seines Landes proklamiert, bat Ohnischi nachmittags einige Offiziere zu sich. Er plauderte mit ihnen bis in die Nacht hinein. Als sie gegangen waren, legte er schriftlich eine Botschaft nieder, hockte sich auf die Knie und rammte sich seinen Säbel in den Bauch.
Ohnischis Unterleibsschnitt war einwandfrei ausgeführt. Aber dann fehlte dem Admiral doch die Kraft, sich auch noch die Kehle durchzutrennen.

Er verweigerte jede ärztliche Hilfe und wies einen Gnadenstoß zurück. Zwölf Stunden später erlöste ihn der Tod. *(XXXX 213).*
Der hinterlassene Brief Ohnischis hatte folgenden Inhalt: »Es ist mein Wunsch, meiner tiefen Verehrung für die Seelen der tapferen Todespiloten Ausdruck zu geben. Sie kämpften mutig und fielen im Glauben an den Endsieg. Mit meinem Tode wünsche ich zu sühnen, daß es uns nicht gelungen ist, diesen Sieg zu erringen. Ich bitte die Seelen dieser toten Flieger und ihre verwaisten Familien um Verzeihung ...« *(III 309).*

Sachverzeichnis

BESTIMMTE BEGRIFFE

Führerlagen, das heißt Lagebesprechungen im Führerhauptquartier in Anwesenheit Hitlers. Der jeweiligen Tageszeit entsprechend unterschied man Morgen-, Mittags- und Abendlage.
Bei der »Luftlage« hielten der Chef des Generalstabes der Luftwaffe oder der Chef des Luftwaffenführungsstabes Vortrag über Luftkriegsverhältnisse.
»Große Führerlagen« erforderten die Teilnahme besonders prominenter Führerpersönlichkeiten aus Politik, Wehrmacht und/oder Wirtschaft.

Kaczmarek (auch: Holzauge): In der Rotte der zweite Mann bzw. im Verband die Schlußposition einnehmender Jagdflieger; dieser sicherte den Jagdverband nach hinten und deckte im Angriff den Verbandsführer, um diesem ein ungehindertes Zielen und Schießen (Abschießen) zu ermöglichen. Jargon: »Holzauge, sei wachsam!«.

»Wilde Sau«: Einsatzbezeichnung für einmotorige, einsitzige Nachtjäger der 30. Jagddivision; sogenannte »helle«, ungeführte Nachtjagd auf normalen, nicht speziell ausgerüsteten Standard-Jagdflugzeugen der Tagjagd.

»Zahme Sau«: Gegenstück zur »Wilden Sau«. Nachtjagd-Taktik; Einschleusen von zweimotorigen Nachtjagdflugzeugen mit Hilfe von SN2-Lichtenstein-Geräten in feindliche Bomberströme. Sogenannte »dunkle« Nachtjagd. Flugzeuge der »Zahmen Sau« waren im Interesse längerer Flug- und Kampfzeiten mit Außen-Zusatztanks ausgerüstet. »Schräge Musik« nannte man zwei gekoppelte 2-cm-Kanonen, die in Nachtjagdflugzeugen ohne Leuchtspur schräg nach oben in unterflogene Feindbomber abgefeuert werden konnten.

bushido: der Weg des Kriegers; der entschlossene Wille, zu sterben.

hashimaki: weiße Tücher, die sich Kamikaze-Piloten um Hals oder Stirn banden; Symbol für Mut und männliche Haltung.

jikabu: tödlicher Sturzflug auf ein taktisches Ziel.

DIE ORIGINAL-TEXTE ZU DEN SEITEN 255 UND 318

Major Rayn's Spottverse 6. 4. 1945:

»Oh where, oh where have those Heinies went.
They 're so short of space, and so low on rent;
could it be they stopped to grab a quickie
and Patton pushed up and slipped 'em a mickey.«

Major Petersen's Verse 6. 4. 1945:

»The Luftwaffie is in a mighty blue mood
they 're run out of everything, including altitude.
In fact those Heinies are so weak in the knees,
they won't even come up and shoot the Breeze.«

Die Verse vom 7. 4. 1945:

»The ole Heinies tried to work out the queeze
put his blows up high, used his Me's as a tease.
But as it's allways the case at every meetin'
we trounced him with a damn fine beatin'.
To the blows above, the ›dogus‹ was stripped
and down below, the teasers were stripped.«

ELEKTRONIK, FUNKMESSGERÄTE, RADAR

Carpet: Düppel, Window oder Chaff schützte nur nachfolgende Bomber. Vorausfliegende Maschinen hatten erst Schutz mit Carpet-Bordsendern, deren Störausstrahlungen auf der gleichen Wellenlänge wie der Arbeitsbereich des deutschen Radargerätes »Würzburg« lagen.

Corona: Englisches Funk-Stör- und Täuschungsverfahren. Durchgabe falscher Anweisungen sowie irreführender Angaben zu Flugaufträgen und Wetter im Jargon deutscher Jägerleitstellen in deutscher Sprache. »Geister«- oder »Gespenster«-Sender bei Kingsdown in Kent sowie in Rugby (GPO-Hochleistungsrundfunk).
Erstmals angewendet am 22. 10. 1943 beim Nachtangriff von 569 englischen Bombern auf Kassel.

H2S: Englisches Bord-Radargerät zur Ortung auf Zwei-Zentimeter-Welle. Ein ausgesandter Energiestrahl tastete die Erdoberfläche unter dem Flugzeug ab. Reflektierte Signale erzeugten ein landkartenähnliches Bild auf einem Empfänger-Bildschirm an Bord; dunkle Flächen zeigten Wasserflächen an, helle Flächen Land und strahlende Flächen Städte. H2S ermöglichte Blindbombardierungen.

H2X: Von den Amerikanern verbessertes H2S-Radar. Benutzte kürzere Mikrowellenlängen. Bildergebnisse waren schärfer und genauer. Pfadfindermaschinen trugen ein einziehbares Radom unter dem Bug oder unter der Rumpfmitte.

Mandrel: Störsender, verursachte Störgeräusche auf Frequenzen der deutschen Weitbereichs-Radaranlagen wie »Freya«, »Mammut«, »Wassermann«.

SN2: Deutsches Nachtjäger-Bordradar, das in einem Frequenzbereich arbeitete, der von englischen oder amerikanischen Düppelstreifen nicht erfaßt und infolgedessen auch nicht gestört werden konnte. Gerät: FuG 220 Lichtenstein SN2.

Wassermann: Frühwarnradar mit 40-Meter-Antenne für große Entfernungen. Erfaßte anfliegende Feindflugzeuge etwa ab englischer Küste.

Window: (USA: chaff; Deutschland: Düppel) Glänzende Streifen aus Aluminium-Folie. Länge: 30 cm, gleich der halben Wellen-Länge deutscher Würzburggeräte. Breite: 1,5 cm. Ein Abwurfbündel enthielt 2000 Streifen. Pro Minute warf jedes Flugzeug ein Bündel ab. Folge: Deutsche Funkmeßimpulse wurden reflektiert, Echos vervielfältigt; Behinderung der Radarortung.

Würzburg-Riese: entwickelt aus dem kleinen Würzburg-Gerät der Flak; größerer Reflektor, vergrößerte Reichweite (70 km) durch schärfere Bündelung (Schmalbündelantenne). Bewegungen feindlicher und eigener Kampfflugzeuge konnten erfaßt und überwacht werden. Hersteller: Telefunken.

FLUGZEUGE

Messerschmitt, Bf 109)*

Hersteller: Bayerische Flugzeugwerke Messerschmitt. Spitznamen für G-Serie: »Beule«, »Bollenpest«. Deutsches Standardjagdflugzeug; seit Anfang 1937 im Dienst der Luftwaffe (Legion Condor). Freitragender einsitziger, einmotoriger Tiefdecker in Ganzmetallbauweise. Daten für Endserie K 4:

Spannweite 9,92 m / Länge 9,02 m / Höhe 2,68 m / Fluggewicht 3,4 t / Motor: DB 605 AS, ASCM oder D, flüssigkeitsgekühlt, leistungsgesteigert (bis 1,9 ata). Automatische Verstell-Luftschraube. Startleistung 1800 PS / Gipfelhöhe 11 800 m / Geschwindigkeit 680 km/h in 8,4 km Höhe / Reichweite 500 km; mit Zusatzbehälter 750 km / Bewaffnung zwei MG 131 (13 mm), eine Mk 108 (3 cm); 250-kg-Bombe; 24 R4M-Raketen.

(Quelle: »MBB-aktuell« Sonderdruck Mai 1975)

*) Zur Zeit der Entstehung dieses Flugzeugtyps lautete die Firmenbezeichnung noch »Bayerische Flugzeugwerke«, deshalb lautete die korrekte, offizielle Typenbezeichnung Bf 109.

Focke-Wulf, Fw 190

Hersteller: Focke-Wulf. Seit 1941 im Dienst der Luftwaffe. Einsitziges, einmotoriges Standard-Jagdflugzeug. Tiefdecker, Ganzmetallbauweise. Konstrukteur: Prof. Kurt Tank.

Spannweite 10,50 m / Länge: 8,84 m / Höhe 3,96 m / Gewicht 4,5 t / Motor: BMW 801, 1800 PS (Baureihen A1 bis A8), BMW 801 F, 2000 PS (Baureihe A9) / Gipfelhöhe 10000 m; ab 7000 m träge / Geschwindigkeit 540 km/h (Vollgas in Bodennähe) / Reichweite: 600 km; mit Zusatzgerät 800 km / Bewaffnung zwei bis vier MG 151/20 (2 cm) und zwei MG 131 (13 mm).

Mustang, P-51 D

Hersteller: North American. Einsitziges amerikanisches Jagdflugzeug; ab Dezember 1943 Begleitjäger. Entwickelt aus der NA-73 mit Allison V-1710-Motor (nur 1150 PS) von 1941, damals ein Auftrag der British Air Commission.

Spannweite 11,28 m/ Länge 9,83 m / Höhe 4,16 m / Motor: Packard-Merlin/V-1650-7, 12 Zylinder, 1490 PS / Gipfelhöhe: 12000 m / Geschwindigkeit 700 km/h in 10000 m Höhe (560 km/h in 1700 m Höhe) / Reichweite 2080 km; 3000 km mit Zusatzbehälter / Bewaffnung sechs 12,7 mm Browning-MG; zwei 450-kg-Bomben oder zehn 12,7 cm Raketengeschosse.

Thunderbolt

Typ Republic P-47 D; Spitzname: Fliegende Milchflasche. Einsitziges amerikanisches Jagdflugzeug. Ab Mai 1943 Begleitjäger.

Spannweite 12,42 m / Länge 11,0 m / Höhe 4,32 m / Motor: Pratt & Whitney »Double Wasp« R-2800-21, 18 Zylinder, 2000 PS / Gipfelhöhe 12000 m / Geschwindigkeit (horizontal, Höhe 9000 m) 700 km/h / Reichweite 1500 km; 3100 km mit Zusatzbehälter / Bewaffnung sechs bis acht 12,7 mm Browning-MG; bis 1125 kg Bombenlast oder zehn 12,7 cm Raketengeschosse.

B-17 G

»Flying Fortress«, von Boeing; robuster, widerstandsfähiger strategischer Bomber der USA. Rückgrat der 8./USAAF.

Spannweite 31,62 m / Länge 22,66 m / Leergewicht 30 t / Zuladung maximal 8 t; davon 9000 l Kraftstoff, 1,5 t Bomben / Motoren: vier Wright-Cyclone R-1820-97, je 1200 PS / Geschwindigkeit 330 km/h / Reichweite 3000 km / Dienstgipfelhöhe 11000 m / Besatzung bis 10 Mann / Bewaffnung dreizehn 12,7 mm Browning-MG.

B-24

»Liberator«, von Consolidated. Meistgebauter Langstreckenbomber der USA. Vielseitige Verwendung als strategischer Bomber, See- Aufklärer, U-Boot-Jäger, Transporter.

Spannweite 33,53 m / Länge 20,47 m / Höhe 6,0 m / Leergewicht 34 t / Zuladung 5 t; davon 9000 l Kraftstoff, 1,2 t Bomben / Motoren: vier Pratt & Whitney R-1830-6, je 1200 PS durch Turbolader auf

1350 PS Kampfleistung gesteigert / Geschwindigkeit 350 km/h / Reichweite maximal 4800 km / Bewaffnung zehn 12,7 mm Browning MG / Dienstgipfelhöhe 9500 m; in Höhen über 7500 m träge / Besatzung bis 10 Mann.

Ohka

Typ Yokosuka MXY-7; bemannte Gleitbombe für japanische Selbstaufopferer. Auch »Jinrai«, göttlicher Drache genannt. (USA: »Baka« d. h. Wahnsinn, Dummkopf).

Spannweite 5,03 m / Länge 6,04 m / Fünf Feststoffraketen vermittelten kurzfristigen Schub von 800 kp. Startgewicht 2142 kg, davon 1814 kg Trinitroanisol-Sprengstoff / Reichweite mit Eigenantrieb 32 km / Mittlere Geschwindigkeit 1055 km/h / Trägerflugzeug: meistens Mitsubishi G4M »Betty«.

7 Yonosuka, Mizuno Shinryu

Japanischer Kamikaze-Kampfsegler (Verlustgerät). Steigleistung durch Raketen.

250-kg-Sprengsatz hinter dem Pilotensitz. Flugzeugführer opferte sich im direkten Sturz auf Panzer und Artilleriewaffen auf.

GERÄTE

EZ 42: deutsches kreiselgesteuertes Visier; erlaubte ein Anvisieren des Gegners ohne Vorhaltewinkel; vorwiegend in Me 262-, Ar 234-, Me 163-Düsen- und Raketenflugzeugen eingebaut.

K-14: amerikanisches Gyroscopic Gunsight, ein Reflex-Visier in »Mustang«-Jagdflugzeugen, scherzhaft »No Miß Um« genannt.

MW-Anlage: Methanol-Wasser-Einspritzanlage, auch: Methanolanlage. Kurzfristiges Einspritzen des sauerstoffhaltigen Zusatzmittels GM-1 erhöhte die Triebwerksleistung um 40 Prozent und damit die Fluggeschwindigkeit. Dauer etwa fünf Minuten.

Ursprünglich zur Verbesserung der Höhenleistung von Benzinmotoren deutscher Jagdflugzeuge entwickelt.

FuG 16 Z oder ZY: Jäger-Bord-Funkgerät; Sprechfunkverbindung im UKW-Bereich für Bord-Bord und Bord-Boden-Funkverkehr.

Vier Frequenzen:	Raste I	Meßwelle
	Raste II	Gemeinschaftswelle
	Raste △	Nahflugsicherung
	Raste ▭	Reichsjägerwelle, Generalfrequenz der Bodenleitstelle.

Schwarmflugzeuge wurden mit zugeteilten Rufzeichen sowie Positionsziffern gerufen; z. B.: »Falke 3«. Für Egon- und Y-Stellung galten spezielle Rufnamen; z. B.: »Koralle« für die 1. Jagddivision in Döberitz. Verbandskennung und Reichskennung erfolgten mit Hilfe bestimmter Buchstaben. Benutzt wurden Code-Worte nach dem »Einheitlichen Deckwortverzeichnis für den Jägersprechverkehr«. Freund/Feind-Kennung nach der Art von Parolen; z. B.: Frage »Konkurs?«, Antwort »Pleite«. »Jägerhaube« nannte man die Netz-Kopfhaube mit eingearbeitetem Kopfhörer und Kehlkopfmikrophon. »Sendeknopf« am Steuerorgan, dem sogenannten »Jägerknüppel«.

WAFFEN

Mk 108: Maschinen-Kanone, Kaliber 3 cm. Hersteller: Rheinmetall. Ungesteuerte Block-Bordwaffe; durchschlug Teile von 7 cm Stärke. Drei Treffer genügten im allgemeinen, um einen schweren viermotorigen Bomber zum Absturz zu bringen.
Kurzer Lauf erforderte kurze Schuß-Distanz (unter 400 m). Gurtfolge: Mine – Brand – Mine – Brand – Panzersprenggranate. Durchlade- und Auslöseknopf am sogenannten »Jägerknüppel« Typ KG 13 A.

R4M: ungelenkte, selbststeuernde Luft-Luft-Rakete. Gewicht: 3,8 kg. Länge: 81 cm. Gefertigt aus Stahlrohr. Stabilisierung durch herausfedernde Heckflossen. Auftreffwucht des Sprengsatzes: 1 kg.

V-1: Vergeltungswaffe Nr. 1, Typ Fieseler Fi 103, auch FZG (Fernzielgerät) A-1 oder »Kirschkern« genannt. Kreiselgesteuerte Flachbahn-Flügelbombe (Roboter-Bombe). Gewicht: 2140 kg. Sprengstoffladung: 650 kg. Antrieb: Argus-Pulso-Schubrohr (»Argusrohr«) von Dr. Diedrich; kerosingetrieben; mittlere Fluggeschwindigkeit: 650 km/h. Dienstgipfelhöhe: 3500 m. Reichweite: 250 km. Kosten: 3500 Reichsmark. Arbeitsaufwand bei der Herstellung: 286 Stunden.

V-2: Vergeltungswaffe Nr. 2; Projektbezeichnung A-4. Stratosphärenbombe aus Aluminium. Schub: 320 Sekunden. Geschwindigkeit: Fünffache Schallgeschwindigkeit. Gipfelpunkt: 90 km. Länge: 14 m. Gewicht: 12,9 t, davon 1 t Sprengstoff.

Literaturverzeichnis

BA		Archivalien Bundesarchiv Koblenz
MA		Archivalien Militärarchiv Freiburg
IfZ		Archivalien Institut für Zeitgeschichte München
S. I. 1	Sammlung Irving im IfZ	Das Oberkommando der Luftwaffe, Kriegstagebuch, 1. Februar–7. April 1945 (Lücken: 29. 2.–17. 3.; 19. 3.–30. 3. 1945) National Archives and Record Service, from Microfilm T-321 Roll 10
S. I. 2	Sammlung Irving im IfZ	Koller-Tagebuch 7. 3. 1944–28. 3. 1945 (sehr lückenhaft); Original auf Microfilm DJ-17
S. I. 3	Sammlung Irving im IfZ	Ausgewählte persönliche Dokumente aus dem Nachlaß Feldm. Milch. Interview Generalfeldmarschall Milch 19. 5. 1968 in Düsseldorf. Feldm. Milch, Befragungsprotokoll CSDIC UK SRGG 13130 Original-Korrespondenz
I	Hans Ring Werner Girbig	Jagdgeschwader 27. Die Dokumentation über den Einsatz an allen Fronten, Stuttgart 1971
II	Werner Girbig	Die nicht zurückkehrten. Geklärte und ungeklärte Schicksale vermißter deutscher Jagdflieger, Stuttgart 1973
III	Bernard Millot	Kamikaze; Geist, Organisation und Einsatz der japanischen Todespiloten, Wien–Berlin, 1971
IV	Johannes Steinhoff	In letzter Stunde. Verschwörung der Jagdflieger, München, 1974
V	Adolf Galland	Die Ersten und die Letzten. Die Jagdflieger im Zweiten Weltkrieg, München, 1953
VI	Walter Görlitz	Der Zweite Weltkrieg 1939–1945, Stuttgart, 1952

VII	Pierre Clostermann	Brennender Himmel, Bern, 1952
VIII	Walther Dahl	Rammjäger. Das letzte Aufgebot, Heusenstamm, 1961
IX	Josef Priller	Geschichte eines Jagdgeschwaders (JG 26), Heidelberg, 1956
X	Werner Girbig	Start im Morgengrauen. Eine Chronik vom Untergang der deutschen Jagdwaffe im Westen 1944/1945, Stuttgart, 1973
XI	Edward H. Sims	Jagdflieger. Die großen Gegner von einst. Luftwaffe, RAF und USAAF im kritischen Vergleich, Stuttgart, 1968
XII	Prof. Dr. Johannes Werner	Boelcke, der Mensch, der Flieger, der Führer der deutschen Jagdfliegerei, Leipzig, 1932
XIII	Karl Koller	Der letzte Monat. Die Tagebuchaufzeichnungen des ehemaligen Chefs des Generalstabes der deutschen Luftwaffe vom 14. 4. bis 27. 5. 1945, Mannheim, 1949
XIV	Werner Girbig	im anflug auf die reichshauptstadt. Die Dokumentation der Bombenangriffe auf Berlin, Stuttgart, 1974
XV	Raymond F. Toliver / Trevor J. Constable	Holt Hartmann vom Himmel!, Stuttgart, 1974
XV_A	Erich Kuby	Das Ende des Schreckens, Dokumente des Untergangs, Januar bis Mai 1945, Sonderdruck der Süddeutschen Zeitung, München, 1956
XVI	Heinz Knoke	Die große Jagd. Bordbuch eines deutschen Jagdfliegers, Rinteln, 1952
XVII	J. B. King John Batchelor	Deutsche Geheimwaffen, München, 1975
XVIII	Axel Rodenberger	Der Tod in Dresden. Der Untergang Dresdens am 13. 2. 1945, Dortmund, 1951
XIX	Erich Murawski	Der deutsche Wehrmachtbericht 1939 bis 1945, Boppard am Rhein
XX	Albert Speer	Erinnerungen, Berlin, 1970
XXI	Gerhard Boldt	Hitler – Die letzten zehn Tage, Frankfurt/Main–Berlin, 1973
XXII	Daisetz Teitaro Suzuki	Zen und die Kultur Japans, Stuttgart–Berlin, 1941
XXIII	Arthur Gordon	Die Fliegerei. Illustrierte Geschichte von den Anfängen bis zur Raumfahrt, Gütersloh, 1964

XXIV	Bryan Cooper John Batchelor	Bomber 1939–1945, München, 1975
XXV	Georg W. Feuchter	Der Luftkrieg, Frankfurt am Main–Bonn, 1964
XXVI	Raymond Cartier	Der Zweite Weltkrieg, Band 2, 1942–1945, München, 1972
XXVII	Dr. K.-G. Klietmann	Die Waffen-SS, eine Dokumentation, Osnabrück, 1965
XXVIII	Werner Girbig	1000 Tage über Deutschland. Die 8. amerikanische Luftflotte im 2. Weltkrieg, München, 1964
XXIX	Marlis G. Steinert	Hitlers Krieg und die Deutschen. Stimmung und Haltung der deutschen Bevölkerung im Zweiten Weltkrieg, Düsseldorf–Wien, 1970
XXX	Werner Baumbach	Zu spät? Aufstieg und Untergang der deutschen Luftwaffe, Buenos Aires und München, 1949
XXXI	Kurt Keppler	Tod über Deutschland. Der Morgenthauplan, Tübingen, 1971
XXXII	Louis de Jong	Die deutsche fünfte Kolonne im zweiten Weltkrieg, Stuttgart, 1959
XXXIII	Karl Bartz	Als der Himmel brannte. Der Weg der deutschen Luftwaffe, Hannover, 1955
XXXIV	John Toland	Das Finale. Die letzten hundert Tage, München–Zürich, 1968
XXXV_A	Walter von Warlimont	Im Hauptquartier der deutschen Wehrmacht 1939–1945, Frankfurt am Main, 1962
XXXV_B	Percy Ernst Schramm	Hitler als militärischer Führer, Frankfurt am Main–Bonn, 1962
XXXVI_A	Bernd Martin	Deutschland und Japan im Zweiten Welt-Krieg, Göttingen–Zürich–Frankfurt, 1969
XXXVI_B	Karl Dönitz	Zehn Jahre und zwanzig Tage, Bonn, 1958
XXXVII	Percy Ernst Schramm (Hrsg.)	Die Niederlage 1945. Aus dem Kriegstagebuch des Oberkommandos der Wehrmacht, München, 1962
XXXVII_A	Percy Ernst Schramm (Hrsg.)	Kriegstagebuch des Oberkommandos der Wehrmacht (Wehrmachtführungsstab) Band IV: 1. Janaur 1944–22. Mai 1945, zweiter Halbband, Frankfurt am Main, 1961
XXXVIII	Wilfred von Oven	Finale Furioso; mit Goebbels bis zum Ende, Tübingen, 1974
XXXIX	Helmut Heiber Hrsg.	Hitlers Lagebesprechungen. Die Protokollfragmente seiner militärischen Konferenzen 1942–1945, Stuttgart, 1962

XXXX	Rikihei Inoguchi, Tadashi Nakajima	Der göttliche Wind. Der Dokumentarbericht über Japans Todesflieger. Oldenburg/Hamburg, 1953
XXXXI	Hanna Reitsch	Fliegen mein Leben, Stuttgart, 1952
XXXXII	Hans-Ulrich Rudel	Trotzdem, Göttingen, 1950
XXXXIII	Fritz Frhr. von Siegler im Auftrage des IfZ	Die höheren Dienststellen der deutschen Wehrmacht, 1933–1945
XXXXIV	H. R. Trevor-Roper	Hitlers letzte Tage, Frankfurt/M.–Berlin, 1965
XXXXV	Helmut Heiber	Reichsführer! ...
	Hrsg.	Briefe an und von Himmler, Stuttgart, 1968
XXXXVI	Otto Skorzeny	Geheimkommando Skorzeny, Hamburg, 1950
XXXXVII	Joachim Schultz	Die letzten 30 Tage, Stuttgart, 1951
XXXXVIII	Hans-Adolf Jacobsen und Hans Dollinger Hrsg.	Der Zweite Weltkrieg in Bildern und Dokumenten, Dritter Band: Sieg ohne Frieden 1944–1945, München–Wien–Basel, 1963
XXXXIX	Roger E. Freeman	The Mighty Eighth; Units, Men and Machines. A History of the US 8th Army Air Force, London, 1972
L	Eitel Lange	Der Reichsmarschall im Kriege, Stuttgart, 1950
LI	Walter Schellenberg	Memoiren, Köln, 1956
LII	Dr. Eberhard Spetzler	Luftkrieg und Menschlichkeit, Göttingen, 1956
LIII	Albert Kesselring	Soldat bis zum letzten Tag, Bonn, 1953
LIV	Albert Kesselring	Gedanken zum Zweiten Weltkrieg, Bonn, 1955
LV	J. F. C. Fuller	Die entartete Kunst Krieg zu führen 1789 bis 1961, Köln, 1964
LVI	Erich Gritzbach	Hermann Göring Werk und Mensch, München, 1938
LVII	Heinz Guderian	Erinnerungen eines Soldaten, Heidelberg, 1951
LVIII	Milton Shulman	Die Niederlage im Westen, Gütersloh, 1949
LIX	Hans Rumpf	Der hochrote Hahn, Darmstadt, 1952
LX	Josef Folttmann, Hanns Möller	Opfergang der Generale, Berlin, 1952

LXI	Werner Beumelburg	Jahre ohne Gnade, Chronik des Zweiten Weltkrieges, Oldenburg, 1952
LXII	Erich Kordt	Wahn und Wirklichkeit, Stuttgart, 1947
LXIII	Generalleutnant H. J. Rieckhoff	Trumpf oder Bluff? 12 Jahre Deutsche Luftwaffe, Genf, 1945
LXIV	R. W. Cooper	Der Nürnberger Prozeß, Krefeld, 1947
LXV	Kurt Assmann	Deutsche Schicksalsjahre. Historische Bilder aus dem Zweiten Weltkrieg und seiner Vorgeschichte, Wiesbaden, 1950
LXVI	Dwight D. Eisenhower	Kreuzzug in Europa, Amsterdam, 1948
LXVII	General Eisenhower	Von der Invasion zum Sieg, Bern, 1947
LXVIII Volume I–IV	Sir Charles Webster, Noble Frankland	The Strategic Air Offensive Against Germany 1939–1945 London, 1961, Her Majesty's Stationery Office
LXIX	Liddell Hart	Geschichte des Zweiten Weltkrieges, Düsseldorf–Wien, 1972
LXX	B. H. Liddell Hart	Deutsche Generale des 2. Weltkriegs, Düsseldorf–Wien, 1964
LXXI	General A. Guillaume	Warum siegte die Rote Armee? Baden-Baden, 1949
LXXII	David Irving	Die Tragödie der Deutschen Luftwaffe, Frankfurt/M., 1970
LXXIII		The United States Strategic Bombing Survey Summary Report (European War) 30. September 1945
LXXIV	Edward Jablonski	Flying Fortress. The illustrated Biography of the B-17 and the men who flew them, New York, 1965
LXXV	W. H. Tantum IV, E. J. Hoffschmidt (Editors)	The Rise and Fall of the German Air Force (1933 to 1945), Greenwich, Conn., 1969
LXXVI	David Irving	Hitler und seine Feldherren, Berlin, 1975
LXXVII	Hans Adolf Jacobsen	1939–1945, Der Zweite Weltkrieg in Chronik und Dokumenten, Darmstadt, 1959
LXXVIII	Dr. Manfred Messerschmidt	Die Wehrmacht im NS-Staat. Zeit der Indoktrination, Hamburg, 1969
LXXIX	Janusz Piekalkiewicz	Spione, Agenten, Soldaten. Geheime Kommandos im Zweiten Weltkrieg, München, 1969
LXXX	A. Galland K. Ries R. Ahnert	Die deutsche Luftwaffe 1939–1945, Dorheim/H., 1969

LXXXI	Anthony Verrier	Bomberoffensive gegen Deutschland 1939–1945, Frankfurt a. Main, 1970
LXXXII	Rudolf Semmler	Goebbels – the man next to Hitler, London, 1947
LXXXIII	David Irving	Die Geheimwaffen des Dritten Reiches, Gütersloh, 1965
LXXXIV Vol. I–III	Wesley Frank Craven, James Lea Cate	The Army Air Force in World War II, Chicago 37, London NW 1, Toronto 2 B, 1951
LXXXV	Hellmuth Günther Dahms	Geschichte des Zweiten Weltkriegs, Tübingen, 1965
LXXXVI	Ernst Obermaier	Die Ritterkreuzträger der Luftwaffe, Jagdflieger 1939–1945, Mainz, 1966
LXXXVII	Adolf Galland	The Birth Life and Death of the German Day Fighter Arm; Statements of Captured Luftwaffe-Officers; 15. 8. 1945 ADI (K) Report No. 373/1945 (Original in Air Historical Branch, London SWL, oder: National Archives, Washington DC USSBS records)
LXXXVIII	Alfred Price	Luftschlacht über Deutschland, Stuttgart, 1974
LXXXIX	Dr. Kurt Zentner	Illustrierte Geschichte des Zweiten Weltkrieges, München, 1963
LXXXX		Der Prozeß gegen die Hauptkriegsverbrecher vor dem Internationalen Militärgerichtshof Nürnberg 14. November 1945–1. Oktober 1946 Veröffentlicht in Nürnberg, Deutschland, 1949
LXXXXI	David Irving	Der Untergang Dresdens, Gütersloh, 1964
Div. Indizes		The Albert F. Simpson Historical Research Center, Maxwell AFB, Alabama, U.S.A.

Personenverzeichnis